DAMIAN RYAN

OS 10Ps DO MARKETING DIGITAL

UM GUIA COMPLETO PARA ENGAJAR CLIENTES E IMPLEMENTAR CAMPANHAS DE SUCESSO

Tradução
UBK Publishing House

ubook ubk Publishing House

Publicado mediante acordo com Kogan Page. Edição traduzida do livro *Understanding Digital Marketing: a complete guide to engaging customers and implementing successful digital campaigns* publicado por Kogan Page Limited.

COORDENAÇÃO Rosana Caiado
EDIÇÃO Fernanda Barreto
COPIDESQUE Maria Alice Pavan
REVISÃO Eduarda Rimi e Vivian Sbravatti
CAPA Clarissa Duarte
DIAGRAMAÇÃO Cristiano Marques

Dados Internacionais de Catalogação na Publicação (CIP)
(Câmara Brasileira do Livro, SP, Brasil)

Ryan, Damian
Os 10 Ps do marketing digital : um guia completo para engajar clientes e implementar campanhas de sucesso / Damian Ryan ; tradução UBK Publishing House. -- Rio de Janeiro, RJ : Ubook Editora, 2022.

Título original: Understanding digital marketing.

ISBN 978-85-9556-278-3

1. Marketing 2. Marketing na Internet 3. Mídia social
4. Planejamento estratégico I. Título.

22-120611 CDD-658.8

Índices para catálogo sistemático:
1. Marketing digital : Administração 658.8
Eliete Marques da Silva - Bibliotecária - CRB-8/9380

Ubook Editora S.A
Av. das Américas, 500, Bloco 12, Salas 303/304,
Barra da Tijuca, Rio de Janeiro/RJ.
Cep.: 22.640-100
Tel.: (21) 3570-8150

SUMÁRIO

AGRADECIMENTOS

Agradeço a Chris, Stephen, Nancy, Susi, Helen, Mark e a toda a equipe da Kogan Page: produzimos oito livros em treze anos. Não posso dizer que fica mais fácil com o tempo, mas não tinha como nada disso acontecer sem a orientação dessas pessoas, sobretudo nesta edição. Todos sabiam que eu estava muito ocupado cuidando dos clientes, mas a incrível Katherine Hartle liderou uma equipe de suporte que arregaçou as mangas. Obrigado!

Agradeço também a todos os colaboradores. Há sempre tantas pessoas a quem agradecer, especialmente Mark Cunningham, Trenton Moss, Jon Walsh, Mark Ash, Andrew Watts, Brad Smith, Paola Marinone e Bengu Atamer por suas palavras de sabedoria.

Quero elogiar meus colegas de equipe na empresa, Maria, Emma, Will, AK, Diana e Greg, por todo seu apoio no dia a dia do trabalho.

E, finalmente, nenhum desses trabalhos poderia ser publicado sem agradecer e mencionar as três mulheres mais importantes da minha vida: Tamara Jane Williams, por seu amor e apoio, mas também por ter sido uma grande companheira durante nosso lockdown em Londres... Alannah e Katie, minhas adoráveis filhas, que escreveram sobre o TikTok nesta mesma edição. Sou um #paiorgulhoso.

PREFÁCIO

Donald Trump sabe o que você fez no verão passado...

Alguns meses antes da pandemia de covid-19 e do lockdown, fui a um workshop do TED Talk, onde os instrutores me lembraram da importância de um título marcante para melhorar o engajamento do público. Será que funcionou? O título chamou sua atenção? Fez você querer ler o restante deste prefácio?

Espero que sim, porque, para além do sensacionalismo do título, estou tentando (talvez de maneira desastrada) descrever o que realmente está acontecendo com o mundo digital e com nossa querida internet.

Há anos eu tenho defendido uma internet aberta, uma rede livre em que todos podem ter acesso à informação, educação e entretenimento, bem como inúmeros negócios e serviços que facilitam nossas vidas e unem o mundo em um mesmo lugar.

Esse cenário parece cada vez mais improvável. A realidade é uma constante barreira de proteção a ataques hackers e pouco investimento em cibersegurança, além de conteúdos pouco confiáveis, uso indiscriminado de dados pessoais (como mostrado no escândalo da Cambridge Analytica) e um evidente afastamento do governo em relação à globalização tecnológica, pela primeira vez em décadas. Aonde isso nos levará?

Quais são as consequências para os profissionais de marketing digital agora e no futuro? Este livro ajudará esses profissionais a lidar com questões atuais e, possivelmente, capacitará uma nova geração de profissionais. Em relação ao futuro, acredito que corremos o risco de entrar de cabeça em um mundo fragmentado composto por várias "internets" e possibilitado por quebras de segurança, como a neutralidade da rede, nas quais cada um estabelece as próprias regras de acesso e conduta ao oferecer mercados online seguros e protegidos em troca do poderoso dólar.

As novas internets podem variar por preço (conteúdo seguro a um determinado custo), localidade (por exemplo, apenas na China) ou exclusividade (somente para membros). Será que o acesso a certas internets terá um custo? Pode apostar que sim.

Portanto, todos aqueles que aspiram ao mercado digital devem aproveitar o custo simples atual, pois acredito que logo será muito mais complicado e exigirá um investimento significativamente maior para realizar campanhas online bem-sucedidas e internacionais. Pelo menos, essa é a conclusão à qual cheguei em meados de 2020 enquanto escrevia este prefácio.

Porém, já chega de divagar, vamos nos concentrar no presente. Tem havido uma negligência ao objetivo fundamental do marketing digital: engajar a geração digital de maneira adequada, igualmente agradável e lucrativa, em que o cliente se sinta apreciado e sinta que seu tempo e dinheiro foram valorizados.

Esse *é* o mercado. Se você representa uma agência ou marca e não está preparado para atender a esse objetivo, bem, então não se engane, seus dias estão contados.

É de se espantar que os bloqueadores de anúncios tenham se tornado um problema gigantesco para anunciantes e marcas? É surpreendente que os profissionais de marketing se esforcem tanto para manter o público e gerar fidelização?

Está evidente que os clientes foram deixados de lado nessa "conversa".

Alguns dizem que o marketing digital está com os dias contados... mas, não é bem assim — o marketing digital *ruim* está com os dias contados; assim como profissionais e agências ruins. Desrespeitar a privacidade, irritar os clientes e cometer o erro de reproduzir online o que você faz offline são ações que não podem mais existir.

Ser invasivo, incômodo, inconsistente, usando formulários online péssimos que não funcionam corretamente e interfaces ultrapassadas que não se preocupam com a UX (user experience, experiência do usuário) ou a CX (customer experience, experiência do consumidor), nem mesmo com um pouco de BX (business experience, experiência do negócio), também são ações que não podem existir mais.

Em outras palavras, se seus amigos conversassem com você como alguns profissionais de marketing digital o fazem, você provavelmente daria um soco na cara deles ou os deixaria falando sozinhos.

Caso os profissionais de marketing queiram fazer parte desse cenário novo, desafiador e empolgante, é necessário nos unirmos e começarmos a ser mais inclusivos e empáticos em relação aos interesses dos clientes. Nos próximos anos, os profissionais de marketing serão julgados com base na experiência que proporcionam a seus clientes. Costumávamos falar dos quatro Ps do marketing: produto, preço, praça e promoção. Infelizmente o criador dos quatros Ps do marketing, Jerome McCarthy, faleceu há alguns anos. Ele não estava errado sobre os conceitos que criou, pois se tratavam do que nós conhecíamos e entendíamos naquela época.

Eu reescrevi os quatro Ps para se aproximarem mais da atual geração de stakeholders. Vamos aos dez Ps do marketing:

1 PERFORMANCE: como sua atividade é medida em relação aos objetivos e aos concorrentes? A internet tem aproximado o mundo, mas o número disponível de fornecedores de serviços e produtos cresceu de modo considerável. O seu desempenho em relação ao engajamento digital leva você ao sucesso ou ao fracasso.

2 PRESENÇA: como você se mostra? Você aparece online, em aplicativo móvel, ferramentas de busca ou redes sociais? Você está presente? Tem boa aparência? Está funcionando?

3 PRAZER: como seus clientes classificariam a experiência de usuário e cliente com você em relação a seus concorrentes? Quem é o melhor de todos? Se você souber a resposta, então *seja o melhor*... não se contente em ser o segundo melhor.

4 PROXIMIDADE: você está lá quando seus clientes precisam de você? Você está disponível 24 horas por dia, sete dias por semana? A geração atual quer tudo para ontem.

5 PERTINÊNCIA: você é relevante? Seu marketing e alcance são significativos para o que você precisa neste momento? Não sabe? Bem, se não souber, pergunte a seus clientes; eles não mordem.

6 PROCESSO: como a sua marca funciona para seus clientes? Como você engaja é um detalhe, mas o processo verdadeiro de prestação de serviços e pagamento (seria outro P?) não deve ser negligenciado.

7 PERSONALIZAÇÃO: não sei bem por que pensei nisso, mas toda vez que viajo para Dublin, a cada dez dias ou mais (antes do lockdown, é claro), há um cara do controle de passaportes que verifica meu documento e diz: “Obrigado, Damian”. Isso me faz sorrir e eu gosto dele. É disso que precisamos online, não da “sra. Ryan” ou do “Caro senhor”. Quando feita de maneira correta, a personalização é muito poderosa.

8 PREFERÊNCIAS: se seus clientes não quiserem ter uma relação muito pessoal, então lhes forneça preferências para que todos possam conhecer e aproveitar todas as vantagens que o relacionamento oferece.

9 PROFIT (LUCRO): estranhamente, o *profit* não fazia parte dos quatro Ps originais, mas deveria. Tudo o que você faz deve ser mensurável e muitas vezes o ROI (retorno sobre o investimento) é uma parte crucial dessa medida.

10 PESSOAS: os números são muito úteis, mas não podemos nos esquecer de que estamos lidando com pessoas. Ignore isso por sua conta e risco.

O passado, o presente e o futuro têm e sempre tiveram tudo a ver com os clientes. Nunca se esqueça disso. Independentemente da tecnologia, da concorrência e da mídia, agora é o momento de engajar com os clientes de acordo com as exigências deles, é hora de se empenhar e mostrar que você os adora. Se as mídias digitais podem ajudar a conseguir isso, então o marketing digital não está com os dias contados, muito pelo contrário.

Nas páginas que se seguem, conduzirei vocês em uma viagem ao mundo do marketing digital. Mostrarei como tudo começou, como chegamos à realidade atual e para onde os líderes de pensamento do setor acreditam que iremos no futuro. O mais importante de tudo é que mostrarei a você — de forma prática e sem exageros — como aproveitar o poder crescente das mídias digitais para engajar com os clientes, conduzir seus negócios até o topo do cenário atual do marketing digital e mantê-los lá.

Este livro:

- ajudará você e sua empresa a entender que o marketing digital se trata de pessoas: os clientes dos quais sua empresa depende para obter sucesso e as pessoas de sua equipe, que são responsáveis por engajar e encantar esses clientes, sabendo que a nova moeda é a EXPERIÊNCIA;

- ajudará você e sua empresa a escolher a melhor publicidade online e os canais de marketing que levarão suas ideias, produtos e serviços a um mercado enorme e em constante expansão;
- dará a você a vantagem competitiva elusiva que o manterá à frente da concorrência;
- preparará seu negócio para o futuro, ajudando você a compreender as origens do marketing digital e as tendências que estão moldando o futuro;
- oferecerá um conceito amplo do mercado online, das oportunidades de desenvolvimento e dos fornecedores de serviços digitais que ajudarão sua empresa a aproveitá-las ao máximo;
- dará exemplos práticos e reais de sucesso no marketing digital, incluindo marcas líderes que se tornaram nomes conhecidos em relativamente pouco tempo;
- oferecerá insights por meio de entrevistas, análises e contribuições de especialistas em marketing digital;
- por fim, fornecerá a você as ferramentas necessárias para aproveitar a internet ao máximo, a fim de levar seu negócio para onde quiser.

Enquanto você viaja para esse mundo digital no livro, descobrirá como profissionais líderes de marketing em setores tão diversos como viagens, varejo, jogos e entretenimento para adultos tropeçaram em técnicas bastante eficazes para transformar as pessoas em negócios online, colhendo literalmente milhões como resultado. O livro lhe mostrará como aplicar a experiência desses profissionais para transformar sua própria empresa digital.

Quer você queira abrir um negócio na internet trabalhando de casa, galgar uma carreira em uma grande multinacional ou algo entre as duas opções; quer você queira se conectar com seus clientes hoje e no futuro, são necessários canais digitais como parte de seu mix de marketing.

A internet se tornou o meio de escolha para toda uma geração de clientes: a primeira geração a ter crescido com a garantia de acesso instantâneo à informação digital. Esse grupo usa as mídias digitais em todas as instâncias da vida, de maneiras que nunca imaginávamos antes, nem mesmo em um passado recente. Hoje, a geração de nativos digitais está entrando no mercado de trabalho e gastando como nunca. Esse é o mercado de massa do futuro, e o desafio dos empresários e profissionais de marketing é tornar-se fluente nessa nova linguagem digital para que possam falar de maneira eficaz com o público-alvo.

A televisão prendeu os clientes no sofá por anos, e agora é a vez das mídias digitais engajá-los de um modo que os primeiros arquitetos de tecnologia nunca poderiam ter sonhado. O advento do marketing "de duas telas", ou até mesmo "de três telas", está se tornando real; basta ver como nossas próprias vidas estão mudando e como absorvemos os dados... Quantos de nós nos sentamos com frequência em frente à televisão com nossos notebooks, tablets e celulares, todos sendo usados ao mesmo tempo?

A difusão dos computadores da Apple levou a um crescimento nas publicações impressas. Hoje, isso também está acontecendo no online, com os fenômenos do conteúdo gerado pelo usuário (UGC: *user-generated content*) e das redes sociais: pessoas comuns estão se tornando diretores, produtores, editores e distribuidores de seu conteúdo em mídias; o conteúdo que eles, seus amigos e o mundo querem ver. E esse é apenas o começo.

A audiência da televisão em horário nobre está caindo e a mídia impressa sofre uma pressão crescente para lidar com a queda da circulação. Enquanto o modo antigo fica à margem, saturado e atrofiando aos poucos, as mídias digitais se transformaram em um mecanismo perfeitamente adaptado que oferece mais potência, oportunidade e controle do que qualquer outro formato de mídia poderia sonhar.

Em outras palavras: é hora de correr atrás do *smart money*.

Durante os últimos 28 anos, tive o grande prazer de trabalhar com essas novas mídias exigentes e em expansão. Conheci muitas pessoas inteligentes e falei com centenas de organizações com agendas diversas e muito desafiadoras. O único aspecto em comum era a busca por dados e conhecimento: qualquer coisa que trouxesse à própria marca uma vantagem competitiva elusiva.

Ao escrever este livro, eu quis torná-lo o mais informativo e prático possível. Cada capítulo começa com um resumo do conteúdo, para que você possa passear facilmente por eles e escolher aquele que aborda o tema de seu interesse. Deixei o jargão propositalmente de fora e, onde os termos técnicos foram necessários, expliquei-os de maneira clara no texto. Espero que o resultado seja um livro claro, informativo e divertido, mesmo para uma pessoa completamente iniciante no mundo digital.

O livro mudou bastante desde sua primeira edição original, publicada em 2009. Aquela versão era mais focada em técnicas básicas com uma pitada de senso comum. Acredito que a segunda edição original tenha ficado bastante semelhante em muitos aspectos, mas nela demonstrei mais evidências ao trazer alguns estudos de caso realmente empolgantes e provocantes. Em 2016, terminei a quarta edição e, ao fazer isso, percebi que não era mais um especialista em marketing digital. Marshall McLuhan, a inspiração por trás do meu trabalho, disse certa vez uma frase famosa: "Não estou aqui para explicar, estou aqui para explorar." Essa é uma das citações mais influentes que orientam não apenas a quarta edição, mas as três edições anteriores de *Os 10 Ps do Marketing Digital: um guia completo para engajar os clientes e implementar campanhas de sucesso*. Não podemos perder muito tempo com aquilo que não sabemos, pois se tornará irrelevante ou impreciso; o melhor a se fazer é buscar maior compreensão sobre um assunto a fim de aplicá-la aos desafios diários.

As técnicas estavam se tornando tão complexas e a tecnologia estava mudando de forma tão rápida que precisei reunir um grupo de verdadeiros especialistas para me ajudar a trazer a você, leitor, o melhor conteúdo possível. Esta é a quinta edição, ou a edição 5.0 (que soa mais legal). Então, o que mudou?

Muita coisa!

Cada capítulo foi atualizado de acordo com os últimos avanços em tecnologia, campanhas e mídias, e também foram incluídos novos estudos de caso que dão suporte a cada um dos capítulos.

Assim, você tem em mãos o que os profissionais de marketing ao redor do mundo têm procurado: um livro que lhe mostra como usar, com sucesso, a internet para vender seus produtos ou serviços. Ele começa com a origem do meio digital, conduzindo a vários formatos das campanhas de marketing digital. O livro viaja pelo mundo reunindo fatos, números, comentários e opiniões de especialistas reconhecidos, marcas e organizações de diferentes áreas, fazendo com que revelem o segredo de como a internet ofereceu essas condições para eles.

E lembre-se: o marketing digital NÃO está com os dias contados; o marketing digital RUIM, sim. Bem-vindo ao livro e a um mundo onde seus clientes esperam ter uma experiência positiva e gratificante!

LISTA DE COLABORADORES

MARK ASH, CEO NA PURE360

Mark tem mais de vinte anos de experiência em marketing por e-mail e digital e ocupou uma série de cargos de liderança sênior no setor de Martech. Ele começou a carreira na DoubleClick no início da publicidade digital e liderou a expansão de vários outros negócios de marketing digital.

DAVE ASHBOLT, DIRETOR DE PPC NA PASSION DIGITAL LTD.

Dave Ashbolt é o diretor de PPC na Passion Digital Ltd. A Passion Digital é uma agência digital multipremiada e especializada em campanhas estratégicas de alto desempenho em SEO, redes sociais, PPC, conteúdo, web design e desenvolvimento. Unindo criatividade, tecnologia e dados, a agência cria soluções exclusivas para problemas complexos de marketing.

BENGU ATAMER, COFUNDADORA E DIRETORA DA BUZZMYVIDEOS

Bengu Atamer é ex-gerente do Google e do YouTube e se tornou empresária na área de tecnologia. Ela é cofundadora e diretora da BuzzMyVideos, uma plataforma de dados mensurável e escalável, em que marcas e agências monetizam de maneira eficaz os clientes millennials. A BuzzMyVideos é uma empresa digital da próxima geração que cria, faz curadoria, distribui e monetiza vídeos online.

GUY BERESINER, CONSULTOR E ESPECIALISTA EM GDPR

Guy tem mais de 25 anos de experiência trabalhando em negócios e desenvolvimento de parcerias no setor digital, especializando-se em estratégia de marketing, vendas online, marketing de desempenho e tecnologias de publicidade digital. Ele tem certificação profissional em GDPR (Regulamento Geral sobre a Proteção de Dados), sendo qualificado para avaliar e orientar as empresas sobre conformidade, e é especialista em mídias, marketing e publicidade.

WAYNE BLODWELL, ESPECIALISTA EM TECNOLOGIA PROGRAMÁTICA E FUNDADOR E DIRETOR EXECUTIVO DA THE PROGRAMMATIC ADVISORY

Wayne foi um dos primeiros usuários de tecnologias programáticas no Reino Unido e fundou a The Programmatic Advisory em 2016. Ele atualmente faz parte do Drum Digerati (lista das cem pessoas mais influentes em publicidade no Reino Unido) e foi indicado duas vezes para o prêmio Digital Trading Leader of the Year.

SIMON BOWKER, ESPECIALISTA EM AUTOMAÇÃO DE MARKETING NA SERVICENOW DA AUSTRÁLIA

Simon é diretor regional de soluções de fluxo de trabalho do cliente na ServiceNow da Austrália. Ele tem quinze anos de experiência ajudando executivos e gerentes seniores a adotar a tecnologia e transformar a maneira como interagem com os clientes e gerenciam o marketing.

JULIA BRAMBLE, ESPECIALISTA EM REDES SOCIAIS E FUNDADORA DA BRAMBLEBUZZ

Julia Bramble, uma ex-cientista forense, é coach, treinadora e palestrante na área de redes sociais. Como fundadora da BrambleBuzz, Julia ajuda as organizações a aproveitar ao máximo as redes sociais e o marketing online. Seu foco é a pessoa por trás do crescimento digital e comercial por meio de conexões.

PAULINE CABRERA, FUNDADORA DA BELLAMYCREATIVE

Pauline é fundadora da BellamyCreative.com (arquivado em: https://perma.cc/9GDLE6SC), fornecendo serviços de web design e marketing digital. Seu objetivo é ajudar aqueles que estão começando na área de negócios online e marketing digital, sobretudo web designers, blogueiros e profissionais de marketing.

MARK CUNNINGHAM, COFUNDADOR E DIRETOR EXECUTIVO DA WHENFRESH

Mark Cunningham é um empreendedor serial e cofundador e CEO da WhenFresh, uma empresa inovadora que adota o DaaS (Data as a Service) e é sediada no Reino Unido. A WhenFresh fornece inúmeros serviços de análise de dados, principalmente para os setores imobiliários, de seguros e de bancos.

CECILIA DE LA VIESCA, DIRETORA GLOBAL DE MARKETING DIGITAL DA PASSION DIGITAL LTD.

Cecilia é diretora de marketing digital da Passion Digital. Depois de trabalhar com mecanismos de busca por mais de dez anos, inclusive como gerente de SEO na Ogilvy, ela se tornou grande conhecedora de SEO e de suas integrações com outros canais digitais. Ela tem ajudado diversos clientes, incluindo a National Trust, a KPMG e a Sony.

MARTIN DOYLE, CEO DA DQ GLOBAL

Martin é CEO e fundador da DQ Global, uma empresa de software de qualidade de dados sediada no Reino Unido. Com formação em Engenharia, anteriormente Martin administrava um negócio de software de CRM. Com o tempo, ele adquiriu bastante experiência e se estabeleceu como um divulgador de melhoria da qualidade dos dados e especialista do setor.

PAUL EVANS, CONSULTOR ESTRATÉGICO DE MARKETING PARA EMPRESAS DE TECNOLOGIA E MÍDIA E EX-DIRETOR GLOBAL DE MÍDIA DA VODAFONE

Paul é especialista internacional em marketing e mídias digitais. Como diretor global de mídia da Vodafone, Paul criou princípios operacionais como estratégia de crescimento, definiu e consolidou parcerias com empresas de tecnologia e mídia, estabeleceu padrões de segurança e verificação da marca e foi responsável por criar uma abordagem que une toda a atividade de busca, social e programática em diferentes mercados.

PHILIPPA GAMSE, CONSULTORA DE MARKETING DIGITAL E ESTRATÉGIA

Philippa Gamse é especialista em marketing digital e autora do livro *42 Rules for a Web Presence that Wins* [42 regras para uma presença vitoriosa na Web, tradução livre]. Ela é docente e membro do conselho consultivo para marketing digital na Circus Street, uma empresa de treinamento online, onde oferece cursos de marketing digital e estratégia e desenvolve ferramentas de avaliação da aprendizagem online.

KEVIN GIBBONS, CEO DA RE:SIGNAL

Kevin é CEO da Re:signal, uma agência premiada que ajuda as marcas a impulsionar o desempenho de tráfego orgânico. Kevin já se apresentou em mais de cem conferências de marketing digital ao redor do mundo, escreve textos na internet com frequência e já trabalhou com marcas conhecidas, como a Expedia, a Deloitte e a ASICS. Ele foi nomeado personalidade de buscas em 2018 no UK Search Awards. Site: https://resignal.com (arquivado em: https://perma.cc/V7GR-7DL4).

CADI JONES, DIRETORA COMERCIAL NA BEESWAX DA REGIÃO EMEA

Cadi Jones é diretora comercial na Beeswax da região EMEA (Europa, Oriente Médio e África), a plataforma de tecnologia publicitária que mais cresce no mundo. A Beeswax é uma plataforma de compra projetada para as necessidades de compradores sofisticados, oferecendo grande vantagem comercial. A função de Cadi inclui a gestão das equipes responsáveis pela expansão da empresa na região EMEA.

JOCELYN LE CONTE, DIRETORA DE BUSCAS PAGAS DA MERKLE

Jocelyn é diretora de buscas pagas da Merkle e já trabalhou com mais de cem marcas. Tendo sido listada na revista *Women in Search* em 2016, nomeada como uma das "Searchies" do Google em 2018 e tendo ganhado o prêmio Merkle EMEA's Excellence in Leadership em 2019, ela é uma influência crescente no mundo digital.

PAOLA MARINONE, COFUNDADORA E DIRETORA EXECUTIVA DA REDE BUZZMYVIDEOS

Paola Marinone é ex-gerente do Google e do YouTube e fundadora e cofundadora da BuzzMyVideos, rede que reúne novas celebridades do entretenimento em vídeos online. A empresa fornece apoio a uma nova geração de produtores de vídeo talentosos para aumentar o público e monetizar o conteúdo por meio de uma rede multiplataforma e um programa de parcerias.

TRENTON MOSS, LÍDER COACH DA TEAM STERKA

Trenton é o líder coach da Team Sterka, uma empresa de treinamento e coaching que cria equipes de produtos digitais de alto desempenho. Anteriormente ele fundou uma das principais agências digitais do Reino Unido, especializada em design de experiência, escalou a empresa e saiu dela após uma aquisição bem-sucedida.

LORE OXFORD, DIRETORA GLOBAL DE INSIGHTS CULTURAIS NA WE ARE SOCIAL

Lore Oxford combina métodos de pesquisa acadêmica com uma abordagem digital para acompanhar a cultura global: desde as relações sociopolíticas que moldam os valores e as crenças das pessoas até as tensões da vida real que moldam a cultura da internet. Ela trabalhou com marcas multinacionais de todos os setores, como o Google, a Samsung, a Guinness e a Adidas.

KATIE RYAN, ESTUDANTE DE 17 ANOS E USUÁRIA DO TIKTOK

Katie é uma adolescente de Dublin, na Irlanda. Ela adora artes, ciências, skate, canto, teatro e moda. Ela também tem um pai muito legal. Katie acredita que o TikTok tem um impacto positivo em sua vida, pois a rede social lhe permitiu compartilhar sua criatividade e conhecer adolescentes que pensam como ela em Dublin. O artigo de Katie nos dá a visão sobre o papel do TikTok na vida de uma adolescente.

STEPHANIE RYAN, EDITORA DO SITE WE ARE SOCIAL

Stephanie é criadora de conteúdo social com sólida experiência em narrativas de marca, estratégia editorial, produção de conteúdo e copywriting. Como editora da We Are Social, ela trabalhou com diversos clientes do entretenimento, incluindo a Universal e a Netflix, criando conteúdos relevantes com os quais as pessoas realmente querem engajar.

BRAD SMITH, FUNDADOR DA SUCCEED DIGITAL CONSULTING

Brad Smith é o fundador da Succeed Digital Consulting, especializada em ajudar clientes e agências a obter o melhor resultado possível em projetos de Martech. Em 2019, Brad foi eleito um dos UK's Top 100 Business Developers, um prêmio de prestígio da revista *The Drum*.

RACHEL SMITH, GERENTE DE MARCA E CONTEÚDO DA ADLUDIO

Rachel é gerente de marca e conteúdo da Adludio, uma incrível start-up de adtech. Seu interesse e experiência envolvem pesquisa de comportamento do cliente e copywriting. Antes de ingressar na Adludio, Rachel fez doutorado em Psicologia e Saúde Pública na Universidade de Wollongong.

THINKHOUSE

A Thinkhouse é uma empresa de marketing para jovens que trabalha com marcas e organizações para ajudá-las a entender o público jovem e se conectar com ele.

JON WALSH, VICE-PRESIDENTE SÊNIOR DA EUROPA NA ENGINE MEDIA EXCHANGE (EMX)

Jon lidera o crescimento e a expansão da EMX Digital na Europa, o *header bidding* e a parte programática da ENGINE (enginegroup.com; arquivado em https://perma.cc/5TTQ-HAXV). Jon tem mais de vinte anos de experiência em publicidade digital e é colaborador e colunista tanto da *City AM* como da CoinRivet.com, escrevendo sobre blockchain, ativos digitais e bitcoin.

GEMMA WALTON, ESPECIALISTA EM MARKETING DE E-MAIL DA DECISION TECH

Gemma Walton é especialista em marketing de e-mail e gerente de desenvolvimento energético da Decision Tech.

ANDREW WATTS, SÓCIO-FUNDADOR DA KHWS

Andrew Watts é sócio-fundador da KHWS, uma agência de ativação de marca. A ferramenta de vendas da empresa, Trigger™ Insight, é a única metodologia capaz de identificar de forma econômica os gatilhos mentais inconscientes e conscientes usados para tomar uma decisão de compra e pode ser aplicada a qualquer marca e categoria.

ROB WEBSTER, COFUNDADOR DA CANTON MARKETING SOLUTIONS

Rob Webster é o cofundador da Canton Marketing Solutions. Com vinte anos de experiência orientando marcas líderes internacionais em relação à configuração, estratégia e execução de marketing digital, Rob é um dos principais profissionais do setor.

ROB WELSBY, DIRETOR ASSOCIADO DE GESTÃO (PERFORMANCE) NA GRAVITY GLOBAL

Rob trabalha com marketing digital há mais de quinze anos e tem experiência em SEO, buscas pagas, otimização das taxas de conversão e estratégia digital. Como parte da equipe de liderança da Gravity Global, uma premiada agência de marketing B2B, ele supervisiona campanhas de marketing digital e de busca para diversas marcas nacionais e internacionais.

01

Introdução: transformação digital

O QUE ESPERAR DESTE CAPÍTULO

Até o final deste capítulo, você terá respostas para as seguintes perguntas:

- Como alcançamos o início da era digital no marketing?
- Quais são as semelhanças entre a internet e as revoluções históricas dos meios de comunicação?
- Quantas pessoas estão na internet e com que rapidez ela está crescendo?
- Como a tecnologia digital está influenciando o comportamento do cliente?
- O que é transformação digital e como a cultura de uma organização precisa mudar para que ela seja digital de fato?

No início...

Em meio às ruínas de Pompeia, uma antiga cidade romana, você encontrará a escultura de um pênis em uma lápide empoeirada, criada estrategicamente para apontar o caminho para o que, na época, era um dos bordéis mais populares da região. Os guias turísticos lhe dirão que é o "anúncio mais antigo do mundo do negócio mais antigo do mundo".

Embora essa afirmação seja discutível, o anúncio fálico é de fato muito antigo.

O pênis de Pompeia foi enterrado pela erupção do Vesúvio, que destruiu a cidade em 24 de agosto de 79 d.C., mas a verdadeira origem do marketing é muito mais antiga do que isso. De acordo com historiadores especializados, o marketing como disciplina de negócios não surgiu até os anos 1950, mas as atividades dessa área tinham um papel fundamental no sucesso dos empreendimentos desde, bem, o primeiro negócio. Há poucas certezas no mundo dos negócios, mas uma delas é: se você não informar aos clientes sobre sua empresa, não conseguirá mantê-la por muito tempo.

Mas este é um livro sobre marketing na era digital (no presente e no futuro)

É verdade. Estamos aqui para falar sobre o incrível mundo do marketing digital, que emergiu da obscuridade relativa do final dos anos 1990 e virou a tendência dominante dos negócios em 2020. Vamos analisar como empresas como a sua podem aproveitar a força dessa revolução online para se conectar com uma nova onda de clientes: aqueles que integram perfeitamente essa tecnologia onipresente em suas vidas de maneira que nunca poderíamos imaginar há dez anos.

Este livro trata do futuro do marketing. Então, por que começamos olhando para trás? Nos anos 1960, em seu livro *Os meios de comunicação como extensões do homem*, o teórico e filósofo canadense de comunicação, Marshall McLuhan, observou: "É didático acompanhar os estágios embrionários de qualquer novo crescimento, pois esse período de desenvolvimento é incompreensível, seja na produção gráfica, no motor do carro ou na TV". Como geralmente acontece, uma compreensão básica do passado pode ajudar a compreender o presente e, por fim, esclarecer a visão de futuro.

Portanto, aperte os cintos, pois vamos fazer uma breve parada para descobrir como o marketing evoluiu ao longo dos anos, e como a publicidade e a tecnologia definiram um novo cenário de marketing que mudou essa área nos últimos 25 anos e continuará a fazê-lo no futuro.

A transformação da publicidade

A publicidade pode ser tóxica. A mentira, a história, a mensagem, a *call-to-action*, a imagem, a veiculação, a medição, o refinamento: tudo isso se transforma em uma poderosa mistura que pode mudar o mundo, basicamente. Em sua essência, a publicidade consiste em influenciar as pessoas: persuadi-las a fazer o que queremos, seja escolhendo uma determinada marca de pasta de dente, atendendo o telefone, usando um cupom, baixando um aplicativo ou visitando um site. Se bem executada, a publicidade tem o poder de desempenhar coisas incríveis; se você tem um negócio, já está pondo isso em prática e continuará a fazê-lo.

A publicidade através dos séculos

A publicidade, componente essencial do marketing de qualquer negócio, já existe há muito tempo. O pênis de Pompeia é bastante moderno se comparado a algumas das relíquias publicitárias que os arqueólogos descobriram na antiga Arábia, na China, no Egito, na Grécia e em Roma. Os egípcios usavam papiro para criar cartazes e panfletos, enquanto as propagandas encontradas (também feitas em papiro, e muitas vezes relacionadas a escravos "desaparecidos") eram comuns tanto na Grécia Antiga quanto em Roma. Cartazes, placas e panfletos eram amplamente utilizados nas antigas cidades de Roma, Pompeia e Cartago para divulgar eventos como circos, jogos e lutas de gladiadores.

As pessoas têm tentado influenciar umas às outras desde o início da existência humana, utilizando qualquer meio e mídia disponíveis na época. A fala e a linguagem oral surgiram antes, é claro. Depois, alguém pegou um pedaço de pedra e começou a gravar imagens na parede de uma caverna: imagens duradouras que contavam histórias, comunicavam ideias e mostravam formas de fazer determinadas coisas.

Essa foi a primeira publicidade? A resposta é discutível, mas estas imagens, algumas das quais ainda existem hoje, certamente demonstram um conhecimento precoce do poder delas e das mensagens para influenciar a percepção e o comportamento dos outros.

Durante os séculos XV e XVI, o desenvolvimento da impressão foi um marco significativo na publicidade, possibilitando aos profissionais de marketing alcançar um público muito mais amplo. No século XVII, os anúncios começaram a aparecer nos primeiros jornais da Inglaterra e depois se espalharam pelo mundo. Nascia a primeira forma de publicidade nos meios de comunicação de massa.

Nos séculos XVIII e XIX houve uma nova expansão na publicidade em jornais e, ao mesmo tempo, o surgimento da publicidade por correspondência, que mais tarde evoluiria para a enorme indústria da mala direta/resposta direta — esta sofreu uma incrível disrupção depois da internet, mas ainda existe até hoje. Em 1843, também foi criada a primeira agência de publicidade pelo pioneiro Volney Palmer, na Filadélfia. A princípio, as agências de publicidade atuavam como simples intermediárias em espaços jornalísticos, mas em pouco tempo se desenvolveram em prestação de serviços completos, oferecendo a seus clientes serviços criativos e de veiculação de anúncios.

O século XX foi o início de uma nova era publicitária com o advento do rádio, um meio totalmente novo através do qual os anunciantes podiam alcançar potenciais clientes. Depois, veio a televisão, que mudou mais uma vez o cenário publicitário. No final do mesmo século, surgiu a internet, que saiu das mãos de especialistas em tecnologia e dos primeiros adeptos para se tornar uma valiosa ferramenta de negócios e de comunicação de massa. Nascia, assim, a era do marketing digital.

Os avanços tecnológicos marcaram a evolução da publicidade ao longo da história, cada um alterando sobretudo a maneira como as empresas poderiam se comunicar com seus clientes. Curiosamente, no entanto, nenhum desses desenvolvimentos inovadores superou os anteriores. Em vez disso, serviram para incrementá-los, oferecendo aos profissionais de marketing mais diversidade, permitindo-lhes se conectar com uma maior variedade de clientes. Mesmo na era avançada atual de posicionamento por busca paga, campanhas de custo por clique, segmentação por palavras-chave e redes sociais, você encontrará as primeiras formas de publicidade funcionando.

Passeie por qualquer mercado, praticamente em qualquer lugar do mundo (desde os mercados gastronômicos do centro de Londres até as feiras do norte da África, e os mercados de rua da Índia), e você será recebido com muito barulho, pois os vendedores gritam para disputar a atenção dos clientes que passam. A voz, o primeiro meio de marketing da história, ainda tem força na era digital. Os capítulos 6 e 8 deste livro explicam o ressurgimento considerável da "voz" e o importante papel que ela desempenha para os profissionais de marketing digital.

A tecnologia por trás do marketing digital

Como já mencionei, os avanços em tecnologia e a evolução do marketing estão intrinsicamente interligados, já que a tecnologia carrega marcos importantes na história do marketing desde sempre. O processo costuma acontecer da seguinte maneira:

- Surge uma nova tecnologia que é, inicialmente, de responsabilidade dos especialistas em tecnologia e dos primeiros adeptos.
- A tecnologia se posiciona de forma mais sólida no mercado e começa a se tornar mais popular, entrando no radar do marketing.
- Os profissionais de marketing inovadores entram em cena para explorar maneiras de aproveitar o poder dessa nova tecnologia para se conectar com seu público-alvo.
- A tecnologia torna-se convencional e é adotada como uma prática padrão de marketing.

A imprensa, o rádio, a televisão, e agora a internet, são exemplos de grandes avanços tecnológicos que acabaram mudando para sempre as relações entre profissionais de marketing e clientes em escala mundial. Porém, é evidente que marketing não se trata de tecnologia, mas de pessoas: sob o prisma dessa área, a tecnologia só é interessante quando conecta as pessoas umas às outras de maneira eficaz.

Há muitos exemplos de tecnologias ao longo do tempo que tiveram um impacto significativo em vários mercados; tecnologias que podem ser desconhecidas e até mesmo irrelevantes hoje em dia. Um exemplo disso é a Muzak, empresa que inventou a música ambiente na década de 1930. O sistema para a transmissão e distribuição de sinais em linhas elétricas foi patenteado em 1922 pelo major-general aposentado George Owen Squier, e os direitos exclusivos da patente foram comprados pela empresa norte-americana. Em 1934, sob o nome Muzak, a empresa começou a oferecer música ambiente nas residências da cidade de Cleveland.

A Muzak parecia ter alcançado a fórmula para o sucesso, mas o advento do rádio comercial gratuito logo acabou com os planos da empresa no mercado. Com música gratuita disponível em novos aparelhos sem fio, os clientes não estavam mais dispostos a pagar pelo serviço da Muzak. Incansável, a empresa concentrou seus negócios na cidade de Nova York. À medida que os edifícios em Nova York eram construídos, havia elevadores em praticamente todos os lugares. A Muzak havia encontrado seu nicho, e nasceu a "música de elevador".

Você pode pensar: "E daí?"

A verdade é que, em comparação com as tecnologias gigantes da mídia contemporânea, como o rádio, a televisão e agora a internet, a música de elevador é insignificante. Entretanto, em seu auge naquela época, era novidade e alcançou muita gente. A Muzak conseguia influenciar opiniões e mercados, tanto que, para artistas daquela época, se sua música tocasse na rede Muzak, era praticamente garantia de sucesso.

A questão é que a tecnologia pode inaugurar mercados totalmente novos e modificar por completo os já existentes. A adoção generalizada da tecnologia digital (a internet, os aplicativos de software e os dispositivos que permitem que as pessoas se conectem tanto à rede quanto umas às outras quando, onde e como quiserem) pode ofuscar tudo o que já foi feito antes dela. Essa adoção generalizada anuncia o desenvolvimento mais disruptivo da história do marketing.

A explosão das tecnologias de marketing a que assistimos nos últimos dez anos, mais ou menos, mostrou que essa disrupção continua em ritmo acelerado. No relatório *Martech: 2020 and beyond*, a BDO (rede internacional de empresas de contabilidade pública, consultoria e assessoria empresarial) avaliou o setor de tecnologia em marketing do Reino Unido e dos EUA em 65 bilhões de dólares — com um aumento significativo de 52 bilhões em 2018 — e o setor mundial de martech em aproximadamente 121,5 bilhões de dólares, representando um aumento anual de 22% (BDO, 2019).

Se essa disrupção representa uma oportunidade ou uma ameaça para você como profissional de marketing, depende bastante de sua perspectiva. Espero que o fato de você estar lendo este livro signifique que você a enxerga como uma oportunidade. A Figura 1.1 mostra o que os entrevistados desse relatório acreditam ser as oportunidades mais interessantes para seus negócios durante os próximos três anos.

Nota ao leitor: Confira a "tétrade dos efeitos da mídia" de McLuhan; é uma boa maneira de analisar a integridade de todas as mídias novas. https://en.wikipedia.org/wiki/Tetrad_of_media_effects (arquivado em: https://perma.cc/JY9X-PMVC)

FIGURA 1.1 Os entrevistados do relatório da BDO dizem quais seriam as oportunidades mais interessantes para suas organizações daqui a três anos

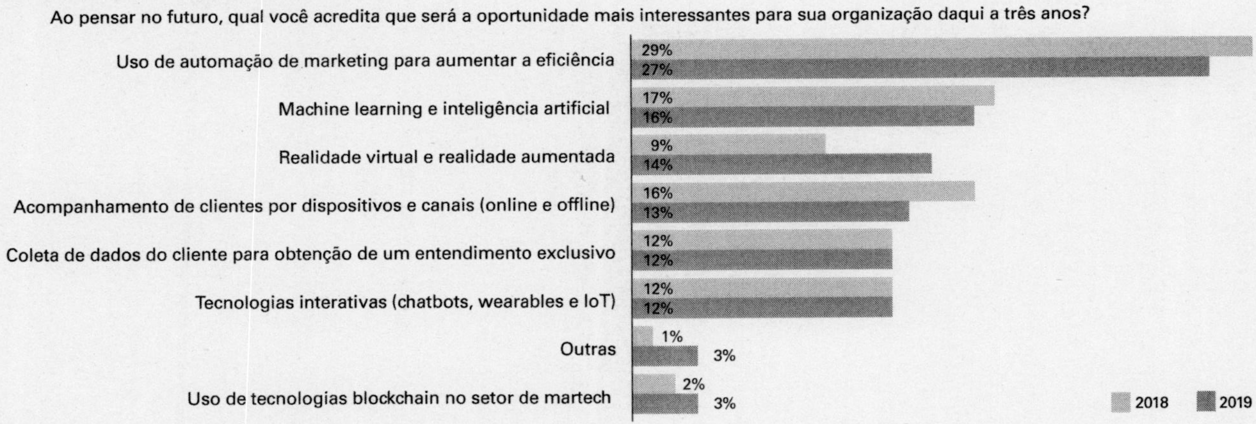

FONTE: BDO LLP

A primeira rede de comunicação mundial: "a estrada do pensamento"

Para entender o crescimento expressivo da internet, precisamos olhar para trás e ver como as primeiras tecnologias de comunicação evoluíram para a rede mundial de computadores interconectados que hoje chamamos de internet. A história da comunicação eletrônica começa com o telégrafo, uma rede de comunicação que cresceu de forma rápida em todo o mundo, permitindo a comunicação entre pessoas à distância de uma forma que parecia quase mágica, e mudou o mundo para sempre.

Tom Standage, em seu livro *The Victorian Internet* [A internet vitoriana] (1998), usa o telégrafo como exemplo e traça paralelos surpreendentes entre o crescimento da primeira rede de comunicações eletrônicas do mundo e o crescimento da internet moderna. Standage descreve as origens do telégrafo e a busca por transmitir informações de um lugar a outro mais rapidamente nos dias em que a rapidez da comunicação dependia de um cavalo veloz e de um cavaleiro habilidoso:

> Em um dia de abril de 1746, no mosteiro da Grande Chartreuse, em Paris, cerca de duzentos monges se organizaram em uma grande fila indiana. Cada monge segurava a ponta de um fio de arame de cerca de 7,5 metros, ligando-o ao do colega ao lado. Juntos, os arames conectados dos monges formaram uma linha de mais de 1,5 quilômetro. Depois de concluída a fila, Jean-Antoine Nollet, um famoso cientista francês, pegou uma bateria antiga e, sem aviso prévio, conectou-a à linha de monges, dando a todos eles um forte choque elétrico.

Esses "monges elétricos" demonstraram, então, que a eletricidade poderia transmitir uma mensagem (mesmo que dolorosa) de um local para outro em um instante, e foi o começo de uma revolução na comunicação.

Em 1830, Joseph Henry (1797-1878), um famoso cientista norte-americano que se tornou o primeiro diretor do Instituto Smithsonian, levou o conceito ainda mais adiante. Ele demonstrou o potencial do eletroímã para comunicações à distância ao usar uma corrente elétrica em um cabo de 1,5 quilômetro para tocar uma campainha eletromagnética na outra extremidade. Samuel Morse (1791-1872), o inventor do código Morse, levou o conceito de Henry ainda mais adiante e fez dele um sucesso comercial: o telégrafo eletrônico.

Em 1842, Morse mostrou como um telégrafo funcionava para duas comissões parlamentares em Washington, e o congresso votou a favor de investir 30 mil dólares em uma linha telegráfica experimental entre Washington e Baltimore. Foi uma votação muito acirrada: 89 votos a favor do protótipo, 83 contra e 70 abstenções de congressistas que "evitavam ser responsáveis por gastar dinheiro público em uma máquina que eles não conseguiam entender".

Apesar da hesitação dos congressistas, a nova rede de comunicação foi um enorme sucesso. Ela se expandiu em uma velocidade impressionante: em 1850, havia quase 20 mil quilômetros de linha telegráfica cruzando os Estados Unidos; dois anos depois, o número havia dobrado, e a rede de linhas conectadas estava se espalhando rapidamente ao redor do mundo.

Essa nova rede de comunicação encantadora transmitia notícias no mesmo instante, não mais em semanas ou meses, como de costume. Ela conectava pessoas à distância de maneiras antes inconcebíveis, e muitos continuavam sem entendê-las.

Os governos tentaram e não conseguiram controlar esse novo meio de comunicação. Seus defensores disseram que era revolucionário e sua popularidade cresceu em um ritmo sem precedentes. Os jornais começaram a publicar notícias poucas horas depois do evento, em vez de semanas. Romances começaram a partir das linhas telegráficas, casais se casaram "online", apostadores usaram o novo meio de comunicação para trapacear em corridas de cavalos... Tudo isso mudou a maneira como os negócios eram conduzidos ao redor do mundo. Durante essa geração, o telégrafo mudou a estrutura da sociedade.

Parece familiar?

Um artigo do *The New York Times*, publicado na quarta-feira, dia 14 de setembro de 1852, descreve a rede telegráfica como "a estrada do pensamento"; não se trata de um grande trecho da "rodovia da informação" que temos em nossa rede de comunicação revolucionária dos tempos atuais. A revolução da comunicação provocada pelo telégrafo deve ter sido uma maior reviravolta cultural do que o crescimento expressivo da internet nos dias de hoje.

Pela primeira vez, as pessoas perceberam que podiam se comunicar quase instantaneamente mesmo estando em outros continentes e do outro lado do oceano. Elas sentiram uma sensação de proximidade, uma união que não era possível antes. O sistema telegráfico foi defendido por alguns como um prenúncio de paz e solidariedade: uma rede de comunicação ligada por um fio que acabaria unindo países, crenças e culturas de uma forma até então inimaginável. Outros, é claro, usaram a rede para travar uma guerra de forma mais eficiente. A imensa expansão de ideias e de sonhos que se seguiu deve ter sido muito surpreendente, e as oportunidades e o potencial de mudança também.

Para uma comunicação rápida e a longa distância, o telégrafo continuou sendo a única opção na cidade até 1877, quando dois inventores rivais lutaram para patentear primeiro uma nova tecnologia que viraria o mundo da comunicação eletrônica de cabeça para baixo. O nome de tecnologia: telefone; os inventores: Elisha Gray e Alexander Graham Bell. Eles apresentaram seus pedidos de patente com poucas horas de diferença, mas Bell ganhou a disputa e uma batalha jurídica hoje conhecida se seguiu.

As primeiras palavras transmitidas por um telefone foram pronunciadas por Bell, falando com seu assistente de pesquisa, Thomas Watson, na sala ao lado. Ele apenas disse: "sr. Watson, venha aqui, eu quero vê-lo".

As primeiras redes de comunicação

A história da internet começa de fato em 1957, com o lançamento do satélite Sputnik pela URSS. O evento indicou que os Estados Unidos estavam ficando atrás dos russos no que diz respeito à tecnologia, levando o governo norte-americano a investir fortemente em ciência e tecnologia. Em 1958, o Departamento de Defesa dos EUA criou a Agência de Projetos de Pesquisa Avançada (ARPA), estabelecida com um propósito específico: assegurar que os Estados Unidos se mantivessem à frente de seus rivais da Guerra Fria na corrida tecnológica acelerada.

Em agosto de 1962, um cientista da computação, Joseph Carl Robnett Licklider (1915-1990), vice-presidente da empresa de tecnologia Bolt Beranek and Newman, escreveu uma série de memorandos discutindo o conceito de uma "rede intergaláctica de computadores". De maneira surpreendente, as ideias revolucionárias de Licklider abrangiam praticamente tudo que a internet se tornou hoje.

Em outubro de 1963, Licklider foi nomeado chefe dos programas de ciências comportamentais e de comando e controle na ARPA. Durante seus dois anos de mandato, ele convenceu a agência da importância de criar redes de computadores e, embora tenha deixado a ARPA antes de começar a trabalhar em suas teorias, era essa a semente da Advanced Research Projects Agency Network (ARPANET), a precursora da internet.

Em 1965, pesquisadores conectaram um computador no Laboratório Lincoln do Instituto de Tecnologia de Massachusetts (MIT) a um computador da Força Aérea dos EUA na Califórnia. Pela primeira vez, dois computadores se comunicavam um com o outro usando informações por meio de pacote de dados transmitidos através de uma rede.

A ARPA (depois renomeada Defense Advanced Research Projects Agency, ou DARPA), disponível no site www.darpa.mil (arquivado em: https://perma.cc/T88M-W3GS) iniciou o projeto ARPANET em 1966, alegando que ele permitiria que os poderosos computadores do governo, de universidades e instituições de pesquisa dos Estados Unidos se comunicassem uns com os outros e compartilhassem valiosos recursos de computação. A IBM e outras grandes empresas de informática da época estavam céticas, alegando que a rede proposta pela ARPA não poderia ser criada.

A ARPA seguiu em frente com o projeto e, em 21 de novembro de 1969, os dois primeiros computadores foram conectados à recém-criada ARPANET, um na Universidade da Califórnia, em Los Angeles, e outro no Instituto de Pesquisa de Stanford. No dia 5 de dezembro do mesmo ano, a rede dobrou de tamanho, pois eles conectaram a ela outros dois computadores: um na Universidade da Califórnia, em Santa Bárbara; outro no departamento de artes gráficas da Universidade de Utah. A nova rede cresceu rapidamente. Em

1971, 15 instituições norte-americanas estavam conectadas à ARPANET, e em 1974 o número havia crescido para 46 e expandido para pontos no exterior, no Havaí, na Noruega e em Londres.

Você recebeu uma nova mensagem de e-mail

O e-mail apareceu pela primeira vez no início dos anos 1960. Ele permitia aos usuários de computadores mainframe enviar mensagens de texto simples para a caixa de entrada de outro usuário no mesmo computador. Porém, antes da ARPANET, ninguém havia pensado em enviar correio eletrônico de um usuário para outro através de uma rede.

Em 1971, Ray Tomlinson, um engenheiro que trabalhava na ARPANET, escreveu o primeiro programa capaz de enviar e-mail de um usuário de um computador host para a caixa de entrada de outro usuário de outro computador host. Para distinguir o e-mail usado na rede do e-mail local, Tomlinson decidiu adicionar o nome do computador host do usuário ao seu nome de usuário. Para separar os dois nomes, ele escolheu o símbolo @.

"Perguntam-me com frequência por que escolhi o 'arroba', mas o 'arroba' faz sentido", escreve Tomlinson em seu site. "O objetivo do símbolo (em inglês) era indicar um preço unitário (por exemplo, dez itens: @ US$ 1,95). Usei o arroba [que é chamado de 'at', em inglês] para indicar que o usuário estava 'em' algum outro host, não no computador local."

O e-mail, um dos serviços mais utilizados da internet (e uma das ferramentas mais essenciais para os profissionais de marketing online), foi concebido como uma ideia posterior do programador. Tomlinson criou o e-mail porque ele achava que "parecia uma boa ideia" na época: "Não havia nenhuma iniciativa para 'ir adiante e inventar o e-mail'. A ARPANET era uma solução à procura de um problema.

Um colega sugeriu que eu não contasse ao meu chefe o que havia feito porque o e-mail não estava em nossa declaração de trabalho".

Da ARPANET à internet

O termo "internet" foi usado pela primeira vez em 1974 pelo cientista da computação norte-americano Vint Cerf (comumente referido como um dos "pais da internet" e hoje um executivo sênior e Chief Internet Evangelist do Google). Cerf estava trabalhando com Robert Khan na DARPA para encontrar uma maneira de padronizar a comunicação entre diferentes computadores host, tanto dentro da crescente ARPANET como entre esta e outras novas redes de computadores. O protocolo de controle de transmissão (TCP) que definiram evoluiu para se tornar o protocolo de controle de transmissão/protocolo da internet (TCP/IP), que ainda hoje é usado para transmitir informações de um computador para outro através da internet.

Em 1983, a ARPANET começou a utilizar o TCP/IP, o que muitos consideram marcar o verdadeiro "nascimento" da internet tal como a conhecemos. Também naquele ano, o sistema de nomes de domínio (.com, .net etc.) foi inventado. Em 1984, o número de "nós" de rede ainda incipiente passou de mil e começou a crescer rapidamente. Em 1989, havia mais de cem mil hosts conectados à internet, e o crescimento continuou.

Fazendo conexões: o surgimento da web

Em 1989, Tim Berners-Lee, um desenvolvedor britânico que trabalhava na Organização Europeia para a Pesquisa Nuclear (CERN) em Genebra, propôs um sistema de cruzamento, acesso e recuperação de informações através da crescente internet, baseado em links com "hipertexto". O conceito de informação em hipertexto não era novidade e já estava sendo usado em programas particulares executados em computadores individuais ao redor do mundo. A ideia de vincular documentos armazenados em diferentes computadores através da crescente internet, no entanto, era bastante revolucionária.

Os tijolos para construir a rede mundial de computadores já estavam no lugar certo, mas foi a visão de Tim Berners-Lee que os uniu. "Eu só tinha que pegar a ideia do hipertexto e conectá-la ao TCP e às ideias do sistema de nome de domínio (DNS) e bingo! Uma rede mundial de computadores", comenta Berners-Lee no site do W3C (World Wide Web Consortium).

A primeira página da internet foi criada no CERN e foi ao ar em 6 de agosto de 1991. Ela continha informações sobre a nova rede mundial, como obter um navegador e como configurar um servidor web. Com o tempo, ela também se tornou o primeiro diretório da web, pois Berners-Lee mantinha uma lista de links para outros sites na página conforme eles apareciam.

A web: uma nova fronteira

Até aqui, a internet era dominada por especialistas em tecnologia e cientistas em instituições de pesquisa. No entanto, o advento da web mudou esse cenário, tornando a informação online acessível a um público muito mais amplo. O que aconteceu em seguida foi impressionante. Entre 1991 e 1997, a web cresceu a 850% ao ano, superando todas as expectativas. Com mais sites e pessoas participando da reunião online todos os dias, era apenas uma questão de tempo até que os profissionais de marketing inovadores e especializados em tecnologia começassem a perceber a web como um potencial lugar para transmitir suas mensagens.

Em meados dos anos 1990, houve uma explosão de novos negócios online geridos por empreendedores pioneiros, que aproveitavam o enorme potencial desse novo e interessante meio de comunicação e se esforçavam para mostrar seu trabalho nessa nova fronteira virtual. Em agosto de 1995, havia 18.957 sites online; em agosto de 1996, havia 342.081. Observe que enquanto este livro é escrito existem mais de 1,2 bilhão de sites online. Na verdade, o número exato é 1.295.973.827 (Netcraft, 2020), mas ele já terá mudado quando este livro for publicado.

O Vale do Silício estava repleto de capital de risco, pois os investidores apostaram muito dinheiro na internet: alguns com planos de negócios viáveis; outros com carismáticos fundadores que pegavam carona no que havia de predominante na web. Quase todo dia surgiam novos empreendimentos, vendendo todas as coisas possíveis, ou não vendendo absolutamente nada. Empresas iniciantes investiram muito e cresceram rapidamente sem pensar tanto nos lucros, apostando o futuro na construção de marcas online fortes que conquistariam os clientes. Os lucros viriam depois... ou pelo menos era o que pensavam. Algumas dessas empresas se tornariam nomes famosos em poucos anos; outras seriam esquecidas tão rapidamente quanto surgiram.

Era uma época agitada, quase eufórica. A internet havia recebido o toque de Midas: um negócio que tivesse .com em seu nome, aparentemente, conquistaria grandes feitos. As ofertas públicas iniciais (IPOs) das empresas "ponto com" criaram milhares de fundadores, tornando-os famosos e incentivando mais loucuras. Foi a época em que surgiram algumas das marcas online mais conhecidas hoje: sites como a Amazon, o Yahoo, o eBay... E, em setembro de 1998, o Google.

Boom, boom... bang!

Durante algum tempo, parecia que os dias felizes do final dos anos 1990 continuariam para sempre, que a bolha "ponto com" era impossível de estourar. Definido por investimentos especulativos e IPOs de alta tecnologia de elevada qualidade, o índice do Nasdaq continuou a disparar. Cada novo empreendimento de sucesso "ponto com" estimulava mais as ações do setor de tecnologia, enchendo um pouco mais a bolha. Em 10 de março de 2000, o índice Nasdaq atingiu uma alta de 5.132,52 no intraday antes de alcançar um recorde de fechamento de 5.046 pontos.

Depois disso, entrou em queda livre.

O que aconteceu com as ferrovias nos anos 1840, o rádio nos anos 1920 e os transistores eletrônicos nos anos 1950 finalmente atingiu o boom das "ponto com". Entre março de 2000 e outubro de 2002, cerca de 5 trilhões de dólares foram eliminados do valor de mercado das ações no setor de tecnologia. Os investimentos especulativos pararam subitamente, os capitalistas de risco se tornaram menos indiferentes com o próprio dinheiro, e as start-ups de alto risco com planos de negócios incipientes ficaram sem opções de financiamento. Como os lucros ainda eram um sonho distante, mesmo para start-ups de alto nível, os cofres logo começaram a esvaziar. Foi o fim da linha para muitas empresas.

Apesar da instabilidade econômica, tanto o índice da Bolsa de Valores quanto a fortuna das empresas de internet continuaram a cair até 2003 quando, de forma lenta e contínua, o cenário mudou e as coisas começaram a melhorar. Mesmo com alguns fechamentos, fusões e aquisições de alto nível após o colapso, a realidade é que, para o setor da internet como um todo, a inevitável "readaptação" teve um impacto positivo. Essencialmente, o terreno foi preparado: foi necessário se desfazer de inúmeros negócios inviáveis, mal concebidos e mal gerenciados, dando um choque de realidade naqueles que restaram. Sim, houve vítimas, mas em geral o setor ressurgiu mais forte, focado e otimista e, sobretudo, mais realista sobre o futuro.

Dois outros elementos essenciais ajudaram na recuperação e, até certo ponto, no interesse do público pela internet: a ascensão meteórica do Google — do relativo desconhecimento ao domínio mundial em termos de ferramentas de busca na internet — e a implantação acelerada do acesso à internet de alta velocidade e redes de banda larga para usuários residenciais.

As pessoas podiam encontrar o que procuravam online no mesmo instante e ter acesso ao que quisessem, quando quisessem, sem ter que passar pela frustrante experiência de uma conexão discada. Isso transformou a experiência online, que antes era uma curiosidade passageira e passou a ser uma ferramenta útil do dia a dia para um público de usuários muito mais amplo. Quanto mais pessoas usavam a internet, mais indispensável ela se tornava.

O tamanho dos maiores nomes do mercado da internet cresceu substancialmente em escala, poder e valor. Em fevereiro de 2016, ainda que brevemente, o Google tornou-se a empresa mais valiosa do mundo; por alguns momentos, ficou acima da Apple e fechou o dia com um valor superior a 533 bilhões de dólares.

O marketing digital se tornou a forma de marketing mais poderosa de todas, e essa é a sua verdadeira dimensão.

Transformação digital

A transformação digital é uma expressão muito usada e mal interpretada; uma rápida busca das palavras no Google resulta em inúmeros anúncios de empresas prometendo ajudar a transformar digitalmente seu negócio, mas há pouquíssimas empresas que podem se autointitular *digital first*. O que realmente significa transformação digital? Nas palavras de Forrester: "Não se trata apenas de tecnologia; trata-se de reinventar sua empresa." É muito fácil para uma empresa se autointitular "digital", mas apenas adotar um conjunto de tecnologias de marketing e torcer pelo melhor não é suficiente para dizer que sua empresa passou por uma transformação digital. A verdadeira transformação digital refere-se à mudança organizacional e de mindset necessária para ser uma empresa *digital first*, "com a rapidez e agilidade necessárias para mudar ou introduzir novos produtos e experiências rapidamente, explorar a tecnologia para criar operações lean e deixar as pessoas livres para realizarem tarefas mais complexas que agregam valor" (Forrester, 2020).

A transformação digital requer uma mudança de cultura e de estrutura organizacional. Uma empresa transformada digitalmente garantirá que a tecnologia seja totalmente integrada e utilizada em todos os departamentos. Os dados serão integrados e não ficarão em silos inacessíveis. Uma empresa transformada digitalmente recrutará talentos, bem como treinará o pessoal existente para preencher quaisquer lacunas de conhecimento e competências. A seguir, na visão dos especialistas, Trenton Moss explica o que a transformação digital realmente significa para uma empresa e analisa a ascensão e queda do diretor executivo de dados (CDO).

VISÃO DOS ESPECIALISTAS

A ascensão e a queda do diretor executivo de dados

Contribuição de Trenton Moss, líder coach da Team Sterka

A transformação digital começou a ganhar força no início da década de 2010 e a função de diretor executivo de dados (CDO) começou a surgir cada vez mais em empresas.

Digital trata-se basicamente de cultura, processos e formas de trabalho. Em geral, a função do CDO ("colocar em prática" uma transformação digital) é fazer com que determinado negócio imite a cultura, os processos e as formas de trabalho das empresas criadas na era digital. Não é uma tarefa simples.

No entanto, parece (embora seja estranho) que o número de CDOs está diminuindo aos poucos. Veja algumas razões pelas quais isso pode estar acontecendo.

1. NINGUÉM ENTENDE DE FATO O QUE UM CDO FAZ

Para um CDO, explicar o que ele faz de fato aos colegas seniores ocupados, que pensam que é apenas administrar um site, pode ser desafiador. Na verdade, o CDO é responsável por:

- Redefinir como uma empresa fornece produtos e serviços a seus clientes.
- Melhorar as operações comerciais e modernizar as formas de trabalho.
- Usar tecnologia e automação (quando necessário) para otimizar a experiência do cliente.

Portanto, o cargo deveria se chamar diretor executivo de modelo operacional-alvo (nome cativante, não é?), mas então...

- Geralmente, os modelos operacionais estão sob a alçada do diretor de operações (COO).

- As pessoas encarregadas tanto do RH como das instalações não deveriam se apropriar das "formas de trabalho"?
- O diretor de marketing (CMO) desejará ser informado, pois o que o CDO faz terá um impacto direto nas comunicações aos clientes potenciais e existentes (o que se enquadra nas funções do CMO).
- Na maioria das vezes, trata-se de utilizar a tecnologia como uma facilitadora, o que o diretor de tecnologia (CTO) ou o diretor de tecnologia de informação (CIO) já fazem.

Em qualquer cargo, as chances de sucesso são maiores se você tiver funções e responsabilidades muito bem definidas. Mas apenas o CDO não basta: é crucial ter o apoio de um CEO para que tudo aconteça de maneira adequada.

2. VOCÊ É IGNORADO COM FREQUÊNCIA E NÃO GARANTE UM ORÇAMENTO

Os CEOs tendem a ser superentusiasmados ao nomear CDOs pela primeira vez ("Precisamos ser digitais! Precisamos ser disruptivos! Precisamos ser a Uber do nosso setor!"), mas, quando a solução mágica da mudança não acontece de um dia para o outro, o foco tende a voltar à luta diária e aos negócios, como de costume.

Garantir um orçamento não é novidade, mas, para um CDO encarregado da transição de uma empresa para um futuro modelo operacional, as coisas podem ficar bastante difíceis. Considere os seguintes cenários reais que ouvi de alguns CDOs:

- O CIO disse que são necessários 50 milhões de libras para impedir o fracasso do centro de TI da empresa e que, sem ele, a empresa deixará de funcionar.
- O negócio gasta normalmente milhões de libras em publicidade na TV, e o CMO continua assustando o CEO e o diretor financeiro (CFO) com os piores cenários possíveis caso isso mude.
- As atividades do COO estão sendo alvo de redução de custos, em conflito com o que o CDO está tentando fazer.

Não importa o quanto um CEO acredita em sua visão de futuro digital, convencê-lo a assinar um orçamento e fazer com que outros principais executivos cooperem (quando isso não os ajuda a atingir seus objetivos) pode ser algo difícil.

3. AFINAL, É UMA FUNÇÃO TEMPORÁRIA

O termo "digital" provavelmente não existirá mais nos próximos anos, pois os modelos operacionais "digitais" simplesmente se tornarão modelos operacionais de negócios. E, quando isso acontecer, o diretor executivo de dados (que na verdade é o diretor executivo de modelo operacional-alvo, lembre-se) não terá muito o que fazer. Afinal, as empresas modernas nascidas na era digital não têm ninguém que domine o digital.

Se sua função envolve conduzir uma mudança em determinado negócio, então essa incumbência não existirá mais no momento em que o sucesso for alcançado. Então, qual será o papel dos CDOs? Aos poucos, as atribuições desses profissionais estão mudando para:

- Diretor de produtos (CPO): depois que um modelo operacional evoluído esteja funcionando (normalmente com equipes focadas no produto), é necessário um profissional para executá-lo.
- Diretor de experiência (CXO): responsável por todos os pontos de contato do cliente, do marketing até o produto e a retenção de clientes.
- CEO em outra empresa: sua função de CDO abrange muito mais áreas do negócio do que a de principais cargos executivos, portanto, são inúmeras responsabilidades importantes em jogo.
- Às vezes, um CDO em outra empresa, esperando que conduzir a mudança dessa vez seja um pouco mais fácil do que antes (muitas vezes, não é).

4. É UM POUCO VERGONHOSO AINDA RECRUTAR UM CDO

A função de diretor executivo de dados é temporária, conduzindo uma mudança de cultura, processos e formas de trabalho em uma empresa, seguindo o exemplo das organizações nascidas na era digital. E, depois de feita essa mudança, ou pelo menos de encaminhar o empreendimento para a direção certa, tal função pode se tornar desnecessária.

Recrutar um CDO em 2020 é quase admitir a todos que:

- Seu negócio está tão atrasado que nem está indo na direção certa;
- Os principais diretores da sua empresa ainda não entendem o que é necessário para sobreviver e prosperar a longo prazo no mundo digital.

Em vez de recrutar um CDO, sua empresa pode ensinar os principais diretores a usar melhor os modelos operacionais digitais e as formas de trabalho.

Chega de tecnologia: vamos falar de pessoas

Caso você não tenha conhecimento técnico, o mundo do marketing digital pode parecer um pouco assustador no início. Toda essa tecnologia deve ser bastante complicada, certo? Não necessariamente.

Um dos pontos mais importantes para se lembrar se você for novo no marketing digital é: o marketing digital não se trata de tecnologia, mas de pessoas. Nesse sentido, é semelhante ao marketing tradicional: trata-se de pessoas (profissionais de marketing) que se conectam com outras pessoas (clientes) para desenvolver relacionamentos e, por fim, aumentar as vendas.

A tecnologia apenas oferece ao profissional de marketing plataformas novas e interessantes que permitem a conexão com pessoas de maneiras cada vez mais diversas e relevantes. O marketing digital tem a ver com uma profunda compreensão sobre pessoas e seus comportamentos — como elas estão usando essa tecnologia e como você pode aproveitar isso ao máximo para engajar de maneira mais eficaz. É necessário aprender a usar as ferramentas à sua disposição, mas compreender as pessoas é a verdadeira chave para aproveitar o potencial do marketing digital.

FIGURA 1.2 Distribuição mundial dos 4,5 bilhões de internautas por região (de acordo com o Internet World Stats, em março de 2020)

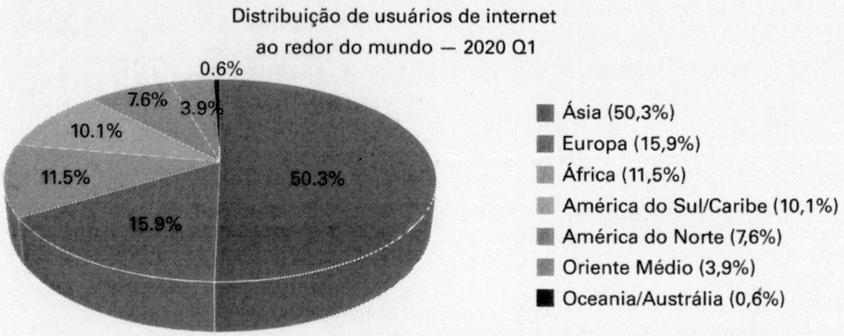

Fonte: Internet World Stats (www.internetworldstats.com/stats.htm; arquivado em: https://perma.cc/428P-ASJN); com base em: 4.574.150.134 usuários da internet em 3 de março de 2020; © 2020, Miniwatts Marketing Group.

Um mercado enorme e em crescimento

Embora as empresas de internet tenham sofrido danos financeiros e ficado com a reputação prejudicada devido ao estouro da bolha "ponto com", a internet nunca parou de crescer, tanto em termos do número de sites quanto do número de pessoas com acesso à internet, do ponto de vista do marketing. Em março de 2000, quando a bolha "ponto com" estourou, estimava-se que havia 304 milhões de pessoas no mundo com acesso à internet. Em março de 2003, esse número havia dobrado para 608 milhões, e, em dezembro de 2005, a população mundial online passou de um bilhão. Em março de 2020, o número era de 4,5 bilhões de pessoas (Internet World Stats, 2019). É mais da metade da população mundial, e ainda está crescendo (ver Figura 1.2.).

Como a população online mundial e local aumentou consideravelmente, a penetração da banda larga também cresceu. Isso significa que não só há mais pessoas online, como também elas estão conectadas com mais frequência, por períodos mais longos, fazendo muito mais coisas nesse tempo. Ou seja, a penetração de canais digitais está crescendo de forma acelerada no mercado. Conforme o público potencial cresce, o mesmo acontece com o interesse pelo marketing digital. Os profissionais de marketing do mundo inteiro estão atentos, e as grandes marcas estão levando a sério a internet e outros canais de marketing digital: tirando o escorpião do bolso e aumentando os investimentos com publicidade.

Em outubro de 2019, a WARC previu que os investimentos com publicidade mundial cresceriam 6% em 2020, ou seja, para 656 bilhões de dólares, e que a publicidade digital representaria, pela primeira vez, mais da metade de 336 bilhões de dólares (Williams, 2019). A WARC detalhou que, sem o Google, o Facebook e a Amazon, o investimento mundial em publicidade é estável:

> Os formatos da internet juntos representarão mais da metade do investimento mundial em publicidade pela primeira vez em 2020. A rede social, o mecanismo de busca e os vídeos online são quase um sinônimo para Facebook, Google e YouTube (do conglomerado Alphabet)... O que esse "triopólio" representa na publicidade é claro: o investimento dos anunciantes fora dessas plataformas tem sido estável ou decrescente desde 2012 (WARC, 2019).

Os números divulgados em 2019 pela pesquisa conjunta do Internet Advertising Bureau UK (IAB UK) e PricewaterhouseCoopers (PwC) mostram que os investimentos totais com anúncios digitais no Reino Unido cresceram para 7,3 bilhões de libras no primeiro semestre de 2019, o que representa um aumento de 13%:

> Exibição de vídeos e busca foram os maiores motores de crescimento entre janeiro e junho de 2019, de 27% e 13%, respectivamente... Outros formatos sem vídeo continuam sendo o maior formato de exibição (até 8% ao ano, atingindo 1,45 bilhão de libras), mas os formatos de vídeo estão crescendo rapidamente (até 27% ao ano, atingindo 1,32 bilhão de libras) (IAB UK, 2019).

Enquanto isso, de acordo com as previsões da Zenith Media para 2020, o investimento mundial em publicidade crescerá 4,3% em 2020, com os vídeos online e as redes sociais sendo os canais digitais de maior crescimento entre 2019 e 2022, crescendo, respectivamente, uma média de 16,6% e 13,8% ao ano (Zenith Media, 2019).

Apresentação do consumidor 2.0

A menos que você estivesse se escondendo em uma caverna nas Hébridas Exteriores desde 2004, conhecerá a Web 2.0. Os profissionais mais experientes da web são muito conhecidos, mas o que isso significa?

Vamos começar com o que a Web 2.0 não é: uma nova versão da Web 1.0. A Web 2.0 não é uma revolução na tecnologia; é uma evolução na maneira como as pessoas usam a tecnologia. Trata-se de aproveitar o potencial de colaboração da internet para se conectar e se comunicar com outras pessoas de pensamento semelhante, onde quer que estejam: criando comunidades e compartilhando conhecimentos, pensamentos, ideias e sonhos.

Caso já tenha compartilhado fotos no Instagram, lido um blog e comentado nele, procurado amigos no Facebook, assistido a um clipe no YouTube, se comunicado com um grupo de amigos ou familiares no WhatsApp, feito a dublagem de uma música no TikTok ou enviado uma mensagem pelo WeChat, então você usou as tecnologias da Web 2.0.

De repente, parece que fomos bombardeados com a versão 2.0 de tudo e mais um pouco, pois diferentes setores da sociedade procuram demonstrar que eles são atuais e evoluídos. Há Negócios 2.0, Governo 2.0, Educação 2.0, Carreiras 2.0 e, é claro, Marketing 2.0. Bem, sem querer extrapolar, gostaria de apresentar a você o novo e melhorado Cliente 2.0.

Era uma vez, os clientes estavam bastante satisfeitos ao sentar-se em frente a meios de transmissão passivos, aceitando o que estivesse sendo vendido pelos editores e produtores de programas. Sim, havia uma escolha: você podia comprar um jornal diferente, ouvir uma estação de rádio diferente ou escolher um canal diferente, mas a decisão final, em termos de conteúdo disponível, era de outra pessoa.

Depois veio a web e mudou todas essas regras. Hoje, com a Web 2.0, banda larga e conteúdos ricos em mídia, os clientes estão no controle como nunca. Eles estão mais bem informados e podem escolher o assunto que quiserem, quando quiserem, da maneira que quiserem. Podem até criar o conteúdo e compartilhá-lo com os amigos, colegas e com o mundo, e de graça. Os analistas da Jupiter Research identificaram sete principais maneiras de como a adoção cada vez mais comum da tecnologia está influenciando o comportamento do cliente:

- *Interconectividade*: a tecnologia digital em rede permite que os clientes se conectem mais facilmente entre si, seja por e-mail, aplicativos de mensagens instantâneas ou redes sociais, tais como Facebook, Twitter e LinkedIn, ou muito provavelmente uma combinação de todas essas plataformas. Os clientes estão interagindo com pessoas que pensam da mesma maneira em todo o mundo, sem se preocupar com o fuso horário ou a localidade. A interação entre eles reforça as redes sociais e constrói novas comunidades virtuais.

- *A tecnologia está permitindo comparar as informações*: com a tecnologia digital, o conteúdo pode ser criado, publicado, acessado e consumido de maneira rápida e fácil. Como resultado, o alcance das notícias, opiniões e informações disponíveis para os clientes é mais amplo e profundo do que nunca. Os clientes podem conduzir as próprias pesquisas, comparando produtos e serviços antes de comprar. Conhecimento é poder... e a tecnologia digital está fazendo com que o poder esteja a favor do cliente.
- *Os filtros por relevância estão aumentando*: com o excesso de informação disponível aos clientes digitais, eles estão, por necessidade, aprendendo a filtrar o que é relevante para eles e a ignorar qualquer coisa que considerem irrelevante. Cada vez mais, os clientes digitais procuram ter suas informações agregadas, categorizadas e fornecidas (seja pelo e-mail ou pelos feeds RSS, uma forma de recuperar automaticamente publicações/artigos atualizados de um site). Eles usam recursos de personalização para bloquear conteúdo irrelevante e empregam soluções de software para excluir mensagens comerciais não solicitadas.
- *Os nichos estão aumentando*: a quantidade e a diversidade de conteúdo online permitem que os clientes participem de grupos com interesses específicos e hobbies semelhantes aos seus. Pessoas que pensam da mesma forma se reúnem online; a população de clientes está se fragmentando em grupos de nicho cada vez menores, com exigências cada vez mais individuais.

- *A microedição de conteúdo pessoal está despontando*: a natureza interativa e interconectada das mídias digitais permite que os clientes se expressem online. Publicar o próprio conteúdo custa apenas um pouco de tempo e imaginação, seja por meio de fóruns de discussão, formulários de feedback, plataformas de votação, galerias de fotos pessoais ou blogs. Os usuários estão publicando suas opiniões online para que todos possam ver e consultando a opinião dos colegas na web antes de tomar decisões de compra. Com que frequência você verifica uma avaliação online antes de reservar uma mesa em um restaurante desconhecido, agendar um final de semana em um hotel ou até mesmo comprar um carro novo?
- *Ascensão do "prosumer"*: os clientes online estão se envolvendo cada vez mais na criação dos produtos e serviços que compram, mudando o equilíbrio de poder do produtor para o cliente. Eles informam os produtores sobre o que querem de maneira muito clara: o nível de interação entre produtor e cliente é enorme. As pessoas estão mais envolvidas na especificação, criação e personalização de produtos de acordo com suas necessidades, e são capazes de moldar as experiências e comunicações fornecidas pelos produtores. Os conceitos tradicionais de produção e marketing em massa estão se tornando cada vez mais ultrapassados.
- *Sob demanda — a qualquer hora, em qualquer lugar*: à medida que a tecnologia digital se torna mais onipresente na vida das pessoas, a aceleração dos processos comerciais também cresce, o que significa que os clientes podem satisfazer suas necessidades de maneira mais fácil, rápida e com menos obstáculos. Na economia digital, pequenas preocupações como o horário, a geografia, a localidade e o espaço de armazenamento físico estão se tornando irre-

levantes. É um mundo em que a satisfação é quase instantânea e, quanto mais os clientes ficam satisfeitos, mais eles querem... agora, agora e agora!

Para os profissionais de marketing, essa evolução do mercado e a mudança no mindset do cliente anunciada por ela trazem uma infinidade de novos desafios. Um dos mais importantes é o surgimento das fake news (ou desinformação), que têm desempenhado um papel essencial no desafio de se comunicar com o cliente 2.0. No capítulo 7, veremos o surgimento de fake news e seu impacto na segurança da marca. Além disso, há a necessidade de as empresas estarem atentas às inúmeras desinformações na internet e de garantirem que qualquer conteúdo compartilhado com seu público seja de uma fonte confiável.

Conforme os clientes usam cada vez mais novas formas de comunicação, apropriam-se mais das informações e entretenimento que consomem e se agregam em comunidades online cada vez mais específicas, os profissionais de marketing devem usar novas formas de *engajamento*. E o primeiro passo dessa jornada é entender o que é marketing digital.

E é disso que se trata o restante deste livro.

ESTUDO DE CASO (SSE)

A SSE fornece eletricidade e gás a milhões de residências e empresas em todo o Reino Unido e Irlanda e é uma das "seis gigantes" do Reino Unido.

LOCALIZAÇÃO

Reino Unido e Irlanda

DESAFIO

A Inviqa (antiga Webcredible) começou a trabalhar com a equipe digital da SSE para desenvolver suas capacidades de design de experiência e apoiar seu programa de transformação digital a fim de:

- otimizar as taxas de conversão por meio de jornadas de usuários-chave;
- transformar as capacidades digitais internas;
- implementar na organização o design centrado no usuário.

Os objetivos da Inviqa eram os seguintes:

1 Conduzir pesquisas contínuas para validar o trabalho de design colaborativo, garantindo que a SSE pudesse expandir o negócio digitalmente e atender às necessidades novas e existentes dos clientes.
2 Atuar como uma parceira estratégica, ajudando a gerenciar o plano de ação digital enquanto orientava e capacitava as equipes de SSE a seguirem as melhores práticas de experiência do usuário e a se tornarem mais eficientes.
3 Mudar a maneira como a SSE fornece produtos digitais, abandonando pequenos projetos táticos para realizar sprints de design bem-executados em colaboração com as equipes comerciais e técnicas.
4 Liderar os projetos da equipe, ajudando a agilizar e melhorar os resultados do design e fornecendo recursos adicionais.

Alinhada com os objetivos comerciais da SSE, a Inviqa concentrou seu trabalho na aquisição de novos clientes, na mudança de canais para pontos de contato digitais e na retenção de clientes existentes.

PÚBLICO-ALVO

Clientes residenciais de energia elétrica e gás no Reino Unido.

AÇÃO

A Inviqa trabalhou todas as semanas na empresa, ao lado da equipe da SSE, para se tornar verdadeiramente integrada ao departamento digital. Isso permitiu à equipe entender melhor e influenciar mais nas formas de trabalho da organização.

Veja um resumo do que a Inviqa fez ao longo de três anos:

1 organizou workshops com os stakeholders para estabelecer e desenvolver objetivos comerciais e KPIs;

2 avaliou a SSE quanto à maturidade digital para criar oportunidades de desenvolvimento de suas equipes;

3 trabalhou ao lado da equipe para gerenciar e apoiar um roteiro de projetos táticos, realizando diversas pesquisas para fornecer insights práticos sobre: a) o site da aquisição; e b) a área de contas online;

4 introduziu e executou sprints de design colaborativos, trabalhando ao lado da equipe de projeto e dos stakeholders empresariais para passar por fases de pesquisa de descoberta, concepção, testes de guerrilha, prototipagem e testes de usabilidade;

5 ajudou a desenvolver estratégias para o programa de testes A/B e testes multivariados da SSE;

6 desenvolveu personas para representar os clientes e ajudou a incorporá-las no negócio, com base nas várias sessões de pesquisa de usuário realizadas;

7 treinou e orientou a equipe de projetos em todos os aspectos da experiência do usuário;

8 trabalhou em colaboração para desenvolver uma biblioteca de padrões de design para melhorar a consistência do design entre os produtos e tornar a equipe SSE mais eficiente.

O trabalho que a Inviqa fez com a SSE ajudou a mudar a cultura, implementar o design de experiência do usuário e melhorar a eficiência para impulsionar a transformação digital. Isso permitiu o fornecimento bem-sucedido de uma série de produtos centrados no usuário, dentre eles:

- um serviço de cadastro acessível para todos;
- um novo aplicativo centrado no usuário para os clientes.

PROJETANDO UM SERVIÇO ACESSÍVEL PARA TODOS

Com uma carteira de clientes idosos, a SSE oferece um design inclusivo e trabalha arduamente para fornecer um serviço acessível a todos os clientes.

As jornadas de cadastro online da SSE foram as experiências mais importantes e úteis para os usuários no site da empresa. Por isso, a Inviqa e a SSE utilizaram uma série de projetos de design, com jornadas de cadastro de alto nível, para dar início à jornada de acessibilidade da organização.

Essas iniciativas trouxeram a oportunidade ideal para revisar por completo os padrões de design digital e do guia de estilo da organização para garantir que a acessibilidade estivesse presente em tudo.

O design para todos foi a mensagem principal comunicada através dos novos princípios de design, o que resultou em mudanças significativas nas cores principais e na hierarquia de cores da marca para atender às diretrizes de contraste de acessibilidade.

Depois de implementar os novos princípios de design e outras medidas técnicas e de usabilidade identificadas em uma auditoria de acessibilidade específica, a SSE se propôs a realizar testes de acessibilidade com clientes reais para proporcionar mais oportunidades de melhoria.

Dessa forma, a organização está estabelecendo, com sucesso, uma cultura de acessibilidade, assegurando que esta seja incorporada aos designs de produtos e ensinando aos stakeholders internos sobre a importância de atender às necessidades de acessibilidade dos clientes.

UM NOVO APLICATIVO CENTRADO NO USUÁRIO PARA OS CLIENTES

A SSE estava interessada em criar um aplicativo que facilitasse aos usuários fazer leituras precisas dos medidores e acessar facilmente suas contas e informações sobre o uso de energia.

A Inviqa apresentou o design do produto e o processo de teste de usabilidade, que incluiu:

- um workshop inicial sobre priorização de recursos;
- cinco sprints de design, incluindo um discovery sprint inicial que avaliava outros aplicativos (tanto dentro do mercado de energia como fora dele);
- três pesquisas de usuário;
- uma auditoria de acessibilidade.

A SSE agora tem um aplicativo abrangente que facilita a seus clientes o acesso a todas as informações essenciais e o envio das leituras do medidor.

Um de nossos recursos favoritos é a leitura automática do medidor. Os clientes apontam o celular para o medidor, que acende automaticamente a lanterna para deixar a imagem mais clara. O aplicativo, então, faz a leitura automática.

RESULTADOS

Além de grandes melhorias de desempenho digital, as equipes da Inviqa e da SSE foram bem-sucedidas nos seguintes aspectos:

- Transformaram as capacidades digitais internas
- Implementaram o design centrado no usuário, incluindo a criação de um laboratório interno de testes para usuários
- Aumento de 200% nas taxas de conversão para a aquisição de telecomunicações, especificamente
- Aumento de 60% para a aquisição de energia
- Realizaram pesquisas específicas sobre acessibilidade e treinaram as equipes principais (desenvolvimento, design, UAT e conteúdo) nesse quesito
- A Inviqa ajudou a SSE a projetar e lançar seu primeiro aplicativo, com os seguintes resultados nos seis primeiros meses:
  - Número de downloads: 136.500 tanto no Android quanto no iOS
  - Visualização de telas: 874.198
  - Downloads de contas: 88.450
  - Leituras dos medidores: 26.353
  - Classificação: Android (4,8 estrelas), iOS (4,7 estrelas)

Ao longo dos últimos três anos, a Inviqa ajudou a transformar a forma de trabalho da equipe digital, fazendo a SSE deixar de lado projetos pequenos e táticos para focar na entrega e no design centrados no usuário, com colaboração de diferentes áreas do negócio.

A partir do compromisso da Inviqa com a SSE, o perfil da equipe digital dentro da empresa se tornou mais visível e demonstrou o verdadeiro valor do design de experiência.

COMENTÁRIO

Com a ajuda da Inviqa, fomos capazes de repensar nossas principais jornadas de cadastro e proporcionar uma experiência superior ao usuário. Demonstramos o valor que a visão e a experiência do cliente trazem para a SSE.

Chris Golding, gerente de UX da SSE

LINK PARA A CAMPANHA:

https://sse.co.uk/my-sse-app (arquivado em https://perma.cc/F5VQ-RU7H)

Sobre a criadora

Zoe Kelleher é a diretora de experiência da Inviqa, uma empresa de consultoria de transformação digital sediada em Londres. A Inviqa trabalha com clientes para ajudá-los na transformação digital por meio de consultoria, design de experiência, tecnologia e treinamento.

Agradeço a todos os membros das equipes da SSE e da Inviqa (antigamente Webcredible), que ajudaram a firmar uma parceria de sucesso e levar os planos da SSE DT adiante.

02

Definição da estratégia de marketing digital

O QUE ESPERAR DESTE CAPÍTULO

Até o final deste capítulo, você terá respostas para as seguintes perguntas:

- O que é uma estratégia de marketing digital e por que eu preciso ter uma?
- Como posso saber se o marketing digital é adequado para o meu negócio?
- Como desenvolver uma estratégia de marketing digital?
- Meus clientes estão prontos para o marketing digital?

Por que você precisa de uma estratégia de marketing digital

Por que você precisa de uma estratégia de marketing digital? A resposta é simples: porque, sem ela, você perderá oportunidades e negócios. O desenvolvimento de uma estratégia de marketing digital lhe ajudará a tomar decisões fundamentadas sobre sua incursão nessa área e garantirá que seus esforços estejam concentrados em elementos do marketing digital mais relevantes para seu negócio. É uma primeira etapa fundamental para entender como o mercado digital em constante evolução se relaciona com você e como ele afeta a relação entre seu negócio ou marca e seus clientes e potenciais clientes.

Não importa qual seja seu negócio, é seguro afirmar que o crescimento de seu público-alvo depende diariamente da tecnologia digital para pesquisar, avaliar e comprar os produtos e serviços que consome. Sem uma estratégia coerente de engajamento e retenção por meio de canais digitais, seu negócio pode, na melhor das hipóteses, perder uma oportunidade única e, na pior das hipóteses, ficar atrás dos concorrentes, afastando-se de uma divisão digital cada vez maior.

Diferente das formas convencionais de marketing de meios de comunicação de massa, a internet é a única que consegue ampliar o alcance de seu marketing e, *ao mesmo tempo*, segmentar o público. Usando canais digitais, é possível ir além das limitações de localidades e fusos horários para se conectar com um público muito mais amplo. Ao mesmo tempo, a tecnologia digital permite aprimorar sua mensagem de marketing com bastante precisão a fim de segmentar nichos muito específicos em um mercado mais amplo. Se implementada de maneira eficaz, ela pode ser uma combinação de ferramentas poderosíssima.

Afirma-se com frequência que hoje são os clientes que controlam a internet mais do que nunca. No entanto, é importante lembrar que a internet também fornece um conjunto variado de ferramentas, técnicas e táticas que permitem aos profissionais de marketing alcançar e engajar com esses mesmos clientes. O conjunto de ferramentas é cada vez maior. No Capítulo 1, vimos o crescimento significativo anual do setor de Martech em termos de valor (BDO, 2019). Isso é afirmado por pesquisas feitas anualmente por Scott Brinker, o editor do blog *Chief Marketing Technologist*. Em 2011, Brinker criou pela primeira vez um Infográfico de Tecnologia de Marketing para dar uma visão geral das ferramentas de tecnologia de marketing e dos diferentes players de mercado. Naquela época, o infográfico mostrou cerca de 150 ferramentas. Desde então, um infográfico é lançado anualmente, e agora ele é chamado de "supergráfico" devido ao número de ferramentas identificadas e ao seu significado como referência conhecida no setor. O infográfico de 2020 mostra o impressionante número de oito mil ferramentas, que corresponde a 13,6% de crescimento por ano (Martech Alliance, 2020). O cenário de marketing nunca foi tão desafiador, dinâmico e diversificado.

Com a diversidade de ferramentas, surgem maneiras interessantes e novas de coletar e usar dados de clientes. As ferramentas e tecnologias permitem aos profissionais de marketing enviar mensagens hiperpersonalizadas na hora certa e no lugar certo. Isso aumenta as chances de os clientes visualizarem essas mensagens de marketing e tomarem ações esperadas pelas empresas, seja clicando em um link, respondendo a uma pesquisa ou comprando delas. Entretanto, a crescente disponibilidade de dados aumenta também a responsabilidade de usar e armazenar esses dados de acordo com a legislação vigente. A introdução do Regulamento Geral sobre a Proteção de Dados (GDPR) sob a lei da União Europeia (UE) e a Lei de Privacidade do Consumidor da Califórnia (CCPA) nos Estados Unidos conscientizou os clientes sobre o valor de seus dados, chamando a atenção para a "troca de valor de dados". Se os clientes assinalam uma caixa de seleção e concordam em disponibilizar dados pessoais, eles podem receber marketing personalizado e relevante. Entretanto, se optarem por não fornecer esses dados, é provável que as mensagens de marketing recebidas sejam irrelevantes para eles. Falta saber se os clientes fornecem os dados com mais facilidade conforme começam a perceber isso. A internet tem colocado os clientes no controle como nunca, e a legislação está cada vez mais os colocando no controle de como as organizações usam e armazenam os dados. A conformidade dos dados pessoais é um desafio a mais para o profissional de marketing, mas é crucial que ela seja a base de sua estratégia de marketing digital e que auditorias em banco de dados adequadas sejam colocadas em prática.

Este é o ponto principal da necessidade de ter uma estratégia de marketing digital coesa. Caso queira aproveitar o poder do marketing digital para impulsionar seu negócio online, você precisa conhecer profundamente seu mercado, como seus clientes estão usando a tecnologia digital e como seu negócio pode utilizar melhor essa mesma tecnologia para construir relações duradouras e gratificantes com eles, enquanto otimiza a experiência entre você e seus clientes. Neste capítulo, Brad Smith lista 52 perguntas que devem ser feitas ao seu negócio ou a fornecedores potenciais antes de investir no setor de Martech. Não é uma decisão nada simples e muitas considerações devem ser levadas em conta antes.

Como os canais digitais continuam a ampliar as possibilidades para nós, profissionais de marketing, eles aumentam a complexidade de qualquer campanha de marketing digital. Ter uma estratégia claramente definida ajudará a manter seu foco, garantirá que suas atividades de marketing estejam sempre alinhadas com seus objetivos comerciais, que você esteja segmentando e engajando as pessoas certas e, sobretudo, que sua empresa esteja em conformidade com a legislação vigente.

Seu negócio e o marketing digital

Se o marketing digital é adequado para seu negócio, ou não, depende muito da natureza dele, de onde ele está no momento e onde você quer que ele chegue no futuro. Por exemplo, se você for um produtor de leite na área rural da Irlanda, tiver um contrato fixo para fornecer leite à cooperativa local e não pretende diversificar e expandir seu negócio a cada ano, então o marketing digital provavelmente não é para você. Da mesma forma, se for um açougueiro local com uma carteira de clientes estabelecida no norte de Londres e apenas quiser manter o *status quo*, então talvez você também se saia bem sem o marketing digital.

Por outro lado, se for um açougueiro do norte de Londres procurando diversificar sua oferta de produtos e expandir seu negócio e quiser começar a vender seus produtos orgânicos para restaurantes e hotéis ao redor do país... bem, então, bem-vindo ao mundo do marketing digital.

Na verdade, existem pouquíssimas empresas hoje que não se beneficiariam de pelo menos algum tipo de marketing digital; seja apenas fornecendo um catálogo online simples contando às pessoas o que você faz ou enviando atualizações aos clientes existentes em uma newsletter por e-mail ou feed RSS.

Você pode gerenciar um negócio de decoração direto de casa vendendo almofadas bordadas à mão, ser um pequeno produtor artesanal de alimentos, ser um restaurador em ascensão ou gerenciar uma grande multinacional, grande parte de sua base de clientes já está online, e ela cresce mais a cada dia (ver Figura 2.1). Obviamente, quanto mais seu público-alvo depender desses canais online para suas necessidades de informação, pesquisa e compra, mais difícil será o marketing digital para o sucesso contínuo de seu negócio.

Marketing digital: sim ou não

Há apenas duas perguntas-chave que você precisa responder quando se trata de decidir se sua empresa precisa ou não de uma estratégia de marketing digital. Elas são:

1 *Meu público está/estará online?* Se seus clientes utilizam a tecnologia digital para pesquisar/comprar os produtos e serviços que você fornece, então é necessário adotar o marketing digital a fim de engajar com eles e retê-los. Caso contrário, é desnecessário. Simples assim. Apenas lembre-se de que, quando a próxima geração de clientes começar a se tornar sua nova clientela, é provável que eles exijam mais interação digital de seu negócio. Caso você não ofereça isso, eles podem optar por comprar em outro lugar.

2 *Meus produtos/serviços/marcas são adequados ao marketing digital?* Essa pode ser uma pergunta complicada, mas a resposta geralmente é sim. Seja qual for seu produto, serviço ou marca, se você souber que existe um público online viável para ele (ver pergunta 1), então deve promovê-lo online. Enquanto alguns produtos e serviços são muito mais adequados à compra e atendimento online do que outros (arquivos digitais, tais como e-books ou música), há a comercialização em canais digitais de inúmeros itens que as pessoas nunca imaginariam comprar pela internet. Os clientes pesquisam, avaliam e comparam suas escolhas online. Eles tomam decisões de compra com base na qualidade da experiência online, depois vão a uma loja física para finalizar a compra. Barcos, carros, casas, apartamentos, cavalos, tratores etc., todos esses produtos estão sendo comercializados online com sucesso.

FIGURA 2.1 Seus clientes estão online? A pesquisa realizada em 2019 pelo Pew Research Center mostra a quantidade de adultos norte-americanos online e os dados demográficos. A tabela indica a porcentagem de adultos em cada grupo que utiliza a internet.

PORCENTAGEM POR GRUPO QUE UTILIZA A INTERNET	
GÊNERO	
Homens	90%
Mulheres	91%
RAÇA/ETNIA	
Branco (não hispânico)	92%
Negro (não hispânico)	85%
Hispânico	86%
IDADE	
18 a 29 anos	100%
30 a 49 anos	97%
50 a 64 anos	88%
Mais de 65 anos	73%
GRAU DE INSTRUÇÃO	
Ensino médio incompleto	71%
Ensino médio completo	84%
Ensino superior incompleto	95%
Ensino superior completo	98%
RENDA FAMILIAR ANUAL	
Menos de U$S30.000	82%
U$S30.000 a U$S49.999	93%
U$S50.000 a U$S74.999	97%
Mais de U$S75.000	98%
COMUNIDADE	
Urbano	91%
Fora do centro urbano	94%
Rural	85%

Fonte: Pew Research Center (2019)

Definindo sua estratégia de marketing digital

Uma vez que você tenha decidido que precisa, de fato, buscar algum tipo de marketing digital, o próximo passo é estudar e definir sua estratégia. Infelizmente, não existe uma solução estratégica de "tamanho único". Não há uma fórmula mágica para garantir seu sucesso no marketing digital (o de ninguém, na realidade — mesmo que seja comum ler esse tipo de exagero na internet).

Basicamente, cada empresa precisa de uma "receita" de estratégia única com base no próprio conjunto de circunstâncias particulares. Embora os ingredientes disponíveis sejam os mesmos (abordaremos os principais neste livro), as estratégias resultantes podem ser extremamente diferentes.

É apenas usar o bom senso. Se você vende maçãs em um caminhão para mercearias locais, sua estratégia terá pouca semelhança com a de uma empresa que vende e-books e relatórios sobre comércio financeiro; que por sua vez será muito diferente da estratégia adotada por um fabricante de roupas esportivas que quer deixar de fornecer para um intermediário e vender diretamente pela web aos clientes.

Produtos diferentes, mercados diferentes, necessidades diferentes... soluções diferentes. Por fim, o resumo disso tudo é: as melhores pessoas para definir sua estratégia de marketing digital, curiosamente, são as que mais conhecem seu negócio.

Como estabelecer bases digitais sólidas

A boa notícia é que você com certeza já deve ter começado a definir sua estratégia de marketing digital. Antes mesmo de pegar este livro, você provavelmente já deve ter pensado sobre o marketing digital no contexto de seu negócio; o que seus concorrentes estão fazendo online e por quê; como seus clientes e potenciais clientes estão usando a tecnologia digital em suas vidas; e como você pode explorar melhor esses novos canais digitais para estabelecer relações mais duradouras e produtivas com eles. Estes são os componentes que formarão a base de sua estratégia de marketing digital:

- *Conheça seu negócio*: seu negócio está pronto para adotar o marketing digital? Seus produtos/serviços são adequados para a promoção online? Você tem a tecnologia, as competências e a infraestrutura certas? Como o marketing digital se adequará aos seus processos comerciais existentes? Esses processos precisam mudar? Você e sua equipe estão prontos para essas mudanças? Você está atualizado sobre a legislação vigente? Sabe o que precisa fazer para garantir a conformidade das ferramentas e dos dados digitais?
- *Conheça a concorrência*: quem são seus principais concorrentes no mercado digital? São os mesmos que seus concorrentes offline? O que estão fazendo certo (imite-os)? E de errado (aprenda com eles)? O que não estão fazendo de forma alguma e onde há uma oportunidade para você? Como pode diferenciar sua oferta online da deles? Lembre-se de que a concorrência no mundo digital pode estar na esquina ou do outro lado do mundo. As mesmas tecnologias que permitem que você chegue a um mercado mais amplo também fazem com que outros cheguem ao seu mercado local. Quando você se aventura no online, está entrando em um jogo internacional, portanto não limite sua análise à concorrência local.
- *Conheça seus clientes*: quem são seus clientes e o que eles querem? O que os motiva e quais são suas necessidades? Você vai atender a mesma base de clientes online ou está tentando alcançar pessoas a partir de dados demográficos

novos? Como os clientes que você está segmentando usam a tecnologia digital? Em que plataformas os encontra? Como pode aproveitar esse conhecimento para estabelecer uma relação produtiva e contínua com eles? Sua estratégia digital deve incluir segmentação e construção de persona baseados em análise de dados, definindo bem o público-alvo para o qual você pode adaptar seu marketing.

- *Saiba o que você quer alcançar*: se você não sabe para onde está indo, há uma boa chance de nunca chegar lá. O que quer obter com o marketing digital? Estabelecer metas claras, mensuráveis e alcançáveis é uma parte fundamental de sua estratégia de marketing digital. Você está procurando gerar mais vendas online, criar uma segmentação de leads para vendas, melhorar o conhecimento da sua marca entre as comunidades online, tudo isso junto ou algo completamente diferente? A partir dos seus objetivos, você pode avaliar o progresso de suas campanhas de marketing digital. Metas bem definidas também são essenciais ao determinar quais ferramentas poderiam ajudar. Sem o entendimento claro do que quer alcançar, é impossível ter certeza de que está investindo na tecnologia certa para seu negócio.
- *Conheça seus canais*: o mix de marketing digital inclui mídias pagas, ganhas e próprias. Os canais pagos são aqueles que você banca, por exemplo, para veicular publicidade, publicação paga na rede social ou publicidade nativa (ver Capítulo 8). Os canais próprios são os materiais digitais da sua organização, por exemplo, site, blog e páginas de rede social (ver Capítulos 3 e 7). A mídia própria é seu conteúdo e deve formar a base de sua estratégia de marketing digital (ver Capítulo 8). Os canais ganhos incluem resenhas de clientes, conteúdo criado pelo

usuário ou cobertura midiática; é basicamente a exposição de sua marca ou produto que você ganhou dando uma boa experiência ao cliente ou criando conteúdo compartilhável. Escolher qual tipo de conteúdo usar, seja próprio, pago ou ganho (ou uma combinação dos três) depende em grande parte de seus objetivos. Ao mapear sua estratégia de marketing digital, é essencial que você faça uma auditoria de seus canais, separando-os em mídia paga, ganha e própria para saber como cada canal e tipo de mídia está ajudando o negócio a alcançar seus objetivos. Pode não ser necessário fazer as três, e, se suas mídias ganhas e próprias lhe derem exposição suficiente, talvez não seja preciso investir em mídias pagas. O que é essencial, entretanto, é que você faça auditorias e meça o ROI de seus diversos canais de distribuição em relação aos objetivos definidos. Se, por exemplo, o investimento em alguma mídia paga for muito alto e os resultados esperados não forem alcançados, provavelmente será necessário repensar essa parte da estratégia.

- *Saiba como você está se saindo*: a beleza do marketing digital é que, comparado a muitos tipos de publicidade, os resultados são muito mais mensuráveis. Você pode acompanhar tudo o que acontece online e comparar seu progresso com metas predefinidas e indicadores-chave de desempenho (KPIs). Como sua campanha digital está progredindo? Como vai o desempenho de seus canais próprios, ganhos e pagos? Certos canais digitais estão proporcionando mais tráfego do que outros? Por que isso acontece? E em relação às taxas de conversão, quanto desse aumento de tráfego está trazendo resultados tangíveis para seu negócio? Medir, ajustar, refinar, medir novamente. O marketing digital é um processo iterativo contínuo.

O processo de definir formalmente sua estratégia de marketing digital força você a parar e analisar com um olhar crítico o mercado em que atua, além de pensar nos diferentes componentes de seu negócio e como o marketing digital pode te ajudar a atingir seus objetivos comerciais.

Não se atenha muito a detalhes técnicos; lembre-se de que o marketing digital envolve pessoas se comunicando umas com as outras, então a tecnologia é apenas uma parte. Sua estratégia deve fornecer a você uma estrutura geral — um panorama do cenário do marketing digital com seu negócio no centro —; os detalhes virão depois.

Entendendo o cliente digital

Há quem preserve uma ideia sobre misteriosas criaturas etéreas que existem em um mundo cibernético hiperconectado e multifacetado próprio. Elas são um enigma: falam uma língua diferente, comunicam-se de formas que não entendemos e estão virando o mundo do marketing de cabeça para baixo. Elas são os "clientes digitais", efêmeros e invisíveis, que são pouco compreendidos pelo profissional de marketing. Dizem que os clientes digitais são diferentes... mas será que são mesmo?

A revelação do cliente digital

A primeira coisa a saber sobre os clientes digitais é que basicamente eles não existem. Os clientes e potenciais clientes que você encontra online são as mesmas pessoas que entram em sua loja todos os dias, telefonam para você ou encomendam algo de sua revenda por catálogo. Não há nada de sombrio, sinistro ou misterioso sobre eles. São pessoas como todas as outras.

"Não é um grande mistério como [os clientes digitais] pensam e o que querem", diz o especialista em marketing interativo Giles Rhys Jones da Interactive Marketing Trends (http://interactivemarketingtrends.blogspot.com; arquivado em: https://perma.cc/7ABD-JSNM):

> Esses clientes estão fazendo exatamente o que as pessoas vêm fazendo há milhares de anos: comunicando-se uns com os outros.
>
> O fato de a tecnologia permitir que eles se comuniquem uns com os outros mais rapidamente, à distância, em celulares e em mundos 3D tem sido percebido como algo perigoso, único e extraordinário, que precisa ser controlado e identificado. As pessoas falam umas com as outras; sempre falaram. Elas estão falando a mesma língua e dizendo as mesmas coisas, não necessariamente sentadas em um bar falando com uma ou cinco pessoas, mas estão conversando online com quinze ou cinco mil pessoas.

Fazer da web sua própria

Os clientes, independentemente de seu "tipo", não se importam com a forma como os profissionais de marketing definem o que fazem. Conceitos como acima da linha, através da linha, abaixo da linha, digital, tradicional, experimental, linear, analógico, móvel, direto, indireto ou qualquer outro "molde" escolhido para concentrar nossos esforços de marketing não têm o menor sentido para eles. Tudo o que interessa aos clientes é a experiência: como o marketing disponível para eles pode melhorar a experiência e ajudá-los a tomar decisões fundamentadas.

As pessoas são o elemento mais importante em qualquer forma de marketing. Isso é tão verdadeiro no espaço digital quanto em qualquer outra área. Como profissional de marketing, você precisa entender as pessoas e seu comportamento; e é aqui que entra a noção de cliente digital, porque seu comportamento está mudando, sobretudo por causa da natureza abrangente, evocativa e capacitadora da tecnologia digital (ver Figura 2.2).

A prática de veicular mensagens publicitárias genéricas para o mercado de massa está ficando cada vez mais para trás do marketing especificamente direcionado, em formato estreito, por meio de canais digitais, para um mercado cada vez mais diversificado e segmentado. Até mesmo se for para um público-alvo de uma pessoa só. O marketing digital nos permite desenvolver relacionamentos contínuos e personalizados com clientes individuais. Deve ser uma conversa, não uma palestra. O marketing na era digital foi transformado em um processo de diálogo, tanto para ouvir quanto para falar.

Eu não conheço você e você não me conhece

Como dizem por aí: na internet, ninguém sabe que você é um cachorro... certo? A percepção do anonimato é outra característica do online que pode ter um efeito enorme no comportamento do cliente. No online, os clientes são libertos das amarras sociais que os prendem no mundo real; eles são livres para fazer e dizer o que quiserem, sem se prender à adequação social que se mantém na "vida real". Em uma loja física, por exemplo, os compradores esperam pacientemente pelo serviço e muitas vezes suportam uma experiência de compra não tão agradável para conseguir o que querem. É algo que não aconteceria online; eles exigem gratificação instantânea e uma experiência impecável para o cliente. É isso que você deve oferecer pela primeira vez e em todas as vezes. Se não se engajar, reter e satisfizer as expectativas sob demanda dos clientes, eles desaparecem no éter do ciberespaço tão rapidamente quanto chegaram; o único traço de um registro fugaz e solitário no arquivo de log do seu servidor da web...

Então eles contarão a todos os seus amigos online sobre sua experiência aquém do esperado.

FIGURA 2.2 Pesquisa de consumo digital

Fonte: Simon Kemp (Kepios), We Are Social e Hootsuite. Usada com permissão.

Principais características do cliente online

Há algo no imediatismo e anonimato da experiência digital que tem um efeito transformador sobre o comportamento das pessoas.

É sempre arriscado generalizar e fazer suposições, sobretudo em uma área tão dinâmica e que está em constante mudança como essa. A única maneira real de conhecer intimamente seu mercado é conduzir uma pesquisa original entre seu público-alvo específico. Dito isso, há muitas pesquisas feitas sobre as particularidades comportamentais dos clientes online, e um consenso surgiu em torno das principais características do cliente digital:

- *Os clientes digitais estão cada vez mais à vontade com o meio*: muitos clientes usam a internet há muitos anos; e embora os dados demográficos dos usuários ainda estejam distorcidos em favor dos mais jovens, os usuários mais velhos estão se tornando cada vez mais experientes. "Parece um pianista que toca mais rápido depois de conhecer melhor o instrumento. No início, as pessoas apenas tocam com cautela algumas teclas, depois passam a tocar sinfonias", disse Jacob Nielsen, o guru da usabilidade na web, em uma entrevista para a BBC. Quanto mais as pessoas ficam mais seguras com o meio, mais elas o usam de forma mais rápida e eficaz, sem querer gastar muito tempo: seu conteúdo precisa entregar o que elas querem rapidamente.
- *Eles querem tudo e querem agora*: no mundo digital, onde tudo acontece a um milhão de quilômetros por hora, os clientes se acostumaram a obter conteúdo sob demanda de várias fontes ao mesmo tempo. O tempo é um bem precioso, portanto, eles querem informações em um formato cuja relevância possa ser avaliada antes de entrar nos detalhes com mais calma. Os designers e profissionais de marketing precisam satisfazer essa necessidade de "escaneabilidade" e gratificação instantânea ao criar seu conteúdo online. Pense em "valor do tempo", bem como em "valor do dinheiro".
- *Eles estão no controle*: a web não é um meio passivo. Os usuários estão no controle, e no mundo da Web 2.0 mais do que nunca. Se não compreender esse simples fato, seu público-alvo não só deixará de engajar com você, como também será ativamente desengajado. Precisamos adaptar nosso marketing para ser centrado no usuário (opcional ou baseado em permissão) e oferecer uma

proposta de valor real para o cliente, a fim de obter resultados positivos.

- *Eles são inconstantes*: a transparência e o imediatismo da internet não excluem o conceito de fidelização da marca ou do fornecedor, mas o enfraquecem. Construir confiança de marca ainda é um elemento fundamental do marketing digital, mas hoje o cliente tem o poder de comparar e contrastar marcas concorrentes literalmente na ponta dos dedos. Como está sua proposta de valor em relação à concorrência do país e de todo o mundo? Sua identidade de marca pode ser incrível, mas se sua proposta de valor *geral* não aumenta, você saíra perdendo. A forma como as marcas lidam com a privacidade de dados está se tornando um fator cada vez mais importante nas propostas de valor. Como já dissemos, uma vez que os clientes estão hiperconscientes do GDPR e da CCPA e do valor de seus dados, há uma constante desconfiança sobre como eles estão sendo usados. Em 2019, a gigante da tecnologia Apple começou a usar a privacidade de dados como um elemento-chave de sua proposta de valor, com anúncios afirmando "O que acontece no seu iPhone, fica no seu iPhone"; o objetivo era diferenciar a marca da concorrência e ganhar a confiança do cliente (De Ternay, 2020).
- *Eles têm voz*: os clientes online falam muito uns com os outros. Por meio de revisões por pares, blogs, redes sociais, fóruns online e comunidades, eles estão contando uns aos outros sobre suas experiências positivas online... E as negativas também. Do ponto de vista do marketing, é uma faca de dois gumes: aproveite os aspectos positivos e você tem um potencial viral imenso para propagar sua mensagem; se interpretar errado, você pode facilmente ser vítima de uma repercussão negativa online.

Os quatro Ps do marketing e os dez Ps do marketing digital

Nas edições anteriores deste livro, eu falei sobre os famosos quatro Ps do marketing (produto, preço, praça e promoção). Ainda acho que todos servem como bases sólidas para qualquer estratégia de marketing, seja ela digital ou não. No prefácio deste livro, elaborei uma atualização dos quatro Ps para adaptar ao cliente da era digital e para estar alinhado com as possibilidades técnicas também. São os dez Ps do marketing digital. Eu recomendo fortemente que, antes de embarcar numa estratégia digital, você avalie se suas ideias e planos estão dentro desses dez Ps antes de investir de fato.

De olho no prêmio

Outro ponto importantíssimo de sua estratégia de marketing digital é estabelecer metas realistas. Sua estratégia deve definir explicitamente as metas comerciais que você deseja alcançar com seus esforços de marketing digital. Como em qualquer outra jornada, só é possível planejar uma rota eficaz se tiver em mente um destino claro desde o início. Em outras palavras, você pode ser o melhor arqueiro do mundo, mas, se não tiver um alvo a ser visado, de que lhe servirá isso?

Para avaliar o progresso em direção a essas metas, também é necessário estabelecer marcos no caminho, medindo sempre suas conquistas e orientando sua campanha digital em direção ao destino. Mais uma vez, o mundo digital oferece um conjunto de ferramentas e técnicas para ajudar os profissionais de marketing a ter um melhor retorno sobre o investimento.

Examinaremos o tópico de métricas da web e inteligência do site ao longo deste livro, mas o importante a se lembrar aqui é que o marketing digital é um processo iterativo de melhoria e refinamento contínuos. Você pode monitorar e analisar a eficácia de suas campanhas de marketing digital em tempo quase real. Você pode medir tudo e até mesmo veicular anúncios e executar estratégias alternativas lado a lado para ver o que funciona melhor antes de se comprometer com uma determinada escolha: testar, refinar, testar de novo e depois decidir onde fazer seu investimento, com base em dados reais de clientes reais.

IMPORTÂNCIA DO RASTREAMENTO

Quando um computador ou telefone celular (na verdade, vamos chamá-lo de dispositivo de mídia digital) visita um site, um registro é criado no arquivo log do servidor web com base no endereço IP exclusivo daquele usuário, rastreando sua navegação pelo site. O software do servidor web também envia um pequeno arquivo para o navegador do usuário conhecido como "cookie", responsável por reconhecer o mesmo usuário quando ele voltar ao site novamente.

Com base nas informações do arquivo log, os profissionais de marketing descobrem uma quantidade surpreendente das atividades do usuário no site:

- Sabemos a ampla localização geográfica do usuário com base nos dígitos do endereço IP, além de quando eles chegaram e de onde vieram.
- Sabemos que tipo de navegador e sistema operacional eles estão usando.
- Até agora, sabemos muito pouco, mas já podemos começar a ser mais responsáveis. Por exemplo, agora podemos solicitar que nossas mensagens publicitárias e de marketing sejam enviadas somente às pessoas com um Mac que vivem na Irlanda e não gostam de trabalhar antes da hora do almoço, mas estão bastante interessadas em esportes.

Agora vamos tornar as coisas um pouco mais interessantes. Adicionando "tags" específicas ao nosso site (com a ajuda de um web designer, webmaster e parceiro de análise de dados), podemos começar a fazer algumas coisas muito inteligentes: seguir os visitantes até o momento da compra e depois. Por exemplo, vamos supor que optamos por fazer uma campanha publicitária com banners. Podemos detectar não apenas as pessoas que clicam no banner e passam pelo site para comprar, mas também localizar as pessoas que *não* clicam no banner, mas, de qualquer forma, voltam para comprar o produto algumas semanas depois.

Para os profissionais de marketing isso é muito interessante, porque, no fim das contas, dispensa toda a nossa admiração pelo valor das taxas de cliques. Há pouco tempo, as métricas de marketing digital se resumiam a cliques e mais cliques. Hoje, embora os cliques continuem sendo uma orientação importante, no fim eles são tão úteis quanto dizer "230 pessoas viram meu anúncio hoje, não é incrível?". Em uma palavra, não. Hoje, o investimento em marketing online se trata de retornos tangíveis, taxas de conversão e ROI; por fim, se trata da responsabilidade da marca, do preço, da campanha publicitária e do trabalho do profissional de marketing. O que você preferiria: uma avaliação pós-campanha em que a empresa de pesquisa apenas elogia e diz que estava tudo certo para conseguir um aumento de 10% no recall de marca de jovens entre 18 e 24 anos ou 1.293 avaliações de seu produto e os nomes e endereços (de e-mail, é claro) dos 233 novos clientes que o adquiriram?

Nesse sentido, o marketing digital é muito parecido com o marketing direto. Você investe, vende, mede seu ROI, aprende, se adapta e avança. A diferença é que, no digital, o processo é muito acelerado. Sim, é claro que ainda há valor na publicidade baseada na marca. O grande problema com ela é a falta de controle. A verdade é que o digital é mais palpável. Você tem muito mais controle e pode tomar decisões muito mais informadas com base no feedback e nas informações que a tecnologia fornece. É fácil controlar o ritmo e o fluxo de seu orçamento de marketing, aumentá-lo, diminuí-lo e distribuí-lo em diferentes direções. Se você está vendendo pacotes de viagens, por exemplo, já conhece o suficiente sobre seus clientes para perceber que certas épocas do ano são piores para a publicidade do que outras. Mas não seria legal se você pudesse segmentar sua publicidade para que seus anúncios começassem a veicular quando a temperatura caísse para menos de dez graus Celsius em uma determinada região? E se pudesse anunciar seus serviços de câmbio com base no desempenho dos mercados? Bem, no mundo digital, isso é possível. O potencial é infinito.

Juntando tudo

Há muitos detalhes para pensar ao definir sua estratégia de marketing digital, mas, no final, o processo se resume a pesquisar, analisar e compreender três coisas que são essenciais para o sucesso: seu negócio, sua concorrência e seus clientes. Sua estratégia estabelece a base para tudo o que você faz como profissional de marketing digital, além de orientar as decisões tomadas ao implementar algumas das técnicas descritas nos próximos capítulos — e escolher não implementar outras, justamente porque elas não são adequadas para a estratégia escolhida.

Para ter um marketing digital eficaz, é preciso pensar de maneira cautelosa e inteligente. Você escolhe e seleciona os elementos que são especificamente relevantes para o seu negócio. Passar pelo processo de definir uma estratégia clara, baseada em uma análise completa de onde seu negócio está agora e para onde você quer que o marketing digital o leve, coloca-o no caminho ideal para descobrir o que provavelmente funcionará e, não menos importante, o que não funcionará.

Terminaremos este capítulo com Brad Smith, fundador da Succeed Digital Consulting, que é especialista em trabalhar com clientes e agências para obter o melhor resultado possível dos projetos de Martech. A seguir, ele nos mostra algumas perguntas pertinentes para obter o melhor do processo de solução Martech antes que você invista seu dinheiro suado.

VISÃO DOS ESPECIALISTAS

52 coisas a considerar antes de investir no setor de Martech em 2020

Contribuição de Brad Smith, da Succeed Digital Consulting

POR QUÊ?

1. Por que você está investindo no setor de Martech? Como você pode estar confiante e seguro de que esse investimento vale a pena?

Essa é a primeira e, sem dúvida, a mais importante pergunta que você pode fazer, pois as respostas acabarão conduzindo a duração do projeto e levantando perguntas melhores (ou piores) a serem feitas no futuro.

2. Por que a mudança para uma nova plataforma (ou novas plataformas) é considerada necessária? Como é possível satisfazer essa necessidade depois que o projeto for concluído?

Não basta apenas dizer que o software atual não está funcionando e que um novo deve ser adotado, nem presumir que a tecnologia mais recente e mais comercializada será automaticamente boa para seu negócio. O motivo precisa ser específico, mensurável, atingível, realista e, uma vez iniciado o projeto, com prazos definidos. Um motivo definido com precisão pode atuar como um ímã martech, atraindo você diretamente para a tecnologia adequada. Se sua bússola martech não estiver bem alinhada desde o início, você não encontrará o norte.

3. Qual é o business case para a adoção dessa tecnologia?

As implementações tecnológicas podem ter altos custos e, portanto, um forte argumento de venda ajudará você com as seguintes etapas principais:

- obter o orçamento correto para o projeto;
- obter a adesão antecipada dos stakeholders e o apoio inicial ao projeto;
- ter uma visão realista tanto dos prazos quanto das expectativas de sucesso para o negócio após o final do projeto.

Compreender esses elementos ajudará você a permanecer no caminho certo durante o projeto. Se estiver fazendo o pitch para os principais executivos, essas perguntas servirão de base para o desenvolvimento do *business case*.

4. Que desafio você está tentando resolver?

Ao identificar o(s) desafio(s), pense nos pontos de dor que estão prejudicando sua capacidade de atender e reter seus clientes de forma eficiente. Os pontos de dor relatados pelo cliente são sempre uma oportunidade para melhorar a experiência e, portanto, uma boa justificativa para investir no setor de Martech.

5. Que pontos de dor poderiam ser resolvidos com a adoção dessa tecnologia?

Aprofunde-se nos pontos de dor: sua tecnologia está gerando ineficiências e impactando a experiência do cliente? Você poderia reduzir as despesas gerais e aumentar a satisfação do cliente fazendo essa mudança? Quais são as reclamações mais comuns relatadas pelo departamento de atendimento ao cliente? Quanto mais as mesmas reclamações surgem, mais é necessário melhorar a experiência do cliente reestruturando o processo comercial e/ou tecnológico.

6. Quais são os benefícios financeiros possíveis e/ou definitivos da adoção dessa tecnologia?

Embora seja importante ser realista quanto a essas estimativas, você pode descobrir isso de várias maneiras. Por exemplo, o número de horas economizadas por ano no atendimento ao cliente ou o aumento na retenção de clientes e na repetição de negócios e, portanto, aumento nas vendas. Esse motivo é a parte mais óbvia do seu *business case* a ser convertida em metas específicas, mensuráveis, alcançáveis, realistas e com prazos definidos para medir o sucesso do projeto; certifique-se de que não seja o único.

7. A tecnologia do fornecedor aproxima o atendimento ao cliente do marketing e fornece uma visão compartilhada do cliente?
Muitas vezes, os departamentos de marketing e atendimento ao cliente existem separadamente, trabalhando em paralelo ou mesmo em silos, em vez de como uma equipe que colabora entre si. A capacidade de compartilhar dados dos clientes, ver as respostas às campanhas de marketing e vinculá-los às taxas de conversão aumenta a consciência mútua e incentiva a relação simbiótica que produzirá resultados e ROI.

8. Você já considerou todas as opções disponíveis?
Antes de sair e convidar os fornecedores para o pitch, descubra se alguma de suas tecnologias existentes pode ser atualizada para atender a essa necessidade comercial. Quanto custaria fazer isso? Você está ciente, como empresa, de toda tecnologia em uso atualmente que poderia ser mais adequada para o propósito ou, pelo menos, contribuir para a pilha de Martech?

9. A tecnologia usada se alinha com sua estratégia de marketing? Existem outros departamentos que planejam mudanças significativas que afetarão a escolha da tecnologia?
Qualquer nova tecnologia deve ser capaz de fornecer a estratégia do departamento de marketing de no mínimo cinco anos. Por exemplo, se o departamento de marketing planeja trabalhar mais próximo ao departamento de vendas externas, faria sentido ver como eles planejam fazer isso. Estão planejando permitir relatórios de visitas comerciais por aplicativo? A equipe de vendas está planejando receber notificações *push* quando os principais clientes fazem um pedido em vez de depender de relatórios mensais? Há muitos exemplos em que a escolha da Martech poderia ser frustrada ou baseada no plano de cinco anos de qualquer departamento.

RELACIONAMENTO

10. Até que ponto a cultura e a estratégia da organização fornecedora se alinham com a sua empresa?

Há duas oportunidades para avaliar a cultura de um fornecedor para ver se ela dialoga com a sua. A primeira está dentro de sua *request for proposal* (RFP). Por exemplo, você poderia buscar entender o seguinte:

- A equipe deles oferece oportunidades contínuas para atualizar seu conjunto de competências?
- Qual é o tempo médio de permanência no emprego entre a equipe técnica voltada para o cliente?
- A equipe participa de atividades em grupo?
- Como as reuniões de projeto são realizadas e registradas? (Uma boa resposta é como se dá o acompanhamento dessas ações sem que você tenha que perguntar).

A segunda oportunidade é quando seus fornecedores pré-selecionados fazem o pitch. Você gosta das pessoas no pitch? Elas estão se comunicando com você de uma forma clara e acessível, sobretudo quando se trata dos elementos técnicos de implementação e integração? Parecem estar interessadas de verdade no projeto? Estão apaixonadas e envolvidas com seu sucesso ou estão simplesmente tentando conseguir um pitch bem-sucedido? Por experiência própria, se você estiver com essas dúvidas na reunião de pitch, então acrescentar desafios técnicos, emocionais e de resistência em uma relação já enfraquecida não terá bons resultados. Se você sente que está com um pé atrás, é melhor passar para o próximo fornecedor. Se isso não for possível, então contrate um consultor digital autônomo que possa representar seus interesses o quanto antes no projeto.

11. Quanto o(s) fornecedor(es) vai(vão) trabalhar para entender seu caso de uso exclusivo, apoiar integrações e desenvolver uma relação proativa?

Isso será imediatamente visível durante o processo de RFP e nas conversas iniciais. Quanto mais perguntas eles fizerem sobre seu negócio, suas exigências e sua RFP, melhor. É importante dizer que perguntas de última hora não contam.

12. Você pode confiar nesse fornecedor?
Faça muitas perguntas sobre qualquer assunto para que o fornecedor surpreenda, agrade ou desaponte você. Para estabelecer confiança, algumas perguntas orientadas na RFP podem separar o joio do trigo. Alguns fornecedores podem exagerar ou apresentar respostas erradas, o que pode pegar mal para eles; entretanto, um fornecedor de confiança responderá a essas perguntas com uma avaliação precisa e a solução/integração que eles pensaram. A próxima seção analisa algumas perguntas que você pode fazer para estabelecer essa confiança.

CONFIANÇA

13. Que escalabilidade e desafios o fornecedor teve no último ano?
Essa uma boa pergunta para começar. É uma oportunidade para eles dizerem que cresceram como uma empresa ou que um de seus clientes precisou ganhar escala. Eles também podem mencionar integrações com outros sistemas ou navegadores. Um fornecedor de confiança lhe dirá o que aconteceu, como eles lidaram com isso, quanto tempo levou para solucionar o problema e como atenuaram o impacto nos clientes.

14. Quais são os prós e os contras do sistema do fornecedor?
Um fornecedor de confiança equilibrará os prós e os contras. Muitas vezes, os contras de um sistema são criados quando as exigências de manutenção superam os contras, ou seja, a funcionalidade é entregue rapidamente para atender às exigências de um cliente ou do mercado, mas com pressa, às vezes, as coisas não saem tão bem-feitas. Uma analogia simples para isso seria um golfista que reclamou da dificuldade de enxergar as bolas brancas de golfe no ar quando o céu estava nublado, solicitando que a bola fosse de uma cor escura, como preto ou marrom. A resposta do fabricante poderia ser uma explicação de que as cores brilhantes são mais visíveis no *fairway* e na grama, mas que poderia oferecer outras cores bem visíveis tanto no ar quanto no solo, como rosa ou amarelo.

15. Quantos clientes o fornecedor perdeu nos últimos doze meses? Por que ele acha que os perdeu?

Essa pode parecer uma pergunta difícil, mas é de se esperar certa rotatividade de clientes em qualquer negócio. Um fornecedor de confiança relatará o número de clientes perdidos e dirá por que cada cliente desistiu do negócio. Ele não precisa nomear o cliente, mas é obrigatório ser honesto ao responder a pergunta.

16. Você pode contatar algum dos clientes do fornecedor listados no site dele para pedir referências?

Se um fornecedor afirma ter retido 100% dos clientes, pergunte se você pode entrar em contato com alguns listados no site da empresa para pedir referências. Para mim, é um dos "poréns" quando os fornecedores de tecnologia deixam os clientes no site apenas porque são renomados, sobretudo quando o relacionamento com o cliente não existe mais.

RETORNO SOBRE O INVESTIMENTO (ROI)

17. Sua tecnologia gera ROI? (Não faça essa pergunta!)

Não pergunte isso. O ROI nunca é impulsionado apenas pela tecnologia e essa pergunta levará a respostas evasivas. Ele é impulsionado por uma combinação de tecnologia, pessoas, processos e gerenciamento contínuo dos objetivos por meio de relatórios precisos, e a ausência de qualquer um desses fatores terá impacto sobre ele.

18. Quanto custa a plataforma? Qual é o ROI estimado? (Também não faça essa pergunta!)

É muito cedo no processo para conversar sobre o ROI, e somente sua empresa pode avaliar o potencial do ROI. Primeiro, você precisa estabelecer as áreas do negócio onde é possível obter mais faturamento ou lucros. Depois, identificar os processos comerciais que podem ser melhorados com a implementação dessa tecnologia. Finalmente, continue avaliando esses processos comerciais para garantir que sejam considerados "essenciais para o projeto" e acrescente requisitos que permitam relatórios consistentes para a gerência.

19. Que dados você tem sobre os aumentos e sobre o ROI dos clientes que utilizam essa plataforma?

Essa é uma excelente pergunta, porque ajuda a identificar se eles desenvolvem relações duradouras com os clientes. Não se desanime caso não tenham um portfólio de estudos de caso para comprovar a pergunta, pois o ROI e os aumentos são 20% de responsabilidade do fornecedor e 80% de responsabilidade comercial.

20. Quantos anos em média demora para o cliente obter o ROI?

Nem todos os clientes apresentarão um relatório do ROI para o fornecedor. Tenha em mente também que o ROI informado não será o anual, mas o ROI total ao longo de todo o período de uso da plataforma. Muitas vezes, você veria esse valor referente a um período de três a cinco anos a fim de ver o retorno. Para descobrir o retorno sobre o investimento anual para o negócio, seria necessário dividir esse valor de ROI pelo número total de anos em que a tecnologia foi implantada.

21.Como essa tecnologia medirá o ROI em campanhas (ou seja, desempenho de anúncios, taxas de conversão etc.)?

Deixando de lado a questão do ROI em nível organizacional, também é possível projetar avaliações e relatórios para campanhas de marketing específicas. Quando as campanhas online são integradas com o Google Analytics, desempenho de anúncios, metas específicas de páginas de destino e taxas de conversão, é possível comparar o investimento da campanha com o investimento imediato e contínuo do cliente, geração de leads ou agendamento de reuniões. Se a organização pode colocar um valor em cada reunião agendada ou lead gerado, então é possível calcular um ROI estimado. Estabelecer metas e métricas de ROI é, portanto, a chave para medir o sucesso geral (ou não) de sua tecnologia escolhida.

22. Essa tecnologia mede o ROI em relação ao investimento total de marketing, aos investimentos com programas e aos investimentos com campanhas individuais?

Da mesma forma, diversas campanhas para o mesmo produto, linha de produtos ou tipo de cliente podem ser agrupadas em um programa de marketing com um único investimento total. Por exemplo, o lançamento de um produto pode incluir publicidade offline, campanhas por e-mail, press releases, publicidade online e investimentos em mídias sociais, incluindo publicidade e conteúdo viral. O custo de todas essas campanhas separadas pode fazer parte do orçamento geral do lançamento do produto ou cada campanha pode ser avaliada individualmente.

23. Você pode dar exemplos de como essa solução pode ajudar a gerar receita ou melhorar a experiência do cliente?

Essa pergunta você provavelmente já sabe responder, mas é uma excelente oportunidade para o fornecedor demonstrar que eles entendem seu negócio e pensaram em como a tecnologia deles agrega valor à sua organização.

24. Quais são os custos contínuos de suporte, manutenção e evolução/crescimento dessa tecnologia?

Os custos contínuos de suporte, manutenção e atualizações podem afetar bastante sua organização se o fornecedor pretende introduzir um aumento considerável uma vez que você esteja estabelecido. É muito melhor esclarecer por escrito os custos contínuos na fase de planejamento; ou, melhor ainda, fixar esses custos durante todo o período que você deseja usar as plataformas, no mínimo três a cinco anos, por exemplo. Os fornecedores tendem mais a oferecer um acordo inicial quando veem um maior potencial de faturamento.

INTELIGÊNCIA COMERCIAL

25. Como a tecnologia me ajudará a entender meus clientes de forma holística?

Embora na maioria dos casos a tecnologia não vá ajudar você a descobrir a cor favorita de seus clientes, há outras maneiras de aprofundar seu conhecimento, tais como o que impulsiona o comportamento de compra e o quanto eles estão satisfeitos. Tente fazer essa pergunta da maneira mais específica possível, definindo as informações que melhorariam sua visão do cliente, seja a frequência ou volume de pedidos, a rotatividade, os tipos de produtos, tipo de cliente (isso define a personalização; ver a seguir). Você também deve perguntar especificamente quais dados dentro de cada sistema na pilha expõem a visão holística do cliente.

26. Como essa tecnologia me ajudará a criar uma experiência holística para o cliente?

Aqui a visão holística se torna a forma como o cliente experimenta sua organização e marca. Isso compreende tudo desde o *omnichannel* (quando há muitas maneiras de se comunicar com sua organização e todas são unidas e igualmente eficientes) até a experiência completa do cliente, que combina dados de todos os sistemas para fornecer informações oportunas, contextuais, orientadas por eventos e/ou úteis. Aqui está um exemplo: você reservou ingressos para o cinema usando um aplicativo em seu celular. Quando você chega ao aplicativo, recebe um link com os ingressos para facilitar o acesso que informa a respeito de alguma oferta especial de lanches e bebidas. As ofertas variam de acordo com o uso anterior do aplicativo, código de barras para solicitar desconto, tipo de filme exibido e número de ingressos para adultos ou para crianças.

27. Quais são os perfis de cliente do fornecedor?

Os perfis dos clientes podem ser criados e recriados por dados em tempo real ou definidos pela organização. Lembre-se de especificar quais ações/características do cliente são responsáveis pela criação ou alteração do perfil para que o fornecedor possa dar uma resposta completa e clara.

28. Existem capacidades de personalização e segmentação nativas para a pilha ou algum outro módulo de extensão?

A personalização e a segmentação podem ser criadas como uma ideia ou um módulo de extensão acrescentados depois, em vez de serem incorporadas na pilha de Martech desde o início. Nesse caso, geralmente o fornecedor tem que correr para dar conta de uma lista de características em uma RFP, em vez de ter focado em criar uma experiência atraente e envolvente de verdade para o cliente com uma melhor personalização. Não deixe de procurar por exemplos reais de personalização que funcionaram, apresentando resultados como parte da demonstração.

29. O fornecedor oferece insights de vendas em tempo real ou quase em tempo real?

Essa é uma pergunta comum, motivada pela questão de dados em tempo real versus dados arquivados e baseada na tecnologia expirada de processamento analítico online (OLAP). Atualmente, o OLAP está sendo engolido pelo buraco negro da gravidade dos dados. A gravidade dos dados é uma metáfora introduzida no léxico de TI pelo engenheiro de software Dave McCrory (McCrory, 2010). Ao contrário do OLAP, que é o conjunto de ferramentas em que os dados são coletados de múltiplos pontos finais para um único local, processados e devolvidos ao sistema como inteligência comercial, a gravidade dos dados postula que aplicativos e dados são atraídos uns pelos outros. Conforme a massa de dados aumenta, torna-se mais difícil processar os dados. A visão de McCrory sobre o aumento exponencial das capacidades de processamento de dados que permitiram esse fenômeno foi notável.

A resposta a essa pergunta depende, portanto, da massa de seus dados e do quanto você precisa que eles sejam processados em tempo real. Se a experiência do cliente ou o processo de venda se beneficiar dos dados em tempo real, então você precisará deles; se não, uma compilação de dados durante a noite será suficiente.

PERSONALIZAÇÃO

30. O fornecedor permite que você crie experiências customizáveis e personalizadas para visitantes conhecidos e desconhecidos?

Essa questão se trata especificamente da personalização em sites voltados para o cliente; no entanto, ela nos leva de volta à visão holística do cliente. Certas ferramentas são capazes de acompanhar e registrar as atividades do site e armazená-las sob o endereço IP do cliente; se esse cliente criar uma conta depois, toda a interação anterior é mesclada com esse novo registro. Isso permite que os profissionais de marketing visualizem toda a jornada do cliente em vez de apenas o momento após a decisão de compra. Imagine o que você poderia descobrir sobre quais partes de seu site acionam o comportamento de compra, quantas vezes um usuário visita seu site antes de realizar a compra e de onde ele veio desde a primeira vez que visitou.

PROCESSO

31. Como a implementação dessa solução afetará os processos de trabalho de minhas equipes?

Embora os processos de negócios possam não ser a parte mais interessante da conversa de transformação digital, eles são o pilar que mantém a estrutura de seu negócio unida. Sem processos comerciais seria impossível fornecer ao cliente um padrão de serviço bem estruturado e consistente. Portanto, é fundamental que você reavalie qualquer implementação planejada do sistema para garantir que os processos comerciais essenciais sejam consistentes. Além disso, seu projeto é uma oportunidade para racionalizar ou melhorar os processos existentes, viabilizados pela tecnologia ou pela melhoria dos processos comerciais. Os modelos de processo que você cria no estágio inicial podem ser consultados depois, por exemplo, durante o levantamento de requisitos, especificação de requisitos, teste do sistema e treinamento do usuário final.

32. Que funcionalidade out of the box está disponível e que partes requerem mais investimento em serviços profissionais?

Como regra, quanto maior a organização e quanto mais complexos e massivos os dados, maior a necessidade de personalização para alcançar o resultado esperado. Os fornecedores estão acostumados com solicitações simples ou extravagantes. Certa vez, trabalhei com um analista de negócios que brincava que todas as oficinas de levantamento de requisitos tratavam da coleta das necessidades essenciais de um projeto enquanto desestimulava a criação de um botão vermelho para fazer o chá. É verdade que os participantes dessas oficinas, às vezes, podem se empolgar com as possibilidades. É preciso compreender que, quanto mais exigências *out of the box* você precisar, maior será a necessidade de investimento em serviços e testes profissionais.

LIDERANÇA

33. Temos capacidade nos departamentos de marketing e TI para utilizar a tecnologia e impulsionar o ROI?

Muitos funcionários de marketing simplesmente não são qualificados para administrar a Martech de forma eficaz. Isso não é surpreendente, dada a velocidade de adoção dos clientes, o desejo dos principais executivos pela transformação digital e a expectativa de que a Martech trate mais de tecnologia do que de pessoas.

Os fornecedores podem ajudar a resolver esse problema nomeando "superusuários" da organização. Esses funcionários participariam de reuniões de projeto, fariam o levantamento de requisitos, preparariam e executariam testes de aceitação do usuário e, às vezes, o treinamento de usuários. Deve haver um superusuário em cada departamento (não apenas no de marketing) responsável por garantir que as necessidades de seu departamento sejam atendidas. A nomeação de superusuários deve ser uma estratégia *top-down*, a partir dos chefes de departamento, pois eles precisarão investir bastante tempo e esforço no projeto. O impacto positivo, entretanto, será sentido por muitos anos.

34. Quanto tempo o projeto vai demorar?

Seu fornecedor estabelecerá um cronograma de projeto com base nas exigências que você prioriza para a primeira fase; se você se ater às suas exigências, evitar pedidos de mudança e manter o cronograma de reuniões nas datas estipuladas, então seu projeto também será entregue dentro do prazo.

35. Quem vai administrá-lo?

É necessário uma pessoa para traduzir as exigências entre marketing, TI e seu novo fornecedor? Se sim, e ela precisar fazer parte da equipe interna, então procure por um profissional de marketing experiente com excelentes competências de TI e comunicação. O profissional precisa ser capaz de trabalhar com pessoas de todos os níveis da organização, além de raciocinar, compreender e ser respeitoso e paciente. Ele também precisa ser comprometido e acreditar que a organização será bem-sucedida nos processos de negócios que estão sendo implementados.

TESTES

36. Podemos executar um programa-piloto?

O teste a curto prazo de uma nova tecnologia beneficia os stakeholders em todos os níveis da organização e pode economizar bastante tempo e dinheiro, evitando uma escolha dispendiosa ou prevendo possíveis percalços na implementação mais ampla. Um programa-piloto deixa os principais executivos mais seguros para investirem na implementação principal, e o diretor de marketing sabe que a ferramenta é benéfica e demonstra o ROI para a equipe. A equipe de TI usará o piloto para testar os requisitos de hardware e integração, e a equipe de atendimento ao cliente avaliará a usabilidade dentro de seus processos de negócios e cenários de caso de uso.

37. Como serão os testes e os relatórios?

Existem quatro principais tipos de testes que você deve conhecer: teste unitário, teste de integração, teste de sistema (às vezes chamado de SysTest) e teste de aceitação do usuário (UAT). Qualquer teste falho é relatado em uma conta compartilhada de rastreamento de problemas, em que correções e pedidos de testes novos podem ser delegados e reemitidos até que sejam liberados e aprovados. As correções são documentadas com outras personalizações. Uma vez que um lote de bugs tenha sido eliminado, todas as etapas de UAT serão repetidas para garantir que a correção de um bug não tenha ativado um novo.

38. Testes unitários

Uma unidade é a menor parte testável de um software e, portanto, os testes unitários muitas vezes são conduzidos nos bastidores por seu departamento de TI ou por um fornecedor. Pode ser uma função, um programa ou um procedimento individual e terá poucas entradas e uma saída.

39. Testes de integração

O teste de integração é a próxima etapa do teste unitário e é geralmente realizado por aqueles que estão desenvolvendo seu sistema. Em termos simples, ele testa como as unidades e sistemas individuais interagem entre si para alcançar os resultados exigidos tanto no documento de projeto funcional quanto no documento de requisitos funcionais.

40. Testes de sistema

O objetivo do teste de sistema é comparar a funcionalidade de todo o sistema com as exigências do negócio. Muitas vezes, o teste de sistema é conduzido em duas fases: primeiro pela equipe de produção; depois por testadores independentes ou em uma demonstração para os principais stakeholders.

41. Teste de aceitação do usuário

O teste de aceitação do usuário (UAT) é a etapa final dos testes e influencia a adoção do usuário. Se o UAT for um sucesso, então é mais provável que o sistema seja aceito pelos usuários e a produtividade se seguirá. Os scripts de teste tendem a ser guiados por caso/processo e quaisquer erros são relatados da mesma forma que nas outras fases. Esses scripts de teste também podem ser adaptados para simplificar o processo de elaboração de manuais de treinamento. Assim, investir em bons scripts de teste para o UAT é investir no futuro.

42. De onde virão os dados?

Os dados de teste são detalhes negligenciados com frequência, o que pode afetar o sucesso do UAT. Os dados de base precisam ser os mesmos no início de cada teste e, portanto, a capacidade de recuperar o banco de dados subjacente é essencial. Cada script de UAT será acompanhado por dados que precisam ser inseridos no sistema como parte do script. Sem a recuperação, você criará inúmeros dados de teste, variando de acordo com os testes para diferentes resultados cada vez que o UAT for reinicializado. Os dados devem ser criados por seus superusuários para que os diferentes cenários sejam totalmente abrangidos.

43. Como será o fornecimento em seus casos de uso específicos?

Cada caso de uso, exigência ou processo comercial será representado por um script de UAT e vários conjuntos de dados de teste para cada cenário.

ADOÇÃO DE USUÁRIO

44. Que serviços de suporte ao cliente, treinamento e adoção de usuário o fornecedor oferece?

O suporte contínuo a um sistema, sobretudo as ferramentas de gestão de relacionamento com o cliente, pode ser oferecido tanto pelo fornecedor quanto pela equipe interna. Se seus superusuários estiverem tendo sucesso com o projeto, é possível adotar uma abordagem em três camadas:

- Primeira linha de suporte: superusuários dentro do departamento;
- Segunda linha de suporte: equipe interna de suporte ao cliente;
- Terceira linha de suporte: as consultas técnicas podem ser reportadas ao fornecedor pelo suporte ao cliente. Um fornecedor poderia ser excelente para aconselhar sobre a adoção de usuários e estratégias de treinamento; entretanto, a implementação é mais bem conduzida por uma equipe interna de superusuários.

CONFORMIDADE

45. O fornecedor está em conformidade com a privacidade?

A privacidade e a proteção de dados se tornaram um tema relevante nos últimos anos e serão ainda mais importantes no futuro. Embora os fornecedores tenham a responsabilidade de criar um produto que esteja em conformidade, é sua responsabilidade questioná-los sobre as coisas de que você precisa. A conformidade varia de acordo com o país, região, público e setor. As leis são cada vez mais endurecidas, portanto, continue a estudá-las para garantir que sua Martech esteja em conformidade com as normas que afetam seu negócio. Questione rigorosamente os fornecedores sobre as boas práticas de dados. Fazer isso beneficiará não apenas sua empresa, mas o setor como um todo, pois os fornecedores começarão a perceber a valorização do mercado em relação à privacidade e à proteção de dados.

INTEGRAÇÃO

46. Isso lhe permitirá consolidar outras ferramentas em sua pilha de Martech?

Já se foi o tempo em que a TI tinha de usar sistemas separados para cada função na pilha. Sempre faça uma avaliação antes de adicionar um novo sistema para remover sistemas desatualizados ou pouco utilizados. Isso não só economizará dinheiro, mas também garantirá que seus usuários estejam trabalhando juntos de forma consistente.

47. A tecnologia do fornecedor complementa e/ou se integra com sua pilha de tecnologia existente?

Se, depois de uma avaliação, ficar claro que uma nova tecnologia que você está considerando usar não se integra com outras de sua pilha de Martech para permitir conversas relevantes com um público-alvo, encontre uma que o faça.

48. A tecnologia é um sistema ou são grupos de tecnologias empacotadas e vendidas sob uma marca ou serviço?

Para garantir que a tecnologia seja fácil de usar e à prova do futuro, pergunte se existe um sistema unificado ou produtos separados que estejam sendo nomeados como um só. O fato de plataformas e soluções diferentes serem empacotadas e vendidas em conjunto não significa que sempre trabalharão juntas ou que foram projetadas desde o início para fornecer uma plataforma integrada e sem problemas.

FUTURO

49. Além de atender às suas necessidades imediatas, o fornecedor pode acompanhar o crescimento de seu negócio para atender às suas metas de longo prazo?

Aqui, você quer avaliar se o fornecedor pode continuar a oferecer esse serviço à medida que seu negócio cresce, assim como se o plano de ação dele se alinha com as necessidades futuras de sua empresa. Tente avaliar se os fornecedores estão à frente da concorrência em termos de usar tecnologias emergentes ou se estão trabalhando no presente. Isso remete ao fit cultural da empresa. Por exemplo, uma empresa de contabilidade provavelmente vai procurar um fornecedor que se destaca por trabalhar dentro dos parâmetros das necessidades tecnológicas atuais, enquanto marcas mais inovadoras podem querer adotar uma tecnologia mais avançada.

50. Qual é o plano de ação e a visão imediata do fornecedor para lançamentos futuros?

Os planos existentes de um fornecedor para melhorar o produto são uma excelente indicação de que sua tecnologia permanecerá atualizada. Dê uma olhada no pipeline do fornecedor. Há muitas características que outras tecnologias já possuem ou há elementos surpreendentes e inovadores?

51. O plano de ação inclui solicitações de desenvolvimento dos usuários finais? O fornecedor é capaz de oferecer alguma informação de lançamento do último ano?

Um bom fornecedor tecnológico é proativo e reativo ao planejar o pipeline de desenvolvimento. Procure a fonte da solicitação no pipeline ou uma seção dentro do suporte online para apresentar solicitações de desenvolvimento.

52. Quanto o fornecedor investe em pesquisa e desenvolvimento?

O desenvolvimento de produtos no setor de tecnologia é normalmente liderado tanto pelo departamento de marketing quanto pelos desenvolvedores. Na maioria das vezes, as ideias geradas pelo departamento de marketing levam a inovações estimuladas pela necessidade e demanda dos clientes. Essas são as inovações que tendem a vender bem. Se a pesquisa e o desenvolvimento são liderados pela tecnologia, os produtos podem então ser desenvolvidos para atender a essas necessidades. Assim, o investimento contínuo em pesquisa e desenvolvimento continua a beneficiar você como um potencial cliente muito tempo após as despesas iniciais e a compra.

ESTUDO DE CASO

Folly Farm Leisure Limited

O Folly Farm Adventure Park and Zoo está situado em Pembrokeshire, no País de Gales, Reino Unido. Possui uma fazenda, um parque de diversões vintage e um zoológico com mais de duzentas espécies diferentes de animais. Os produtos de adoção de animais (os clientes podem adotar animais do zoológico e da fazenda Folly Farm, recebendo um bicho de pelúcia, um certificado de adoção, uma ficha técnica e seu nome em um quadro de agradecimento no local) provaram ser uma boa fonte de renda secundária. O Folly Farm, portanto, empregou a Claire Carlile Marketing e a agência de RP Golley Slater PR para aumentar as vendas desse canal e dar continuidade ao sucesso.

LOCALIZAÇÃO

Reino Unido

DESAFIO

As adoções de animais são um mercado competitivo. Não só muitos zoológicos no Reino Unido oferecem adoções, mas também organizações beneficentes internacionais como a WWF e grandes varejistas como a Amazon e sites de presentes como experiência. Como as adoções não dependem de uma visita ao zoológico, foi necessária uma ambiciosa estratégia de marketing digital para aumentar a visibilidade online da fazenda e o alcance além do País de Gales e atrair e gerar vendas em todo o Reino Unido.

Com 92% das vendas existentes provenientes do canal de vendas online da fazenda, esperava-se que o canal offline (a loja de presentes da fazenda) também se beneficiasse da maior visibilidade digital.

No primeiro ano de adoção de animais, 43% das vendas foram realizadas durante as seis semanas antes do Natal. Esse período e outras datas propícias para as adoções, como o Dia dos Namorados, Dia das Mães, Dia dos Pais e Páscoa, foram identificados como os melhores períodos do ano para implementar estratégias de mídias pagas, ganhas e próprias.

As vendas de adoção de animais cresceram 89% de 2017 para 2018, portanto, o desafio era aumentar esse número em 2019. Com isso em mente, foram estabelecidas as seguintes metas otimistas:

- aumentar em 20% as vendas gerais de adoção;
- aumentar as vendas fora do País de Gales.

PÚBLICO-ALVO

Pessoas que amam animais no Reino Unido.

AÇÃO

Como as adoções de bichos-preguiça foram responsáveis por 28% das vendas em 2017, eles foram identificados como a espécie para cartazes que sustentaria a campanha. Além disso, um segundo bicho-preguiça chegaria ao zoológico, o que seria um gancho para os canais de mídia ganhos.

Dois novos produtos de adoção de animais — pandas-vermelhos e lhamas — seriam lançados antes do período principal de vendas de presentes de Natal, o que geraria conteúdos novos para os canais de mídia próprios.

Foi realizada uma revisão digital para avaliar oportunidades de tráfego orgânico para direcionar tráfego relevante ao site, e foram feitas mudanças no site em termos de otimização da taxa de conversão (CRO), com foco em converter visitantes em compradores online.

Campanhas pagas foram realizadas no Google Ads, além de campanhas de redirecionamento no Facebook e no Instagram para os produtos de maiores taxas de conversão, vendo um bom retorno sobre os anúncios (ROAS) nos canais.

IMPLEMENTAÇÃO

A estratégia foi claramente dividida em canais de mídia ganhos, próprios e pagos.

Mídia ganha:

- A assessoria de imprensa foi fundamental para aumentar a visibilidade digital dos produtos de adoção. A Golley Slater usou o fato de que ambos os bichos-preguiça da fazenda estavam “em idades avançadas" (incluindo o animal recém-chegado) para anunciar a abertura de um lar de idosos de bichos-preguiça na fazenda. Eles publicaram a história com filmagens em vídeo desses animais para os veículos de mídia personalizarem em suas redes sociais. Isso gerou mais de 150 materiais de imprensa na mídia britânica, incluindo *BBC Wales*, *MailOnline*, *LADBible*, *Lonely Planet*, *Countryfile* e *This Morning* (da ITV). O artigo online da *LADBible* foi compartilhado 169 mil vezes e a cobertura do Facebook recebeu 29 mil comentários; neles, a fazenda engajou ativamente para incentivar as pessoas a adotarem os bichos-preguiça. O vídeo de nove minutos no *This Morning* resultou em um aumento de 235% no tráfego do site.

- As atividades de SEO (otimização para mecanismos de busca) foram implementadas para garantir a maior cobertura SERP (página de resultados de pesquisa dos mecanismos de buscas) possível para aumentar o volume de busca em torno da "adoção do bicho-preguiça" e do "lar de idosos de bichos-preguiça".
- Ótimos rankings orgânicos foram obtidos para termos de busca relevantes e transacionais, tais como "adotar um bicho-preguiça". Foi desenvolvida uma estratégia para conquistar os *feature snippets* e a caixa "As pessoas também procuram" para esses tipos de buscas (Figura 2.3).
- Um loop de avaliação e feedback sobre produtos de adoção foi implementado, levantando avaliações em primeira mão para usar no *schema* de produtos nas páginas de produtos de adoção. Isso levou à inclusão de ótimos *snippets* na SERP e, consequentemente, a um aumento na taxa de cliques.

FIGURA 2.3 *Featured snippets*

- Influenciadores de família e parentalidade foram identificados, oferecendo a eles a adoção do animal preferido de seus filhos. Em troca, eles publicaram em seus blogs e redes sociais.

Mídia própria:

- Foram utilizados *heatmaps* e gravações de visitantes na página de adoções para visualizar o comportamento do usuário e identificar problemas de usabilidade que fossem uma barreira à conversão. Esses dados foram usados para fazer mudanças no template para aumentar as taxas de conversão em todos os produtos de adoção.
- Os banners das páginas iniciais foram adaptados de acordo com as mensagens da campanha com links até as páginas de adoção. O conteúdo da imprensa levou a um aumento considerável nas buscas por "lar de idosos de bichos-preguiça" e outras palavras-chave relacionadas à campanha. Desse modo, a ênfase foi dada para garantir que o conteúdo do site da fazenda fosse classificado e

relevante para essas buscas e que esse conteúdo tivesse apelos à ação até as páginas de adoção.

Mídia paga:

- Para aproveitar ao máximo o aumento do volume de busca em torno da adoção desse animal, a parte paga do SERP foi comprada para essas buscas por meio do Google Ads, assim como a veiculação de grupos de anúncios baseados na história do "lar de idosos de bichos-preguiça", que é vinculada a esse mesmo conteúdo no site da Folly Farm. Também foram criados grupos de anúncios para todas as adoções de melhor desempenho.

FIGURA 2.4 SERP para "Adote um bicho-preguiça"

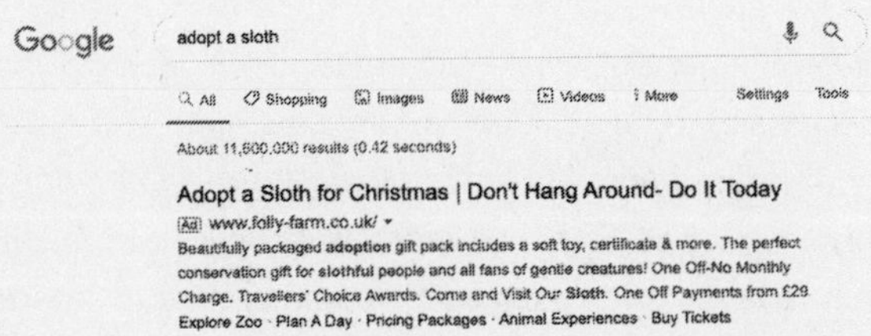

- Anúncios pagos no Facebook e no Instagram foram usados para redirecionar os visitantes para as páginas de adoção de bichos-preguiça e para a história de adoção do animal, levando tanto às vendas de comércio eletrônico quanto às microconversões, tais como assinaturas de newsletters.

RESULTADOS

- Em outubro de 2019 (antes do período principal de vendas de Natal), as vendas das adoções cresceram 143% em relação à meta de 20%.
- Até o final de outubro de 2019, as vendas de adoção de bichos-preguiça subiram 293% naquele ano.

- 73% das adoções em 2019 foram vendidas fora do País de Gales, contra 61% em 2018, demonstrando o sucesso da estratégia para aumentar a visibilidade no mercado competitivo. Pedidos também foram feitos da Austrália, América do Norte, Espanha, França e Alemanha.
- As doações aos parceiros de conservação foram duplicadas.
- As vendas de adoção pelo canal offline da Folly Farm (a loja de presentes no local) aumentaram 112%, graças ao impulsionamento digital.
- A campanha foi pré-selecionada como finalista do Best Use of Digital Marketing no CIM Marketing Excellence Awards de 2020.

COMENTÁRIO

Essa campanha consistia em reconhecer o que já era procurado e usar isso a nosso favor. Antes de nossa campanha, havia uma enorme cobertura midiática sobre os bichos-preguiça nos filmes da Disney, no Planet Earth, no merchandising e até mesmo em emojis em 2019. Usamos esse apelo como um gancho para criar interesse por nossos bichos-preguiça em todo o Reino Unido.

A criatividade da Golley Slater na criação do primeiro lar de idosos para bichos-preguiça do Reino Unido foi apoiada por uma forte estratégia digital para aproveitar ao máximo o aumento do tráfego a fim de converter as ações em vendas.

Claire Carlile, da Claire Carlile Marketing Limited

SOBRE OS CRIADORES

Claire Carlile é uma Chartered Marketer (MCIM) e fundadora da Claire Carlile Marketing, uma agência de marketing digital especializada em estratégia e implementação de marketing digital de SMB. A Golley Slater é uma agência de RP criativa independente sediada em Cardiff, trabalhando com marcas do mundo inteiro.

03

Estar online: acolhendo o mundo

> O QUE ESPERAR DESTE CAPÍTULO
>
> Até o final deste capítulo, você terá respostas para as seguintes perguntas:
>
> - Por que meu site é tão importante?
> - Que tipo de site eu devo criar?
> - Devo criar um aplicativo em vez de um site?
> - Como posso criar um site eficiente?
> - Como devo estruturar as informações em meu site?
> - O que é usabilidade e por que eu deveria me importar com ela?
> - Por que a acessibilidade e os padrões web são importantes?
> - O que é web design responsivo (RWD)?
> - Como posso criar um conteúdo web atraente?

Seu site: o centro de seu mundo no marketing digital

Antes de começarmos este capítulo, precisamos chegar a um acordo: seu site pode ser como uma vitrine de loja em uma televisão "conectada" de uma pessoa ou se materializar como um site móvel habilitado para um smartphone; mesmo sendo uma simples página ultrapassada na tela de um computador, ainda é uma vitrine para seu mundo digital e ainda é um site. Mais adiante no capítulo, você lerá sobre os prós e os contras dos sites tradicionais, dos sites com design responsivo, dos sites móveis e dos aplicativos, mas por enquanto só precisamos entender isto: os sites estão cada vez mais *em todos os lugares* e, desde que dê para acessar e adquirir produtos e serviços, será que é preciso entrar de fato na semântica?

Como profissional de marketing digital, seu site (ou seu aplicativo, mas vamos falar disso depois) é seu local de negócio. Você pode ter todos os tipos de campanhas por aí, aproveitando o vasto alcance do ciberespaço para atrair novos clientes, mas, no final, tudo será direcionado para um único ponto: seu site. Isso o torna extremamente valioso. Na verdade, é a propriedade digital mais valiosa que você alguma vez terá. Se acertar a estratégia de marketing digital, quem sabe, ele será sua propriedade mais valiosa dentre *todas*, ponto-final.

Nunca é demais repetir isso. Em um mundo digital incerto e em constante evolução, seu site é a única coisa que você pode controlar de verdade. Você pode mudar alguma coisa ou tudo nele; você pode ajustá-lo, melhorá-lo e alterá-lo como quiser; você pode construir maneiras de acompanhar e medir todas as atividades. Você o possui, ele é seu, e é esse o parâmetro pelo qual o seu negócio online inteiro será medido.

Um motor de conversão para o tráfego

Todas as técnicas de marketing digital que discutiremos nos próximos capítulos têm uma coisa em comum: elas são projetadas para gerar tráfego segmentado e qualificado para seu site. *Mas o tráfego por si só não faz nada além de consumir a banda larga da internet*: é seu site que converte o tráfego em potenciais clientes e clientes de fato, transformando os números em valores tangíveis para seu negócio.

Como profissional de marketing digital, seu site não é apenas um catálogo online para que as pessoas saibam quem você é e o que faz. É verdade que algumas das informações que você fornece servirão para isso, mas serão apenas uma parte secundária. Tampouco seu site está lá apenas para otimizar os motores de busca e gerar mais tráfego. Pense nele sobretudo como um mecanismo de conversão para o tráfego que você obtiver com todos os outros esforços de marketing digital.

Sim, você precisa fornecer informações sobre seus negócios, produtos e serviços, mas sempre com as metas de conversão em mente. Tudo em seu site deve ser orientado para alcançar as metas de conversão, seja de forma direta (informações sobre produtos e serviços, recursos de pedidos/vendas online, copywriting focado em vendas e *call-to-action*, formulários de pesquisa, assinatura de newsletter, etc.) ou indireta (informações sobre negócios e marcas que geram confiança, conteúdo que incentiva visitas repetidas e/ou estabelece autoridade/reputação em sua área).

As metas de conversão podem ser qualquer coisa, desde uma compra online real (uma transação de venda) até uma consulta online (geração de leads) para assinar sua newsletter (*opt-in* para marketing futuro)... ou qualquer outra coisa que você considerar importante para seu negócio e adequada para seus clientes. É claro que você pode ter metas de conversão diferentes. Seu objetivo principal pode ser uma venda ou uma reserva online, o secundário pode ser a geração de leads online, e o terciário pode ser conseguir endereços de e-mail *opt-in* para sua lista de contatos.

Não importa quais sejam seus objetivos, ou se seu site é um pequeno site de informações/catálogo ou uma grande loja online, o importante é que você tenha em mente seus objetivos ao criá-lo (ou refazê-lo). Lembre-se, a conversão é a chave para o sucesso do marketing digital; seu site e a experiência do usuário que você proporciona nele são o que, no fim das contas, otimizarão essa conversão.

Avaliando suas opções: site móvel, site com design responsivo ou aplicativo?

Nesse ponto, devemos mencionar a importância da mobilidade em sua estratégia online. O Capítulo 6 analisará a estratégia móvel com mais profundidade, mas como você decide se deve criar um site ou um aplicativo?

Nos últimos anos, houve desenvolvimentos surpreendentes no design de sites e aplicativos, então é compreensível que você tenha ficado confuso ou sobrecarregado escolhendo uma abordagem para seu negócio. O uso de smartphones continua a crescer e os aplicativos estão vendo um crescimento exponencial a cada ano. Isso não quer dizer que as pessoas não estão mais usando desktops, mas o número de usuários móveis agora excede o número de usuários de desktops, e é essencial que isso seja considerado ao decidir sua presença online. De acordo com a StatCounter, a participação do mercado móvel em 2020 é de 53,81% em comparação com a participação do mercado de desktops de 43,27% e a participação do mercado de tablets de 2,92% (StatCounter, 2020). Com essas estatísticas em mente, muitas empresas se perguntam se devem criar um site para desktop, um site móvel, investir em aplicativos ou fazer uma combinação dos três.

Como na maioria das questões de marketing, não há uma resposta clara a esse enigma e sua decisão deve depender de seu orçamento, de seus objetivos comerciais e das necessidades e preferências de seu público-alvo. Pergunte-se como as pessoas acessam seu site. Elas estão geralmente viajando ou sentadas em um escritório?

O que é mais importante: que você ofereça a seu público uma experiência personalizada e conveniente ou que você alcance o público mais amplo possível com diversos dispositivos? Uma coisa é clara: a mobilidade deve fazer parte de sua estratégia, e os sites tradicionais criados para desktops não se traduzem bem em pequenas telas de dispositivos. Os usuários têm uma experiência móvel muito diferente daquela no desktop, e implementar a mesma estratégia para ambos os canais é correr o risco de fracassar.

Em termos gerais, ao determinar como atender seu público móvel, há três opções:

1 site móvel;

2 site com design responsivo;

3 aplicativo.

A seguir, veremos os prós e contras de cada uma dessas opções a fim de ajudar você a decidir o que é melhor para seu negócio.

SITE MÓVEL

Um site móvel é um site que funciona para dispositivos móveis com telas menores. É uma versão personalizada de um site tradicional projetada especificamente para dispositivos móveis, muitas vezes com interface de aplicativo para oferecer a melhor experiência de usuário móvel possível. Esses sites contêm recursos específicos para dispositivos móveis, tais como "*click-to-call*" ou "*click-to-email*", e se a maioria de seu público usa a internet pelo celular, então essa pode ser a melhor opção para você. Os sites móveis têm menos texto, fontes maiores e velocidades de download mais rápidas.

Prós:

- Experiência otimizada do usuário no celular;
- Mesma interface de usuário para aplicativos, mas com melhor compatibilidade entre dispositivos;
- Uma opção mais econômica do que aplicativos, já que não há necessidade de criar e desenvolver múltiplas versões;
- Bom para busca e visibilidade da marca (ver Capítulo 4);
- Amplo alcance do público.

Contras:

- Criados especificamente para dispositivos móveis e, portanto, não otimizados para desktop;
- Inadequados para sites com conteúdo pesado;
- Acesso mais limitado a recursos de smartphone, tais como câmera e localização GPS, quando comparado a aplicativos.

SITE COM DESIGN RESPONSIVO

Os sites móveis e os sites com design responsivo são, muitas vezes, erroneamente considerados a mesma coisa, mas eles são muito diferentes. Enquanto os sites móveis são criados sobretudo pensando na mobilidade, os sites com design responsivo são criados com resolução ideal para o desktop, mas o conteúdo e o layout podem se ajustam a telas menores. É importante que o site com design responsivo garanta que o usuário consiga encontrar as informações com facilidade, independentemente de como ele visualiza o site e do tamanho da tela. Sites com design responsivo são ideais para B2B (*business-to-business*) ou para abrigar conteúdos ricos e são, sem dúvida, a escolha certa se a maioria de seu público usa a internet em um desktop.

Prós:

- Funciona em diferentes tamanhos de tela: otimizado para desktop e adaptável a smartphones e tablets com interfaces touchscreen;
- Bom para sites B2B e sites com conteúdo rico;
- Bom para grandes formulários de pesquisa ou *call-to-action* complexas;
- Bom para busca e visibilidade da marca;
- Amplo alcance do público.

Contras:

- As velocidades de navegação e download são mais voltadas para os sites tradicionais e não são perfeitamente otimizadas para dispositivos móveis;
- A experiência do usuário pode ser mais difícil para usuários móveis quando comparada a aplicativos ou sites móveis.

APLICATIVOS

As estatísticas em torno do uso de aplicativos são impressionantes. Segundo a eMarketer, cerca de 90% do tempo gasto em smartphones são de aplicativos (Wurmser, 2019). O relatório anual da App Annie, "State of Mobile", afirma que os clientes do mundo inteiro baixaram o recorde de 204 bilhões de aplicativos em 2019, um aumento de 6% em relação a 2018 e de 45% desde 2016. Eles também gastaram 120 bilhões de dólares em aplicativos, assinaturas e outros gastos semelhanes ao longo do ano, com a média de usuários móveis dedicando três horas e quarenta minutos por dia a seus dispositivos: 35% mais tempo do que em 2017 (App Annie, 2020).

Como os sites móveis, os aplicativos são desenvolvidos com a experiência móvel em mente em vez de serem redesenhados a partir de um site criado para desktops. Algumas organizações terão orçamento suficiente tanto para um site quanto para um aplicativo, mas, para muitas empresas, o custo de criar e manter diversas versões de aplicativos (para iOS, Android e Windows) pode ser difícil. Você poderia dizer que se você tiver um site que se adapte às necessidades de seu público (seja ele um site tradicional, com design responsivo ou móvel), então não há necessidade de fazer um aplicativo. No entanto, é inegável que os aplicativos oferecem alguns recursos e benefícios a mais que os sites. Vejamos alguns deles a seguir.

Prós:

- As pessoas passam muito tempo em aplicativos;
- Nos aplicativos, é possível personalizar. Eles permitem aos usuários definir suas preferências para que as comunicações sejam personalizadas de acordo com as necessidades. Do ponto de vista de marketing, os aplicativos permitem que as empresas enviem mensagens direcionadas a diferentes segmentos de sua base de usuários. Eles também podem acompanhar o comportamento de uso e engajamento, além de oferecer recomendações personalizadas com base no uso, interesses e localidade.
- Os aplicativos são, muitas vezes, mais convenientes de usar do que os sites, pois funcionam mais rapidamente, abordam os pontos de dor do usuário e focam em tarefas-chave que os usuários podem querer realizar enquanto estão em movimento. Isso resulta em uma experiência geral melhor para o usuário.

- Devido à experiência do usuário melhor oferecida pelos aplicativos, eles podem resultar em taxas de conversão mais altas do que os sites.
- Os aplicativos permitem que você envie notificações *push* e do aplicativo, bem como atualizações instantâneas e automáticas, tudo isso aumentando a fidelização e a retenção dos clientes.
- Os aplicativos podem fazer bom uso de recursos de dispositivos móveis como câmera, localização GPS, de *click-to-call* ou de *click-to-email*.
- Os usuários não precisam estar online para usar aplicativos (embora a conexão ainda seja necessária para realizar algumas tarefas).
- A presença de ícones de aplicativos nos celulares das pessoas aumenta o reconhecimento de marca e atua como uma propaganda constante.

Contras:

- Os aplicativos não são descobertos com mecanismos de busca; eles devem ser pesquisados em portais específicos.
- O desenvolvimento e a manutenção dos aplicativos são caros, pois cada plataforma precisa de uma versão diferente, seja iOS, Android ou Windows.

Optar um aplicativo, um site com design responsivo, um site móvel ou uma combinação dos três dependerá apenas de seu público e de seu orçamento. Para saber mais sobre os aplicativos, consulte o Capítulo 6. O restante deste capítulo será dedicado à criação de um site eficiente.

Começaremos com Andrew Watts, sócio-fundador da agência de ativação de marca KHWS, falando sobre o impacto da pandemia de covid-19 no comportamento dos clientes digitais em 2020 e dos desafios que as marcas enfrentaram.

VISÃO DOS ESPECIALISTAS

Os dez desafios enfrentados pelas marcas no novo ambiente de e-commerce

Contribuição de Andrew Watts, sócio-fundador da agência de ativação de marca KHWS

Um dos maiores impactos que a pandemia de covid-19 tem tido em nossa sociedade de consumo é o aumento das compras de alimentos online. Durante anos, os supermercados geraram uma média de 7% de compras online (Mintel 2020), mas isso mudou em 2020. No Reino Unido, 29% da população declarou ter deliberadamente comprado produtos de supermercado online devido à pandemia de covid-19 (Statista, 2020).

No momento em que escrevo, as pessoas têm deixado de ir aos supermercados locais, preocupadas com a segurança; há ainda aquelas que optam por ir e se deparam com longas filas devido a medidas de distanciamento social. A combinação desses fatores está impulsionando as compras online, e é provável que essa mudança nos hábitos de compra permaneça por algum tempo.

Esses novos comportamentos levantam vários desafios para as marcas. No online, elas têm ainda menos gestão de varejo do que na loja física. Limitações nas imagens utilizadas para as marcas, falta de controle sobre a navegação e taxonomia, combinadas com a maior oferta de produtos vendidos online, contribuem para um ambiente desafiador no qual o comportamento é afetado.

Para ajudar a enfrentar esses desafios, a KHWS, em parceria com a Durham University Business School, desenvolveu o Sales Trigger Insight™, uma ferramenta exclusiva que identifica as principais iterações específicas da marca dos gatilhos mentais ou heurísticas que nós usamos para tomar uma decisão de compra. Nós os chamaremos de "Sales Triggers™". A seguir, veremos como podemos aproveitá-los ao máximo para superar dez desafios principais que as marcas de supermercado enfrentam na condução de vendas online.

1. COMPRA POR IMPULSO

Com as compras online, essa prática comum a todos quando buscamos determinado produto nas prateleiras do supermercado não está mais a nosso alcance. Então, como você encontra novas maneiras de mostrar sua marca na inovação da jornada do e-commerce?

É fundamental compreender tanto a mensagem quanto a oportunidade que as ocasiões podem ter na compra por impulso. Na KHWS, tivemos sucesso com marcas de cerveja como a Asahi e a Peroni (que geralmente vendem menos no e-commerce de supermercado), descobrindo novas maneiras de mostrá-las ao comprador em um contexto relevante. Experimentamos com sucesso a harmonização de comidas e bebidas, por exemplo, harmonizando comida italiana com a Peroni e comida asiática com a Asahi.

2. ENTRAR NA LISTA DE FAVORITOS

Nossa pesquisa identificou que 55% das compras de supermercado online no Reino Unido são compras repetidas da lista de favoritos. Se você fizer parte da lista, é provável que você permaneça lá.

Encontrar novas maneiras de cultivar sua marca antes das compras online depende da compreensão dos comportamentos que provocam a compra. A *heurística do afeto* é um atalho mental usado para descrever como as pessoas tomam decisões inconscientes depois de serem influenciadas emocionalmente por um estímulo específico. Uma marca pode causar emoção em um cliente, por exemplo, usando embalagens que exibem uma imagem vívida e bonita com a qual ele possa se conectar. Isso não apenas destacará um produto do de seus concorrentes, mas também o tornará mais atraente para o cliente. As empresas que fizeram isso com sucesso foram Johnson's Baby, Andrex, Müller Light Yogurt e muitas marcas de alimentos para animais de estimação.

3. SOBRECARGA DE ESCOLHA

Os clientes que se sentem sobrecarregados com tanta oferta tendem a aderir ao produto que normalmente compram. Se sua marca está em uma categoria muito concorrida, por exemplo, cerveja, lanches saudáveis, chás ou cereais, pode ser muito difícil mudar a compra habitual. Há quatro momentos em que a sobrecarga habitual pode ocorrer:

1 quando as pessoas querem fazer uma escolha rápida e fácil;
2 quando se trata de fazer a escolha certa, sobretudo quando o produto a ser vendido é bastante complexo;
3 quando é difícil fazer comparações entre as diferentes opções disponíveis;
4 quando os clientes não têm certeza sobre suas preferências.

Uma boa maneira de interromper a sobrecarga de escolha é oferecer ao cliente um conteúdo atrativo para garantir que sua marca se destaque do resto. Na KHWS, nós provamos isso com uma loja digital para a Samsung. Ela proporcionou uma experiência digital imersiva em muitos sites de varejistas — como uma demonstração de vendas em loja — sem nunca deixar o ambiente de e-commerce.

4. DEMONSTRANDO VALOR PELO DINHEIRO

Outra maneira de fazer sua marca se destacar da concorrência é usar o efeito de ancoragem. Esse efeito acontece quando os indivíduos usam uma informação-chave para influenciar a compra. Se você puder identificar uma informação-chave sobre sua marca e salientá-la para chamar a atenção dos clientes, ela poderá ser escolhida entre os concorrentes, mesmo sendo mais cara. Trata-se das primeiras impressões, e, ao destacar uma informação-chave que seu público-alvo pode usar para se decidir em meio a uma comparação, você apresenta sua marca de forma que o valor seja "ancorado".

A KHWS teve sucesso ao identificar os benefícios para a saúde de uma ração premium para animais de estimação, diferenciando-a de seus concorrentes mais baratos. O conceito de um gato ou cão desfrutando de uma vida longa e saudável por um pequeno custo semanal a mais é uma forma convincente de ancorar o valor.

5. SUA MARCA É UMA COMPRA SEM RISCO?

Os humanos são naturalmente avessos ao risco, portanto, em muitos casos, uma das coisas mais importantes para os clientes é que as marcas sejam confiáveis. A comunicação de qualidade consistente é um desafio dentro do e-commerce, assim como encontrar maneiras de usar avaliações positivas e pontos de diferença antes e durante a jornada de compra do e-commerce. Entretanto, encontrar maneiras de transmitir ao cliente que sua marca foi testada e é confiável pode ser o ponto de partida para que os consumidores mudem o viés do status quo (quando as pessoas estão preocupadas com a potencial perda que associam à mudança da preferência habitual) para sua marca. Isso ocorre mais para os líderes da categoria, quando muitos segmentos de público têm opiniões em comum sobre os diversos valores de marca. Exemplos disso são as marcas John Lewis, Heinz, Weetabix, innocent e Cadbury.

6. A ENTREGA DE UM SENSO DE PROPRIEDADE ANTES DA COMPRA GERA UM SENSO DE VALOR

Se você pode, de fato, criar conteúdo digital imersivo que faça os clientes se sentirem investindo em sua marca, você joga com duas heurísticas principais que influenciam o comportamento de compra:

1 *A aversão à perda*, ou o desejo de não querer perder;

2 *Efeito posse*, ou o valor que colocamos nas coisas uma vez que as possuímos.

Marcas como a ASOS oferecem essas heurísticas, transmitindo a sensação de alegria que você terá ao usar as roupas da empresa. Ela faz isso combinando uma fotografia convincente e sua estratégia "Insiders" que usa microinfluenciadores para aumentar o alcance.

Marcas como a L'Oréal e a Sephora utilizam tecnologia de IA que permite aos clientes verem como seria ter suas mercadorias antes de comprá-las. Ao usar a tecnologia, os clientes podem se ver como proprietários do produto e experimentar os benefícios antes de comprá-lo, atribuindo assim maior valor aos produtos.

7. POR QUE AS PESSOAS DEVERIAM NEGOCIAR PARA COMPRAR MINHA MARCA?

Nossas compras são significativamente regidas pelo *efeito conciliatório*, em outras palavras, escolhemos o meio-termo. Para entender o conceito, pense em quantas vezes você opta pelo tamanho médio quando oferecem um chá ou café grande, médio ou pequeno em uma lanchonete.

Por outro lado, os supermercados Lidl e Aldi fizeram do comércio uma medalha de honra entre os clientes. A estratégia de marketing de apresentar as próprias marcas com a qualidade equivalente das marcas já estabelecidas no mercado supera o medo de que preços mais baixos signifiquem qualidade inferior.

A KHWS tem tido sucesso em conseguir que os donos de animais de estimação comprem uma ração premium usando a experiência científica inerente à marca.

Ao identificar uma mensagem-chave que apresente sua marca de forma que ela ressoe com a maneira como seu público toma uma decisão de compra em sua categoria, você pode superar o efeito conciliatório.

8. BOAS AVALIAÇÕES INFLUENCIAM O COMPORTAMENTO DE COMPRA

A heurística *prova social* leva os clientes a basearem inconscientemente suas decisões nas opiniões de outras pessoas. Podem ser opiniões da família, amigos, outros clientes, blogs online ou avaliações e classificações. A Amazon é a líder mundial na coleta de avaliações de clientes para ajudar outras pessoas no momento da compra.

Entretanto, pesquisas têm mostrado que os clientes geralmente só leem avaliações de uma ou cinco estrelas, sugerindo que prestamos atenção às melhores e piores revisões, mas ignoramos as classificações médias (Zeng *et al.*, 2020).

Desenvolver táticas para impulsionar avaliações positivas é um grande desafio, e elas podem ser inseridas desde o momento que o cliente faz o pedido, como parte de uma campanha mais ampla. Será essencial fazer isso se você identificar que as avaliações são um fator principal no impulsionamento das vendas de sua marca.

9. SOMOS TODOS ATRAÍDOS POR EDIÇÕES EXCLUSIVAS E LIMITADAS

Ser atraído por edições exclusivas e limitadas faz parte do que é conhecido como a heurística *efeito escassez*, que indica que os clientes são mais atraídos por produtos que têm baixa oferta ou alta demanda e, portanto, são escassos. Em outras palavras, os clientes valorizam mais as coisas que são difíceis de encontrar. Marcas de cosméticos e de bebidas alcoólicas usam produtos exclusivos de forma eficaz em lojas *duty free* para diferenciar esse canal de compras e reforçar o fato de que esses produtos só estão disponíveis quando você viaja de avião. A H&M e a supermodelo Helena Christensen se uniram em 2020 para produzir uma coleção-cápsula de camisetas e moletons. Essa é uma tática comum no varejo de streetwear e resulta em uma maior demanda a curto prazo.

10. VALOR E ÉTICA CONTAM AINDA MAIS HOJE EM DIA

Usamos a chamada heurística *viés de confirmação*, que descreve como nós buscamos informações baseados em nossos pontos de vista pré-estabelecidos e crenças. Muitas vezes, as pessoas vão ignorar fatos e opiniões importantes que contradizem suas opiniões e crenças, preferindo buscar aquelas que as confirmam, quase sempre sem nem perceber. Há uma crescente onda de compradores que conscientemente procuram os valores e a ética da marca antes de fazer uma compra. A KHWS explorou ingredientes sustentáveis pouco utilizados antes por uma marca líder de rum e valores de produção para criar um conjunto de mensagens e ativações de marketing que alavancaram os valores. Em resumo, à medida que o e-commerce se torna mais presente em nossa rotina de varejo, é fundamental que as marcas considerem dois pontos:

1. tentar entender as interações de vendas específicas que influenciam a compra da marca;
2. usar os seguintes insights para ajudar no desenvolvimento dos canais de e-commerce:

i novas experiências de usuário para oferecer algumas das vantagens táteis associadas a lojas físicas;

ii maior criatividade na forma como as marcas são apresentadas, tais como navegação, taxonomia de sabores e promoções novas.

Criando um site eficiente

Como dissemos antes, um site eficiente deve abranger basicamente duas coisas: seus objetivos comerciais e as necessidades de seu público-alvo. Crie algo que alinhe os dois e você terá um site eficiente. Falando assim, parece simples, mas conseguir essa convergência pode ser um processo difícil; e uma rápida navegação pela web pode mostrar que é mais fácil errar do que acertar.

Você notará que usamos a palavra eficiente em vez de bem-sucedido. Para que um site seja bem-sucedido, as pessoas precisam ser capazes de encontrá-lo (o que abordaremos no Capítulo 4); mas, se você criar seu site para atender às necessidades das pessoas certas, você aumentará muito a chance de que, depois de elas chegarem a ele, tornem-se mais do que uma mera estatística passageira.

Primeiro, vamos afirmar aqui que este não é um guia definitivo para o desenvolvimento de um site. Este é um livro sobre marketing digital. Neste capítulo, exploramos como abordar seu site pensando no marketing digital. Nosso foco é aumentar a eficácia de seu site tendo em vista os esforços de marketing digital.

O que se segue é uma visão geral de alto nível dos elementos importantes a considerar ao criar seu site a partir da perspectiva do marketing digital. Não é para ser um guia exaustivo. A maioria dos tópicos que abordamos aqui daria um livro inteiro. Na verdade, se você entrar na Amazon, encontrará diversos títulos disponíveis em cada categoria. Você também encontrará uma avalanche de informações relevantes (e, é claro, irrelevantes) na web.

Aqui, nosso objetivo é fornecer o conhecimento de alto nível de que você precisa para tomar decisões fundamentadas sobre o design de seu site em um contexto de marketing digital e para comunicar exatamente o que você precisa no momento de contratar parceiros de web design para a criação de seu hub digital.

As principais etapas da criação de seu site

Empresas diferentes seguirão processos diferentes com diversos grupos de pessoas ao criar, desenvolver e implementar um site, mas não importa a abordagem que você escolher e o quão formal ou informal seja o processo, há uma série de etapas principais que geralmente fazem parte de qualquer projeto de desenvolvimento web:

- *Planejamento*: estabeleça seus objetivos para o site; analise a concorrência; defina quem é seu público-alvo, como ele o encontrará online e o que ele espera ao entrar no site; crie um cronograma e decida quem fará o quê e quando.
- *Design*: decidir sobre o "*look and feel*" do site: cores, projeto gráfico, arquitetura da informação (a disposição ou a estrutura das informações), navegação etc. A forma como a informação é organizada pode ter um grande impacto sobre a usabilidade de um site e sua percepção de relevância e autoridade tanto para os usuários quanto para os mecanismos de busca.
- *Desenvolvimento*: montar tudo isso, fazer o design planejado e criar as páginas reais do site, elaborar o conteúdo, os links e a hierarquia de navegação.

- *Teste*: certificar-se de que tudo funciona bem antes de disponibilizar qualquer coisa na amedrontadora internet.
- *Web design responsivo (RWD)*: se seus clientes são móveis, então talvez seja melhor fazer o design de seu site pensando em tamanhos de tela móveis e recursos (ver anteriormente).
- *Implementação*: disponibilizar seu novo site na internet para que o mundo inteiro o encontre... ou não, conforme o caso.

Antes de começar

Saiba por que você está criando um site

Para que serve o meu site? É uma pergunta bastante simples, mas você pode se surpreender com o número de empresas que nunca a fizeram. Elas criaram um site porque todas as outras empresas têm e pareceu uma boa ideia na época. O resultado é um site — invariavelmente uma pequena ilha isolada no oceano do ciberespaço — que não traz nada para o negócio a não ser as despesas anuais de hospedagem e manutenção. O melhor seria que você tivesse uma ideia clara do que exatamente sua organização quer alcançar com o site *antes* mesmo de começar a criá-lo.

Saiba para quem é seu site

Saber exatamente para quem você está criando o site também é crucial para seu sucesso. No entanto, curiosamente, é outra coisa que, muitas vezes, é negligenciada no processo. Muitos sites acabam sendo criados para atrair um grupo de executivos que finalmente aprovam o projeto, em vez de pessoas que os usam de fato. Não caia nessa armadilha. Para que seu site tenha sucesso, ele precisa atrair um grupo de pessoas, e apenas um deles: seu público-alvo.

Pense em como os usuários acessarão o site, o que querem encontrar ao acessá-lo e como esse site pode atender a essas necessidades. Coloque-se no lugar deles, ou melhor ainda, pergunte-lhes diretamente o que querem ver/fazer em seu site. Tente realizar algumas pesquisas de mercado informais com potenciais usuários (online e/ou offline). Os resultados podem ser esclarecedores e a diferença entre um site bem-sucedido e uma experiência online cara.

Construa usabilidade e acessibilidade no design do site

A usabilidade e a acessibilidade são fundamentais para um bom web design e, ainda assim, ambas são ignoradas com frequência, ou pelo menos não recebem a atenção que merecem quando se trata de tomar decisões de projeto. Trata-se de garantir que o conteúdo de seu site possa ser acessado pelo público mais amplo possível e fornecer as informações e os recursos que os usuários desejam de forma simples e fácil. Sem dúvida, você já deve ter ouvido as siglas UX e CX (*user experience* e *customer experience*). Elas se tornaram conceitos essenciais no design de sites. Por quê? Bem, porque os profissionais de marketing digital e seus desenvolvedores chegaram em um consenso sobre a importância dessa grande palavra que começa com P: *pessoas*.

Embora muitas vezes pensados como a mesma coisa, usabilidade e acessibilidade são conceitos distintos, mas devem funcionar em harmonia para que a estratégia digital de uma empresa tenha sucesso. A experiência do usuário é centrada em como os clientes interagem com a entidade digital de uma empresa, seja um site tradicional, um site móvel, um aplicativo, um software, um quiosque ou todo o conjunto de coisas que moldarão nossa vida digital no futuro, como a realidade virtual, a realidade aumentada e os dispositivos conectados à internet das coisas (IoT). Uma boa UX é vital para uma boa CX, mas essa última se concentra não apenas em como os clientes usam a entidade digital de uma empresa, mas em toda a experiência que um cliente tem com uma empresa. A CX é a combinação de todos os pontos de contato, interações e compromissos que um cliente tem com a empresa durante todo o seu relacionamento com uma marca.

A UX e a CX são medidas de maneiras diferentes. Na UX, você pode observar coisas como abandono de carrinho, checkout e taxas de conversão; já na CX, você observa a net promoter score (NPS), pesquisas de satisfação do cliente ou a fidelização do cliente. Se um site tiver um layout e uma navegação ruins, ou apresentar dificuldade para ser carregado em um celular, isso terá um impacto ruim na experiência geral de um potencial cliente de uma empresa.

Usabilidade

Tanto a UX quanto a CX tratam sobretudo de se colocar no lugar do cliente e de tornar a interação de humano para humano o ponto mais importante dos objetivos comerciais. O bom UX design é centrado no usuário, ajudando-o a alcançar o que deseja com rapidez e facilidade ao interagir com seu negócio. Não se trata tanto do que você quer que os usuários façam, e sim muito mais das necessidades e sentimentos deles em cada etapa da jornada do cliente.

A teoria por trás da usabilidade da web é bastante simples: um design simples, elegante e funcional ajuda os usuários a alcançar o que eles querem de forma mais eficaz. Trata-se de tirar a frustração da experiência do usuário, assegurando que as coisas funcionem intuitivamente, eliminando barreiras para que eles alcancem seus objetivos quase sem esforço. Seu objetivo é ajudar o usuário a fazer o que ele quer da maneira mais eficiente e eficaz possível. Todo resto é apenas secundário. Pense nas ações que seus clientes querem realizar ao visitar seu site. Pode ser que eles não queiram apenas comprar seu produto; eles podem buscar informações, ler ou escrever avaliações de produtos ou assistir a vídeos instrutivos. Depois, pense em como você quer que os clientes se sintam (ou como eles gostariam de se sentir) a cada ação que queiram realizar e encontre maneiras de trazer esses sentimentos com o design do site. O UX design tem tudo a ver com garantir que os clientes tenham sentimentos positivos como satisfação, curiosidade e empolgação, em vez de frustração, confusão ou aborrecimento. Criar um design simples e elegante que proporcione o que o usuário deseja com o mínimo de problemas possível não é fácil, mas o investimento pode trazer ótimos resultados.

Para ver um guia passo a passo da usabilidade e um abrangente e-book para download sobre web design baseado em pesquisa e diretrizes de usabilidade, confira o site de usabilidade do governo dos EUA: www.usability.gov (arquivado em: https://perma.cc/L23M-932S).

Acessibilidade

O termo acessibilidade em relação à web refere-se ao processo de criar seu site para ser igualmente acessível a todos. Um site bem projetado deve permitir a todos os usuários acesso igual às informações e aos recursos disponíveis. Ao aderir às diretrizes de acessibilidade ao projetar o site, você está basicamente se certificando de que ele seja útil à maioria de seu público-alvo.

Se o site estiver de acordo com as diretrizes de acessibilidade, ele também funcionará perfeitamente com hardware e software projetados para tornar a internet mais acessível a pessoas com deficiência. Por exemplo, ao incluir textos alternativos a imagens e ao conteúdo multimídia de seu site, você pode ajudar pessoas com deficiência visual, baixa visão ou cegueira a acessá-lo com um software especial de texto para voz e/ou um hardware de linha Braille. O quanto você escolhe aderir a essas diretrizes de acessibilidade dependerá de vários fatores, incluindo o tipo do site, o público-alvo e, em alguns casos, os requisitos mínimos das leis de acessibilidade de sua região.

Com acessibilidade e usabilidade, passos muito pequenos e simples podem fazer uma grande diferença; mesmo algo tão pequeno quanto garantir que o texto em seu site seja adaptado de acordo com as preferências do navegador do usuário pode ter um enorme impacto na capacidade de algumas pessoas de usá-lo de forma eficaz.

Uma análise mais detalhada da acessibilidade do site, incluindo todas as normas e diretrizes de acessibilidade mais atuais, pode ser encontrada no site da W3C: www.w3.org/WAI/ (arquivado em: https://perma.cc/U6M4-EFPP).

As palavras fazem seu site funcionar

O mundo da web é dominado por palavras. Áudios, vídeos, flash e animações podem estar em todos os lugares, mas, mesmo em uma era em que o conteúdo multimídia é o mais importante, em sua essência, toda a web ainda é dominada por textos e pelas conexões entre diferentes palavras e frases nos sites e entre eles. Como um profissional de marketing digital, algumas dessas palavras e frases são mais importantes para você do que outras, e saber quais palavras são relevantes para seu negócio é essencial para a criação de um site eficaz.

Elas são suas palavras-chave ou frases-chave, e, em um mundo dominado por mecanismos de busca, elas são mais importantes do que nunca. Descobrir exatamente quais palavras usar dependerá de seu negócio, dos objetivos de marketing digital que você definiu como parte da estratégia geral e do comportamento de seu público-alvo, mas é preciso encontrá-las.

As palavras-chave são praticamente sinônimos de busca, portanto cobrimos os conceitos básicos de pesquisa e seleção de palavras-chave no Capítulo 4. É uma boa ideia ter em mente sua lista de palavras-chave desde o início. É muito mais fácil otimizar um site para os mecanismos de busca à medida que você o desenvolve do que ajustar isso depois. As palavras-chave ajudarão a orientar tudo, desde o design do site até a navegação e a arquitetura das informações, além do conteúdo das páginas individuais.

Conheça a concorrência

Identificar a concorrência e analisar o que ela está tentando alcançar com seus sites, no que está sendo bem-sucedida e no que está fracassando pode ser uma ótima maneira de obter ideias e prospectar diferentes maneiras de competir online. Pegue as frases-chave que você identificou para seu site e as digite nos principais mecanismos de busca: os sites que se destacam por suas palavras-chave são sua concorrência online.

O que eles estão fazendo bem e quão fácil seria imitar e melhorar essas coisas? Coloque-se no lugar do usuário. Que tipo de experiência do usuário eles estão oferecendo? Como ela poderia ser melhorada? E quanto ao conteúdo?

Uma análise completa da concorrência online pode revelar muito, não apenas sobre que ela oferece online, como também sobre as direções que você prefere seguir com seu site.

Escolhendo seu nome de domínio

Cada site na internet tem um endereço exclusivo (é uma simplificação, mas não precisamos entrar em muitos detalhes aqui). É chamado de endereço IP e não é muito interessante, informativo ou memorável para a maioria das pessoas. Ele consiste de uma série de números, por exemplo 209.85.143.99.

Embora isso seja bom para computadores e especialistas em tecnologia que têm habilidades com números, não é muito útil para o resto de nós. Assim, nos primórdios da internet, o sistema de nomes de domínio foi desenvolvido para atribuir nomes legíveis por humanos a esses endereços numéricos. Esses nomes de domínio — tais como digitalmarketingsuccess.com, google.com, wikipedia.org ou harvard.edu — são muito mais úteis e memoráveis para uma pessoa do que os endereços IP relacionados a eles.

Você precisa de seu próprio nome de domínio

Se você não tem seu próprio nome de domínio, precisa registrar um. Como uma empresa, se você quiser ser levada a sério online, pegar carona no domínio de outra pessoa é inaceitável. Um endereço como www.mysite.someothersite.com ou www.someothersite.com/mysite/ parece pouco profissional, é difícil de lembrar, não lhe fará nenhum favor com mecanismos de busca e geralmente mancha a imagem de sua empresa onde quer que você a divulgue, seja online ou offline.

A boa notícia é que registrar um domínio é barato (menos de dez dólares por ano, dependendo do site de domínio que você escolher) e fácil. Ele pode ser incluído como parte do pacote oferecido pelo desenvolvedor de seu site, ou você mesmo pode registrar um domínio com facilidade. Você pode verificar a disponibilidade, selecionar seu domínio e registrá-lo em minutos, basta digitar "registro de domínio" em seu mecanismo de busca favorito.

Vale ressaltar que, embora a maioria dos domínios seja por ordem de chegada, alguns domínios específicos do país (como os domínios.ie da Irlanda) têm condições especiais de elegibilidade para que o registro seja confirmado. Verifique com a autoridade de nome de domínio de seu país para ver se há alguma condição específica para validar aqueles em que está interessado.

Algumas coisas a ter em mente ao escolher seu nome de domínio são:

- *Torne-o atrativo, memorável e relevante*: escolha um nome de domínio facilmente identificável que seja relevante para seu negócio e fácil de ser lembrado pelas pessoas.
- *Use um domínio de topo (TLD) específico do país para chamar a atenção do público local*: o TLD é parte do domínio da internet que vem depois do ponto. Por exemplo, no nome de domínio understandingdigital.com, o domínio de topo é com ou COM. Se seu mercado é local, muitas vezes compensa registrar a versão local do domínio (.co.uk ou .ie, por exemplo) em vez de (ou também) o mais genérico (.com, .net ou .org). Se você estiver querendo chamar a atenção de um público internacional, um TLD genérico pode ser melhor. Dos TLDs genéricos, .com é de longe o mais internacionalmente aceito e popular, tornando-se a solução mais segura. A variedade de TLDs tem explodido nos últimos anos; agora você pode comprar muitos sufixos de domínio diferentes para seu site (tais como .tickets, .office ou .shop). Entretanto, mantenha-o relevante... Não se coloque em uma situação em que você tenha um nome bastante inteligente e criativo, como www.understandingdigitalmarketing.book, e depois descubra que ninguém

pode encontrá-lo porque estão o procurando em outro lugar...

- *Você pode comprar vários nomes de domínio*: não há nada que o impeça de comprar mais de um domínio para impedir que outros o registrem. Você pode então *redirecionar* os domínios secundários para seu site principal. Outra opção é registrar domínios específicos de cada país para ganhar "presença" online em cada país em que você faz negócios. Você pode então implementar uma versão personalizada de acordo com a região de seu site para cada um desses domínios (a opção preferível) ou redirecioná-los para uma seção localizada no site principal.
- *Considere diferentes sufixos de domínio*: há tantos disponíveis hoje em dia — .mobi, .seguros, .esportes, e assim por diante. Talvez um desses sufixos seja uma ideia legal para sua marca.
- *Palavras-chave em um nome de domínio podem ser benéficas*: você pode incluir uma das palavras-chave ao nome de domínio. A opinião varia sobre o quanto isso impacta no ranking dos motores de busca, mas pode ajudar tanto os motores de busca quanto os usuários a saberem desde o início do que se trata seu site.

Hospedagem: a casa de seu site na internet

A outra parte de que você precisa cuidar antes do site entrar no ar é a hospedagem. O site finalizado consistirá em arquivos, aplicativos e possivelmente um banco de dados, todos localizados em um computador permanentemente conectado à internet. Esse computador é seu servidor web e executa um software especial que aceitará solicitações dos navegadores web dos usuários e veiculará suas páginas web. É um pouco mais complexo, mas basicamente se resume a isso.

A menos que você pertença a uma grande organização com centro de processamento de dados próprio que tenha uma conexão permanente com a internet, é muito improvável que você hospede seu site internamente. Um cenário muito mais provável é arranjar uma solução de hospedagem em um site de domínio especializado.

Diferentes tipos de hospedagem

Existem basicamente três tipos de hospedagem oferecidos por empresas de hospedagem na web, e todos são aplicáveis a seu site comercial. A opção que você vai escolher dependerá em grande parte de seu orçamento, quanto movimento você prevê para o site (em termos de tráfego de visitantes) e o quanto você quer controlar a configuração do servidor (se você precisa instalar seu próprio software personalizado, alterar as configurações de segurança, configurar opções de servidor web etc.).

Um conselho: evite contas de hospedagem "grátis". Embora possam ser tentadoras para pequenas empresas, elas tendem a ser pouco confiáveis, muitas vezes veiculam anúncios irritantes no topo do site, não oferecem a flexibilidade ou os recursos de uma conta paga, podem não suportar o uso de seu próprio nome de domínio e oferecem suporte limitado (se houver), além de apresentar mais chances de você compartilhar seu servidor com a concorrência próxima, o que pode prejudicar seu ranking nos motores de busca.

HOSPEDAGEM COMPARTILHADA

Com a hospedagem compartilhada, você está alugando espaço em um servidor poderoso em que seu(s) site(s) estará(ão) ao lado de vários outros (normalmente centenas, às vezes milhares em um único servidor). Cada conta de hospedagem tem o próprio espaço virtual seguro no servidor, onde é possível carregar os arquivos do site. Um painel de controle dedicado à administração de contas oferece algum grau de controle sobre a configuração do servidor e normalmente fornece acesso a um conjunto de softwares e ferramentas adicionais para ajudar você (ou seu webmaster) a gerenciar seu(s) site(s). Todos os sites em um servidor normalmente compartilham recursos do sistema, tais como CPU, RAM, etc.

A hospedagem compartilhada é a forma mais comum e mais barata de hospedagem, e é como a maioria dos sites começa, sobretudo de pequenas e médias empresas. A maioria das contas de hospedagem compartilhada tem espaço limitado e um limite mensal de largura de banda. Elas são ideais para pequenas e médias empresas e sites com níveis médios de tráfego. Na maioria dos casos, essa é a forma mais econômica de hospedagem.

HOSPEDAGEM VIRTUAL

Com a hospedagem virtual, um único servidor é "dividido" em vários servidores virtuais. Cada usuário se sente como se estivesse no próprio computador, quando na verdade ele está compartilhando os recursos da mesma máquina física. Os usuários normalmente têm controle administrativo completo sobre o próprio espaço virtual. Esse tipo de hospedagem também é conhecido como servidor virtual privado (VPS). Enquanto a hospedagem virtual oferece total flexibilidade em termos de administração, software e opções de configuração disponíveis, você ainda está compartilhando os recursos do servidor com outros usuários/sites web.

HOSPEDAGEM DEDICADA

Soluções de hospedagem dedicada fornecem um servidor dedicado e de alto desempenho para seu(s) site(s) e apenas para seu(s) site(s). Você não compartilha espaço ou recursos do sistema com ninguém, nem o custo, tornando a hospedagem dedicada mais cara.

Os servidores dedicados oferecem muito mais poder e flexibilidade, porque as mudanças feitas no servidor afetam apenas seu(s) site(s). Isso significa que você (ou seu webmaster/sua equipe técnica) tem controle completo sobre a configuração do servidor, a segurança, o software e as configurações. Eles normalmente também oferecem muito mais capacidade em termos de espaço e largura de banda do que a hospedagem compartilhada, tornando-os adequados para sites de alto tráfego.

Devido à flexibilidade e ao controle oferecidos pelas soluções de hospedagem dedicada (controle completo sobre o computador host), elas tendem a exigir mais capacidade técnica de administração do que ambientes de hospedagem compartilhada.

CO-LOCATION DO SERVIDOR

Co-location é basicamente a mesma coisa que a hospedagem dedicada, mas, em vez de a empresa fornecer um servidor dedicado pré-configurado para seu site, você compra e configura seu próprio servidor, que é então hospedado em um serviço de hospedagem dedicada. Isso oferece talvez a máxima flexibilidade, porque você tem controle completo não apenas sobre o software e a configuração do servidor, mas também sobre a especificação do hardware, sistema operacional, software, segurança... tudo. Co-location é quase o mesmo que hospedar seu próprio servidor em seu próprio escritório, a diferença é que o servidor estará conectado a um rack de hospedagem dedicada, com todos os benefícios.

HOSPEDAGEM EM NUVEM

A hospedagem em nuvem é diferente dos modelos tradicionais de hospedagem, pois você paga por ela com base nos recursos que utiliza, em vez de pagar por um recurso fixo de hardware e um limite de armazenamento mensal e largura de banda. Em suma, quando você está hospedando em "nuvem", seu servidor web é uma entidade virtual. Ele não existe em um único servidor físico, mas é distribuído por vários servidores agrupados, compartilhando recursos entre eles. Em teoria, a hospedagem em nuvem pode ser econômica porque você só paga pelos recursos utilizados, além de ser expansível, porque você pode aproveitar recursos computacionais quase ilimitados e inerentemente confiáveis, já que não há nenhum ponto de falha. Se uma máquina física cair, as outras compartilham a carga do servidor até que outra entre em funcionamento para substituí-la. Essa é uma explicação muito simplista de como a computação em nuvem funciona... mas dá para entender.

A computação em nuvem, que abrange a hospedagem em nuvem, não está isenta de problemas, que geralmente giram em torno da questão de propriedade dos dados, privacidade e segurança; o debate é infinito. Dito isso, a hospedagem em nuvem realmente está ganhando força no mercado, e um número crescente de empresas de hospedagem estão agora oferecendo a opção de "pagar pelo que usar" em nuvem como parte de seu portfólio. Como sempre, você precisa avaliar as vantagens e desvantagens do que é oferecido e decidir o que funciona melhor para seu negócio.

Escolhendo sua empresa de hospedagem

O desenvolvedor de seu site pode ajudar na decisão de qual opção de hospedagem é mais adequada para você, com base no tamanho, design, recursos e configuração do site e nos volumes de tráfego previstos com base em seus objetivos comerciais. Ele também deve recomendar uma empresa confiável de hospedagem que atenderá às suas necessidades.

Ao escolher seu provedor de hospedagem, tenha em mente o seguinte:

- *Escolha um provedor no país de seu principal público-alvo*: isso é importante, porque os mecanismos de busca fornecem resultados de busca local aos usuários também com base na localização geográfica do servidor no qual os sites estão (o que é possível descobrir a partir do endereço IP do servidor).
- *Certifique-se de que o provedor seja confiável*: ele oferece tempo de atividade garantido/nível de serviço? Muitos provedores publicam estatísticas reais dos servidores que demonstram a confiabilidade de seus serviços. Você deve esperar um nível de serviço que se aproxime 100% de um serviço de hospedagem de alta qualidade.
- *Que tipo de suporte eles oferecem*: certifique-se de que a hospedagem escolhida inclui suporte eficaz 24 horas por dia, sete dias por semana. Se o site cair, você precisa saber que pode chamar seu provedor para realizar assistência técnica em qualquer hora do dia ou da noite.
- *Backup e recuperação de desastre*: se o pior acontecer e o servidor ficar inativo, que tipo de opções de recuperação de desastre ele disponibiliza? O ideal é que o provedor tenha o registro diário de toda a sua conta/servidor, permitindo a recuperação dos dados e a reativação do site o mais rápido possível, caso o pior aconteça.
- *O que os outros pensam*: descubra o que os outros clientes pensam. Leia depoimentos e procure por discussões em fóruns de webmaster e nas páginas das redes sociais relacionadas aos possíveis provedores. As experiências de

outras pessoas são boas ou ruins? Publique algumas perguntas.

- *Pesquise os preços*: a hospedagem de sites é um setor bastante competitivo, então pesquise os preços para fazer um melhor negócio — mas não se esqueça de que a opção mais barata *nem sempre é a melhor escolha.*

Como escolher um web designer/desenvolvedor

A menos que você mesmo seja web designer ou tenha acesso a uma equipe interna dedicada de desenvolvimento web, você precisa escolher uma empresa profissional de web design para ajudar no seu projeto de site. Você encontrará uma série de opções, oferecendo diversos serviços que irão te confundir. A boa notícia é que, se você fez uma pesquisa prévia, já deve ter uma ideia do que quer de seu site, a quem ele se destina e o tipo de recursos que quer incluir. Sabendo disso, você pode enxugar a lista de potenciais designers.

- *Veja o site da empresa*: na tentativa de avaliar as vantagens e desvantagens de uma empresa de web design, o melhor lugar para começar é no site dela. Como é o site? Examine-o com um olhar crítico. Ele parece profissional? Ele é funcional? Pense no que eles estão tentando alcançar e em como o site atende às necessidades do público-alvo (você, neste caso). É fácil encontrar o que você quer? Ele atende ou supera suas expectativas? Se não, você realmente quer contratar as mesmas pessoas para seu site?
- *Examine o portfólio*: praticamente todas as empresas de web design oferecem um portfólio online mostrando os projetos recentes de sites em que trabalharam. Avalie-os, mas vá além do portfólio e clique nos sites reais. Mais uma vez, use seu poder de análise e se pergunte o que os sites

estão tentando alcançar, a quem eles se destinam e como os designers alcançaram esses objetivos. Isso deve ser o suficiente para criar uma lista razoável de potenciais candidatos. Depois, você pode cavar um pouco mais fundo:

- *Peça recomendações a seus clientes*: volte aos melhores sites do portfólio dos designers pré-selecionados. Vá para a página "entre em contato conosco", mande um e-mail ou faça uma ligação para pedir algum feedback honesto sobre a experiência deles com web design. Será que eles recomendariam a empresa?
- *Como é a reputação online?* Fóruns, comunidades online e sites de revisão por pares são outros bons lugares para procurar informações sobre as empresas de web design pré-selecionadas. A impressão online da empresa é positiva ou negativa? O que as pessoas estão dizendo sobre ela?
- *Eles estão criando sites para serem encontrados?* Seu site é tão bom quanto o tráfego qualificado que ele recebe. Os designers pré-selecionados são experientes em motores de busca? Volte para os sites do portfólio e escolha algumas das frases-chave que você esperaria que fossem ranqueadas em um mecanismo de busca. Agora vá para os mecanismos de busca e digite essas frases-chave. Esses sites já foram indexados? Como eles estão no rank de resultados da busca? Um ranking baixo não indica necessariamente um problema com o design da web — há muitos outros fatores que contribuem para o ranking nos mecanismos de busca (ver Capítulo 4), mas pode ser algo para pedir que a empresa esclareça antes de tomar sua decisão.
- *Eles aderem aos padrões da web?* Vá para a página de validação do site da W3Cs (www.w3.org/QA/Tools;

arquivado em: https://perma.cc/358P-NCJZ) e abra os endereços dos web designers pré-selecionados usando o MarkUp Validator, o Link Checker e o CSS Validator. Os sites aparecem como estando em conformidade com a lei? Você não deve necessariamente descartar seus designers favoritos por causa disso, mas é uma informação que você deve perguntar a eles antes de tomar sua decisão final.

Até agora, você já deve ter reduzido a lista a algumas empresas competentes e profissionais com quem deseja cotar ou candidatar para fazer o design de seu site. A decisão final cabe a você, é claro.

Organizando suas informações

A estrutura de seu site — a maneira como você organiza e agrupa as informações e como os usuários navegam nele — pode ter um grande impacto sobre a usabilidade, sobre a visibilidade para os spiders dos mecanismos de busca, sobre a posição nas páginas de resultados dos mecanismos de busca (SERPs, um termo de marketing que se refere às páginas de resultados encontradas quando um usuário inclui o termo de busca na caixa de pesquisa) e sobre o potencial para converter o tráfego em vendas. Fazer uma arquitetura da informação correta é fundamental para o sucesso do site.

Pode ser difícil saber por onde começar. Você sabe quais informações quer em seu site, mas qual é a melhor maneira de organizá-las para que os usuários tenham acesso intuitivo, no nível de detalhes que desejam, ao mesmo tempo que aumenta a visibilidade nos mecanismos de busca para palavras-chave específicas? A resposta é que depende, como quase sempre acontece no marketing digital. Depende do tipo de negócio em que você está, do tipo de site que está criando, do público-alvo, dos objetivos comerciais e de outras diversas variáveis.

Comece com as palavras-chave

As palavras-chave que seus potenciais usuários estão pesquisando devem te dar uma boa indicação tanto do conteúdo que eles estão procurando quanto dos termos de pesquisa utilizados para melhorar o ranking de seu site nas SERPs. Escolha essas palavras-chave e as organize em categorias ou temas lógicos. Esses temas, além dos links básicos "página inicial", "sobre" e "entre em contato", fornecem a principal estrutura de navegação.

Defina sua estrutura de conteúdo

Veja seus temas principais, as palavras-chave que você associou a eles e as informações ou conteúdos correspondentes que deseja incluir abaixo de cada um. Agora defina uma hierarquia de subcategorias (blocos de navegação secundários, terciários etc.) dentro de cada tema, conforme necessário, até que você tenha todas as palavras-chave segmentadas. Organize o conteúdo de modo que as informações mais relevantes apareçam nos níveis mais altos, permitindo ao usuário ver informações mais detalhadas (mas menos relevantes) sobre o tema específico, conforme necessário. Tente não exagerar em termos de subcategorias de navegação: raramente é necessário ir além de três, em casos excepcionais quatro níveis além da página inicial (veja Figura 3.1).

Sua página inicial

A página inicial é percebida como uma das páginas mais importantes de um site, mas talvez seja uma das menos úteis, tanto para a empresa quanto para os visitantes. Para começar, as páginas iniciais tendem, por necessidade, a ser relativamente genéricas: genéricas demais para responder à consulta específica de um usuário ou para gerar a conversão que você busca. De fato, muitos dos visitantes — sobretudo aqueles que chegam de um mecanismo de busca, ou clicando em um link de outro site ou anúncio online — tendem a entrar em uma página interna muito mais focada, que aborde o tema específico que eles pesquisaram ou clicaram. Essa página mais aprofundada deve ser muito melhor para satisfazer as necessidades imediatas do visitante.

FIGURA 3.1 Uma hierarquia simples de informações no site

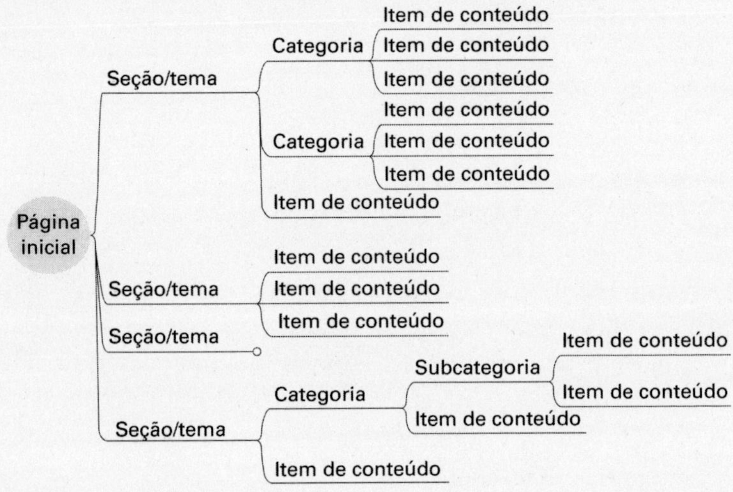

A página inicial é como um ponto de referência central para a navegação de seu conteúdo. Um *breadcrumb trail* (ou trilha de navegação) no topo do site pode dizer a um usuário, num relance, exatamente onde ele está em relação a um ponto fixo: sua página inicial. É também um local central conveniente para o qual os usuários podem retornar de modo simples. Não importa onde estejam em seu site, eles estão sempre a apenas um clique da página inicial, o que garante que não irão se perder.

Sua página inicial deve ser um "ponto de partida" para o resto do site, oferecendo uma navegação intuitiva com um clique para todas as seções ou temas principais, e informando às pessoas sobre o que é o site e como ele pode ajudá-las. É também um bom lugar para destacar novos produtos e serviços, ofertas especiais, incentivos, notícias ou qualquer outra coisa que você queira promover.

Evite telas que mostram apenas o logotipo da empresa e um botão “clique aqui para acessar”: elas não oferecem nenhum benefício para os usuários ou para a empresa e são o pior tipo de desordem na web. Da mesma forma, evite flash intros; o botão “pular introdução” é um dos mais clicados na web. Lembre-se: você quer que os visitantes alcancem os objetivos deles da maneira mais simples possível, portanto evite colocar obstáculos entre eles e o conteúdo real.

Escrever conteúdo eficaz para a web

Depois de definir uma estrutura para as informações, está na hora de criar o conteúdo.

Pare. Não cometa o erro recorrente de novos sites. Você não pode simplesmente pegar seus materiais de marketing offline e colá-los em suas páginas da web esperando que funcionem.

A regra de ouro da escrita eficaz em qualquer meio é conhecer seu público: quanto mais sua escrita é adaptada ao público, mais eficaz ela é. É exatamente o mesmo na web. A diferença fundamental entre uma escrita eficaz na web e uma escrita impressa eficaz é o tipo do público. A impressão é um meio linear, a web é acesso aleatório; as pessoas leem o material impresso do início ao fim, na web batem o olho e mudam de página; leitores offline são pacientes, leitores online querem a informação que estão procurando agora, imediatamente.

Já sabemos um pouco sobre as características dos usuários a partir de nosso olhar sobre o comportamento do cliente online no Capítulo 2: escrever conteúdo web eficaz é entender os usuários em geral e o público-alvo de nosso site específico e usar esse conhecimento para entregar nossas informações em um formato que atenda às necessidades desses leitores:

- *Prenda a atenção*: os usuários da web são impacientes; esqueça as introduções com floreios e descrições extensas. Escreva de maneira clara, concisa e direta desde o início.
- *Torne o conteúdo escaneável*: evite grandes parágrafos ininterruptos. Use cabeçalhos, subtítulos e marcadores para quebrar o texto em trechos escaneáveis menores e independentes.
- *Faça um conteúdo original*: conteúdo único e original é uma ótima maneira de engajar seus usuários e estabelecer sua relevância e autoridade; e os mecanismos de busca adoram isso.
- *Use a pirâmide invertida*: a técnica de escrita em pirâmide invertida frequentemente usada em artigos jornalísticos tende a funcionar bem na web. Procure entregar primeiro os pontos mais importantes de sua história, passando a se aprofundar nos detalhes em ordem decrescente de importância na página. O ideal é que o usuário consiga parar de ler em qualquer ponto e ainda entender a essência do conteúdo.
- *Seja consistente*: use um estilo de escrita simples e acessível e mantenha a consistência em todo o site. Se são várias pessoas que criam seu conteúdo, considere desenvolver um manual de estilo e redação para ajudar a manter a consistência.
- *Engaje com seu leitor*: use uma linguagem coloquial e escreva como se estivesse falando com uma *pessoa*, não com um público. Isso fará sua escrita engajar com o leitor em um nível muito mais pessoal.

Veja nosso capítulo sobre marketing de conteúdo (Capítulo 8): essa certamente será uma das áreas online com maior crescimento nos próximos anos.

VISÃO DOS ESPECIALISTAS

Os doze maiores erros de web design que devem ser evitados

Contribuição de Pauline Cabrera, da BellamyCreative

1. O DESIGN NÃO FALA POR SI

Se você é um policial e quer ser identificado como tal, então sempre deve usar o uniforme e o distintivo. O mesmo princípio vale para o web design: é preciso usar a "gravata" certa para que seus usuários saibam quem você é e o que faz. Se você está vendendo e-books e tutoriais, não quer que as pessoas pensem que seu site é de um restaurante.

Comece perguntando se você tem uma marca sólida. As cores, os estilos de fonte e os objetivos de sua empresa refletem o design de seu site e vice-versa? Você utiliza apenas os elementos necessários e corretos para que sua empresa seja claramente identificada? Você usa palavras-chave de acionamento para fazer as pessoas entenderem o que você oferece no mesmo instante? As pessoas não demoram mais de um minuto para adivinhar sobre o que é o seu site, então é melhor você deixar claro logo de cara.

2. VISUAIS EXAGERADOS E DESORGANIZADOS

Como o design é visual, você deve mostrar como seu site é simples de usar. A facilidade de uso é apenas outra forma técnica de entender a centralidade no usuário, e, quando seu design deixa a desejar nesse aspecto, é outra forma de dizer que você não merece um usuário.

O exagero e a falta de organização do visual aqui significam que o conteúdo não é mostrado de maneira adequada. Você tem uma navegação clara? Os elementos do site caem nas seções ou áreas corretas da página como um todo? As publicações têm uma legibilidade clara, ou seja, estão bem espaçadas, são escaneáveis e agradáveis aos olhos? Os anúncios e banners caem nas áreas corretas de modo que não sejam confundidos com outras coisas? Há demasiados elementos que distraem, tais como banners chamativos e textos animados?

3. SEU DESIGN MANIPULA OU IMPOSSIBILITA A ESPONTANEIDADE DO USUÁRIO

Pode soar muito duro, mas talvez você não esteja ciente disso ainda. Isso significa que uma parte ou a totalidade de seu design força os usuários a fazer ou não determinados movimentos. Se as pessoas não quiserem responder a uma pesquisa, por exemplo, não as force a fazê-lo em troca de acessar algo que elas querem.

Exemplos disso são uma janela pop-up, alguma reprodução repentina de música, algum link que requer uma nova janela; todos nós sabemos que essas coisas são irritantes. Você exige que seus usuários se inscrevam primeiro para poder acessar alguns materiais ou páginas? Se é rigoroso com seu conteúdo, pelo menos seja claro sobre por que escolheu que as coisas fossem assim.

4. NAVEGAÇÃO E ESTRUTURA POUCO CLARAS OU QUEBRADAS

As pessoas odeiam quando clicam em um link quebrado, ou pior, em um link que as leva a um site externo. Mais ainda, apesar de você ter uma barra de navegação, às vezes as pessoas querem procurar algo específico na hora, sem ter que ficar explorando todos os botões. A pergunta agora é: você tem um mecanismo de busca interno e um link para o mapa de seu site?

É sempre um fracasso para os sites se seus objetivos não são alcançados. As pessoas estão sendo levadas ao seu site por uma razão, e você só quer satisfazer a necessidade delas. Se elas não conseguem encontrar o que procuram nos primeiros minutos, então seu planejamento e todos os esforços falharam.

5. LINKS CONFUSOS E ENGANOSOS

Os links são apenas o sistema circulatório da internet. São os elementos necessários nos quais todas as páginas (relevantes) se encontram e aos quais estão ancoradas. Sabendo como os links são importantes, você deve tratá-los com respeito, assim como a seus usuários; os links devem dizer o que eles estão prestes a ver e nada mais.

Faça uma distinção clara entre suas palavras ou frases sublinhadas ou coloridas com seus links. Certifique-se também de que os links em diferentes estados (on, off, hover, etc.) se diferenciem visualmente para que as pessoas saibam em quais já clicaram ou não. Por fim, os botões devem aparecer como botões.

6. PÁGINAS "GRANDES"

A palavra "grande" aqui equivale a dois aspectos de um projeto web: largura e tempo. Seu site não deve ser grande em largura (vertical e horizontalmente), pois as pessoas podem ser cansar de voltar a algumas áreas-chave importantes. Se você escolher um site de página única, certifique-se de dar assistência aos usuários ancorando links que os ajudarão a pular de uma seção para outra ou até mesmo voltar ao topo da página.

Textos e conteúdos grandes também devem ser divididos em pedaços ou "capítulos". Você pode apresentar esses capítulos em páginas separadas, o que é feito em muitos designs. Se quiser integrar uma apresentação ou um PDF, certifique-se de que pelo menos forneça primeiro as primeiras páginas ou slides, aqueles que não demoram tanto para ser carregados ou baixados. Depois disso, sempre forneça aos usuários o link para o arquivo completo.

Além disso, você deve entender que as pessoas odeiam quando a conexão de dados é lenta, e pior, quando o site ao qual elas precisam se conectar é lento e até mesmo não responde. É aí que entra a otimização: aprenda a enxugar seu conteúdo para que não haja problemas de carregamento se você realmente quer oferecer um bom recurso.

7. FILTRAGEM DE USUÁRIOS

Mencionei brevemente recursos manipulativos do web design, mas gostaria de dar mais espaço à questão da experiência do usuário como um todo. Lembre-se de que os leitores são impacientes, e não se pode culpá-los se estão buscando apenas praticidade. Alguma de suas páginas ou recursos precisa de um "nível de credencial mais alto" para que os usuários tenham acesso, tal como um cadastro obrigatório? Se você for exigente quanto ao cadastro e quiser assumir o controle e conceder acesso a um conteúdo específico, pelo menos o facilite e simplifique.

Os usuários não ficarão satisfeitos se forem obrigados a preencher informações pessoais repetidas vezes; eles têm sorte se seus navegadores tiverem um recurso de preenchimento automático. Que tal usar métodos de cadastramento mais rápidos, como vincular a uma conta do Facebook ou do Google? Isso vale também para compras e pagamentos. Você fornece os preços de uma só vez? Você os faz sentir seguros quando entram com os detalhes do cartão de crédito, ou pelo menos fornece uma garantia PayPal? Seu captcha é muito borrado ou ilegível, o que significa que as pessoas ficarão frustradas por tentar preenchê-lo diversas vezes?

Lembre-se de que não basta fazer um grande apelo a seus potenciais clientes ou clientes; você deve guiá-los até a última etapa e não os abandoná-los no meio do caminho. A filtragem de usuários entra quando eles estão quase sendo atraídos pelo que você oferece, mas saem frustrados no meio do processo.

8. DADOS DE CONTATO INACESSÍVEIS

Não se esqueça de incluir dados de contato que sejam visíveis, compreensíveis e com muitas opções. Certifique-se também de que as opções que você oferece em sua página de contato estejam funcionando e que alguém seja responsável por atendê-las. Lembre-se de que as informações de contato deixam os usuários mais seguros, sabendo que são ouvidos por pessoas. Portanto, não as negligencie deixando os usuários ligarem para um canal offline.

9. DESIGNS QUE SÓ FUNCIONARÃO QUANDO...

Não queira usar nenhuma linguagem de programação que obrigue cada usuário a obter primeiro um plug-in ou software específico para então fornecer acesso. Além de muitos desses plug-ins serem suspeitos hoje em dia, é algo realmente irritante e inconveniente.

Vale também para a compatibilidade do navegador. Você se certificou de que seu design funciona bem e é visualizado quando aberto em diferentes navegadores? Que tal fazer seu site se adaptar e responder a diferentes tamanhos de tela, que já são normas vigentes? Seu domínio funciona em todos os países e não vai bloquear o endereço IP, impedindo o acesso ao site? A verificação desses fatores tornará seu site muito mais agradável.

10. USAR *SPLASH PAGES*

Não, as *splash pages* não são o maior dos desastres para o web design, mas você deve entender que o uso delas criará uma barreira rígida entre os mecanismos de busca e seu site. Se você está preocupado com estatísticas e relatórios de SEO, então a remoção da barreira trará melhores resultados.

Muitas vezes, o uso de *splash pages* pode ser visto como uma forma amadora de publicidade. Faça seu marketing de maneira natural e as pessoas o visitarão.

11. DESIGN E CONTEÚDO ANTIGOS

Avalie com cuidado o design de seu site. Ele está desatualizado? Há uma periodicidade na atualização do conteúdo? Ainda haverá alguém procurando por seu produto antigo?

Consulte sempre um profissional se você não tiver certeza se o site precisa de um design novo. Se você tiver dificuldade para criar conteúdo, é possível terceirizar a função para profissionais talentosos. Se você realmente leva a sério os objetivos de seu site, então precisa fazer algo.

12. NEGLIGENCIAR ANÁLISES DE DADOS

A análise de dados existe para que você saiba o que está acontecendo com seu site e conteúdo. Se você leva a sério o que plantou, deve estar preocupado com seu crescimento ou declínio.

Seu site é um investimento, e você deve pensar assim em todos os momentos. Evite os erros listados anteriormente e você terá um site com melhor funcionamento e que as pessoas vão adorar.

É isto: seu novo site está pronto e está no ar para todo o mundo ver. Agora você precisa de tráfego, e nos capítulos que se seguem mostraremos exatamente como gerá-lo.

ESTUDO DE CASO

Save the Children Australia

A Save the Children é uma das maiores agências de ajuda humanitária da Austrália dedicada a crianças. Sua missão é ajudar crianças mais vulneráveis no país e no exterior, protegendo-as e dando-lhes acesso à educação e a serviços de saúde de qualidade. Seus programas incluem auxílio permanente, assim como a prestação de serviços de emergência em situações de desastre.

LOCALIZAÇÃO

Austrália

DESAFIO

O site da Save the Children desempenha um papel fundamental no recebimento de doações e na distribuição de informações sobre novas crises e necessidades de ajuda. Essas informações são muitas vezes urgentes, sendo imprescindível que o conteúdo carregue de maneira rápida e fácil.

A Save the Children procurou ajuda da Luminary porque o site existente, que fora criado a partir de um antigo sistema de gestão de conteúdo (CMS) legado, tinha se tornado desorganizado e ineficiente para o uso de administradores de conteúdo.

Além de abordar esse problema, a Save the Children queria um site que ajudasse a aumentar as taxas de doação, incentivando mais engajamento e empatia dos usuários. Havia também a necessidade de melhorar a integração entre o site e o sistema de gestão de relacionamento com o cliente (CRM).

PÚBLICO-ALVO

Doadores na Austrália.

AÇÃO

- Para atingir os objetivos da Save the Children, a Luminary decidiu logo no início mudar o site do CMS legado. O Kentico foi identificado como o melhor ajuste.
- A mudança da plataforma para o Kentico significava que o site poderia ser desenvolvido usando uma abordagem de componentização no design. Dessa forma, os editores de conteúdo poderiam criar histórias sólidas com elementos de design bonitos e com velocidade testada. Isso permitiu que os editores focassem na criação da história, em vez de focar em problemas de configuração da página, além de terem mais tempo para criar campanhas e outras tarefas mais importantes.
- A Luminary desenvolveu o site com um layout claro, facilmente acessível e imagens poderosas e de alta qualidade, permitindo à Save the Children contar histórias para gerar empatia e desejo de ajudar (ver Figura 3.2).
- O novo site também permite que elementos como as páginas de destino sejam personalizados com mensagens específicas. Em outras palavras, em vez de ter uma mensagem genérica, as páginas e formulários relacionados agora podem ser personalizados com uma mensagem específica da campanha. O resultado é que o doador fica

mais engajado com a história durante toda a jornada, desde a página de destino até a página de agradecimento.

- Uma nova página principal permite que o usuário assine a newsletter, clique em links para as redes sociais e ligue para a organização de qualquer lugar do site, otimizando ainda mais a conversão.
- A Luminary garantiu que o site se integrasse totalmente ao CRM, permitindo que essa experiência sem atrito fosse além do site, seja por e-mail ou outros canais de comunicação.

RESULTADOS

- A Save the Children viu resultados excepcionais do novo site, incluindo um aumento de 198% (4,81%, tendo subido de 1,61%) da taxa de conversão. O aumento foi notável sobretudo em termos de mais doações regulares: de 0,89% no site antigo para 5,84% no novo.
- No primeiro mês de funcionamento, a porcentagem do tráfego orgânico aumentou de 11,5% para 38,76%, o que é uma prova da forte estratégia de SEO em vigor depois da migração.
- O tempo de permanência na página aumentou de uma média de 2,05 minutos para 2,11 minutos, enquanto o número médio de páginas visitadas em uma sessão aumentou de 1,96 para 2,59 minutos.
- O site recebeu dois prêmios de design em suas primeiras semanas de funcionamento e ganhou a categoria Not for Profit no Australian Web Awards de 2019.

FIGURA 3.2 Novo design do site com um layout claro e acessível e imagens de alta qualidade

COMENTÁRIO

A Luminary superou todas as nossas expectativas. Os designers e os desenvolvedores realmente se preocupam com os produtos e serviços vendidos pelos clientes. Eles têm um interesse real em entender o que fará de nosso negócio um sucesso, não apenas no site.

Natalie Sneddon, Líder de Marketing e Inovação da Save the Children Australia

FIGURA 3.3 Site com design responsivo faz com que as campanhas sejam exibidas igualmente bem em todos os dispositivos

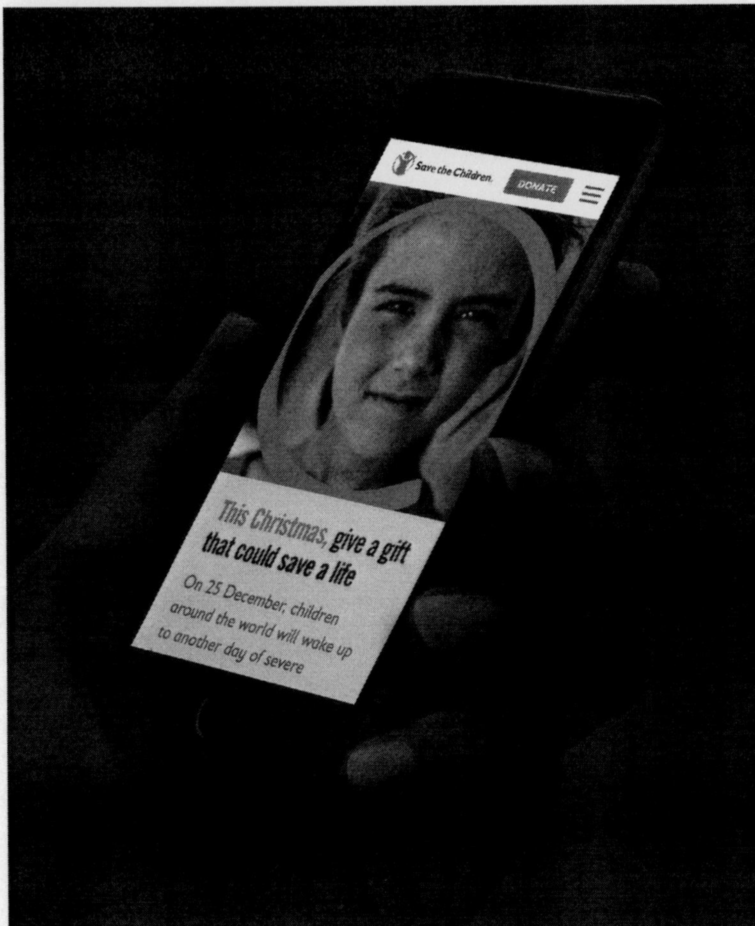

SOBRE OS CRIADORES

Fundada em 1999, a Luminary é uma agência digital independente da Austrália, conhecida sobretudo por seu trabalho em projetos web complexos para marcas líderes australianas.

04

Busca: como ser encontrado online

> O QUE ESPERAR DESTE CAPÍTULO
>
> Até o final deste capítulo, você terá respostas para as seguintes perguntas:
>
> - Por que a busca é importante?
> - O que é um mecanismo de busca e como ele funciona?
> - Qual é o tamanho da busca?
> - Como posso otimizar meu site para os mecanismos de busca?
> - O que é marketing de busca paga e como ele complementa o SEO?
> - O que é SEO *black hat* e por que eu deveria evitá-lo?

Busca: *ainda* o Santo Graal do profissional de marketing digital

Quando a primeira edição deste livro foi publicada em 2009, chamei a busca de Santo Graal do profissional de marketing digital. Naquela época, a busca era a solução que, se aproveitada de forma eficaz, impulsionaria fluxos de tráfego segmentado ao seu site e, por fim, aumentaria a receita de seu negócio. Para muitas empresas, ainda é.

Nossos hábitos de consumo digital estão em constante evolução. Ao escrever a edição anterior deste livro, em 2016, as redes sociais estavam gerando uma quantidade impressionante de tráfego geral para os sites, mas apenas um ano depois o Google passou o Facebook como o principal tráfego de referência, e a busca mais uma vez superou a rede social (Protalinski, 2018). De acordo com o *Search Engine Journal*, cerca de 93% de todo o tráfego da web vêm dos motores de busca (Davies, 2018).

É importante lembrar que o volume de visitantes é apenas parte da equação quando se trata de escolher uma plataforma eficaz para o marketing de seu negócio. Quando se trata de obter informações diante de um público bastante segmentado no momento exato *em que eles estão procurando comprar seus produtos ou serviços*, os mecanismos de busca ainda saem na frente. Ignorar a importância deles para seu negócio com base na movimentação constante do "buzz" online seria um erro.

No Capítulo 3, descobrimos como o site de sua empresa é o centro de seu mundo digital. Seu site é muito mais do que uma vitrine para um enorme e crescente mercado mundial: um site bem projetado e implementado é o lugar onde você pode interagir com os clientes, um ponto de encontro virtual onde você pode fazer negócios reais, com pessoas reais, em tempo real. O potencial comercial é inigualável.

Entretanto, para atingir até mesmo uma fração desse potencial, é preciso ter certeza de que as pessoas conseguem *encontrar seu site*. Mesmo nessa era de engajamento desenfreado, recomendações e avaliações, a maioria das pessoas encontra as coisas que precisam online digitando uma frase naquela caixa em branco na página inicial do mecanismo de busca favorito.

Na internet, não existe realmente comércio de vitrine. As chances de um potencial cliente encontrar seu site enquanto navega aleatoriamente na web são mínimas. Isso significa que seus visitantes têm que saber de seu site de outros lugares: recomendações boca a boca (online ou offline), publicidade convencional e canais de marca, seguindo um link de outro site ou clicando em uma página de resultados de pesquisa dos mecanismos de buscas (SERP), o cenário mais provável.

Pense na maneira como você usa a internet. Aonde você vai quando está procurando informações, produtos ou serviços online? Para conversar com seus amigos, usa o Facebook, Twitter ou Instagram, mas, para encontrar algo específico, é muito mais provável que você use seu mecanismo de busca preferido.

Sobre os motores de busca

Por que o marketing dos mecanismos de busca é tão importante?

Em 2019, mais de 55 bilhões de dólares foram investidos em publicidade de busca, com investimentos previstos acima de 86 bilhões de dólares até 2023 (Statista, 2020a). Por que investir tanto?

Simples: porque os motores de busca dão a essas empresas uma oportunidade privilegiada de colocar os produtos, serviços ou marcas na frente de um vasto e crescente mercado de potenciais clientes *no momento exato em que* estão procurando exatamente o que o negócio está vendendo. Essa é uma proposta de marketing bastante recomendável, sobretudo levando em conta os números envolvidos.

O Google é, de longe, o responsável pela maior fatia do mercado de mecanismos de busca. Em maio de 2020, correspondeu a 92,6% de todas as buscas, enquanto o Bing correspondeu a 2,61%, o Yahoo a 1,79% e o Baidu a 1,16% (Statcounter, 2020a). Estima-se que o Google processa aproximadamente 70 mil buscas a cada segundo, o que corresponde a 5,8 bilhões de buscas por dia e cerca de 2 trilhões de buscas em todo o mundo por ano (Prater, 2020). Alguns pontos importantes a serem observados:

- Desde meados de junho de 2019, são feitas mais buscas via celular do que via desktop. Até aquele ponto, as estatísticas eram mais ou menos iguais (Statcounter, 2020b).
- Os primeiros cinco resultados orgânicos de uma pesquisa representam cerca de 67,6% de todos os cliques para uma consulta de pesquisa. Do sexto ao décimo resultados, representam apenas 3,73% dos cliques (Sarcona, 2020).
- 36% dos especialistas em SEO acham que o título é o elemento SEO mais importante (Dopson, 2020).
- A atualização e o recompartilhamento (em outras palavras, a otimização) de publicações antigas no blog com novos conteúdos e imagens podem aumentar o tráfego orgânico em 106% (Vaughan, 2019).
- 45% dos usuários de internet usam comandos de voz ou pesquisa por voz a cada mês, por isso é essencial que os profissionais de marketing pensem na relevância do SEO da pesquisa por voz (Kemp, 2020).

Como funcionam os mecanismos de busca?

É importante entender que os mecanismos de busca estão interessados, antes de tudo, em entregar resultados de busca oportunos, relevantes e de qualidade a seus usuários. Os mecanismos de busca estão sempre pesquisando, desenvolvendo, testando e refinando maneiras de melhorar o serviço que prestam, a fim de otimizar a relevância e a qualidade dos resultados que mostram ao usuário em cada consulta.

A lógica é simples: quanto melhor a experiência de busca para o usuário, melhor a reputação do mecanismo de busca e mais usuários ele irá atrair.

Quanto mais usuários um mecanismo de busca tiver, mais atrativo é para os anunciantes e mais receita de anúncios ele pode obter.

Colocar os usuários em primeiro lugar torna os motores de busca mais ricos... e isso deixa os acionistas dos motores de busca satisfeitos. Nesse aspecto, a internet não é diferente dos canais tradicionais de marketing, como televisão, rádio e publicidade impressa. É dos telespectadores, ouvintes e leitores que esses canais cuidam primeiro, porque é o público que traz os anunciantes. Sem um público, eles não têm anunciantes, e não existem negócios sem anunciantes.

Da perspectiva de um profissional de marketing digital, a evolução constante dos mecanismos de busca para melhorar a experiência dos usuários é como uma faca de dois gumes. Sim, isso significa que os melhores motores de busca têm mais potenciais clientes para busca paga e esforços de SEO para gerar tráfego orgânico. Da mesma maneira, a constante mudança torna a otimização um processo contínuo, incerto e de trabalho intenso.

VASCULHANDO A WEB

Para entregar resultados de busca precisos, relevantes e de qualidade a seus usuários, os mecanismos de busca precisam trazer informações detalhadas sobre os bilhões de páginas da web que existem por aí. Eles fazem isso usando programas automatizados chamados "bots" (abreviação de "robots") — também conhecidos como "spiders" — que enviam para "vasculhar" a web. Os spiders seguem hiperlinks e coletam informações sobre as páginas encontradas.

Uma vez que uma página tenha sido rastreada por um spider, o mecanismo de busca armazena detalhes sobre o conteúdo dessa página e seus links internos e externos, em uma enorme base de dados chamada índice. Esse índice é altamente otimizado para que os resultados de qualquer uma das centenas de milhões de pesquisas feitas todos os dias possam ser obtidos dele quase que instantaneamente.

Trata-se de uma tarefa gigantesca. Embora ninguém saiba o número real de páginas web exclusivas existentes e os mecanismos de busca não divulguem o tamanho de seus índices, existem estimativas. Para dar uma ideia de quão grande é a web, em junho de 2020, o índice do Google foi estimado em cerca de 61 bilhões de páginas web (WorldWideWebSize, 2020).

Os mecanismos de busca não indexam cada um desses bilhões de URLs, é claro. Muitas contêm informações semelhantes ou duplicadas, ou são irrelevantes para a pesquisa (pense em um calendário de eventos online gerado dinamicamente, por exemplo, com links para "amanhã" e "ontem": em teoria você poderia clicar neles para sempre, mas apenas páginas com informações de eventos seriam relevantes nos resultados da pesquisa), portanto algumas não estão no índice.

TABELA 4.1 Links para recursos de webmaster para os principais motores de busca

Recurso do mecanismo de busca	URL para webmasters
Google Webmasters	www.google.com/webmasters (arquivado em: https://perma.cc/3AUK-TFX4)
Bing Webmaster Tools	www.bing.com/toolbox/webmaster (arquivado em: https://perma.cc/VA3B-RN46)

A lista de resultados para qualquer consulta de pesquisa, que frequentemente é composta por milhões de páginas, é então executada por complexos algoritmos de ranking do mecanismo de busca: programas especiais que utilizam diversas fórmulas exclusivas e confidenciais para "pontuar" a relevância de um site na consulta do usuário. O resultado é então classificado em ordem de relevância e apresentado ao usuário nos SERPs.

Os mecanismos de busca processam um enorme volume de buscas, digitalizando bilhões de itens e mostrando páginas de resultados relevantes, classificadas em uma fração de segundo. Para o usuário, o processo parece rápido, direto e sem problemas; mas há muita coisa acontecendo nos bastidores.

Otimizando seu site para os motores de busca

Para muitas pessoas, o SEO parece ser uma arte enigmática. É um mundo envolto de mistérios de alta tecnologia, complicado e cheio de segredos que os meros mortais não conseguem entender. Um dos melhores lugares para ver dicas sobre como melhorar a posição do ranking de seu site nos mecanismos de busca são as próprias diretrizes, dicas e recursos para os proprietários de sites (veja a Tabela 4.1).

Pedimos a Cecilia de la Viesca, uma especialista em SEO, que nos falasse mais sobre como otimizar os esforços em SEO.

VISÃO DOS ESPECIALISTAS

Um guia de sobrevivência SEO para os algoritmos do Google

Contribuição de Cecilia de la Viesca, diretora global de marketing digital da Passion Digital Ltd

Em geral, os algoritmos do Google são um segredo bem guardado que pode deixar os SEOs se coçando para saber, perguntando-se quais mudaram e por quê. Eles são complexos e ocorrem milhares de vezes ao ano. Algumas das mudanças são pequenas e passam despercebidas, mas outras são muito maiores e podem fazer com que as posições de ranking do site subam ou caiam da noite para o dia.

Embora às vezes não pareça — sobretudo quando se trabalha em uma agência, onde vários clientes podem ser afetados ao mesmo tempo —, os algoritmos do Google são uma coisa boa. Eles melhoram a busca para os usuários e garantem que a internet seja mantida como uma ferramenta útil que fornece informações relevantes e de qualidade, permitindo um aprendizado, compra e venda seguros. Às vezes, pode ser difícil de fazer uma previsão, mas, se você seguir as regras estabelecidas pelo Google e criar conteúdo relevante em seu site, é possível colher os frutos e subir no ranking nos resultados de pesquisa orgânica.

UM BREVE HISTÓRICO DAS ATUALIZAÇÕES DO GOOGLE

Até 2016, as atualizações do Google tenderam a ser divididas em diferentes categorias, dependendo da função atendida. Era fácil saber que aspecto de SEO o algoritmo procurava abordar, e os diferentes tipos tornaram-se conhecidos por nomes de animais, como Penguin, Panda, Pigeon e Hummingbird. A atualização Penguin avaliou a qualidade dos links para sites, buscando e excluindo sites que pudessem ter spam dos resultados de busca. A Panda atualizou sites segmentados considerados de baixa qualidade, já a Pigeon se concentrou em buscas locais, mostrando os melhores resultados de pesquisa de acordo com a localização do usuário. E depois houve a atualização Hummingbird, que se baseou no próprio algoritmo de busca do Google, garantindo o rápido compartilhamento de ideias e conteúdos na web.

Como escrevo este livro em 2020, a maioria das atualizações do Google estão se encaixando nessa última categoria, mas ficaram conhecidas como "atualizações de algoritmo de núcleo amplo" em vez de atualizações Hummingbird; quaisquer outros nomes que lhes são dados tendem a ser brincadeiras ou específicos para o assunto que pretendem abordar. A seguir estão listadas algumas das mais significativas atualizações de algoritmos de núcleo amplo que ocorreram desde 2016. Sendo atualizações de núcleo, elas não se concentraram em uma só categoria, mas levaram tudo em consideração, incluindo links, conteúdo, qualidade, UX e métricas de engajamento. Muitas delas também tinham o objetivo de impactar a forma como os resultados eram mostrados nos SERPs para ajudar o usuário a escolher o mais apropriado para ele (um bom exemplo disso é a "duplicação de *featured snippets*" mencionada a seguir). É importante lembrar que os sites afetados de forma negativa por essas atualizações não foram necessariamente penalizados, pode ser apenas que seus concorrentes tenham sido recompensados e ocupado seu lugar nas SERPs.

7 DE FEVEREIRO DE 2017: ATUALIZAÇÃO DE ALGORITMOS DE NÚCLEO AMPLO

Essa atualização resultou em enormes mudanças nas SERPs e teve um impacto significativo em alguns sites. Os critérios exatos não foram confirmados, mas parecia que sites com qualidade e conteúdo relevantes se destacavam em detrimento de sites de baixa qualidade: exatamente o que os SEOs "cumpridores da lei" queriam ver.

7 DE MARÇO DE 2017: ATUALIZAÇÃO FRED

Essa foi outra atualização que segmentou conteúdos irrelevantes e teve um enorme impacto para algumas empresas. O nome Fred foi dado em tom de brincadeira por um funcionário do Google e acabou pegando. O Google se recusou a entrar em detalhes, mas solicitou que as pessoas lessem suas *Diretrizes para webmaster* para entender por que elas poderiam ter sido afetadas.

1 DE AGOSTO DE 2018: ATUALIZAÇÃO DE ALGORITMOS DE NÚCLEO AMPLO (TAMBÉM CHAMADA DE "MEDIC")

Essa atualização parecia prejudicar muito mais os sites do setor de saúde e bem-estar, embora o impacto em larga escala tenha sido visto em todos os setores. Barry Schwartz, uma autoridade conhecida no mundo do SEO, chamou-a de atualização "Medic", porque, dos trezentos sites analisados, mais de 42% entravam nas categorias médico, saúde, fitness e estilo de vida (Schwartz, 2018). Foi a primeira vez que realmente vimos os critérios EAT (Expertise, Authoritativeness and

Trust) do Google entrarem em jogo, quando os sites foram analisados com base nesses três fatores. Essa também foi a primeira vez que as análises online realmente começaram a ter um impacto sobre os rankings e o desempenho orgânico. Isso explica por que os sites no setor de saúde foram mais afetados e também por que a atualização impactou sites do setor financeiro ou aqueles envolvidos na venda de produtos e serviços aos usuários.

12 DE MARÇO DE 2019: ATUALIZAÇÃO DE ALGORITMOS DE NÚCLEO AMPLO (TAMBÉM CHAMADA DE "FLORIDA 2")

Essa atualização foi considerada uma das maiores atualizações em anos e foi assim chamada porque coincidiu com a conferência Pubcon Florida de 2019. Mais uma vez, o Google não revelou muito sobre ela, mas aconselhou que seguissem as diretrizes anteriores para entender como e por que determinados sites poderiam ter sido impactados.

25 DE OUTUBRO DE 2019: ATUALIZAÇÃO BERT

Essa foi outra grande atualização, anunciada pelo Google como a maior mudança de pesquisa deles em cinco anos. A atualização foi baseada nos modelos BERT (Bidirectional Encoder Representations from Transformers) para entender as consultas de pesquisas realizadas no Google. O Google explicou que as atualizações tinham como objetivo melhorar a compreensão da linguagem, sobretudo para pesquisas de linguagem mais coloquial ou de conversação:

> Principalmente em pesquisas maiores, mais coloquiais, ou em que preposições como "de" e "para" são importantes para o significado, é possível entender o contexto das palavras na consulta. Você pode pesquisar de uma forma que lhe pareça natural (Nayak, 2019).

Em outras palavras, a atualização do BERT tornou o Google mais inteligente. Já não era mais preciso usar palavras-chave exatamente iguais para segmentar todo o seu conteúdo.

22 DE JANEIRO DE 2020: DUPLICAÇÃO DE FEATURED SNIPPETS

Essa atualização significou que as páginas da web em uma posição de destaque não seriam repetidas nos resultados orgânicos regulares da primeira página. É um exemplo perfeito de uma atualização que mudou a aparência dos SERPs e foi apresentada ao usuário. Ela teve um grande impacto em alguns sites que tinham um *featured snippet* e estavam na primeira posição, cuja CTR (taxa de cliques) caiu quando a primeira posição foi removida e apenas o *featured snippet* da "posição zero" permaneceu.

DOMINANDO OS SERPS

Portanto, dada a frequência das atualizações do Google e a falta de clareza da empresa sobre seus objetivos, como você garante que seu site permaneça no topo dos SERPs? Os algoritmos do Google o recompensarão se seu site for bem escrito, tiver um tempo de resposta rápido em todos os dispositivos e for fácil de usar. Você também não chegará a lugar algum a menos que seu site ofereça níveis apropriados de conhecimento, autoridade e confiança (EAT), o que se traduz em: boas avaliações, conteúdo aprofundado e bem pesquisado, e links e citações de sites bons e confiáveis. Da mesma forma, se o site estiver cheio de spam ou links quebrados, ou tiver palavras-chave ou páginas duplicadas, os algoritmos irão penalizá-lo. Como mencionado antes, é muito importante lembrar que, se o ranking ou tráfego cair após uma atualização dos algoritmos, isso não significa necessariamente que você tenha sido penalizado. Pode apenas querer dizer que os concorrentes foram recompensados e, como resultado, você desceu no ranking. É necessário um esforço contínuo.

AS PUNIÇÕES DO GOOGLE

Há dois tipos de punição do Google: manual e automática. Ambos os tipos resultam em um rebaixamento imediato de seu site no ranking do SERP, e as manuais tornam quase impossível que você seja encontrado nas buscas e faz com que seu tráfego diminua. O impacto nos negócios online pode ser gigante, por isso é fundamental que você entenda como evitar que isso aconteça.

As punições manuais são impostas por pessoas: funcionários do Google que olham para seu site e decidem que não está à altura. Com esse tipo de punição, você receberia uma notificação do Google Search Console descrevendo onde e como você errou. Esse tipo de punição costumava ser aplicado com frequência, mas os SEOs de hoje estão aprendendo com os erros cometidos no passado, por isso estão se tornando menos comuns. Se você receber uma punição, procure resolver o problema o mais rápido possível (se necessário, consulte as páginas de ajuda do Google) e, depois, apresente um pedido de reconsideração ao Google. Como seria resolver esse problema? Usando métodos de canonização para remover conteúdos duplicados no site, removendo conteúdo copiado de outros sites ou rejeitando links duvidosos que você considerava inofensivos.

As punições automáticas são muito mais difíceis de detectar, pois você não recebe o mesmo tipo de notificação, e, como mencionado antes, pode ser que você não tenha sido penalizado, e sim que os concorrentes ocuparam seu lugar nas SERPs.

A melhor maneira de evitar ser penalizado ou afetado por uma atualização de algoritmos é garantir que você esteja seguindo as diretrizes do Google à risca. Não há como contornar isso. Por muitos anos, diversos truques de SEO têm sido usados para tentar contornar os algoritmos, mas eles não adiantam mais. As etapas apresentadas a seguir ajudam você a se manter no topo dos SERPs e gerar tráfego de qualidade em seu site:

1 Estudar as diretrizes do Google e segui-las.
2 Auditar seu conteúdo para que ele seja bom, relevante e não duplicado. Certifique-se de que todo o conteúdo esteja de acordo com as regras de EAT do Google. Não ignore isso. Ter um conteúdo de boa qualidade é uma das coisas mais importantes, mas também seja agradável enquanto empresa. Receba boas avaliações. Faça com que as pessoas mencionem seu negócio na web e nas redes sociais. Construa autoridade e ganhe confiança.

3 Certifique-se de usar a ajuda e os recursos recomendados pelo Google: use o Google Search Console para monitorar o desempenho e a marcação em Schema para garantir que o Google compreenda seu conteúdo e mantenha atualizado o gráfico de conhecimento de sua empresa — tudo isso também ajuda com o EAT.

4 Lembre-se de manter seu site atualizado, adicionando com frequência conteúdo novo e otimizado. Inclua também conteúdos diferentes, tais como vídeos, imagens, infográficos ou mesmo podcasts que podem ser compartilhados e vinculados em toda a web.

5 Certifique-se de que seus links sejam relevantes e de boa qualidade. Faça uma auditoria de site de vez em quando para garantir que seus links estejam em ordem e solicite que qualquer link com spam seja removido. Seu foco deve estar em *atrair* links relevantes e de boa qualidade, em vez de comprar centenas de sites com spam.

6 Não "exagere" em SEO incluindo muitos links, conteúdos com muitas palavras-chave ou muitos links internos.

Lembre-se também de que não basta seguir essas etapas uma vez e depois sentar e esperar que a magia aconteça. É um jogo que precisa de atenção constante. Os algoritmos do Google estão em constante evolução, adaptando-se e mudando às condições do mercado e às ameaças digitais, e suas táticas de SEO precisam se adaptar e mudar com elas. Se você seguir esses conselhos, terá uma boa chance de ficar à frente da concorrência e no topo dos SERPs.

Facilite o rastreio de seu site

Se a intenção for atrair tráfego de mecanismos de busca, a última coisa que você quer é dificultar a indexação de seu site por eles. Certifique-se de que o design não apresente obstáculos desnecessários para spiders dos mecanismos de busca.

Embora seja obviamente importante que algumas "vitrines" façam seu site chamar a atenção de pessoas reais quando elas chegam, para que ele receba muitos visitantes, é fundamental que o design não afaste involuntariamente spiders dos mecanismos de busca (ver Tabela 4.2). Certifique-se de que o site funcione para ambos e que cada página inclua conteúdo relevante em textos; evite sites e frames apenas com flash, que são difíceis de serem rastreados pelos spiders; e garanta que cada página possa ser acessada por um simples hyperlink de texto.

As palavras são a base para o SEO

O ponto de partida para um SEO eficaz é saber o que as pessoas que procuram por seus produtos, serviços ou informações estão digitando naquela caixa vazia da página inicial do mecanismo de busca. Conhecidas como palavras-chave ou frases-chave (que consistem de duas, três ou mais palavras-chave), elas formam a base de seus esforços de SEO. Selecionar palavras-chave eficientes deve ser sempre a primeira coisa a ser feita, pois abrange todas as atividades de SEO. As palavras-chave são usadas para diferenciar a arquitetura do site e informarão a estratégia de marketing do conteúdo.

TABELA 4.2 Spider traps: características de design do site que podem prejudicar sua visibilidade no mecanismo de busca

Características do site	Por que isso prejudica seu SEO
Todo o site em flash	É difícil para os spiders rastrearem. Embora os mec'anismos de busca tenham melhorado a capacidade de indexar conteúdo de texto dentro de arquivos flash, a dependência excessiva do flash ainda é uma má ideia tanto para o SEO quanto para a usabilidade.
Navegação JavaScript	Os spiders muitas vezes não ativam o código JavaScript, portanto, a menos que você implemente uma alternativa, eles podem ter dificuldades para chegar a outras páginas de seu site com navegação baseada em scripts. Certifique-se de ter pelo menos um hiperlink normal (de texto) para cada página do site.
Frames	Pensando na experiência do usuário, implementar frames pode ser muito difícil, pouco necessário e problemático em termos de indexação de spiders nos motores de busca.
Mapas de imagem e outros tipos de navegação sem texto	Alguns spiders podem ter dificuldade para encontrar esses links. Se você usar mapas de imagens para navegação em suas páginas, certifique-se de ter hiperlinks alternativos de texto que direcionem às mesmas páginas.
Links gerados dinamicamente	Apresentam menos problemas que antes, mas alguns spiders podem ter problemas com páginas URLs dinâmicas muito longas que contêm parâmetros demais (por exemplo: ?W=XYZ). Tente configurar seu site para usar URLs "amigáveis" sempre que possível, ou pelo menos limitar a, no máximo, três parâmetros de URLs dinâmicas.
AJAX	Ver observações sobre JavaScript acima.

Escolhendo palavras-chave eficazes

Então, como se escolhe as palavras-chave certas para a otimização do site? Bem, um bom lugar para começar é com as pessoas que você quer atrair. Conhecer seu público-alvo é um elemento essencial de qualquer campanha de marketing, e isso serve para as palavras-chaves. Ponha-se no lugar de seu potencial cliente, sentado em frente ao mecanismo de busca favorito dele procurando informações sobre o produto ou serviço que você vende. O que você digitaria na caixa de pesquisa?

São suas palavras-chave "semente". Elas são seu ponto de partida. Pegue essas palavras-chave e brinque com elas. Imagine as várias combinações de termos de busca que os potenciais clientes podem usar para encontrar seu site. Digite-os nos motores de busca e veja os resultados. Examine os sites que estão bem posicionados no ranking por causa das palavras-chave escolhidas. Analise-os e tente descobrir como eles estão alcançando essas posições.

Você também pode usar diversas ferramentas de sugestão de palavras-chave, tais como as ferramentas gratuitas do Google AdWords e do site SEO Book (http://bit.ly/UDMSEOBook; arquivado em: https://perma.cc/5F2W-EJHD e https://perma.cc/6NMB-G7M3), além das ferramentas do Wordtracker (www.wordtracker.com; arquivado em: https://perma.cc/W2F2-9MXG) ou Trellian's (http://bit.ly/KWDiscovery; arquivado em: https://perma.cc/2J93YKY9), ambas oferecendo uma versão gratuita básica com atualizações pagas mais abrangentes. Essas ferramentas normalmente fornecem insights dos volumes de busca para as palavras-chave mais populares relacionadas às palavras-chave sementes que você fornece.

Há muitas ferramentas e serviços de pesquisa de palavras-chave diferentes disponíveis na web. Talvez a melhor maneira de encontrar as opções seja procurar coisas como "ferramenta de pesquisa por palavra-chave" ou "sugestões de palavra-chave" em seu mecanismo de busca preferido.

Jocelyn Le Conte, líder de busca paga na Merkle, nos dá sua opinião de especialista sobre como segmentar os clientes usando palavras-chave.

VISÃO DOS ESPECIALISTAS

Segmentação de clientes por trás das palavras-chave

Contribuição de Jocelyn Le Conte, líder de busca paga na Merkle

As possibilidades de busca paga normalmente giram em torno de palavras-chave e termos de busca, mas agora também há mais de quinze sinais de público disponíveis por busca. Podemos saber quem é a pessoa por trás da tela, e não apenas o que ela está procurando naquele momento. O cliente de hoje espera anúncios que conversem com ele e é mais provável que ele invista dinheiro ao vê-los. Portanto, cada gerente de campanha precisa saber como aproveitar esses sinais para otimizar a campanha e o desempenho comercial.

Os anunciantes não só podem ser mais seletivos sobre quem vê seus anúncios, como também melhorar a experiência geral do usuário, aumentando a relevância de seus produtos e ofertas. Estratégias de up-sell e cross-sell podem ser usadas para aumentar a receita. Há táticas para lidar com o índice de rotatividade e reativar clientes antigos, aumentando a retenção. No fim das contas, os clientes se sentirão valorizados, compreendidos e atendidos, aumentando a fidelização e frequência de compra.

QUAIS SINAIS DE PÚBLICO ESTÃO DISPONÍVEIS PARA BUSCA PAGA?

Existem dois tipos principais:

1 O que o anunciante sabe:
   - comportamento no site (por exemplo, cookies);
   - comportamento do cliente ou potencial cliente (por exemplo, dados de gestão de relacionamento com o cliente).

2 O que o motor de busca sabe e infere:

- interesses baseados no histórico de navegação e busca;
- dados demográficos (idade, sexo, estado civil etc.);
- localidade;
- dispositivo (computador, celular ou tablet).

COM QUEM VOCÊ ESTÁ FALANDO?

Um varejista de moda, por exemplo, pode adaptar o envio de mensagens publicitárias ao gênero do usuário. Se um usuário feminino estiver pesquisando palavras-chave genéricas como "casacos de inverno", mostrar um anúncio com itens de moda feminina e usar uma página de destino específica com diversos casacos femininos é provável que aumente tanto o tráfego quanto as vendas, com opções que tentam abranger tanto homens quanto mulheres. Os interesses podem então ser sobrepostos, permitindo maior personalização, sejam esquiadores ou seguidores de moda que procuram as últimas tendências.

Analisando detalhes sobre a base de clientes existente, esse buscador tem as mesmas características e corresponde aos mesmos dados demográficos? Se seus clientes tendem a estar na casa dos trinta e têm filhos, aumente as ofertas de palavras-chave quando você encontrar alguém que corresponda para ser mais competitivo na página de resultados do mecanismo de busca e ganhar esse clique. Caso contrário, depois aparecem mais opções disponíveis para aumentar as chances de transformar esse usuário em um cliente fiel. A segmentação por interesses — por exemplo, se o usuário é um ávido jardineiro ou um fanático por fotografia — permite que um gerente de campanha forneça diversos produtos mais relevantes e envie mensagens mais atraentes.

ONDE ELES ESTÃO E O QUE ESTÃO FAZENDO?

A localidade e o dispositivo de um buscador podem fornecer um insight essencial do mindset do usuário e a probabilidade de se tornar um cliente. O usuário está perto de uma loja e é provável que faça compras offline em vez de online? Ele está pesquisando durante o horário de funcionamento ou à noite para acompanhar quando a loja estará aberta novamente? Que dispositivo ele está usando? Ele está no celular vendo como chegar na loja física ou em casa comparando diferentes opções pelo notebook? Os usuários de dispositivos móveis precisam de acesso rápido às informações e opções de navegação fácil, já em dispositivos com tela e teclado maiores estarão mais confortáveis para preencher formulários ou inserir informações de pagamento.

Em vez de pausar ou excluir palavras-chave porque elas não proporcionam um bom retorno, sinais de público como esses primeiro fornecem outras informações úteis. Por exemplo, um restaurante no centro de Londres que usa busca paga para gerar reservas feitas em aplicativos pode optar por segmentar o público de seus anúncios para pessoas a menos de cinco quilômetros da localização do estabelecimento. Além disso, a empresa pode adaptar os anúncios em horários diferentes do dia para mostrar o que tem no menu do café da manhã, almoço e jantar a fim de apelar para o paladar.

ELES JÁ INTERAGIRAM COM A MARCA ANTES?

Todas as empresas online de sucesso dependem de cookies para rastrear e analisar o comportamento no site. Eles também são utilizados para remarketing, permitindo que os visitantes que retornam sejam tratados de forma diferente em relação a novos usuários. Se um visitante passou alguns minutos nas páginas de produtos há alguns dias, ele já está familiarizado com a oferta e a marca e, portanto, é mais provável que finalize uma compra ao voltar.

Se ele realizou todo o processo de compra só para abandonar o carrinho na página de pagamento, talvez seja porque decidiu esperar o salário cair antes de comprar uma nova jaqueta de couro. Aumentar os lances para aparecer primeiro da próxima vez que ele estiver procurando uma jaqueta aumentará as chances de garantir a venda, e incentivos a mais podem ser oferecidos, como um cupom de desconto no próximo anúncio exibido.

Os usuários navegaram nas páginas do catálogo de sapatos, mas não compraram? Ao lançar uma nova coleção, avise-os de novos produtos que podem se adequar melhor ao estilo ou orçamento deles.

NA PRÓXIMA VEZ, VOCÊ QUER PAGAR PELO CLIQUE DELES?

A exclusão de públicos selecionados das campanhas pode economizar muito investimento em cliques que não gerariam lucro. Para anunciantes com orçamentos diários menores ou com foco exclusivo na aquisição de novos clientes, os usuários que já visitaram o site ou já são clientes podem ser impedidos de ver anúncios novamente no futuro.

Se um usuário já tiver fornecido informações de contato no cadastro, exclua-o para economizar no orçamento de busca paga e, em vez disso, faça o acompanhamento por outros meios para nutrir os leads, como o marketing de e-mail. Da mesma forma, se um usuário saiu rápido do site na última vez que o visitou, economize e não o segmente de novo no futuro, já que não gostou do que viu logo de cara.

O QUE VOCÊ SABE SOBRE SEUS CLIENTES ATUAIS QUE VOCÊ PODE APROVEITAR?

Usando dados internos de CRM, os clientes existentes podem ser tratados de maneira adequada. São leads quentes? Esteja atento com ofertas mais competitivas da próxima vez que eles estiverem procurando um produto em estoque. São compradores regulares? Ofereça assinaturas exclusivas ou pacotes VIP nos anúncios para aumentar a frequência de compra em sua loja. São leads frios? Faça uma oferta especial na próxima vez que procurarem a loja para que eles se engajem de novo. Considere também ajustar os lances de palavras-chave e de nomes de marcas concorrentes para evitar perder clientes para elas.

Haverá também oportunidades de *up-selling* ou *cross-selling*. Se uma loja souber quem comprou recentemente uma TV, poderá garantir que seus anúncios sejam colocados em primeiro lugar, promover produtos relacionados e mostrar as melhores ofertas quando os usuários procurarem novamente um suporte para TV ou um aparelho de Blu-ray. Para um anunciante baseado em assinatura, qualquer pessoa que se inscreveu para um teste gratuito de trinta dias pode estar procurando o serviço pago uma vez que o período acabar. Um anunciante pode aumentar os lances de palavras-chave mais competitivas e atualizar o texto do anúncio — somente para esses usuários por volta do dia 28 — para promover os benefícios de usar seu serviço e fechar o negócio.

O QUE OS ANUNCIANTES PRECISAM TER EM MENTE?

A palavra-chave ainda é muito importante, pois assinala a necessidade do usuário naquele momento, mas agora também há informações adicionais suficientes para entender o contexto, a urgência e a probabilidade de aquela pessoa se conectar com a marca. Para aumentar a fidelização do cliente e o retorno sobre os gastos com anúncios, use sinais de público para melhorar a qualidade, o tempo e a relevância da mensagem da marca na página de resultados do mecanismo de busca. Crie campanhas personalizadas e específicas para os públicos-alvo mais ativos, personalize os anúncios e bloqueie exposição futura e usuários desinteressados.

Mas tenha cuidado — os sinais do público devem ser usados para aumentar a relevância e a utilidade, não serem vistos como inconvenientes ou invasivos. A crescente conscientização das preocupações com privacidade está ditando mudanças no setor já vistas no aumento do bloqueio de anúncios e no maior controle das configurações de privacidade. Mudanças de navegadores (tais como ITP) e legislativas (como o GDPR e a CCPA) continuarão a evoluir e trarão consigo novas mudanças nos tipos de dados pessoais disponíveis, razão pela qual é mais importante do que nunca estar ciente do valor dos dados do público-alvo e de como utilizá-los de forma responsável.

Analisar a concorrência

Outras ferramentas na web podem lhe dar insights de como seus principais concorrentes estão se saindo em termos de tráfego nos motores de busca para determinadas palavras-chave. Serviços em sites como o SEO Toolset (www.seotoolset.com; arquivado em: https://perma.cc/5K5P-4WX5) podem fornecer informações sobre quais palavras-chave estão gerando tráfego nos sites dos concorrentes a partir dos principais mecanismos de busca e quais desses sites estão bem-posicionados nos rankings de frases-chave — todas elas podem informar a escolha das palavras-chave que você deseja otimizar.

Embora as ferramentas sejam um bom guia, não subestime o valor das pessoas como uma fonte de inspiração para selecionar palavras-chave. O que você acredita que as pessoas vão procurar e o que elas realmente digitam na caixa de busca são, muitas vezes, duas coisas diferentes. Reúna um grupo de pessoas — se possível, representativo de seu público-alvo — e comece a fazer um brainstorming das palavras-chave. Os resultados provavelmente serão surpreendentes.

Eu tenho minha lista inicial de palavras-chave, e agora?

A primeira coisa que você quer fazer é reduzir sua lista inicial de palavras-chave. O que constitui um tamanho razoável dependerá da situação: quanto tempo, dinheiro e recursos disponíveis para seu esforço de SEO. Lembre-se, não há nada de errado em começar pequeno: otimize algumas páginas para o que você acredita serem suas principais palavras-chave e monitore os resultados sobre ranking, tráfego e taxas de conversão dessas páginas. Isso lhe dará uma base sólida de onde você direcionará seus esforços de otimização e sua experiência em SEO.

Para reduzir a lista, comece eliminando todas as palavras ou frases muito genéricas. Termos genéricos como "sapatos", "hipotecas", "garrafas" ou "computadores" tendem a ser muito difíceis de se posicionar bem no ranking (porque são termos muito buscados que podem se aplicar igualmente a inúmeros sites da web), além de serem comuns demais para direcionar tráfego qualificado para seu site.

Vamos supor que você seja um consultor autônomo de crédito imobiliário em Camden Town, Londres. Se você optar por otimizar uma página baseada na palavra-chave "hipotecas", você estará competindo com empresas de créditos imobiliários, consultores de créditos imobiliários, corretores de créditos imobiliários, sites de notícias do setor de hipotecas etc. de todo o mundo. Mesmo se (e é um grande "se") sua página chegue a essas cobiçadas posições elevadas nas SERPs dessa palavra-chave, as chances de as pessoas que procuram o termo "hipotecas" escolherem um consultor autônomo em Camden são pequenas, na melhor das hipóteses.

Frases como "hipotecas em Camden" ou "consultor de créditos imobiliários no norte de Londres", por outro lado, são potencialmente menos competitivas e geram menos buscas, mas são muito mais relevantes para seu negócio, porque as pessoas que buscam esses termos têm muito mais chances de se interessar pelos produtos e serviços que você oferece.

Em outras palavras, quanto mais genérica for uma palavra-chave, menos provável que seu site abranja o que o pesquisador está tentando encontrar. Um SEO eficaz não se trata apenas de gerar tráfego; trata-se também de encontrar aquele difícil equilíbrio entre o volume de busca pela palavra-chave e a especificidade da palavra-chave que gera o máximo de *tráfego segmentado* ao seu site.

Palavras-chave de cauda longa e de cauda curta

As palavras-chave em SEO se enquadram em duas grandes categorias. As palavras-chave de cauda curta são frases simples de uma ou duas palavras que são tipicamente mais genéricas e atraem muitas buscas individuais. As palavras-chave de cauda longa, por outro lado, são consultas mais complexas que contêm mais palavras e são muito mais específicas. Individualmente, elas atraem muito menos tráfego de busca do que suas equivalentes de cauda curta, mas, em conjunto, essas consultas de cauda longa são responsáveis pela maior parte do tráfego de busca na internet.

Martin Murray, o ex-líder de canais de comunicação de pequenas e médias empresas do Google para a EMEA, resume as coisas desta forma:

Em qualquer domínio de palavra-chave, há poucas palavras-chave ou frases que geram muito tráfego e muitas palavras-chave ou frases que geram pouco tráfego. Muitas vezes, o domínio de palavras-chave se aproxima da metade direita de uma curva normal com a cauda se estendendo até o infinito. Portanto, as palavras-chave de baixo volume de pesquisa também são conhecidas como "palavras-chave de cauda longa".

As palavras-chave que geram muito tráfego (de cauda curta) têm as seguintes características: são altamente competitivas, consistem em uma ou duas palavras, têm um custo por clique mais alto e podem ter taxas de conversão baixas, pois tendem a ser muito genéricas. Exemplos do setor de hospedagem podem incluir "hotel", "hotel de Londres" ou "hotel barato".

As palavras-chave que geram pouco tráfego (de cauda longa) não são tão competitivas, muitas vezes consistem em quatro, cinco ou mais palavras, têm um custo menor por clique e podem ter taxas de conversão maiores, pois são bastante específicas, indicando que o usuário está mais adiante na jornada de compra online. Exemplos podem incluir "hotel barato no centro da cidade de Dublin", "estadias de fim de semana no Temple Bar em Dublin" ou "hotel para negócios com academia e spa em Wexford".

Campanhas bem-sucedidas de marketing de busca tendem a colocar muito esforço na descoberta de termos eficazes a longo prazo, sobretudo para uso em campanhas patrocinadas (pay-per-click).

Uma pesquisa bem-sucedida de palavras-chave deve, por fim, permitir que o profissional de marketing digital encontre e se concentre em frases que satisfaçam:

- o volume: o número de pessoas que realmente pesquisam esse termo;
- a competitividade: o número de outros sites que competem pela mesma relevância de frase;

- o lucro: baseado em produtos ou serviços com a melhor margem de lucro.

Normalmente, faz sentido adotar uma abordagem equilibrada e trabalhar com uma mistura de palavras-chave de cauda curta (genéricas) e palavras-chave de cauda longa (mais específicas) como parte de seu esforço de SEO orgânico, enquanto o foco em termos de busca muito específicos de cauda longa provavelmente vai gerar um maior retorno sobre seu investimento em campanhas pay-per-click (PPC) (ver mais adiante no capítulo).

Acompanhar a eficácia das palavras-chave tornou-se mais difícil desde que o Google começou a criptografar os termos de referência, que agora aparecem como "não fornecidos" em plataformas de análise de dados. A pesquisa de palavras-chave, portanto, precisa ser gerenciada usando outros métodos, como históricos de SEO, ferramentas de webmaster, dados de pesquisa pagos e dados de pesquisa do site.

Foque em uma página de cada vez

A lista de palavras-chave que lhe resta é muito importante. Ela fornece essencialmente um "modelo" de SEO para seu site. Uma das coisas fundamentais a lembrar quando você estiver aplicando as técnicas de SEO é que deve otimizar uma página de seu site de cada vez. Embora você considere alguns fatores do site todo ao fazer isso, o SEO não é uma operação simples e "única"; cada uma das páginas existentes precisará ser otimizada de forma independente. Também é muito provável que você deseje criar páginas para aparecer mais nos mecanismos de busca usando o maior número possível de palavras-chave escolhidas.

Pense nisto: quando um mecanismo de busca apresenta resultados a um usuário, ele não está apresentando sites inteiros, mas páginas individuais que, de acordo com seus algoritmos, melhor correspondem à consulta do usuário. Isso significa que cada página individual em seu site lhe dá uma oportunidade de otimizar as palavras ou frases-chave específicas, o que é importante.

Seu objetivo, então, é isolar as palavras-chave e frases importantes de seu mercado, e então garantir que seu site inclua páginas individuais com conteúdo único e relevante otimizado para poucas frases-chave (idealmente uma ou duas, não mais do que três). Quanto mais páginas individuais você tiver, mais oportunidades você terá de mostrar seu negócio a seus potenciais clientes nos SERPs.

Escolha o <title> de sua página com cuidado

Há uma pequena, mas muito importante, tag HTML que é um código no cabeçalho da seção de cada uma de suas páginas da web. Ela é chamada de "*title tag*", e seu texto é o que aparece na barra de título no topo da janela do navegador quando você visita um site. É também algo muito importante: o texto que aparece como o link azul "clicável" de uma página quando ela é apresentada aos usuários nos SERPs.

Isso significa que o que você coloca na *title tag* é extremamente importante pelas seguintes razões: 1) a *title tag* é um dos fatores mais importantes na página usada pelos mecanismos de busca para classificar sua página. Nessa fase, a maioria dos especialistas em SEO, se não todos, concordam que o uso apropriado da *title tag* é um fator principal para uma posição no ranking nos SERPs e aconselham usar sua(s) palavra(s)-chave principal(is) em *title tag* sempre que possível (ver Figura 4.1). Lembre-se apenas da questão da legibilidade para pessoas. 2) O título é a primeira coisa de seu conteúdo que um usuário verá. Ao dar títulos concisos, convincentes e informativos a suas páginas, mais usuários serão atraídos a clicar em sua página quando ela aparecer nos resultados da busca.

FIGURA 4.1 Captura de tela mostrando a *title tag* e a *meta-description* como aparecem no código-fonte HTML, e a mesma página renderizada no navegador, mostrando o início da mesma *title tag* na aba ativa

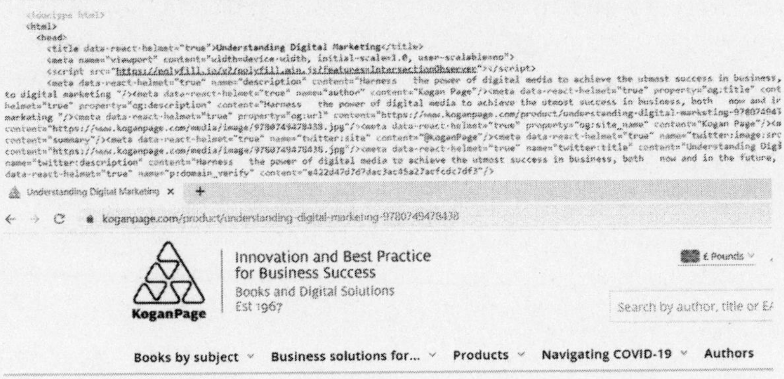

Dê a cada página uma meta-description única

Outra tag HTML que costumava ser muito importante para SEO, mas que agora está bastante obsoleta, é a meta tag. As meta tags contêm informações que são acessíveis a navegadores, spiders de mecanismos de busca e outros programas, mas que não aparecem na página renderizada (visível) para o usuário. Esses dados já foram muito usados pelos mecanismos de busca para medir o que era uma página, sobretudo a outrora muito utilizada meta tag de palavras-chave.

Há, no entanto, uma meta tag HTML que ainda vale a pena incluir como parte de seu SEO, e que é a meta-description. Assim como muitas coisas relacionadas à busca, a opinião dos principais especialistas da comunidade SEO está dividida quanto ao valor da tag meta-description em termos de otimização para mecanismos de busca. Embora se reconheça que a tag não tem muita relevância para melhorar o ranking de sua página, ela pode ajudar a aumentar a taxa de cliques (CTR) quando sua página aparece nos SERPs.

Dependendo da consulta e do conteúdo da página, os principais mecanismos de busca usarão com frequência o conteúdo de sua meta-description como o "snippet" descritivo do texto que aparece abaixo do título de sua página nos SERPs. Uma descrição bem escrita para cada página pode, pelo menos em teoria, atrair mais usuários a clicarem em sua página quando ela aparecer nos resultados da busca.

O uso do texto da meta-description pelos mecanismos de busca é inconsistente. As regras aplicadas variam de acordo com o motor de busca, e até mesmo entre diferentes tipos de consulta no mesmo motor. Entretanto, ter tags de meta-description convincentes e informativas é algo que os mecanismos de busca incentivam; certamente, não prejudicará seu ranking, é benéfico para os usuários e pode aumentar o tráfego de seu site.

Use elementos de HTML nos cabeçalhos das páginas

A diferença que o uso de elementos HTML específicos para os cabeçalhos das páginas (por exemplo <h1>, <h2>, etc.) faz é mínima. Entretanto, o cabeçalho de uma página deve resumir seu conteúdo e, portanto, determinará os tipos de palavras-chave que serão otimizados em torno dele. O uso de elementos HTML no cabeçalho não fará nenhum mal e também fornecerá aos usuários uma ideia geral do conteúdo quando eles chegarem à página.

Facilitar a navegação para os visitantes e motores de busca

Os mecanismos de busca utilizam a estrutura de um site para determinar a importância relativa das páginas dentro dele, de modo que páginas ligadas à navegação principal recebem maior prioridade do que páginas secundárias ou terciárias. As palavras usadas dentro da navegação também são fundamentais para os motores de busca, permitindo-lhes determinar os temas das páginas vinculadas — portanto, é importante usar termos específicos em vez de termos genéricos, tais como "produtos", "serviços" ou "soluções". Os menus suspensos em CSS podem ajudar a fornecer links flexíveis e amigáveis ao motor de busca para categorias e páginas internas do site.

Tanto os usuários quanto os motores de busca se beneficiam do uso da navegação por *breadcrumbs* ao explorar as estruturas do site. Para os usuários, esse tipo de navegação fornece uma maneira rápida e fácil de determinar exatamente onde eles estão no site e navegar facilmente por ele. Para os motores de busca, os links de navegação por *breadcrumb* fornecem uma visão geral da estrutura do site e acesso direto às páginas relacionadas.

Descreva o conteúdo visual para motores de busca

Imagens de páginas específicas tornam os sites muito mais atraentes para os visitantes, e os mecanismos de busca estão se tornando muito melhores no reconhecimento do conteúdo das fotos. Entretanto, ainda é importante colocar tags e descrever em detalhes o conteúdo visual para os mecanismos de busca e visitantes. Isso inclui adicionar uma descrição ALT a todas as imagens principais e, se for relevante, uma legenda. Isso é fundamental para vincular imagens, pois suas tags ALT agem como texto âncora, portanto, têm muito mais peso do que para imagens desvinculadas.

Melhorar a lista de resultados dos motores de busca

Marcar dados estruturados é uma forma de fornecer significado e contexto adicionais aos mecanismos de busca sobre o conteúdo de uma página, para que eles possam criar "trechos ricos" que melhorem sua lista de resultados nos SERPs. O principal padrão para dados estruturados é ratificado por www.schema.org (arquivado em: https://perma.cc/VC66-FNE9) e pode ser aplicado a diversos dados, por exemplo, avaliações, localizações, pessoas, eventos e produtos. Quando devidamente marcados, os dados estruturados podem melhorar as listas de resultados dos mecanismos de busca com excelentes rankings, datas e informações adicionais que beneficiam os usuários e podem melhorar a taxa de cliques. Vale a pena explorar as informações contidas nas *Diretrizes para webmaster* do Google, bem como no Schema.org para ver quais tipos de dados dentro de um site podem ser marcados para melhorar a experiência do usuário.

Conteúdo: a coisa mais importante de seu site

O conteúdo é a coisa mais importante de seu site, ponto-final. Conteúdo único, relevante e informativo é o que diferencia seu site da concorrência. É a razão pela qual os usuários querem visitá-lo, por que outros sites vão querer se conectar a você e, é claro, por que os mecanismos de busca vão sugerir seu site a usuários nos resultados de busca.

Ao escrever conteúdo, é fundamental lembrar que você o está escrevendo, antes de tudo, para *pessoas*, não para spiders de motores de busca. Sim, suas páginas precisam ser "amigáveis aos motores de busca", mas os spiders devem ser *sempre* secundários: coloque seu público em primeiro lugar.

Pedimos a Kevin Gibbons, o CEO da Re:signal, uma agência de desempenho orgânico especializada em SEO, marketing de conteúdo e RP digital, que nos desse sua opinião de especialista sobre o cenário atual e o futuro do SEO.

VISÃO DOS ESPECIALISTAS

O presente e o futuro do SEO

Contribuição de Kevin Gibbons, CEO da Re:signal

A única coisa de que você pode ter certeza sobre SEOs é que a única constante é a mudança. Desde o lançamento do Google em 1998, eles nos têm mantido atentos. Eles sacudiram o cenário dos motores de busca muito rapidamente com seu PageRank baseado em algoritmo, que classifica as páginas em seus resultados de busca com base em sua autoridade de link.

Esse desenvolvimento aumentou bastante a relevância dos resultados da pesquisa. Por isso, o Google logo começou sua participação no mercado para se tornar o mecanismo de busca escolhido pelas pessoas.

Depois de 22 anos, eles consolidaram mesmo essa posição. Em janeiro de 2020, eles têm uma participação de 87,35% do mercado global (Statista, 2020b), e parece que não vai mudar tão cedo.

TUDO MUDOU...

O cenário se tornou muito mais sofisticado, competitivo e comercializado.

O algoritmo do Google evoluiu muito além das expectativas, a ponto de as atualizações serem agora, em grande parte, baseadas no aprendizado de máquina e, em média, há quase uma atualização do algoritmo por dia. Além disso, a personalização e a localização (no que diz respeito a comportamentos e preferências específicas do usuário) são agora predominantes.

As ferramentas de software no mercado são mais eficazes do que nunca, assim como as próprias ferramentas dos mecanismos de busca, como o Google Search Console e o Bing Webmaster Tools. Vivemos em um mundo onde há comunicação de hora em hora e diálogo aberto entre o Google e os SEOs, com mais transparência em torno dos próprios planos de ação do Google e de quais são seus objetivos.

A profundidade necessária de especialização é imensa, e SEO não é mais uma função de trabalho único. Ele inclui tudo, desde a estrutura técnica do site, desempenho da velocidade da página e UX, até a estratégia de conteúdo, otimização da página, aquisição de links, relatórios/análises de dados e muito mais.

... MAS NADA MUDOU!

Embora as táticas mudem sempre, os fundamentos permanecem os mesmos.

SEO não se trata apenas de seguir as melhores práticas, mas de identificar e responder às mudanças no cenário de busca. Como não é um setor tão regulamentado, não há uma única abordagem.

Trata-se, muitas vezes, de tentativa e erro — estabelecer experimentos controlados para testar, medir e aprender o que funciona para você. E o que funciona para um site de um nicho pode não ser sempre o melhor para outro. O contexto é fundamental.

Dito isso, os fundamentos não mudaram em quase nada.

Quando comecei a praticar SEO em 2003, o objetivo era tornar as marcas acessíveis aos mecanismos de busca e ajudar os potenciais clientes a encontrá-las online. Essa missão não mudou e é a força motriz por trás de tudo o que fazemos.

COMEÇAR COM O FIM EM MENTE

Ao investir em SEO, você precisa ter expectativas claras sobre o valor que é possível impulsionar para você. Caso contrário, por que você deveria priorizar isso em relação a outros canais de comunicação?

As duas frases mais comuns em SEO são "depende" e "é um investimento a longo prazo", e a analogia sobre os benefícios de construir em terrenos alugados versus terrenos comprados é, muitas vezes, comparada à de busca paga versus busca orgânica. Mas isso ainda não dirá por que você deve fazer SEO e quanto deve investir nisso.

Você precisa prever o tamanho da oportunidade. Isso deve ser baseado em:

1 *Onde você está agora?* Avalie sua própria análise de dados e seu desempenho orgânico.
2 *Para onde você está indo?* Com base no mercado e na concorrência.

3 *Como você vai chegar lá?* Que atividade você precisa fazer para resolver a lacuna entre sua marca e seus concorrentes?

Uma vez que você tenha essas informações, você pode começar a estabelecer uma estratégia baseada nos resultados previstos na forma de aumento do tráfego, aumento do lucro e receita esperada. A partir disso, você pode determinar o investimento que traria o valor ideal para o negócio.

TRÊS TIPOS DE CRESCIMENTO ORGÂNICO

Fundamentalmente, a maneira como fazemos isso também não mudou muito; o que nos leva sempre aos mesmos três tipos de crescimento orgânico. Sua importância pode mudar com o tempo, mas todos eles desempenham um papel significativo e cada site deve fazer tudo o que estiver ao alcance para garantir que esses elementos sejam o mais fortes possível. Eles são:

1 *SEO técnico*: trata-se de garantir que seu site seja rastreado, indexado e bem posicionado nos rankings dos motores de busca. Cada uma dessas coisas são muito diferentes e há diversos fatores que podem ajudar a alcançar cada uma delas. Como disciplina, tornou-se muito mais complexa e há sempre um aperfeiçoamento que pode ser feito, incluindo (mas não se limitando a):
   - Rastreamento, indexação e classificação;
   - Otimização do CMS;
   - Otimização do conteúdo da página;
   - Desempenho da página;
   - Links internos/estrutura de navegação;
   - Navegação multifacetada;
   - Gestão de conteúdo duplicado;
   - Segmentação por hreflang/geolocalizações.

2 *Conteúdo do site*: em um nível superior, trata-se de entender a demanda de potenciais clientes e criar conteúdo que corresponda à

sua consulta e intenção em cada etapa da jornada do usuário (desde a conscientização até a consideração e a conversão). Isso tem evoluído muito com o tempo, e agora se trata muito mais de engajamento do usuário na página, e não apenas do uso de palavras em uma página. Você precisa considerar como pode demonstrar o Google EAT (Expertise, Authority and Trust). Há outras considerações, por exemplo a maneira como o conteúdo pode ser "marcado" a fim de garantir resultados de *featured snippets* que gerarão tráfego e conscientização a mais. Entretanto, o básico ainda é verdadeiro: se você não escrever sobre um tópico, é improvável que seja classificado nele.

3 *Reputação do link*: a autoridade de seu site/domínio desempenha um papel significativo na decisão de sua posição no ranking do Google, sobretudo para palavras-chave e termos competitivos. Quanto mais links de qualidade tiver entre seu site e sites respeitáveis, melhor é a autoridade de seu site. Foi nisso que a métrica original PageRank se baseou, mas evoluiu ao longo do tempo (muitas vezes para se contrapor aos recursos manipulativos). Hoje, você precisa considerar uma série de fatores, mas certamente "qualidade acima de quantidade" e "relevância dos tópicos" estão entre os mais importantes. A abordagem se transformou em uma estratégia de RP digital mais voltada para o produto, de modo que você pode enviar mensagens de sua marca com uma história segmentada para chamar a atenção de públicos e softwares relevantes. Isso tem dois benefícios: além de ser uma boa RP, também reforça a reputação de link e sua capacidade de se posicionar bem no ranking. A reputação da marca também é extremamente importante. Se você é uma marca bastante popular e procurada, é muito mais provável que seja recompensado na forma de visibilidade orgânica: isso demonstra a importância de uma abordagem mais holística e conjunta que opera ao lado dos canais tradicionais de marketing (above the line).

MEDIÇÃO SEO

Talvez o mais importante em SEO é, acima de tudo, não se esquecer por que você está colocando-o em prática.

É fácil se empolgar demais com resultados rápidos e ganho fácil. Mas não perca de vista o motivo de estar fazendo isso. Minha sugestão é que haja uma hierarquia clara de KPIs, orientada por objetivos comerciais.

Qual é o seu objetivo de longo prazo? Quer seja receita orgânica, lucro, leads ou conversões, escolha um deles como prioridade máxima. Se você tem múltiplas prioridades, está perseguindo dois coelhos ao mesmo tempo e corre o risco de não pegar nenhum deles.

Uma vez que tenha clareza sobre esse objetivo número um, pense em como pode alcançá-lo. Quais são os indicadores de vantagem e defasagem que mostram que você está progredindo (podem ser tráfego orgânico, visibilidade no ranking etc.)? Quais são as iniciativas necessárias para alcançar mais rapidamente seu objetivo (reduzir erros na página, publicar mais conteúdo, aumentar a aquisição de links de qualidade)?

É por isso que é tão importante ter uma estratégia clara desde o início, pois assim você pode priorizar essas ações por valor.

Lembre-se de que o SEO não é algo que acontece da noite para o dia, ele melhora com o tempo. Os melhores resultados a longo prazo raramente são mudanças grandes; a cada mês acontecem vitórias graduais e menores que, juntas, se tornam um sucesso muito maior e mais significativo.

O FUTURO DA BUSCA

O mundo de SEO muda sempre, com tanta frequência que quase dá para prever o que virá. Entretanto, é sempre importante olhar não apenas para o que está funcionando agora, mas também imaginar onde o SEO estará daqui a um, cinco ou dez anos. É assim que ficamos um passo à frente.

Não se atenha muito às últimas táticas que podem lhe dar um pequeno ganho aqui ou ali. As pessoas mais bem-sucedidas na busca orgânica são inevitavelmente aquelas que estão olhando muito mais adiante, tentando proporcionar a melhor experiência possível para seu público. É essencial que você coloque o atendimento a seus clientes em primeiro lugar. Além disso, reserve um tempo para entender o plano de ação do Google. Se você puder se alinhar com o que é mais importante para eles, enquanto estiver preparado para adaptar seu rumo aqui e ali, é provável que esteja bem posicionado quando as mudanças maiores acontecerem.

Palavras-chave em conteúdo

O tema das palavras-chave no conteúdo é algo que gera muito debate nos círculos de SEO: onde colocá-las, quando e com que frequência elas precisam aparecer na página etc. Como na maioria das coisas em SEO, as opiniões tendem a variar bastante sobre esse assunto.

Não há número mágico de palavras por página ou de vezes para usar suas frases no seu copywriting. O importante é usar a palavra-chave e frases somente quando e onde faz sentido para as pessoas reais que leem suas páginas.

ESTUDO DE CASO

Bris

A Bris é a maior organização de direitos da criança da Suécia. Ela escuta, apoia e fortalece os direitos das crianças e dos jovens na sociedade e trabalha para conquistar a opinião pública e a atenção de políticos e tomadores de decisão envolvidos em questões de direitos das crianças. Com um número crescente de crianças e jovens se sentindo deprimidos, Bris procurou a QUISMA Sweden para alcançar aqueles que poderiam estar sofrendo e procurando ajuda no Google, a fim de incentivar o uso do chat no site da Bris.

LOCALIZAÇÃO

Suécia

DESAFIO

O objetivo da campanha era alcançar pelo menos cinquenta crianças vulneráveis buscando ajuda no Google com consultas que chamamos de "palavras impróprias". Identificar crianças e seu comportamento na internet pode ser complicado (e, às vezes, antiético se você estiver fazendo isso para fins de marketing). O maior desafio da QUISMA foi, portanto, encontrar maneiras de identificar essas crianças, trabalhando dentro de parâmetros éticos, e lhes oferecer ajuda.

PÚBLICO-ALVO

Crianças e jovens suecos que podem estar sofrendo e procurando por ajuda no Google.

AÇÃO

A fim de alcançar esse público, a QUISMA focou em palavras-chave de cauda longa com a correspondência exata, extensas combinações de palavras-chave negativas e anúncios personalizados por meio de comunicação direcionada a crianças, levando o tráfego a páginas de destino personalizadas para tópicos específicos segmentados em grupos de palavras-chave. Essas páginas incentivavam as crianças a se engajarem com o chat do site.

A Bris disponibilizou à QUISMA dados sobre as questões mais comuns que as crianças enfrentam na Suécia, o que nos levou a abranger os seguintes tópicos nas buscas:

- bullying na escola;
- tendências suicidas;
- comportamento de autoflagelação;
- falta de amigos e de amor;
- ansiedade;
- estresse relacionado à escola;
- como lidar as emoções;
- sentir-se mal;

- distúrbios alimentares;
- em busca de ajuda geral.

Como resultado, a QUISMA criou uma estrutura de conta que, em uma configuração padrão de lojas, seria chamada de "categorias de produtos". Nesse caso, porém, ela tomou a forma de uma estrutura de campanha agrupando palavras-chave similares relacionadas aos tópicos que as crianças poderiam procurar.

As palavras-chave relacionadas a esses tópicos foram ativadas apenas na correspondência exata, aproximando-se o máximo possível de como uma criança pesquisaria. Estes são os exemplos de "palavras impróprias" traduzidas e seu respectivo número de impressões e cliques:

- [intimidado na escola]: 3.174 impressões; 322 cliques; CTR de 10,14%.
- [eu não quero viver]: 1.025 impressões; 71 cliques; CTR de 6,93%.
- [como fazer amigos]: 766 impressões; 63 cliques; CTR de 8,22%.
- [preciso falar com alguém]: 265 impressões; 65 cliques; CTR de 24,53%.
- [como me machucar]: 219 impressões; 12 cliques; CTR de 5,48%.
- [me sinto mal em casa]: 214 impressões; 12 cliques, CTR de 5,61%.

Para aumentar a probabilidade de as crianças encontrarem a Bris e pedirem ajuda, fomos muito claros em nossas calls-to-action nos textos dos anúncios, oferecendo a oportunidade de conversar com um especialista em crianças pelo chat. Isso ajudou a filtrar o tráfego de adultos. Mesmo que a criança não se engajasse com o chat, ela ainda era direcionada a uma página com amplas informações sobre o tópico que ela havia procurado.

Extensas listas de palavras-chave negativas foram criadas e constantemente atualizadas a fim de alcançar consultas baseadas em crianças e menor visibilidade para os adultos.

RESULTADOS

- O número de crianças que se engajaram com o chat superou em sete vezes as expectativas, com 376 casos de interação com especialistas em crianças no chat, representando 16,4% do tráfego.
- Essa campanha foi uma das mais bem-sucedidas que a Bris já fez e, como resultado, agora funciona permanentemente com a intenção de que as crianças suecas devem sempre encontrar ajuda quando recorrem a um mecanismo de busca.
- A campanha foi veiculada no maior programa matinal da televisão nacional da Suécia, *Nyhetsmorgon* na TV4.
- A campanha ganhou o prêmio de Best Global Campaign na categoria Charit/Not For Profit no Global Digital Excellence Awards de 2020.

COMENTÁRIO

Como as crianças encontraram a Bris, hoje temos uma lista de palavras-chave que levam às páginas de ajuda da BRIS. Ellen Hedlund e eu fomos convidadas do Nyhetsmorgon para falar sobre como é importante encontrar facilmente ajuda na web. Obrigada, Anna Barbier, Volt Stockholm e QUISMA Sweden pelo trabalho.

Anna Holmqvist, líder de marketing da Bris

LINKS

www.bris.se/ (arquivado em: https://perma.cc/GXE3-58FL)

SOBRE OS CRIADORES

A QUISMA é a agência digital nórdica do GroupM especializada em marketing baseado em dados e desempenho integrado.

Links: perdem apenas para o conteúdo

Como já foi dito, a importância dos links para garantir um bom ranking da página é um dos poucos consensos universais no mundo do SEO. A opinião popular sustenta que nada é mais importante do que inbound links de qualidade de sites de "autoridade" na obtenção de altos rankings nos resultados dos mecanismos de busca.

Mas espere um pouco... se nada é mais importante do que links, por que acabamos de dizer no título que os links perdem apensa para o conteúdo? Simples: porque criar conteúdo excelente é a maneira mais eficaz de atrair links de qualidade de fontes de autoridade. E não há dúvida de que esses são os links que têm o maior impacto no ranking de seu mecanismo de busca.

O PAPEL DOS LINKS INTERNOS E EXTERNOS

Links internos e externos são ambos importantes para impulsionar o ranking de páginas individuais dentro de seu site. Primeiro, vamos definir exatamente o que queremos dizer com "links internos" e "links externos":

> *Links externos*: são links que fazem parte de páginas que não pertencem ao seu domínio; em outras palavras, são links de outros sites.
>
> *Links internos*: são links que fazem parte de páginas que pertencem ao seu domínio ou subdomínio; em outras palavras, são links entre páginas do mesmo site, ou páginas que estão em subdomínios do domínio principal.

Todos esses links são importantes. Links de fontes externas respeitáveis aumentam a percepção da autoridade de seu site com os mecanismos de busca, o que, por sua vez, ajuda suas páginas mais populares a ocupar uma posição mais alta nos SERPs. Links internos dão a você uma forma de distribuir a "autoridade" acumulada por suas páginas mais populares (como sua página inicial, por exemplo) para outras páginas importantes que você deseja que sejam bem posicionadas no ranking. Os links internos também podem ajudar a agrupar páginas de conteúdo relacionado. Por exemplo, usar uma lista de "publicações relacionadas" ajuda a tornar o conteúdo mais engajador e a incentivar os visitantes a explorar o site em vez de sair dele rapidamente.

COMO OBTER BONS LINKS

Há diversas maneiras de incentivar as pessoas a se conectarem ao seu site. Mas criar links naturais de qualidade não é fácil e leva tempo. Depende da criação de conteúdo de qualidade e da construção de uma excelente reputação (ou notoriedade, que pode funcionar bem para links, mas pode não passar a imagem certa para seus clientes) na área escolhida, o que, por sua vez, incentiva outros proprietários de sites a criar links para você.

Existem, é claro, algumas maneiras mais rápidas e fáceis de conseguir inbound links, mas tais links tendem ou a ser de baixa qualidade (então de pouco valor de SEO) ou violar as diretrizes dos mecanismos de busca. Os mecanismos de busca têm uma impressão ruim de qualquer pessoa que tente manipular artificialmente os resultados de busca. Lembre-se, eles estão tentando mostrar os resultados mais relevantes e de maior qualidade para seus usuários, e qualquer tentativa de um site menos relevante ou de menor qualidade de subir no ranking será vista como "spam de mecanismo de busca".

Coletar links apenas com o propósito de aumentar o ranking de seu site nos mecanismos de busca é malvisto. Embora possa funcionar a curto prazo, é uma estratégia arriscada que, na melhor das hipóteses, acabará prejudicando seu ranking, podendo até resultar na inclusão de seu site inteiro na blacklist e na remoção dos índices dos motores de busca. Se você estiver tentando construir um negócio online sustentável e duradouro, não vale a pena correr o risco.

Para um ranking sustentável a longo prazo, foque em criar links de qualidade com ética, concentre-se em seu conteúdo e desenvolva seu site pensando no usuário final. Trabalhar dentro das diretrizes dos mecanismos de busca pode fazer com que demore muito mais tempo para que você alcance o ranking desejado, mas no final é melhor assim.

Dicas para a criação de links:

- *Gere conteúdo relevante de verdade para o qual outros sites vão querer criar links*: esses links unidirecionais não solicitados são de longe os mais valiosos. Os motores de busca os adoram e os veem como uma recomendação genuína de um site para outro. Conforme seu site se torna mais visível, o conteúdo atrairá mais links de forma orgânica, o que, por sua vez, melhorará sua visibilidade, atraindo ainda mais links. Quando esse processo funciona, é autossustentável, deixando você livre para se concentrar em conteúdo de qualidade enquanto os links cuidam de si mesmos.
- *Faça com que as pessoas saibam da existência de seu site*: as pessoas só podem criar um link para seu site se souberem que ele existe. Promova-o sempre que possível, sobretudo em lugares em que sabe que há outros proprietários de sites. Use o meio a seu favor. Comunidades online, fóruns, páginas de redes sociais e listas de e-mail são grandes oportunidades para divulgar a URL de seu site para pessoas que podem criar links para ele. Os blogs são outra fonte de potenciais links; alguns deles são incrivelmente populares, e os blogueiros são conhecidos por associar seu conteúdo a links. Tente enviar alguns comentários pertinentes a blogs referência em seu setor (faça isso

de forma responsável; procure agregar valor real à discussão em vez de apenas promover seu site).

- *Crie seu próprio blog*: um blog pode ser uma ferramenta de promoção e criação de links incrivelmente poderosa, se usada com sabedoria. Se você tem opiniões formadas ou bastante conhecimento no setor e gosta de escrever publicações regulares, criar um blog é fácil e pode ser uma ótima maneira de aumentar tanto a visibilidade quanto os inbound links.
- *Networking, networking, networking*: faça networking tanto online quanto offline para promover seu site e incentivar as pessoas a se conectarem a ele, e depois divulgá-lo em suas redes de contatos.
- *Peça às pessoas que criam links para sites concorrentes que criem links com o seu*: use ferramentas como Moz Open Site Explorer, SearchMetrics, LinkDex ou MajesticSEO para descobrir quem está criando links ao seu principal concorrente a partir de suas palavras-chave de busca selecionadas. Aproxime-se desses sites e pergunte se eles também estariam dispostos a fazer um link para seu site. Afinal de contas, se eles criam links para seus concorrentes, por que não o fariam?
- *Coloque links dentro do conteúdo e com texto âncora descritivo*: links dentro do conteúdo são preferíveis a links em uma página que apenas os lista. O conteúdo engajador ajuda a contextualizar um link, tanto para o usuário quanto para os mecanismos de busca. Você também deve usar um texto âncora descritivo que, se possível, inclua uma ou duas de suas palavras-chave escolhidas.
- *Envie seu site a diretórios de alta qualidade*: inserir sua página em diretórios online de alta qualidade e respeitados, como Best of the Web ou Spoke, e em comunidades

de discussão online para encontrar empresários, empresas, notícias e muito mais, pode ser uma ótima maneira de começar sua estratégia. Esses links ajudarão seu site a ser encontrado tanto pelos spiders dos mecanismos de busca quanto por usuários. Como os principais diretórios também são considerados sites de "autoridade" pelos principais mecanismos de busca, os links desses sites também ajudarão a aumentar sua posição no ranking.

- *Use link bait*: link bait é qualquer coisa que irá atrair de forma natural inbound links de outros sites ou usuários. O link bait pode ser um artigo interessante ou controverso, um documento ou relatório para download, um plug-in que melhora a funcionalidade de um software ou widgets úteis (pequenos trechos de código) que outros proprietários de sites podem adicionar às barras laterais e no conteúdo de suas páginas, incluindo um link para retornar à página de destino. O link bait é *qualquer coisa* que possa atrair outra pessoa a criar um link para seu conteúdo. Seja criativo! Apenas se atente às diretrizes publicadas pelos motores de busca.
- *Oferta de troca de links com alguns sites relevantes e de alta qualidade*: esses são chamados de links recíprocos. Embora sejam menos úteis do que costumavam ser em termos de valor SEO, eles ainda podem ser usados efetivamente com moderação. Embora o poder dos links recíprocos para aumentar sua classificação tenha sido diluído, eles ajudam a estabelecer relevância e autoridade em sua área temática — basta ter certeza de que você faz a troca de links com sites relevantes e de alta qualidade. Como regra geral, você *nunca* deve — apenas por causa de um link recíproco — estabelecer um link para um site que você não recomendaria genuinamente aos visitantes de seu site.

Envie o URL e o mapa do seu site

Não é mais necessário enviar o URL de seu site, a rigor. Se você seguiu os conselhos anteriores e conseguiu alguns inbound links, não demorará muito para que os spiders o encontrem. Dito isso, todos os principais mecanismos de busca oferecem um processo de submissão gratuito, e enviar seu site é uma boa ideia. Se você quiser dar o pontapé inicial no processo de indexação, então envie manualmente sua página inicial e uma ou duas outras páginas importantes.

A outra coisa que você pode fazer para ajudar os mecanismos de busca a rastrear todas as páginas relevantes em seu site é enviar um mapa do site XML que adere ao protocolo do mapa do site descrito em www.sitemaps.org (arquivado em: https://perma.cc/AL8C-J2X3). Enviar o mapa do seu site não ajudará a melhorar o ranking de suas páginas, mas fornecerá informações adicionais que podem ajudar os mecanismos de busca a rastreá-lo de forma mais eficaz. É mais uma coisa que você pode fazer para melhorar suas chances, então peça a seu webmaster, desenvolvedor web ou SEO para incluir um mapa de seu site e para enviá-lo manualmente aos principais mecanismos de busca, ou para adicionar uma entrada em seu arquivo robots.txt (um arquivo de texto que fica hospedado na raiz do site e dá instruções aos rastreadores automáticos) que lhes permita rastreá-lo automaticamente.

SEO local

Qualquer negócio que tenha alguns ou todos os seus consumidores ou clientes locais deve considerar fazer SEO local. Pode ser um restaurante local, uma loja, uma clínica médica, dentista ou advogado, como também uma agência de publicidade local. Se você tem um endereço físico em uma cidade e espera que as pessoas cheguem lá, você deve fazer SEO local.

Embora todos os fatores que se aplicam ao SEO regular também tenham impacto no SEO local (fatores on-page, links, conteúdo, indexação, etc.), este últimoi traz alguns elementos únicos. O primeiro e talvez o mais importante é que para SEO local você precisa criar e reivindicar um perfil de empresa local no Google (e em outras plataformas, conforme desejado). Estar listado no local fará você aparecer nos resultados de busca localizados.

A segunda coisa mais importante é chamada de citação local (NAP), que é qualquer menção na internet do nome, endereço ou número de telefone de sua empresa. O Google visualiza as citações locais da mesma forma que os links regulares de visualizações SEO: citações de fontes confiáveis e relevantes podem ajudar a melhorar seu ranking. Embora o Google seja muito inteligente, é importante que todas as citações utilizem o mesmo formato na medida do possível. Não abrevie em uma menção e não na outra (R. e Rua, por exemplo).

Em terceiro lugar, você precisa de avaliações; muitas delas (de preferência, boas). A quantidade e qualidade das avaliações deixadas para seu negócio em sua página do Google Places é um dos mais importantes fatores de ranking local.

Os três maiores fatores nas listagens locais parecem ser o número de citações, o número de avaliações (sobretudo no Google Places, embora exista em outros canais) e o quão positivas elas são em geral. Pelo que vimos, as avaliações positivas serão mais importantes do que as citações, portanto persuadir seus clientes a recomendar sua empresa na página local do Google é uma das coisas mais importantes que você pode fazer.

E começar tudo de novo...

Agora que seu site foi otimizado, é hora de sentar-se e começar ver as vantagens, certo?

Infelizmente, não. A constante mudança das buscas significa que não há fórmula mágica em SEO. Não é um assunto simples, e ele nunca termina. É preciso se esforçar para encontrar a combinação certa de palavras-chave segmentadas para seu negócio, de acordo com seu mercado no momento. É preciso otimizar suas páginas com base nessas palavras-chave e fornecer conteúdo atraente e relevante. É preciso atrair inbound links.

Então você precisa medir, monitorar e refinar continuamente, ajustando e reajustando seus esforços de otimização com base nas mudanças do mercado, dos mecanismos de busca e de seus clientes. Mantenha a calma; essa posição alta no ranking pela qual você se esforçou tanto para alcançar começará a acontecer aos poucos (às vezes, não tão aos poucos).

A otimização é um processo dinâmico e iterativo, e, se você quiser resultados sustentáveis, ela precisa ser contínua. Nesta seção, mal começamos a abordar o mundo maravilhoso e dinâmico, algumas vezes frustrante, mas extremamente recompensador do SEO. Para saber mais, confira alguns dos recursos de SEO online gratuitos e por assinatura, como o SEO Book (http://bit.ly/UDMSEOBook; arquivado em: https://perma.cc/ 6NMB-G7M3), ou apenas os procure no Google. Afinal, é de se esperar que os melhores profissionais de SEO estejam lá em cima, no topo dos SERPs.

Publicidade nos motores de busca

De acordo com os números divulgados pela Statista, os gastos globais com publicidade de busca atingiram 135,9 bilhões de dólares em 2019. Os Estados Unidos são o principal mercado mundial de publicidade de busca, assim como o principal investidor do segmento. Em 2019, mais de 55 bilhões de dólares foram investidos em publicidade de busca, e espera-se que esse valor ultrapasse 86 bilhões de dólares até 2023 (Statista, 2020c).

O que é publicidade paga nos motores de busca?

Marketing de busca paga refere-se à publicidade paga que normalmente aparece ao lado, acima e às vezes abaixo dos resultados orgânicos nos SERPs ou em um site parceiro. Esses são normalmente rotulados como "links patrocinados" ou "resultados patrocinados" para deixar claro aos usuários que eles são, de fato, anúncios pagos e não fazem parte dos resultados orgânicos do mecanismo de busca.

Em geral, você paga cada vez que seu anúncio é clicado, portanto "pay-per-click" ou PPC. O PPC é a forma mais comum de marketing de busca paga, mas você também pode investir em anúncios com base no "custo por mil" (CPM).

Como funciona a busca paga?

Quando um usuário faz uma consulta no mecanismo de busca, este mostra uma lista de resultados orgânicos. Ele também determina quais anúncios mostrar, de acordo com a relevância da busca. Esses anúncios, que ficam adjacentes ou acima dos resultados orgânicos, costumavam ser pequenos e discretos anúncios de texto, mas agora podem vir com resultados aprimorados que incluem imagens e outros dados como preço e nome do profissional de marketing digital. Embora um bom ranking nos resultados orgânicos seja o objetivo principal da maioria dos webmasters (porque é "gratuito" e os usuários veem os resultados orgânicos de forma imparcial: eles confiam e, portanto, clicam neles em vez de anúncios pagos), otimizar uma página para subir nesse ranking pode ser difícil, e sustentar a posição requer um esforço substancial e muito tempo.

Períodos sem tráfego, é claro, são oportunidades perdidas para seu negócio online, e é aí que entra a busca paga. Ao concordar em pagar aos mecanismos de busca uma taxa por clique para que seus anúncios apareçam como resultado patrocinado quando um usuário digitar suas palavras-chave escolhidas, você pode mostrar seu site a um potencial cliente nos SERPs quase imediatamente. Quando o usuário clica em um de seus anúncios, você recebe um novo visitante, e o motor de busca cobra pelo clique: todos ficam felizes, pelo menos em teoria.

As palavras-chave PPC são lances dos anunciantes em um sistema de estilo leilão: geralmente, quanto maior o lance por clique, melhor a posição do anúncio nos SERPs. A maioria dos sistemas PPC também emprega um quociente de "qualidade" nos rankings de anúncios, baseado na popularidade do anúncio (taxa de cliques, ou CTR) e na qualidade percebida tanto do conteúdo do anúncio quanto da página de destino para a qual ele aponta (por exemplo, o índice de qualidade do Google AdWords).

Por que usar o marketing de busca paga?

Há muitas razões para usar o marketing de busca PPC. Estas são algumas delas:

- *Gerar tráfego enquanto você espera seu SEO entrar em ação*: pode levar meses para levar seu site à metade superior da primeira página de resultados orgânicos fazendo SEO. Os anúncios PPC podem mostrá-lo a seu público quase imediatamente.

- *Anúncios muito segmentados significam melhores chances de conversão*: você não está transmitindo sua mensagem para as massas como estaria com um anúncio gráfico ou banner — seu anúncio de busca paga só aparecerá para usuários que se pré-qualificaram digitando suas palavras-chave escolhidas no mecanismo de busca nas localizações geográficas selecionadas.
- Pode ser uma maneira bastante eficaz de fazer propaganda. Você só paga pelo anúncio quando um usuário pré-qualificado clica nele e é levado ao seu site. Se eles não clicarem, você não paga. Se suas palavras-chave forem bem segmentadas e as páginas de destino tiverem boas taxas de conversão, é possível obter um ótimo ROI. Alguns dos benefícios específicos de anúncios PPC são:

  - Controle financeiro completo: não há investimento mínimo, você pode definir orçamentos mensais máximos em toda a conta ou em campanhas individuais, e você especifica o valor máximo por clique que está disposto a pagar por anúncio.
  - Controle editorial completo: você tem controle total sobre todos os aspectos de sua campanha, desde o título e o texto do anúncio até as palavras-chave e a opção de correspondência de palavras-chave a serem aplicadas, além da URL da página para a qual você deseja que os usuários sejam enviados.
  - Testes, rastreamento e ajustes em tempo real: há ferramentas que lhe permitem executar testes de comparação em tempo real para ver como as diferenças em seus anúncios prejudicam a taxa de cliques, e uma série de opções de relatórios que lhe permitem rastrear sua campanha e ajustá-la para alcançar melhores resultados.
  - Melhore o seu alcance: segmente palavras-chave diferentes daquelas que você classifica na busca orgânica, e amplie o

alcance para aquelas palavras-chave de cauda longa mais específicas que produzem mais tráfego qualificado.

- Transcenda os limites dos SERPs: para um alcance ainda maior, você pode selecionar se deseja que os anúncios apareçam apenas nos próprios sites dos mecanismos de busca, em seus sites afiliados de publicidade ou mesmo em sites afiliados específicos de sua escolha.

Parece ótimo. Por onde começar?

Não é novidade que os motores de busca facilitaram muito a criação de campanhas PPC. Existem assistentes automáticos para guiar você durante o processo de inscrição, além de muitas ferramentas para ajudar a estabelecer, monitorar e otimizar sua campanha. É tudo muito ágil, e desde o início seu primeiro anúncio pode aparecer ao lado dos resultados de busca e segmentar o tráfego para seu site em menos de quinze minutos.

Mas tenha calma... só porque você pode fazer isso, não significa que seja necessário. Mergulhar de cabeça em sua primeira campanha PPC pode trazer grandes resultados "fora da caixa", e depois não trazer mais. Como sempre, vale a pena se preparar de antemão para qualquer cenário.

Dave Ashbolt, líder de PPC na Passion Digital Ltd., nos dá sua opinião de especialista sobre como criar uma estratégia de busca paga bem-sucedida.

VISÃO DOS ESPECIALISTAS

Como criar uma estratégia de busca paga bem-sucedida

Contribuição de Dave Ashbolt, líder de PPC na Passion Digital Ltd.

A primeira coisa que deve ser feita antes de iniciar qualquer atividade de busca paga é saber quem você quer alcançar. Conhecer seu público é muito importante; ele ajuda a determinar o tom do texto de anúncio, as palavras-chave que você irá segmentar e as opções de segmentação (por exemplo, idade, sexo, renda) a serem aplicadas em suas buscas pagas.

Uma vez estabelecido o público, você precisará realizar diversas perguntas e tarefas para traçar uma estratégia e veicular suas campanhas.

QUAIS SÃO SEUS OBJETIVOS E ORÇAMENTO?

Seus objetivos devem se alinhar com sua estratégia geral de marketing, seja para aumentar as vendas, os leads ou apenas o tráfego. Ter um orçamento pré-determinado também informa quais páginas você pode promover e quais palavras-chave pode segmentar.

O QUE A CONCORRÊNCIA ESTÁ FAZENDO?

Ferramentas como SEMrush podem mostrar se os concorrentes estão ou não veiculando algum anúncio de busca paga, e até mesmo que texto de anúncio estão usando. Elas também podem mostrar as palavras-chave que classificaram, além dos volumes de busca estimados e CPC (custo por clique). Você pode usar essas informações não necessariamente para copiar a concorrência, mas para tirar ideias, identificar oportunidades e aprender com seus erros.

Você pode fazer essa pesquisa antes de começar, mas também é uma boa prática rever a atividade de seus concorrentes mensal ou trimestralmente para ver se estão mudando a abordagem.

Outra ferramenta a ser usada uma vez que você tenha campanhas em andamento no Google Ads ou no Microsoft Ads é o Auction Insights. Ela mostra sua parcela de impressões, a primeira posição e a parte superior da página, e a parcela de superação desejada em relação aos concorrentes. Você pode usar as informações para decidir se deve aumentar seu orçamento ou os CPCs para se posicionar acima da concorrência.

O QUE SEU PÚBLICO VAI PROCURAR?

A seleção de palavras-chave será em parte liderada pelo orçamento que você tem disponível. Anunciantes com orçamentos maiores terão a liberdade de segmentar palavras-chave para diferentes estágios do funil de conversão; por exemplo, palavras-chave mais amplas e genéricas sugerem que alguém acabou de iniciar a pesquisa e está fazendo compras. Em geral, essas palavras-chave são mais caras e têm um volume de busca maior.

Palavras-chave mais específicas (por exemplo, detalhando o produto ou modelo) mostram que um usuário sabe o que quer e está na etapa da consideração. Essas palavras-chave podem ter volumes de busca menores, um CPC mais barato e uma taxa de conversão mais alta.

Qualquer que seja seu orçamento, é importante tentar entrar na mente do usuário e usar ferramentas de pesquisa por palavras-chave para identificar aquelas mais relevantes que indicam uma possível conversão.

ESTRUTURA DA CONTA

Uma vez selecionadas as palavras-chave, é possível estabelecer a estrutura da conta. Escolher uma estrutura forte desde o início é uma boa prática de gestão que leva a uma melhor pontuação da conta.

Muitas vezes, você pode espelhar a estrutura da campanha a partir da estrutura de seu site: criar uma campanha por produto ou serviço, depois segmentar as palavras-chave em subcategorias, permitindo combinar melhor a palavra-chave com o texto do anúncio.

TEXTO DO ANÚNCIO

O texto do anúncio desempenha um papel essencial em atrair os usuários certos para o site. Em primeiro lugar, você deve corresponder o anúncio à palavra-chave, certificando-se de que ela esteja incluída no título. Essa é uma melhor prática para plataformas como Google Ads e Microsoft Ads que ajudará a aumentar o índice de qualidade da palavra-chave e, por consequência, reduzir o CPC.

Em segundo lugar, você deve ter CTAs (calls-to-action) claros nos anúncios, dizendo aos usuários o que você quer que eles façam (por exemplo, fazer uma compra ou preencher um formulário de lead).

Em seguida, pense por que alguém gostaria de comprar ou usar seu serviço; quais são os benefícios para eles? Tente tornar sua oferta mais atraente do que a da concorrência, destacando suas PUVs (proposta única de valor), pontos fortes e fatores de confiança.

Finalmente, você precisa decidir qual é a melhor página de destino que um lead pode acessar depois de clicar. Os usuários estão ficando cada vez mais impacientes e querem encontrar o que estão procurando com apenas um clique após acessar o site. Levá-los a uma página que tenha a informação ou produto de que eles precisam após clicar em um anúncio é o melhor; se a palavra-chave que você está usando não permitir isso, é preciso ter uma página de destino forte com boa navegação para guiar o usuário até o que ele precisa.

Se você acha que não tem uma página de destino forte, então procure criar páginas de destino específicas para o PPC. Assim, você pode adaptar o conteúdo da página às palavras-chave escolhidas e focar no objetivo de conversão, levando a melhores resultados de campanha.

OTIMIZAÇÃO

Uma vez que as campanhas estiverem prontas para o lançamento, você não pode abandoná-las. Realize as seguintes tarefas para manter seu desempenho e melhorar os resultados:

- *Palavras-chave negativas*: analisar relatórios de termos de busca e as consultas que geram cliques em anúncios e adicionar palavras-chave negativas para quaisquer cliques considerados irrelevantes ou de má qualidade.
- *Lances de palavra-chave*: fique de olho na classificação de seus anúncios e considere aumentar os lances de palavras-chave que não estejam aparecendo no topo da página.
- *Anúncios*: atualize o texto de seu anúncio regularmente. Você pode notar anúncios com baixas CTR (taxa de cliques) ou taxa de conversão; esses anúncios devem ser pausados e substituídos por um novo texto de anúncio. Conforme você o testa, você começa a entender qual o tom e as CTAs que ressoam com seu público.

- *Agendamento de anúncios*: uma vez coletados os dados, analise quais são os horários de pico do dia; a partir disso, você pode ajustar seus lances em diferentes momentos para aumentar a taxa de cliques.
- *Estratégia de lances*: ajustar lances a diferentes dispositivos, idade e sexo pode ajudar a melhorar ainda mais os resultados, mas esses ajustes devem ser sempre revisados. Por exemplo, se você estiver vendo melhores resultados em dispositivos móveis, talvez seja interessante reduzir os lances em outros dispositivos a fim de aumentar o tráfego.
- *RLSA*: fazer remarketing para busca pode garantir que você não perca visitantes anteriores de seu site para a concorrência. Existem várias estratégias para RLSA (lista de remarketing para anúncios da rede de pesquisa); a mais comum é aplicar uma lista de remarketing às suas campanhas de busca como um público de observação e aumentar seus lances na lista. É uma tática eficaz, mas é mais provável que o usuário veja o mesmo anúncio de antes.

Uma maneira mais estratégica de usar a RLSA é duplicar uma campanha de busca, aplicar a lista de remarketing como um público-alvo e depois aplicar a mesma lista que uma negativa à campanha de busca original. Dessa forma, você pode destinar o orçamento com base no desempenho imediatamente, mas isso também significa que você pode variar o envio de mensagens; por exemplo, a campanha de busca pode usar anúncios que dão informações sobre o produto ou serviço, e a RLSA pode ter um maior foco em conversão.

Essa abordagem mostra taxas de conversão que são três a quatro vezes maiores do que as campanhas de busca originais.

RELATÓRIOS E MÉTRICAS

Um processo de relatórios regulares mostrará o sucesso de sua estratégia. No mínimo, os relatórios de desempenho devem mostrar tráfego, impressões, CTR, valor de investimento e conversões no nível da campanha, grupo de anúncios e palavras-chave.

Relatórios de desempenho ajudarão você a rever sua posição atual e definir as próximas etapas necessárias para melhorar ainda mais os resultados.

Alguns pontos importantes

Três coisas fundamentais a serem lembradas quando se veicula anúncios aos motores de busca:

- *Otimize seus anúncios*: os anúncios precisam atrair os cliques dos usuários se você quiser gerar tráfego. Pense no título e no texto do anúncio com cuidado. Lembre-se: você quer um texto direcionado que atraia *potenciais compradores*, portanto, seja específico. Gerar cliques sem conversão *vai lhe custar dinheiro*!
- *Conversão de cliques*: uma vez que você recebe os cliques, é necessário converter o maior número de novos clientes em clientes pagantes. É a *taxa de conversão* que vai impulsionar ou prejudicar sua campanha PPC. Não direcione o tráfego do anúncio para a página inicial. Em vez disso, envie-o para uma página diretamente relacionada ao texto do anúncio em que eles acabaram de clicar — uma página de produto pode funcionar, mas melhor ainda seria uma *página de destino* específica adaptada para reforçar a campanha PPC. Lembre-se: se você não conseguir converter seu tráfego em vendas, sua campanha PPC só vai te fazer perder dinheiro.
- *Meça tudo e teste, teste, teste*: a melhor maneira de aprender é começar pequeno, acompanhar cuidadosamente a campanha e estudar as métricas (ver Capítulo 11). Experimente diferentes combinações de anúncios, diferentes páginas de destino, diferentes combinações de palavras-chave e meça como as mudanças afetam sua CTR, sua

taxa de conversão, seu custo por conversão e, por fim, seu resultado final.

Pode demorar uma vida inteira para dominar as complexidades dos anúncios PPC, mas o básico é bastante simples e a melhor maneira de aprender é mergulhar de cabeça e começar a usá-los. Você também encontrará muitos recursos que ajudam, tanto nas seções de publicidade dos motores de busca quanto na comunidade de marketing online. Um ótimo lugar para começar é usando os recursos online gratuitos do Google (https://ads.google.com/intl/en_uk/home; arquivado em: https://perma.cc/ RZ7W-D4C8) e os recursos da Microsoft para anunciantes (http://about.ads.microsoft.com/en-us/microsoft-advertising-support; arquivado em: https://perma.cc/D3AH-3R9N).

As dez principais dicas para o sucesso do marketing de busca paga

1 Defina suas metas e objetivos antes de iniciar qualquer campanha de busca paga.

2 Direcione sua conta de busca para seu site: crie grupos de anúncios individuais em torno de produtos e serviços de páginas suas.

3 Mantenha o mínimo de palavras-chave em cada grupo de anúncios e garanta que todas elas sejam tematicamente relevantes; o ideal é que sejam até 25 palavras-chave por grupo de anúncios.

4 Escreva de maneira personalizada e criativa para cada grupo de anúncios e sempre tenha três ou quatro variações da mensagem para que você possa testar qual funciona melhor para seu negócio.

5 Pense com cuidado nos tipos de correspondência: não coloque tudo na opção de correspondência ampla, a menos que você saiba o que está fazendo.

6 Inclua o maior número possível de palavras-chave negativas e procure adicioná-las em um nível de grupo de anúncios.

7 Decida com cuidado se vai escolher profissionais internos ou uma agência.

8 Foque sempre no "índice de qualidade" e na experiência do usuário. A má configuração da busca atinge seu bolso e custa muito mais do que o necessário.

9 Fique de olho na concorrência e nas buscas feitas: suas mensagens e palavras-chave lhe dão uma indicação do que funcionará para você.

10 Otimize, otimize e otimize a conta: isso precisa ser feito regularmente a fim de melhorar o desempenho.

Integração de SEO e busca paga

Em um mercado em constante mudança, usar a busca paga sem assistência ou confiar totalmente no poder de SEO nunca será o bastante para aproveitar ao máximo o potencial de desempenho online de uma marca. A eficácia de SEO sempre acontece a longo prazo, sendo um método de aquisição de custo baixo. O PPC, por outro lado, oferece gratificação instantânea; a principal recompensa de uma integração bem-sucedida de PPC e SEO é medida em conversões.

Use o PPC para informar a viabilidade dos termos de segmentação para a estratégia SEO. Com o Google criptografando termos de pesquisa de referência cada vez mais, não há nenhum rastreamento de palavras-chave disponível para as equipes de análise, portanto os dados PPC estão se tornando a única forma precisa de testar as taxas de conversão de palavras-chave. Os dados de conversão de PPC estarão por trás de toda a pesquisa de palavras-chave SEO.

O conteúdo do PPC também é a melhor maneira de testar a taxa de cliques. Como a melhor prática padrão é alternar entre três e quatro conteúdos diferentes para aumentar a taxa de cliques, o melhor desempenho é compatível às descrições de SEO.

Se uma página tem uma taxa de rejeição superior à média, é um alerta para o Google de que a página não é relevante para aquele termo de busca; assim, você não só desperdiçará cliques pagos, como também verá uma diminuição gradual da autoridade daquela página. Monitorando os dados de perto, podemos identificar esses problemas e orientar a equipe de SEO para melhorar os fatores e o conteúdo da página.

Busca móvel

A busca móvel está concentrando cada vez mais os gastos em marketing: um relatório do IAB UK de abril de 2019 mostrou que os smartphones responderam por mais da metade (51%) dos gastos totais com anúncios digitais em 2018, um aumento de 1,65 bilhão de libras (IAB UK, 2019) em relação ao ano anterior.

No final de 2013, o Google introduziu as conversões entre dispositivos como parte do lançamento do total de conversões estimadas. Cada vez mais jornadas de compra ocorrem em diversos dispositivos. De acordo com o Google, 78% dos compradores usam a busca móvel antes de entrar em uma loja (Pollak, 2018).

Durante anos, os anunciantes compreenderam que diversos dispositivos estão envolvidos em um processo de conversão do usuário, e entender melhor esse processo é fundamental para aproveitar ao máximo o potencial de sua atividade online. O problema é que os profissionais de marketing não conseguiram alinhar os dados antes.

Agora, quando um usuário está conectado a suas contas Google em vários dispositivos (celular, tablet, desktop, etc.), o Google pode registrar a jornada do usuário até um ponto de conversão a partir de cliques de cada dispositivo diferente, e então usar esses dados para fornecer um "total de conversões estimadas entre dispositivos".

Isso dará aos anunciantes uma visão muito maior do papel dos vários dispositivos no processo de conversão e dados mais detalhados para otimizar as contas. O resultado, sem dúvidas, será um aumento na segmentação dos dispositivos móveis, pois os anunciantes conseguirão distribuir melhor o conteúdo e compreender o engajamento dos dispositivos móveis usando as métricas principais de vendas. Uma coisa é certa: a importância dos dispositivos móveis continuará a crescer de maneira significativa.

Black hat, a parte mais negativa da busca

Os métodos de SEO explorados até então neste capítulo seguem as diretrizes do próprio mecanismo de busca (ou pelo menos o fizeram no momento da redação. No entanto, as diretrizes podem mudar, por isso é importante manter-se atualizado: verifique os links dos recursos de webmaster no início deste capítulo para obter as informações mais recentes). Geralmente conhecidas como "white hat" SEO, essas técnicas são vistas como otimização legítima de um site para alinhá-lo com as necessidades do visitante e, ao mesmo tempo, tornar o conteúdo do site acessível e fácil de indexar pelos mecanismos de busca.

Mas há outro lado do SEO, um lado mais sombrio e esquisito, em que profissionais menos éticos tentam explorar cada truque e brecha possíveis a fim de "manipular" os motores, melhorar o posicionamento e gerar tráfego em seus sites. É conhecido como SEO *black hat*, ou mecanismo de busca spamming ou spamdexing (spam dos índices), e, quando são descobertos, esses sites são expulsos rapidamente do mecanismo de busca.

Mas o SEO *black hat* não se preocupa com proibições ou punições. Para um *black hat*, a exclusão dos motores de busca são ossos do ofício. Eles não estão interessados em criar sites de qualidade com um bom ranking, mas procuram ganhos a curto prazo desde sites com tráfego alto a sites carregados de anúncios. Quando um conjunto de sites já foi excluído, eles já estão trabalhando no próximo. Os *black hatters* geralmente têm muitos sites rodando em domínios diferentes de diversos hosts, todos explorando brechas no sistema a fim de subir no ranking artificialmente e gerar receita com publicidade.

Por que eu deveria me importar com a conduta das pessoas?

Por um lado, você não deveria se importar. A batalha que se trava sobre as posições alcançadas artificialmente nos SERPs é entre os *black hats* e os motores de busca. Cabe aos Yahoos, Googles e Microsofts deste mundo comprarem essa briga.

Basicamente, os *black hatters* estão usando os princípios de SEO que discutimos antes neste capítulo, mas ultrapassando os limites. Em vez de selecionar palavras-chave para as quais eles podem criar um conteúdo exclusivo e engajador, os *black hatters* criam listas de centenas ou milhares de palavras-chave e enchem suas páginas de palavras-chave criadas por ferramentas de criação de conteúdo. Em vez de criar links naturalmente, eles usam "bots" automatizados para mensagens de spam cheias de links em comentários de blogs, livros de visitas, fóruns e comunidades.

Os *black hatters* normalmente não estão interessados em você ou em seu site; a menos que tenham um possível repositório para links de spam em seu blog, livro de visitas, fórum ou comunidade (que, às vezes, pode ser evitado pela implementação de recursos de segurança que requerem intervenção humana para publicar). O que talvez seja mais importante é que, ao posicionar os sites de spam no topo dos SERPs, eles estão artificialmente tirando sites mais legítimos como o seu das melhores posições, tornando-os menos rastreáveis para os motores de busca e afetando bastante seu tráfego e receita.

Algumas técnicas comuns de SEO black hat

- *Keyword stuffing*: repetição excessiva de palavras-chave em uma determinada página da web. Isso é menos bem-sucedido agora, pois os algoritmos dos mecanismos de busca estão identificando melhor esse tipo de prática de conteúdo genuíno.
- *Cloaking*: uma técnica que usa código para mostrar uma página amigável para o spider do motor de busca e uma página completamente diferente para um usuário. Os buscadores a odeiam, porque não conseguem avaliar a qualidade do conteúdo que um usuário está vendo.
- *Conteúdo oculto na página*: fonte do texto da mesma cor do fundo da página. O resultado é que as pessoas não conseguem vê-lo, mas os motores de busca sim. É como o *keyword stuffing*, mas com o elemento de *cloaking* de mostrar conteúdo diferente para o bot do motor de busca e para o usuário.
- *Doorway page*: são páginas da web altamente otimizadas cujo único objetivo é direcionar tráfego para outras pági-

nas, seja por um redirecionamento automático ou apenas por estar cheia de links.

- *Páginas com spam*: uma página sem conteúdo relevante e cheia de anúncios, a partir dos quais o webmaster ganha dinheiro com os cliques.
- *Interlinking*: a prática de criar diversos sites sobre um determinado tópico e de estabelecer links entre eles apenas para tentar melhorar a posição no ranking nos motores de busca.
- *Compra e venda de links para ajudar a aumentar o ranking de busca*: a compra e venda de links apenas para manipular seu ranking de busca é reprovada pelos mecanismos de busca.
- *Compra de domínios expirados*: compra de domínios expirados que continham páginas de qualidade para tentar aproveitar um pouco do "link juice" de algumas das páginas do antigo site.

Essas são apenas algumas das técnicas que os SEOs *black hats* utilizam para aumentar o ranking e direcionar tráfego. Como regra geral para seu próprio site, se o que você está fazendo *agrega valor genuíno ao usuário final*, não tem por que se preocupar. Se, por outro lado, você está implementando algo para manipular artificialmente os algoritmos dos motores de busca, você pode estar se aventurando em território de *gray hat*, ou mesmo de *black hat*. Se você valoriza a reputação de seu domínio a longo prazo, tenha muito cuidado.

Pode ser irritante se deparar com esses sites enquanto navega na web, e ter que lidar com spam em qualquer meio é irritante, mas na maior parte do tempo seu negócio não precisa se preocupar muito com os *black hats* que estão fazendo o que querem com os sites deles.

Trazendo os profissionais

Embora as campanhas de SEO e PPC possam ser gerenciadas por sua equipe interna, se você não tiver talentos especializados em busca e quiser aumentar o tráfego de seu site, então contratar um consultor de marketing de busca profissional pode ser vantajoso.

Se você decidir contratar uma consultoria externa para ajudar com seu marketing de busca, faça uma pesquisa prévia e escolha sabiamente. Há muitos SEOs excelentes por aí que fariam um excelente trabalho de promoção de seu negócio online, mas também há empresas inescrupulosas que exploram os leigos. Nem todas as empresas de SEO pensam da mesma forma, e é lamentável que algumas delas se desviarão para um caminho antiético para subir no ranking rapidamente... fazendo com que elas e seus serviços pareçam bons a curto prazo.

A boa notícia é que, tendo lido este capítulo, você agora tem o conhecimento necessário para engajar de forma positiva com seu possível parceiro de marketing de busca, entender o que ele está lhe dizendo e discutir com ele seus requisitos de SEO.

Estas são algumas coisas que você precisa lembrar ao contratar um profissional de SEO:

- Certifique-se de que a empresa tenha boa reputação e um sólido histórico para fundamentar as afirmações dela.
- Peça para ver estudos de caso e obter referências de clientes anteriores.
- Verifique o site da empresa: ele foi otimizado? Ele segue as diretrizes dos mecanismos de busca?
- Procure e escute qualquer dica das técnicas de *black hat* listadas anteriormente. Se houver alguma dúvida sobre a ética e a integridade da empresa, desista. É com seu domí-

nio que eles estarão brincando, e não vale a pena arriscar sua reputação com os motores de busca.

- Uma vez contratada uma empresa de SEO, não deixe seu site apenas nas mãos dela. Você precisa saber o que a empresa de SEO está fazendo em seu nome; afinal de contas, é seu site.

Busca universal: mais oportunidades para subir no ranking

Pesquisa universal é um termo cunhado pelo Google para descrever uma mudança fundamental na forma ele como apresenta os resultados de pesquisa na web. Considerada por analistas como um dos desenvolvimentos mais significativos e radicais na história do setor de busca, a busca universal (ou busca combinada, como também é conhecida) obtém resultados dos mecanismos de busca especializados (ou verticais) do Google (Google News, Google Books, Google Local/Maps, Google Video, Google Image, Google Groups, etc.) e os coloca em resultados de busca padrão da web em ordem de relevância.

TABELA 4.3 Porcentagem de resultados de busca para palavras-chave testadas, incluindo diferentes tipos de integrações

	Porcentagem do desktop	Porcentagem de dispositivos móveis
Imagens	23%	16%
Mapa de informações	35%	32%
Google Shopping	4%	11%
Google Adwords	5%	12%
Respostas diretas	16%	4%
Notícias	11%	9%
Mapas	3%	4%
Vídeos	22%	23%
Aplicativos	11	n/a

A Tabela 4.3 mostra os dados de um relatório de 2018 da Searchmetrics com as porcentagens de integração mais comuns da busca universal e, portanto, mais importantes para os profissionais de marketing digital. A análise da Searchmetrics foi baseada nos resultados de pesquisa no Google.com para quinhentas mil palavras-chave (Searchmetrics, 2018).

Como era de se esperar, outros grandes mecanismos de busca não ficaram muito atrás, e tanto o Yahoo como o Live Search da Microsoft apresentaram resultados de busca similares logo após o Google. Para os usuários, esse desenvolvimento é uma grande vantagem. Em vez de ter que gerenciar e navegar por diversas ferramentas de busca especializadas, os usuários podem agora inserir sua consulta de pesquisa em um local conveniente a fim de encontrar resultados em várias plataformas.

Mas o que tudo isso significa para os profissionais de marketing de busca? Basicamente, há duas maneiras de olhar para isso. Por um lado, é uma ameaça potencial, já que, para qualquer palavra-chave, suas páginas competem com resultados de notícias, vídeos, mapas, grupos de discussão, imagens e uma série de outras fontes a fim de subir naquele cobiçado ranking dos SERPs. Por outro, se você produzir o tipo certo de conteúdo e submetê-lo aos lugares relevantes, a busca universal oferece oportunidades a mais de classificar as palavras-chave escolhidas (ver Figura 4.2).

FIGURA 4.2 Página de resultados da busca universal no Google.com para o termo de busca "Darth Vader"

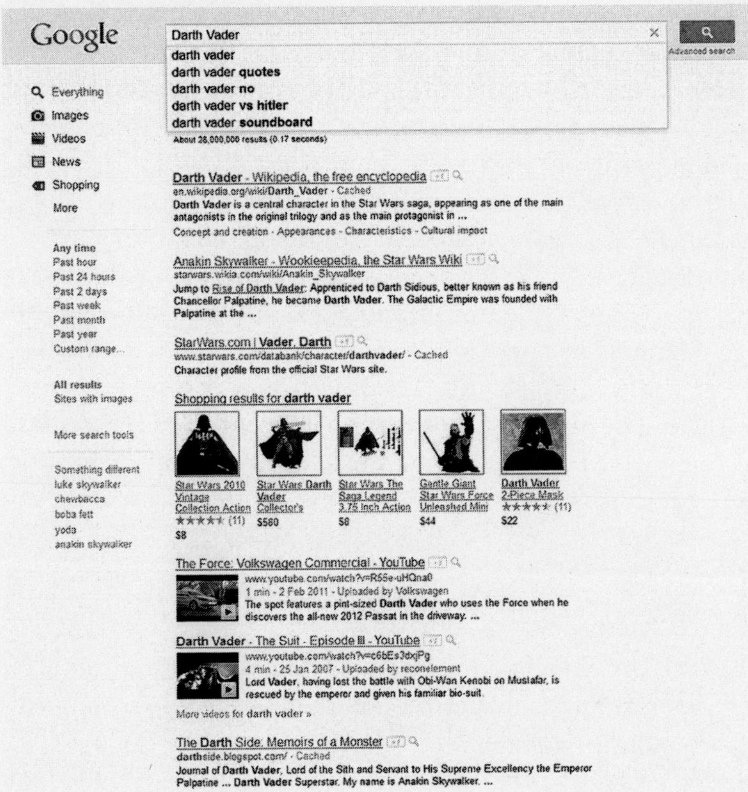

Mudança no jogo: busca por inovação e relevância

Os mecanismos de busca, por suas características próprias, estão sempre inovando para oferecer uma ótima experiência a cada usuário que faz uma pesquisa. O ritmo da inovação em busca pode ser frustrante para os profissionais de marketing de busca, uma vez que o "jogo continua mudando". Justamente quando você pensa que já entendeu tudo sobre busca, os principais motores de busca lançam um desenvolvimento que muda as coisas de novo.

É o seguinte: os motores de busca não se importam em atrapalhar sua campanha de SEO. Eles estão se esforçando para entregar o conteúdo mais relevante e valioso a seus usuários, melhorando a experiência e mantendo ou aumentando a participação deles no mercado.

Para isso, os principais motores de busca "ajustam" constantemente os algoritmos de classificação, refinando a forma como avaliam a relevância e a autoridade com base no conteúdo, nos links e em outros fatores. Esse constante ajuste nos detalhes de como os mecanismos de busca avaliam a relevância sempre foi um desafio para os profissionais de marketing de busca, mas os desenvolvimentos mais recentes, destinados a fornecer resultados de busca personalizados para cada usuário individual, deram muito o que falar no meio de SEO.

Personalização: resultados de busca adaptados a cada usuário

Em 2007, o Google começou a implementar a personalização dos resultados de pesquisa para os usuários que tinham uma conta do Google. Isso significava que o Google começaria a levar em conta o histórico de busca dos usuários ao avaliar a relevância dos resultados de busca.

Digamos, por exemplo, que você pesquisou por "Mustang" ao acessar sua conta do Google, e que recentemente você tinha pesquisado e clicado nos resultados de coisas relacionadas ao carro. O motor de busca pode supor que você queira informações relacionadas ao carro Ford Mustang em vez de, digamos, a página da Wikipedia sobre o cavalo Mustang.

Então, no final de 2009, o Google realmente abalou as estruturas ao personalizar a busca para todos os usuários, independentemente de terem ou não uma conta do Google.

A mudança causou tumulto no mundo de SEO, e no mesmo instante quase tirou o sentido do cobiçado objetivo de SEO de "ser o número um no Google" de qualquer palavra-chave. Agora, meu resultado de busca número um poderia ser diferente do seu resultado de busca número um, que poderia ser diferente do resultado de busca número um de todos os outros.

Por fim, a personalização da busca serviu para afastar o foco do SEO de alcançar o ranking do topo dos SERPs, trazendo-o de volta para onde sempre deveria estar: criando conteúdo de qualidade que agrega valor real aos usuários, além de assegurar que os mecanismos de busca soubessem disso, e monitorar e medir o sucesso baseado não em sua posição nos SERPs, mas no número de visitantes segmentados chegando ao site pelos mecanismos de busca. Afinal, é disso que se trata realmente o SEO sustentável: aproveitar o poder dos mecanismos de busca para ajudar a distribuir conteúdo relevante e excepcional ao seu público-alvo.

A busca e as redes sociais: integrando atualizações de conexões online nos resultados da busca

Em 2009, a Microsoft atacou primeiro na batalha para tornar a busca mais próxima das redes sociais, anunciando acordos tanto com o Twitter quanto com o Facebook para incluir atualizações de status em tempo real nos resultados de busca no Bing. O Google seguiu o exemplo, anunciando um acordo semelhante com o Twitter para sua própria busca em tempo real e introduzindo um recurso chamado "Social Search" em sua principal oferta de busca na web.

Quando um usuário da web está conectado à conta Google e realiza uma pesquisa, o Google agora inclui conteúdo publicamente disponível criado ou recomendado pelos amigos online e conexões do usuário em todos os produtos e serviços disponíveis na plataforma.

Isso significa que, além dos resultados normais da web, os usuários que estiverem conectados verão conteúdo relevante que os "amigos" online compartilharam publicamente no YouTube, no Picasa, no Flickr, no Twitter, nos blogs deles, no Google Reader e em muitos outros meios.

A lógica, é claro, é aquele velho mantra do mecanismo de busca de relevância. A web está se tornando cada vez mais social, e as pessoas estão mais dispostas do que nunca a compartilhar informações, opiniões e experiências. Também confiamos nas recomendações das pessoas que "conhecemos" online e, ao incluir conteúdo de nossa extensa rede de contatos aos resultados de busca, os mecanismos de busca estão apostando que os acharemos mais relevantes, úteis e pessoais.

O que significa a integração de redes sociais na busca para profissionais de marketing de busca?

À primeira vista, as recomendações de conexões das redes sociais de um usuário aparecerem nas SERPs pode parecer ruim do ponto de vista de um profissional de marketing de busca. Isso significa que há ainda mais conteúdo competindo por esses espaços limitados na primeira página dos SERPs para um determinado termo de busca. Então, novamente, se você estiver criando conteúdo atraente, útil e — essa palavra de novo — *relevante* para seu público-alvo, o material recomendado nesses resultados de busca em redes sociais pode facilmente ser seu.

A busca em redes sociais enfatiza a necessidade de sair e engajar com seus clientes nesses meios, para criar conteúdos úteis, atraentes e interessantes de compartilhar e para construir relacionamentos duradouros com as pessoas com quem você deseja fazer negócios. Integrar uma rede social nos resultados da busca está se tornando cada vez mais importante e, embora existam preocupações com privacidade e outros obstáculos, no fim das contas, a busca obsessiva dos mecanismos de busca por relevância está transformando a busca em uma experiência muito mais pessoal.

Mapa de informações e a busca conversacional

O Mapa de Informações foi lançado oficialmente em maio de 2012 e mudou bastante os SERPs e a forma como os usuários processam e absorvem informações. Ele exibe informações sobre fatos, lugares ou coisas, e não em um nível de consulta. O Google entende que, quando você procura por "John Legend", por exemplo, é possível que queira saber informações sobre seus álbuns passados ou futuros, sua biografia ou sua data de nascimento, então ele mostra todos esses dados com base na sua intenção. Se em seguida você inserir a pergunta "quem é sua esposa?", o Google já sabe que está falando de John e lhe mostrará os resultados para Chrissy Teigen. Para pesquisas locais, por exemplo, em uma cidade, aparece um carrossel no topo dos SERPs, convidando-nos a clicar e explorar "coisas para fazer na cidade".

O que isso significa para os negócios? Voltamos ao conteúdo novamente porque, com o Mapa de Informações, o Google está dando aos usuários a opção de permanecer mais tempo nos SERPs, pois eles batem os olhos nas informações com base na busca.

Olhando para o futuro

Tanto a adoção cada vez mais difundida do acesso à internet de alta velocidade em casa quanto a capacidade cada vez maior e a penetração de mercado dos dispositivos móveis estão abrindo diversas novas oportunidades de mídias digitais para profissionais de marketing em todo o mundo. O crescimento das redes sociais e as oportunidades de marketing boca a boca e viral que elas oferecem (ver Capítulo 7) podem, com o tempo, diminuir a predominância do SEO e da busca paga no mix do marketing digital. Da mesma forma, com cada vez mais usuários desenvolvendo a "ideia" de onde precisam ir para encontrar as coisas que querem online, ou acessar conteúdo de marcas em movimento usando aplicativos no smartphone, é provável que eles confiem menos na busca de certas coisas.

No entanto, à medida que as formas como interagimos com a web mudam, os mecanismos de busca estão se desenvolvendo para ir além das sequências de texto digitadas em pequenas caixas. Revelamos tanto sobre nós mesmos na busca online, e o Google está cada vez mais usando nossos dados para se tornar menos responsivo e menos movido por palavras-chave; em vez disso, ele antecipa nossas necessidades antes mesmo de estarmos cientes delas. A pesquisa está se tornando mais inteligente, mais conversacional, mais atenta ao contexto.

Embora o sentido da busca possa mudar para algumas pessoas e aplicativos ao longo do tempo, dada a sua importância tanto para usuários da internet quanto para profissionais de marketing digital, os mecanismos de busca certamente continuarão sendo um dos pilares do marketing digital por um bom tempo ainda.

ESTUDO DE CASO

Homewise

Homewise é uma empresa familiar sediada no Reino Unido. Ela ajuda pessoas com mais de 60 anos a se mudarem para uma casa de repouso.

LOCALIZAÇÃO

Inglaterra e País de Gales.

DESAFIO

Segmentar uma faixa etária que normalmente não tem conhecimento digital e conduzir leads ao site em vez de agentes imobiliários ou Rightmove.

PÚBLICO-ALVO

Pessoas com mais de 60 anos.

AÇÃO

Utilizamos tanto o Google quanto o Bing Ads como parte de nossa estratégia tática. De acordo com vários estudos, o Bing é usado como motor de busca por pessoas entre 55 e 65 anos.

Para garantir que alcançássemos indivíduos/casais na Inglaterra e no País de Gales com mais de 60 anos, todas as campanhas de busca utilizavam a faixa etária de mais de 65 anos e entre 55 e 64 anos. Excluímos as faixas etárias mais jovens da campanha de busca.

A princípio, criamos grupos de palavras-chave como *moradia acessível*, *casas de repouso*, *aposentadoria*, *moradia de idosos*, bem como lances de palavras-chave de marca para garantir que nossos anúncios aparecessem acima dos da concorrência.

Fizemos pesquisas sobre as razões pelas quais as pessoas querem se mudar para uma casa de repouso que não estão necessariamente ligadas à idade e as utilizamos para expandir o alcance.

Iniciamos o trabalho adicionando novos grupos de palavras-chave e pesquisando mais sobre o setor imobiliário e por que as pessoas querem se mudar para uma casa de repouso. Durante doze meses, implementamos palavras-chave para habitações baratas, habitações para recém-divorciados, pessoas que procuram reduzir os gastos, cobertura hipotecária, vida independente, habitação para pessoas com mais de 60 anos e outros tipos de habitação.

Utilizamos o Search Ads 360, o que facilitou o gerenciamento do Bing e do Google. Também aplicamos estratégias de lances durante toda a campanha, o que ajudou a retirar alguns lances manuais e começou a reduzir o CPA dos anúncios; a segmentação de lances e as estratégias de CPA funcionaram bem.

Depois, começamos a usar os scripts do Google Ads na conta para nos ajudar a identificar as possíveis otimizações. Como resultado, vimos um aumento de 33% nas taxas de conversão, o que nos permitiu otimizar campanhas no mesmo tempo previsto.

Desenvolvemos um script Python interno que poderia extrair dados de pesquisa e palavras individuais em consultas de pesquisa. Isso nos ajudou a identificar frases de busca de menor qualidade. Ao revisar os dados, descobrimos que, quando os usuários pesquisam o número de quartos em sua consulta (por exemplo, *casa de repouso com dois quartos*), quase não há conversão. Como resultado, adicionamos palavras-chave negativas relacionadas e fomos capazes de melhorar a taxa de menos de 3% para acima desse percentual.

O script Python também identificou comunidades/cidades em consultas com altas taxas de conversão, por isso trabalhamos com o anunciante para criar páginas de destino PPC específicas daquelas localizações junto com campanhas específicas locais.

Essas páginas nos ajudaram a melhorar o índice de qualidade e a taxa de conversões, já que antes o site não mencionava localizações. Vimos um melhor engajamento, menores taxas de rejeição e maior duração de sessão para as mesmas consultas em comparação ao acesso na página inicial.

Outro aspecto que introduzimos foi a RLSA. A partir das campanhas de busca de alta conversão, criamos campanhas dedicadas RLSA. Fizemos uma lista de remarketing (visitamos o site, passamos mais de dois minutos nele e não convertemos) para as campanhas RLSA e acrescentamos a mesma lista como a de um público negativo à campanha original.

Mudamos então o texto do anúncio das duas campanhas. Na campanha de busca original, optamos por uma mensagem mais suave para descobrir mais sobre o anunciante e, em seguida, direcionamos os anúncios para a página inicial. O texto do anúncio da campanha RLSA foi mais focada na conversão: anúncios diretos para um formulário de contato. Isso resultou em taxas de conversão mais altas e um CPA quatro vezes menor do que a campanha de busca original.

Também testamos o remarketing de displays, anúncios no Gmail e remarketing no Gmail, além de nossas campanhas de busca que ajudaram a aumentar a atividade.

RESULTADOS

Durante doze meses, geramos **4.750 conversões apenas de busca paga** e fomos **responsáveis por 50% de todas as conversões recebidas** no site.

Durante esse período, no melhor mês, **geramos 594 conversões de busca paga e uma taxa de conversão de 4,24%**. Quando comparamos isso com o mesmo período do ano anterior, quando atingimos uma taxa de conversão de 2,52% e 347 conversões, notamos um crescimento incrível.

SOBRE OS CRIADORES

A Passion Digital é uma agência digital multipremiada, especializada em estratégias de campanhas de maior desempenho em SEO, redes sociais, PPC, conteúdo, web design e desenvolvimento.

Unindo criatividade, tecnologia e dados, ela cria soluções únicas para problemas complexos de marketing, a fim de ajudar os clientes a atingir seus objetivos de marketing digital.

05

E-mail marketing

> O QUE ESPERAR DESTE CAPÍTULO
>
> Até o final deste capítulo, você terá respostas para as seguintes perguntas:
>
> - O que é e-mail marketing e como ele pode beneficiar meu negócio?
> - Como as ferramentas de marketing por e-mail podem me ajudar?
> - Como posso usar a tecnologia para gerenciar meus clientes?
> - Como posso escrever um texto eficaz para minha campanha de e-mail marketing?
> - Quais são as principais considerações de design ao elaborar um e-mail?
> - Como posso ter certeza de que minha campanha de e-mail marketing não será vista como spam?
> - Como posso testar o sucesso de uma campanha?

E-mail: um canal poderoso

O e-mail marketing é uma das ferramentas mais poderosas de marketing digital. Ele permite que você se comunique facilmente com seus clientes de maneira pessoal por um meio digital universalmente aceito. Muitas vezes, o e-mail supera outros canais digitais em termos de retorno sobre o investimento (ROI), com estudos demonstrando um retorno de cerca de 42,24 libras para cada 1 libra investida (Direct Marketing Association — DMA, 2019). De acordo com o relatório da BDO e da WARC de 2019 sobre o setor de Martech, 79% das marcas utilizaram as ferramentas de Martech para e-mail, sendo o meio de marketing mais popular entre os pesquisados (BDO, 2019).

A forma mais comum de um cliente ser adicionado à sua lista de contatos é a partir de uma compra inicial ou pesquisa, o que significa que o e-mail não é um cold e-mail, mas uma maneira de reter potenciais clientes qualificados e clientes fiéis.

Devido a sua eficácia, o e-mail tornou-se vítima do próprio sucesso. Cada vez mais e-mails são enviados por ano. De acordo com o Email Statistics Report (2020-2024) do The Radicati Group, o número total de e-mails de empresas e clientes enviados e recebidos por dia excederá 306 bilhões em 2020, e está previsto um crescimento de mais de 361 bilhões até o final de 2024 (The Radicati Group, 2020). Isso mostra que a caixa de entrada é um campo de batalha e as empresas devem competir por atenção. Alguns profissionais de marketing pensam que o envio de mais campanhas é o único modo de aumentar as taxas de resposta de e-mail, mas é claro que isso só agrava o problema. Iniciar uma estratégia de e-mail marketing significa que você vai competir com as comunicações de marcas famosas e estabelecidas.

Desde que a edição anterior deste livro foi publicada em 2016, as organizações que operam em conformidade com as leis da União Europeia (UE) foram afetadas pela implementação do Regulamento Geral sobre a Proteção de Dados (GDPR). O GDPR entrou em vigor em maio de

2018 e, desde que foi elaborado, parece que a forma como as empresas se comunicam com os clientes e potenciais clientes mudou para melhor. As organizações agora só conseguem coletar dados de clientes se eles autorizarem, além de precisar demonstrar o uso e armazenamento responsáveis desses dados, assim como apagá-los se necessário. Embora essa tenha sido uma enorme mudança para as organizações, o feedback coletado pela DMA um ano depois que as leis entraram em vigor sugere que os profissionais de marketing a veem como algo positivo. Quando foi perguntado "que impacto essas novas leis tiveram em sua atual estratégia de e-mail marketing?", 56% dos respondentes o consideraram positivo, enquanto 24% foram neutros e apenas 20% disseram que tinha sido negativo. Algumas das pessoas que responderam que o impacto foi positivo afirmaram: "reduziu nossa lista de contatos no início, mas as taxas de abertura e o engajamento subiram muito, de modo que identificamos nossos potenciais clientes em pessoas interessadas em nossos serviços" e "sabemos que estamos enviando e-mails relevantes a clientes interessados" (Laugenie, 2019).

Então como enviar e-mails, já que são um dos pilares de sua estratégia geral de marketing digital e geram um ROI excelente? Como a necessidade é a mãe das invenções, o problema dos e-mails também se tornará sua solução à medida que os profissionais de marketing adotam métodos mais sofisticados usando soluções de dados e estratégias algorítmicas avançadas a fim de captar mais clientes. Além disso, aproveitar o fato de que o e-mail é um dos aplicativos mais utilizados no smartphone significa que o e-mail alcança mais os clientes conectados no celular. A compreensão do e-mail em dispositivos móveis é fundamental e separará os profissionais de marketing ruins daqueles que sabem utilizá-lo melhor. De muitas maneiras, as soluções em e-mail marketing trarão um período próspero de e-mails mais inteligentes, que agregarão valor tanto para seus clientes quanto para sua empresa.

Faça a coisa certa e os clientes abrirão seu e-mail

A verdade é que muitos clientes receberão bem os e-mails regulares de sua empresa. Eles abrirão seu e-mail contendo uma newsletter ou promoção, desde que reconheçam sua marca, estejam esperando receber essa comunicação e saibam que ela trará algo relevante. O segredo é tornar essas mensagens relevantes e interessantes para seu público-alvo; se você errar nisso, infelizmente sua mensagem será ignorada ou descartada, ou pior ainda, marcada como spam.

Pode ser um pouco difícil usar o e-mail marketing de forma eficaz. É preciso respeitar o direito de privacidade de seus clientes (sobretudo desde a implementação do GDPR), proteger sua marca e, por fim, manter sua proposta de valor ao longo do tempo. É muito fácil para seus potenciais clientes, cuidadosamente cultivados, descadastrarem-se de sua lista de e-mails e, uma vez que tenham feito isso, é provável que desaparecerão para sempre.

O que é exatamente e-mail marketing?

O e-mail marketing é uma das melhores e mais utilizadas estratégias de marketing de retenção. Basicamente, é um e-mail enviado para uma lista de clientes que costuma ter um pitch de vendas e uma "call-to-action". Pode algo simples, como incentivar o cliente a clicar em um link embutido no e-mail. Alguns exemplos de campanhas de e-mail marketing podem incluir:

- um hotel promovendo reservas de quartos em um destino que o cliente tem pesquisado;
- uma empresa de recrutamento que informa os clientes empresariais sobre as últimas candidaturas disponíveis;
- uma loja de acessórios eletrônicos que oferece um cupom de desconto para ser usado online;
- uma marca de automóveis atualizando seus clientes sobre um novo lançamento.

O importante é lembrar que essas mensagens devem ser voltadas para um público que tem algum nível de conexão com sua marca e tratadas de forma diferente de quaisquer chamadas frias realizadas por outros canais.

Você pode usar o e-mail quando não tiver nada específico para vender como um mecanismo para manter o engajamento do cliente, fortalecer a familiaridade com a marca e dar mais credibilidade ao seu negócio. Os exemplos podem incluir:

- uma empresa de contabilidade mantendo contato com seus clientes, informando-os sobre reformas tributárias;
- uma newsletter semanal de uma empresa de relações públicas com trechos interessantes de notícias do setor e links da web para artigos mais longos;
- um resumo diário ou as últimas notícias de um jornal online, incluindo recentes publicações em redes sociais.

Como o e-mail é um meio de comunicação bastante econômico, ele pode ser usado tanto para vendas quanto para o engajamento geral da marca.

Ferramentas de e-mail marketing

Quando se trata de gerenciar e enviar seu e-mail marketing, é provável que você não queira deixar o trabalho na mão de seu programa de e-mail padrão. Embora seja uma abordagem viável para listas de contatos muito pequenas, quanto mais pessoas se inscreverem em sua lista de e-mails, mais difícil será controlá-la e gerenciá-la.

O que você precisa em vez disso é de um dos sistemas de e-mail marketing personalizados, comumente conhecidos como provedores de serviços de e-mail (ESPs). Estes podem ser um software que você instala em sua máquina local, um software que você executa em seu próprio servidor ou um software como serviço (SaaS) de um provedor de serviços online. Esses sistemas permitem que você gerencie sua lista de e-mails, crie templates para as mensagens e, o mais importante, ajudam a acompanhar suas campanhas de e-mail (ver Figura 5.1).

Estas são algumas das funções das ferramentas de e-mail marketing (e esta é uma lista parcial):

- Ferramentas fáceis de usar que lhe permitem criar em cima de templates de e-mail sem precisar ser um especialista técnico;
- Ferramentas de teste que permitem verificar se sua mensagem passará pelos principais filtros de spam;
- Ferramentas de acompanhamento que mostram quantas pessoas ignoraram, abriram ou responderam ao seu e-mail;
- Ferramentas de personalização que permitem modificar dinamicamente o conteúdo para pessoas ou perfis segmentados de sua lista;
- Ferramentas de dados do cliente para ajudar a entender o desempenho em todo o seu banco de dados ao longo do tempo, e não apenas em uma campanha específica.

FIGURA 5.1 Especialistas em e-mail marketing como o Benchmark Email (http://bit.ly/UDMBenchmark; arquivado em: https://perma.cc/B9MZ-B9J3) oferecem soluções de hospedagem de e-mail para ajudar a gerenciar suas campanhas de e-mail marketing.

Gestão de relacionamento com o cliente

Não adianta usar ferramentas de e-mail marketing se você não souber para quem está enviando seus e-mails. A gestão de relacionamento com o cliente (CRM) é um conceito empresarial que existe desde os anos 1990. É a arte de fazer com que seus clientes permaneçam felizes e de manter um relacionamento pessoal contínuo com eles; hoje em dia, os dados são mais utilizados para alcançar esse objetivo.

No passado, para os vendedores, o reconhecimento do cliente costumava ser tão simples quanto lembrar o nome dele quando entrava na loja e, com o tempo, conhecer o que gostava e não gostava a fim de manter uma conexão pessoal. Agora, com mais conectividade e personalização, mesmo as lojas menores podem funcionar online e desfrutar do alcance mundial. A localização não é mais uma limitação para a maioria das empresas e, como resultado, a CRM tornou-se muito mais sofisticada e acionada por máquinas. Os melhores ESPs simplificam o processo para que o profissional de marketing não fique sobrecarregado com inúmeros dados e ainda possa executar campanhas de e-mail relevantes e eficazes para todos os clientes.

Por exemplo, ao manter um registro dos produtos ou serviços que um cliente comprou de você antes, o que ele visualizou em seu site e com que frequência entrou em contato, é possível cruzar esses dados com os dados demográficos relevantes. Então, usando a tecnologia CRM, você pode acompanhar e antecipar os possíveis interesses desse cliente. Qual é o resultado disso? Um marketing relevante que tem maiores chances de conversão.

Quando se trata de e-mail marketing, a CRM pode ajudar a segmentar sua lista, permitindo que você foque nos clientes mais propensos a responder. Você pode afinar sua oferta no e-mail e alinhá-la com o histórico de compras de seus clientes. As possibilidades são quase infinitas.

Se sua empresa já utiliza ferramentas de CRM para marketing mais tradicional, então é possível incorporar esses dados em sua estratégia de e-mail marketing. Algumas ferramentas de CRM atendem a campanhas de e-mail marketing como parte de seus recursos; enquanto outras se integram com a solução de e-mail marketing escolhida por você. Além disso, a maioria dos ESPs agora entendem que uma estratégia de e-mail deve começar com dados e, portanto, criaram seu software pensando nisso. O uso de dados em tempo real ajudará os profissionais de e-mail marketing a aumentar as taxas de resposta; por exemplo, se você fosse um agente de viagens online, apenas adicionar as taxas de câmbio em tempo real em um e-mail de reserva de viagens no exterior pode dobrar suas taxas de resposta. O armazenamento de big data com dados integrados de CRM também permitirá esse conteúdo em tempo real, em um e-mail que muda quando o cliente o abre, e não no momento do envio.

Falaremos mais sobre tecnologia à medida que avançamos no capítulo, mas, no fim das contas, as ferramentas de e-mail marketing só serão eficazes se você, como profissional de marketing digital, tiver as fontes apropriadas de dados à sua disposição e tempo para desenvolver uma estratégia de e-mail adequada para seu negócio.

Antes de começar

Antes de começar a planejar sua campanha de e-mail marketing, há uma série de coisas que você precisa considerar do ponto de vista prático e legal.

Como criar uma lista de e-mails

Como mencionamos anteriormente, as pessoas não responderão a e-mails que parecem aleatórios: elas nem mesmo os abrirão. Portanto, antes de fazer qualquer e-mail marketing, você precisa criar uma lista de clientes e potenciais clientes que *desejam* receber comunicações por e-mail de sua empresa. A melhor maneira de fazer isso é incentivá-los, sempre que possível, a optar por receber seus e-mails.

Seu site é o centro de seu mundo de marketing digital (ver Capítulo 3) e é um lugar propício para pedir às pessoas que se inscrevam em sua lista de e-mails opt-in. Tudo o que você precisa fazer é inserir um formulário simples e destacado em seu site incentivando os visitantes a se inscreverem para receber as últimas novidades diretamente na caixa de entrada deles. Se gostarem de seu site e valorizarem o conteúdo, muitos terão a oportunidade de lhe conhecer mais por e-mail com notícias frequentes, ofertas especiais e promoções exclusivas. Há muitas maneiras de aumentar as inscrições de seu site, incluindo:

- call-to-actions claras e fixadas no topo da página;
- janelas pop-up que podem ser facilmente fechadas, se necessário;
- uma oferta de destaque, tal como um cupom de desconto no ato da inscrição.

Use outros meios da web para incentivar as inscrições também. Inclua um formulário de cadastro da newsletter na página do Facebook de sua marca, por exemplo, ou incentive as inscrições em uma publicação no Twitter com um link que direciona à sua página de cadastro. Você também pode enviar e-mails incentivando os leitores a apresentarem sua newsletter aos amigos, e talvez até mesmo oferecer um benefício para que isso aconteça. Há muitas maneiras de aproveitar outras oportunidades de marketing digital para ajudar a criar sua lista de forma orgânica... seja criativo!

Se você estiver com pressa para criar uma lista e enviar uma campanha, outra opção é alugar uma lista de e-mail de uma empresa especializada em marketing, mas tenha cuidado. Você precisa ter certeza de que essa empresa faça parte da Direct Marketing Association de seu país, ou similar, e que ela esteja em conformidade com as políticas de privacidade e antispam. Os contatos dessas listas devem ter optado por receber ofertas por e-mail de empresas terceirizadas ou "parceiros"; caso contrário, qualquer e-mail que você enviar será considerado spam, independentemente de suas boas intenções. Você também deve verificar se alguém da sua lista alugada já se descadastrou de suas próprias listas e-mail. Se tiver contatos descadastrados, você precisará removê-los antes de enviar sua campanha, embora a maioria dos ESPs faça isso de maneira automática. Como a maioria das coisas na vida, não há atalhos, e a resposta de qualquer lista alugada será menor do que sua lista de potenciais clientes e clientes qualificados conquistados de forma espontânea. Além disso, se muitos clientes começarem a marcar suas mensagens como spam, isso poderá piorar o desempenho de sua principal lista de contatos, pois sua reputação de remetente estará prejudicada. Portanto, na maioria das vezes, não vale o risco.

Às vezes, uma terceirizada faz campanhas de resposta direta em que o cliente entende que está se inscrevendo diretamente naquela lista, por exemplo, uma competição em um site afiliado em que você oferece uma recompensa ou um produto de brinde. Mais uma vez, você precisaria considerar as taxas de conversão de pessoas que só se inscreveram em suas comunicações para poder receber uma recompensa. Se elas não mostraram sinais de compra, talvez você tenha que se esforçar mais para convencê-las a converter depois. A menos que a empresa terceirizada ou o site afiliado estejam muito bem alinhados com sua marca ou produto, pode valer a pena dedicar um tempo para aumentar seu banco de dados.

É possível que a maneira mais comum de atrair o opt-in seja quando um cliente completa algum tipo de transação em seu site, como a compra de um produto, o download de um white paper ou a solicitação de informações adicionais. Ao tornar um endereço de e-mail um elemento obrigatório da transação, você pode adicioná-lo à sua lista de contatos. As leis variam quanto a isso, mas, em muitos países (inclusive no Reino Unido), não é proibido enviar e-mails de marketing às pessoas uma vez que elas tenham feito uma transação com você, desde que tenham a opção de recusar. Isso é chamado de "soft opt-in". E lembre-se: todo e-mail marketing que você enviar deve oferecer ao destinatário uma maneira direta de descadastramento da lista (um opt-out), se possível.

Requisitos legais

Como profissional de e-mail marketing, você deve se atualizar sempre com as leis de sua jurisdição. O envio de e-mails não solicitados a clientes aleatórios violará a legislação antispam na maioria dos países ocidentais. As leis antispam existem para impor práticas éticas de e-mail marketing que respeitem os dados e a privacidade dos clientes. As empresas legítimas seguirão as leis, mas é difícil rastrear os remetentes de spam. Eles normalmente usarão técnicas fraudulentas para coletar endereços de e-mail e enviar diversos e-mails não solicitados.

No final de 2007, o spam representava espantosos 95% de todo o tráfego de e-mails. As coisas melhoraram um pouco desde então, e agora estima-se que o número é de mais de 55% do tráfego de e-mails (Vergelis, Sidorina e Shcherbakova, 2019). No entanto, esse volume de e-mails com spam ainda é bastante alto.

Segundo a Securelist, no terceiro trimestre de 2019, a China foi a maior fonte de spam, enviando 20,43% de todos os e-mails não solicitados. Os Estados Unidos estavam em segundo lugar, com 13,37%. A Rússia ficou em terceiro lugar, com 5,60% dos spams do mundo. O Brasil (5,14%), a França (3,35%) e a Alemanha (2,95%) vieram em seguida. O Vietnã ficou atrás do top 10 com 2,15% de todo o spam enviado no mundo (Vergelis, Sidorina e Shcherbakova, 2019).

Essa prática continua porque: 1) é muito barato enviar um e-mail marketing a milhões de contatos de uma lista; 2) mesmo a menor taxa de conversão gera lucro para o remetente de spam; e 3) a maioria dos spams não pode ser rastreada e é fraudulenta.

O spam é uma ameaça constante para os legítimos profissionais de e-mail marketing em geral. É quase sempre contra as leis de um país e, além disso, é inconveniente para as pessoas com as quais você espera se conectar: seus futuros clientes. Quando você está apenas começando, e não tem muitos contatos na lista opt-in, pode ser tentador imitar as técnicas de spam, como ignorar os opt-outs; não faça isso.

Legislação antispam nos Estados Unidos e na Europa

LEGISLAÇÃO NORTE-AMERICANA

Nos Estados Unidos, a Lei CAN-SPAM (Controlling the Assault of NonSolicited Pornography and Marketing Act) entrou em vigor em 1 de janeiro de 2004. A Federal Trade Commission tem uma cartilha informativa, disponível em https://www.ftc.gov/business-guidance/resources/can-spam-act-compliance-guide-business (arquivado em: https://perma.cc/2666-ZVAC), apontando os requisitos legais para as empresas que enviam e-mails. Os pontos principais incluem:

- Não escreva informações falsas ou enganosas nos títulos;
- Não use linhas de assunto enganosas;
- Identifique a mensagem como um anúncio;
- Diga aos destinatários qual é a sua localização;
- Dê aos destinatários a opção de não receber e-mails futuros;
- Atenda às solicitações de descadastramento prontamente;
- Monitore o que os outros estão fazendo em seu nome.

Além de ser multado em até 42.530 dólares por violar qualquer um desses termos, há multas adicionais por usar técnicas de spam, como a geração automática de endereços de e-mail ou a coleta de contatos na web.

LEGISLAÇÃO EUROPEIA

Os Regulamentos de Privacidade e Comunicações Eletrônicas (Diretiva da CE) de 2003 é a legislação antispam dominante. Você verá que cada país interpretará a lei à sua maneira, além de considerar a legislação de proteção de dados também, como o GDPR.

No Reino Unido, o Escritório do Comissário de Informações (www.ico.org.uk; arquivado em: https://perma.cc/5PH4-DRLD) orienta os profissionais de marketing sobre o que eles podem e não podem fazer ao enviar e-mails. Como mencionamos, é essencial que o destinatário opte por receber mensagens de marketing (mas não se esqueça do "soft opt-in", indicando que, depois de coletar detalhes do contato de uma pessoa que tenha comprado um produto ou serviço seu ou mostrado interesse, você pode fazer marketing para ela, desde que uma maneira fácil de opt-out tenha sido oferecida).

Problemas logísticos

Às vezes, o e-mail simplesmente não chega. Há diversas razões pelas quais seus e-mails podem não chegar às caixas de entrada de seus clientes. Eles podem ter sido considerados acidental ou incorretamente como spam pelo provedor de serviços de internet (ISP) ou filtrados em uma pasta de lixo eletrônico por um cliente de e-mail baseado na web ou no desktop. Os filtros de spam são tão exigentes hoje em dia que as pessoas não veem muito spam em suas caixas de entrada, mas um filtro de spam zeloso demais às vezes também pode bloquear e-mails legítimos. Para o cliente, isso parece ótimo, mas significa que ele pode perder e-mails bastante úteis e informativos, como sua última newsletter.

No jargão dos profissionais de e-mail marketing, quando um e-mail legítimo é bloqueado por um filtro de spam, ele é chamado de "falso positivo". Esses falsos positivos podem ser um verdadeiro empecilho para os seus esforços de e-mail marketing. Pode ser difícil descobrir que seu e-mail marketing opt-in está sendo bloqueado e resolver esse problema também, sobretudo quando você sabe que seguiu as diretrizes ao pé da letra.

A melhor opção é tentar evitar o problema da armadilha de spam desde o início, certificando-se de que seus e-mails não pareçam e soem como spam. Se seu software de e-mail tem a opção de testar como sua mensagem irá se sair com filtros de spam, use-o e altere qualquer coisa sinalizada como potencialmente suspeita. Você também deve verificar se todos os e-mails podem ser rastreados até um endereço IP válido de um host confiável. Se fizer isso, não tem por que serem bloqueados.

Uma organização chamada Spamhaus Project (www.spamhaus.org; arquivado em: https://perma.cc/B7AH-WGGB) rastreia remetentes de spam. No site há informações sobre por que e-mails legítimos podem ser colocados na blacklist às vezes e o que você pode fazer para resolver o problema.

Formatos de e-mail

Outra razão pela qual seus e-mails não são lidos é que você os está enviando em um formato que os clientes de e-mail — o software ou site usado para ler e responder a e-mails — não reconhecem. Isso não é um problema tão grande quanto costumava ser, porque a adoção dos padrões da internet melhorou bastante, e hoje praticamente todos os clientes de e-mail lidam sem problemas com rich text format ou e-mails HTML, a menos que o usuário tenha especificado o contrário.

Quando você envia seu e-mail marketing, é possível optar por enviá-lo no formato de texto simples (sem formatação).

Você pode ter certeza de que todos os seus potenciais clientes conseguirão lê-lo, mas não é a experiência mais agradável esteticamente. Uma melhoria do texto simples é o formato RTF, que permite formatar o texto com tamanhos de fonte, cores, negrito e itálico, além de inserir links da web clicáveis. É melhor que o texto simples e pode ser muito eficaz para newsletters simples.

Os e-mails mais sofisticados são construídos usando HTML (o mesmo código que os desenvolvedores usam para criar páginas web). Isso significa basicamente que seu e-mail pode se parecer com uma página web normal, com imagens, links etc. As imagens geralmente não são enviadas com o e-mail, mas trazidas de um servidor web quando o e-mail é aberto. É essa técnica que permite que elementos dinâmicos e em tempo real sejam apresentados nos e-mails. Os e-mails HTML podem e devem se relacionar à aparência de seu site, proporcionando consistência e continuidade de marca quando seus potenciais clientes clicam em sua página de destino. Os e-mails mais avançados mudam com base no comportamento de um cliente online e vice-versa — também podem afetar o que os clientes veem da próxima vez que acessarem uma página web.

Para a maioria dos profissionais de e-mail marketing, o HTML agora é o formato padrão para o envio de e-mails, mas é importante lembrar que muitos clientes de e-mail (e e-mails baseados na web, como o Hotmail e o Gmail, pertencem a essa categoria) bloqueiam automaticamente imagens externas por razões de segurança até que os destinatários substituam a configuração, seja para uma mensagem individual ou para todas as mensagens de um remetente específico. Faz sentido, portanto, fazer duas coisas: 1) garantir que sua mensagem de e-mail funcione mesmo sem as imagens (ou seja, que sua proposta de valor e call-to-action sejam claras no texto); e 2) incentivar seus leitores a permitir imagens de seu endereço automaticamente em futuros e-mails.

Geralmente você não precisará se preocupar em enviar diferentes versões de seus e-mails para diferentes clientes. Um padrão da internet chamado MIME (Multipurpose Internet Mail Extensions) significa que hoje as mensagens saem no formato "multipart". Isso significa que o cliente de e-mail de seu destinatário poderá visualizar a mensagem da melhor maneira possível, e se o cliente de e-mail estiver configurado para receber apenas e-mails de texto, então é isso que ele verá.

Cada vez mais pessoas estão acessando e-mails — incluindo seu e-mail marketing — nos smartphones enquanto se locomovem. Isso representa um desafio para os profissionais de e-mail marketing. Pense em tamanhos de tela menores; os usuários podem não ver sua linha de assunto inteira, por exemplo, e a tela pequena pode afetar a aparência de seu e-mail elaborado com cuidado. Pense em usuários móveis quando você estiver criando o design de sua mensagem. Tente garantir que ela funcionará em uma tela menor, mantenha seu conteúdo principal no canto superior direito do e-mail e certifique-se de que ele também funcione na forma de texto.

Em uma pequena tela, você tem menos espaço, portanto, prenda a atenção do leitor antes com um conteúdo excelente.

Planejando sua campanha

Como em qualquer parte de sua estratégia de marketing digital, para tirar o máximo proveito de seu e-mail, é necessário definir quem você está segmentando, por quê e quais seus objetivos com isso. Você quer aumentar as vendas? Ou você está procurando manter um relacionamento com seus clientes, mantendo-os atualizados de seu negócio? É importante ser específico aqui e garantir que sua estratégia de e-mail marketing defina seus objetivos comerciais gerais.

As campanhas business-to-business (B2B) são muito diferentes das business-to-consumer (B2C), portanto, seu planejamento será em grande parte determinado pela área em que está atuando. O sucesso de suas campanhas dependerá de você reconhecer as diferentes necessidades dos dois públicos e criar seus e-mails de acordo com elas. No B2B, a jornada do cliente é relativamente longa, com vários decisores. Seus e-mails devem ter como objetivo desenvolver um relacionamento com o cliente e ganhar sua confiança apresentando diferentes tipos de conteúdo de acordo com a etapa do processo de decisão de compra em que ele está. O conteúdo deve ser sempre objetivo e instrutivo, e, pelo menos nas etapas iniciais, não promocionais. Por outro lado, em B2C a jornada é muito mais rápida, e os clientes têm mais chances de responder a conteúdos emocionais e persuasivos. Os profissionais de marketing que trabalham com B2C precisam reagir rapidamente e aproveitar as necessidades não atendidas que o cliente pode até mesmo desconhecer.

A gestão de relacionamento com o cliente (CRM) pode ajudar na segmentação de clientes, definindo grupos específicos com ofertas de e-mail personalizadas, se isso fizer sentido. Você também pode enviar conteúdo personalizado, e sempre que possível você deve se esforçar para personalizar ao máximo seu e-mail marketing. Basicamente, isso inclui usar o nome real de seu potencial cliente em suas mensagens de e-mail, mas um software mais sofisticado permitirá que você crie conteúdo dinâmico específico com base em um perfil de cliente específico. Por exemplo, um e-mail de uma companhia aérea poderia destacar o número milhas que um cliente acumulou antes que os pontos expirem, ou uma livraria online poderia recomendar novos livros com base no histórico de compras do cliente.

Você deve se perguntar sobre quais são os objetivos que espera alcançar:

- Aumentar as vendas ou reservas?
- Aumentar o engajamento com sua marca?
- Aumentar o reconhecimento da marca?

Quanto mais um cliente interage com sua mensagem, mais você consegue alcançar seus objetivos. Portanto, as principais métricas de comportamento do usuário a serem planejadas e observadas são:

- *Taxa de aberturas*: é o número total de usuários que abriram o e-mail, como uma porcentagem do segmento para o qual você o enviou, independentemente de quantas pessoas estejam abrindo.
- *Taxa de cliques*: é o número total de links clicados em seu e-mail, como uma porcentagem do segmento para o qual você o enviou, independentemente de quantas pessoas estejam clicando.
- *Taxa de aberturas únicas*: é o número total de assinantes que abrem uma mensagem, como uma porcentagem do segmento para o qual você enviou o e-mail. Portanto, se eu abrir seu e-mail duas vezes, contribuo com dois pontos para sua taxa de aberturas, mas apenas um para sua taxa de aberturas únicas.
- *Taxa de cliques únicos*: de acordo com a taxa de abertura única, a taxa de clique único é o número de usuários que clicam em pelo menos um link de sua mensagem, como uma porcentagem do segmento para o qual você enviou o e-mail. Portanto, se eu clicar em dois links de seu e-mail

em um dia, e depois em outros dois em outro dia ou de outro dispositivo, contribuo com quatro pontos para sua taxa de cliques, mas apenas um para sua taxa de cliques únicos.

- *Taxa de descadastro*: é o número de assinantes que optam por se descadastrar de sua lista de e-mails, como uma porcentagem do segmento para o qual você enviou o e-mail.
- *Taxa de rejeição*: é o número de assinantes que não receberam sua mensagem, como uma porcentagem do segmento para o qual você enviou o e-mail, porque foi rejeitada pelo servidor de e-mail deles ou não pôde ser entregue por outro motivo.

Para realmente ter uma ideia das taxas de cliques e aberturas, você deve procurar uma relação entre esses dois números. Se você dividir a taxa de cliques pela taxa de aberturas, encontrará uma informação valiosa sobre sua campanha a partir dos destinatários que abriram o e-mail. Isso indica se os leitores acharam o conteúdo interessante ou se você precisa procurar maneiras de otimizá-lo ainda mais. A principal métrica para todas as campanhas de e-mail é a taxa de conversão, que analisa o número de destinatários que realizaram uma ação específica — por exemplo, uma compra, um download ou um cadastro — em relação ao volume de e-mails enviados.

Comece com ideias claras do que você quer que esses números sejam e estará no caminho certo.

Foco em conteúdo de qualidade

Um bom design de e-mail é importante, e faz muito sentido estabelecer alguma continuidade de marca entre os templates de e-mail e o design de seu site. Todos os aspectos de sua campanha de marketing digital devem, é claro, funcionar perfeitamente juntos. Mas lembre-se *sempre* de que o conteúdo do e-mail é fundamental. O design de seus templates deve complementar o conteúdo em vez de competir com ele para chamar a atenção de seus leitores.

A fim de obter uma melhor taxa de cliques, você pode usar texto visível e imagens de call-to-action (CTA) ao longo da mensagem. Algumas pessoas reagirão mais rapidamente às imagens, outras ao texto; assim, criar botões para ambos faz sentido. Além disso, nem todos os navegadores de e-mail baixam as imagens automaticamente, portanto, ter um link de texto fornece uma possível CTA nesse caso. Algumas marcas também usam um "pré-cabeçalho" no topo da mensagem, que deve ser um resumo rápido ou um teaser do que esperar do e-mail. Normalmente, cerca de 5% das pessoas clicam nele, desde que seja útil e engajador.

Um dos modos mais eficazes de criar um conteúdo excelente de e-mail é enviar para uma pessoa conteúdo exclusivo que também se adapta e muda em tempo real, dependendo da situação:

- níveis de estoque (para e-mails de lojas);
- clima;
- horário do dia;
- histórico de navegação;
- informações de terceiros, tais como taxas de câmbios em tempo real;
- disponibilidade para reservas (por exemplo, ingressos, quartos de hotel ou voos).

Marcas que são capazes de usar dados em tempo real como esses terão mais respostas ao conteúdo de e-mail. Use seu julgamento, o conhecimento do seu negócio e de seus clientes e crie uma mensagem de acordo com sua necessidade. Teste seu conteúdo regularmente e ajuste-o para obter os melhores resultados.

Mais uma vez, lembre-se da diferença entre B2B e B2C. Como mencionado antes, no início do processo de decisão de compra, o conteúdo não deve visar promover um produto ou serviço de uma empresa. Em vez disso, deve ter como objetivo despertar o interesse do leitor e começar a desenvolver um relacionamento com ele: bons exemplos são white papers, relatórios ou artigos. Mais adiante no processo de decisão de compra, você pode começar a enviar estudos de caso ou depoimentos para que seu conteúdo se torne mais diretamente ligado ao seu produto ou serviço. No B2C, mantenha o foco na essencial call-to-action e lembre-se de que o que você está oferecendo precisa ter valor para que os clientes respondam. Pense em aumentar suas chances de sucesso adicionando cupons de desconto e ofertas para atrair e persuadir.

Quando e com que frequência?

Você deve pensar com cuidado sobre a frequência dos e-mails que envia para sua lista. Se forem pouco frequentes, seus clientes ficam fora do radar; mas se a frequência for muito grande, você começa a irritá-los. As pessoas não querem ser bombardeadas com e-mails marketing, mesmo que tenham escolhido recebê-los.

Às vezes pode ser difícil prever com que frequência você deve enviar e-mails marketing e quando é o melhor dia ou horário para enviá-los. Por exemplo, os clientes B2B provavelmente abrirão as caixas de entrada o dia todo, mas podem ser mais receptivos em certos momentos do que em outros. Você pode descobrir que o meio do dia é melhor, quando as pessoas não estão respondendo aos e-mails que receberam da noite para o dia nem tentando terminar uma tarefa. Se sua empresa é B2C, tenha em mente que seus clientes podem verificar e-mails pessoais apenas fora do horário de expediente. Essa é outra razão pela qual é tão importante rastrear e analisar todos os aspectos de sua campanha de e-mail. Testar tanto a frequência quanto a hora do dia é um exercício que vale muito a pena. Se você notar que de repente as pessoas começaram a se descadastrar de suas listas, pergunte-se por quê. Você está enviando e-mails com muita frequência ou teve uma mudança no formato que provocou isso? Seja o que for, fique de olho em suas campanhas e nos dados que elas geram, e, quando as coisas derem errado, tente solucionar o problema o mais rápido possível. Se não o fizer, você corre o risco de seus e-mails serem percebidos como spam, e isso pode não apenas prejudicar sua campanha de e-mail — pode causar um grande impacto sobre a reputação de seu negócio online. Muitas empresas caíram na armadilha de confiar na frequência para entregar melhores números gerais (incluindo número de vendas, receita, reservas, interações etc.) e isso é evidente: quanto mais e-mails você enviar, mais respostas receberá. Entretanto, a frequência também afeta a taxa de opt-out de seu banco de dados e você acaba perdendo clientes que teriam sido valiosos. Vá com cuidado e teste o máximo que puder.

Lições de sua própria caixa de entrada

Você pode aprender muito sobre o que funciona e o que não funciona no e-mail marketing dando uma olhada em sua própria caixa de entrada. Examine a variedade de newsletters e e-mails marketing cadastrados por você. Algum deles salta aos olhos e implora para que você o leia? Por quê?

Que tipo de mensagem faz você querer abri-la? Há alguma newsletter cadastrada que você espera ansiosamente para receber? Existem alguns e-mails que você nunca abre? O que seus concorrentes estão fazendo? Você acha que isso funciona para eles?

Um ótimo exemplo é o e-mail de anúncio de residências da Rightmove, um site de propriedades no Reino Unido. A empresa dispara e-mails com base nas preferências de região, tipo de propriedade e faixa de preço. A linha de assunto é personalizada e ilustra o conteúdo do e-mail: "Duas novas propriedades adicionadas". O conteúdo então mostra que essas propriedades são relevantes com base em uma área que você desenhou no mapa online deles (veja Figura 5.2). Se o conteúdo fosse realmente inteligente, ele removeria as propriedades que foram vendidas antes mesmo de você abrir o e-mail e só mostraria as propriedades disponíveis.

Analise os e-mails marketing em sua caixa de entrada, explore-os e aplique o que você aprendeu em suas próprias campanhas de e-mail marketing. Conforme suas campanhas por e-mail se desenrolam, é possível entender o que funciona melhor para você. Afinal, ninguém conhece seu negócio ou seus clientes como você.

FIGURA 5.2 Exemplo de e-mail da Rightmove

Olá, Jess.

Duas propriedades novas que correspondem à sua pesquisa foram adicionadas.

Propriedade à venda na London Road (área desenhada) nos últimos três dias.

Ver todos os resultados em Rightmove >

Design do e-mail

Ao trabalhar no design de seu e-mail, pense em termos de "above the fold": assim como um jornal dobrado ao meio, o topo de seu e-mail deve chamar a atenção do destinatário e incentivá-lo a ler. Não os force a ler páginas de texto antes de chegarem a sua oferta exclusiva e imperdível. Vá direto ao ponto logo no início e deixe coisas menos importantes para depois. Lembre-se também que os clientes de e-mail frequentemente mostram uma pequena "visualização" do corpo da mensagem ao lado da linha de assunto na caixa de entrada. Use isto: engaje os potenciais clientes com essas primeiras linhas e instigue-os a abrir sua mensagem. Como mencionado antes no capítulo, é importante pensar no celular, pois mais da metade dos e-mails agora são abertos em smartphones.

Seu design deve refletir a identidade corporativa e o branding, estendendo-se até a página de destino para a qual o e-mail leva. Consistência e continuidade são fundamentais aqui, e uma experiência perfeita entre o e-mail e o site gera confiança e, acima de tudo, aumenta a taxa de conversão.

USE MÍDIA INTERATIVA COM PARCIMÔNIA

Embora hoje seja possível adicionar todo tipo de conteúdo interativo em modelos de e-mail em HTML, você precisa pensar muito bem o motivo de fazê-lo. Será que isso realmente agrega valor e otimiza sua mensagem? Seu e-mail roda bem todos os recursos incluídos e funciona para pessoas que desativam mídia interativa ou cujo software de e-mail não consegue lidar com ela? Sua mídia interativa seria mais útil na página de destino para a qual o e-mail encaminha, em vez de no corpo da mensagem em si?

Como escrever um texto de e-mail arrebatador

Embora o design e a aparência de seu e-mail sejam importantes, o texto é um excelente meio de fazer as pessoas realizarem uma ação. Acima de todas as coisas, você precisa escrever um texto convincente e envolvente para obter resultados.

Primeiro, deve ser claro que o e-mail foi escrito por você. Use o nome de sua empresa ou marca no campo "de" e certifique-se de que ele corresponda à marca da qual o usuário optou por receber as comunicações. É importante que as pessoas reconheçam no mesmo instante que é um e-mail que autorizaram receber, caso contrário, elas podem marcar sua mensagem legítima como spam (usando o botão "denunciar spam" que existe em muitos clientes de e-mail hoje em dia). Isso não só significa que suas mensagens futuras serão encaminhadas ao lixo eletrônico desse usuário, mas, se isso acontecer com muita frequência, pode acabar prejudicando a entregabilidade de todos os seus e-mails. O uso do nome de sua marca no campo "de" também oferece uma oportunidade de branding, mesmo que o destinatário não abra a mensagem.

A criação da linha de assunto é uma das etapas mais importantes ao escrever seu e-mail. O assunto é o único pedaço de texto criativo que você sabe que seu potencial cliente vai ler *antes* de abrir a mensagem. É a sua única chance de engajar com ele e cativá-lo e pode ser um teaser ou uma explicação direta do que ele pode esperar do e-mail. Por que o potencial cliente deve abrir seu e-mail dentre uma lista de dezenas ou até centenas de mensagens que chegam em sua caixa de entrada todos os dias? Sua linha de assunto deve responder a essa pergunta.

Não seja tão rebuscado na linha de assunto: assuntos muito técnicos podem ser ambíguos, e e-mails ambíguos raramente são lidos. Seu assunto precisa ser descritivo, mas ao mesmo tempo convincente, o que pode ser uma combinação complicada, mas, se você conseguir fazê-la, verá sua taxa de aberturas disparar.

No corpo principal de seu conteúdo, é preciso usar a mesma linguagem de seus clientes. Lembre-se sempre de manter seu público em mente ao escrever. As pessoas são muito ocupadas, e os e-mails precisam ir direto ao ponto para atrair a atenção e o interesse. Certifique-se de que sua proposta de valor e call-to-action sejam claras e que os elementos principais de sua mensagem (incluindo links para seu site) sejam escaneáveis e se destaquem no corpo do texto. Normalmente, quando se trata de texto para e-mail, menos é mais.

Mantenha o tom de voz amigável e acessível e adapte a linguagem de acordo com o público. Sim, o e-mail é um meio de comunicação empresarial, mas a linguagem corporativa formal é a última coisa que as pessoas querem ler em sua caixa de entrada. Mantenha as coisas leves e descontraídas, engaje com o leitor em um nível pessoal (dirija-se a uma pessoa, não a várias). Você pode enviar seu e-mail para uma lista de contatos, mas o leitor é apenas um.

Revise tudo pelo menos duas vezes... e depois peça que outra pessoa leia também. Leia-o em texto simples e em seu formato HTML final. Seu conteúdo deve ser preciso, não apenas em termos de ortografia e pontuação, mas também nos detalhes.

Entrega de e-mails

Garantir que seus e-mails sejam entregues às pessoas de sua lista é outro elemento crucial em seu e-mail marketing. É uma boa prática enviar seu e-mail para alguns endereços "teste" ou "semente" próprios, a fim de garantir que tudo esteja chegando na caixa de entrada como você espera antes de enviá-lo para sua lista.

Manter a lista de e-mail "limpa" é fundamental, e você deve aceitar as solicitações de descadastro assim que chegarem. Muitas delas serão tratadas automaticamente por seu provedor/software de e-mail, mas você também deve monitorar as solicitações de descadastro por outros canais (pense em outros endereços de e-mail da empresa, redes sociais etc.) e aceitá-las manualmente quando necessário.

Se você achar que o e-mail para certos contatos de sua lista está voltando com frequência (ou seja, as mensagens não podem ser entregues), descubra por quê. Se o endereço não existir mais, remova-o da lista (mas não faça isso imediatamente: a inatividade nos e-mails ocorre com mais frequência do que você imagina). A maioria dos provedores permite que você especifique um limite de e-mails devolvidos além dos endereços que serão excluídos automaticamente de suas listas ativas, movendo-os para uma lista separada de rejeição. Você pode então visualizá-los, excluí-los ou reinseri-los na lista de contatos.

Se muitos e-mails começarem a voltar, vale a pena verificar se um determinado ISP ou provedor de e-mail os estão bloqueando. Se isso estiver acontecendo, é importante entrar em contato com seu provedor de e-mail imediatamente para tentar resolver a situação.

Ao enviar suas mensagens, você deve receber diversas respostas. As respostas automáticas de ausência temporária e as solicitações de "cancelamento de inscrição" começarão a aparecer assim que o e-mail chegar às caixas de entrada das pessoas, portanto não se surpreenda ao vê-las. Talvez essa seja a principal razão pela qual você deve escolher um endereço de e-mail especialmente criado (mas monitorado) para suas campanhas.

Medindo seu sucesso

Além das métricas básicas já abordadas neste capítulo, o que mais você pode analisar para lançar luz sobre como melhorar e desenvolver futuras campanhas? Você pode usar ferramentas de e-mail marketing para analisar:

- o número aproximado de pessoas que abriram e-mails ao longo do tempo (chamado de seu "alcance de abertura");
- quando as pessoas normalmente abrem seu e-mail;
- tipo de conteúdo em que as pessoas tendem a clicar e, portanto, qual conteúdo contribui para a taxa de cliques;
- quem nunca abre seus e-mails;
- tipos de e-mails com as melhores taxas de conversão;
- tipos de e-mails que tiveram maior lucro por assinante;
- o acompanhamento de e-mails que retornam regularmente;
- quantas pessoas se descadastraram de suas listas ao longo do tempo, conhecido como seu "alcance de cancelamento";
- quais clientes/provedores de e-mail (se houver) bloquearam suas mensagens;
- com que frequência diversos e-mails são abertos por um determinado assinante.

Programas em andamento

Programas de e-mails podem ser usados em eventos específicos, tais como aniversários de clientes ou mensagens de boas-vindas. São mensagens enviadas de acordo com um determinado período de vida do cliente, além de automatizadas e disparadas pelo comportamento do cliente.

VISÃO DOS ESPECIALISTAS

E-mails de boas-vindas

Contribuição de Gemma Walton, especialista em e-mail na Decision Tech

Bienvenue, willkommen, bienvenido, välkommen, bem-vindo: há muitas maneiras diferentes de dizer isso, mas campanhas de boas-vindas são uma parte essencial de sua estratégia de e-mail marketing.

No passado, o e-mail marketing enviava o maior número possível de e-mails para o maior número possível de pessoas e apenas passava sua mensagem. No entanto, recentemente o foco mudou e agora se trata de enviar e-mails relevantes e personalizados e desenvolver um relacionamento com seu público.

A melhor maneira de começar esse relacionamento é criando uma campanha de boas-vindas eficaz. A mensagem de boas-vindas que um usuário recebe confirmando que se inscreveu para receber seus e-mails pode, muitas vezes, ser a primeira interação com sua marca. Essa mensagem de boas-vindas é sua oportunidade de se apresentar, bem como informar seus assinantes dos benefícios que eles podem obter ao receber seus e-mails.

As campanhas de boas-vindas geralmente têm uma das maiores taxas de engajamento de e-mails marketing enviados. A pesquisa feita pela Return Path descobriu que "as mensagens de boas-vindas eram lidas 42% mais vezes do que outras". Com taxas de engajamento tão altas, é importante que sua campanha de boas-vindas seja o mais eficaz possível.

Então, o que é uma boa campanha de boas-vindas? Obviamente, ela dependerá do seu setor e do público para o qual você está enviando. Entretanto, seguindo a fórmula a seguir, você pode criar fidelização da marca e apresentar seus e-mails a seus membros:

1 *Confirmação*: a primeira etapa de uma campanha de boas-vindas é a confirmação da mensagem de inscrição. Nessa primeira mensagem, você deve agradecer ao usuário por ter se inscrito na sua lista de e-mails. Entretanto, também deve fornecer a ele algumas informações sobre sua marca. Isso pode ajudar a personalizar a

experiência dele com você, causar uma boa impressão e desenvolver um relacionamento. Eu também recomendo estabelecer as expectativas do tipo ou da quantidade de e-mails que ele receberá. Isso funciona como um teaser e pode persuadir seus assinantes a abrir e interagir com seus e-mails.

2 *Coleta de informações*: a próxima etapa de sua campanha de boas-vindas é descobrir mais algumas informações sobre o assinante. Quando ele se inscreveu em sua lista de e-mails, você pode ter coletado algumas informações ou talvez apenas o endereço de e-mail. Ao enviar o próximo e-mail, pode encaminhar o destinatário para um centro de preferências que lhe permitirá atualizar suas preferências e "personalizar seus e-mails". Quanto mais detalhes coletar, mais é possível segmentar os dados e enviar e-mails mais relevantes, resultando assim em taxas de engajamento mais altas. Um bom exemplo disso pode ser visto nos e-mails de boas-vindas da loja de departamentos Selfridges, que incentivam os assinantes a personalizar seus e-mails:

   Seja bem-vindo!

   Agora, sabendo que você é fã de moda, nossos e-mails enviarão a você o melhor da Selfridges. Desde os lançamentos dos designers até exclusivas decorações para casa e eventos na loja, personalize seus e-mails hoje para que possamos informar sobre as coisas que você ama.

   Personalize seus e-mails aqui >

3 *Personalização*: a etapa final de sua campanha de boas-vindas é usar os dados coletados de seus assinantes para enviar conteúdo relevante a eles. Ao enviar uma mensagem como essa, você mostra que está considerando as informações cedidas por eles e que estão sendo utilizadas para beneficiá-los. Isso também os incentivará a continuar lhe fornecendo dados no futuro.

Em todas essas mensagens, é preciso inserir links para seus outros canais, sobretudo redes sociais. Talvez você descubra que alguns assinantes são mais propensos a interagir com você por esses canais, portanto é necessário mostrar sua presença nas redes sociais e facilitar a interação com eles, fornecendo links claros.

Seguindo essas etapas, é possível criar uma campanha de boas-vindas eficaz com mensagens diversas e começar a desenvolver um relacionamento com seus clientes.

Testes

Para avaliar o sucesso de uma potencial campanha de e-mail, você também pode fazer testes A/B com grupos de assinantes. Isso significa simplesmente enviar duas (ou mais) versões de um e-mail que comunicam a mesma mensagem de maneiras diferentes (usando uma linha de assunto diferente, por exemplo) e monitorar para ver qual delas é mais eficaz. Com base nos resultados, você então envia a versão mais eficaz da mensagem para sua lista de contatos. Isso pode ser feito com conteúdo, horário, formato — é possível testar o desempenho de qualquer coisa.

Convidamos Simon Bowker, diretor regional de soluções de gestão do fluxo de trabalho do cliente na ServiceNow da Austrália e um dos principais profissionais de e-mail marketing, para falar um pouco sobre como medir o sucesso dos e-mails.

VISÃO DOS ESPECIALISTAS

Análise de dados

Contribuição de Simon Bowker, especialista em automação de marketing da ServiceNow, Austrália

O processo de usar diferentes análises de dados de marketing pode ser assustador. Entretanto, a boa notícia é que os melhores provedores de serviços de e-mail (ESPs) fornecem a você uma solução "plug and play", que junta seus pacotes de análise de dados de e-mail e web sem problemas.

Antes de fazer mudanças significativas em sua estratégia de marketing digital, muitas vezes vale a pena considerar uma auditoria de e-mail para avaliar exatamente em que estágio você se encontra agora e compreender melhor o que precisa ser otimizado. Em geral, isso deve cobrir seis áreas principais: estratégia; segmentação e personalização; layout e conteúdo; crescimento da lista; automação e eficiência; e análise.

A tecnologia dos provedores de serviços de e-mail deve lhe dar acesso direto a informações importantes, tais como impressões, cliques, taxas de abertura e rejeição. Os melhores ESPs também têm análises de dados para que você possa entender mais profundamente o comportamento de seus clientes, vendo taxas de cliques a partir de seções específicas do e-mail, receitas e vendas de uma campanha e taxas de conversão.

As informações coletadas das análises de dados podem então ser reintegradas em seu banco de dados e utilizadas para aprimorar futuras campanhas. Por exemplo, se você identificar clientes que clicaram em uma campanha mas não compraram dela, é possível segmentá-los automaticamente como pessoas que abandonaram o carrinho, lembrando-as de voltar à compra ou oferecendo alternativas. Os resultados das campanhas de carrinho abandonado são normalmente muito altos, com 25% de taxa de aberturas e 15% de taxa de cliques.

O futuro do e-mail marketing

Já se foi o tempo em que as empresas não precisavam criar conteúdo personalizado e eram bem-sucedidas. A personalização é o futuro para o e-mail e está melhorando o tempo todo. Todo o marketing se tornará mais conectado para que se assemelhe em todos os canais e mensagens.

O e-mail se ajusta constantemente, adaptando-se e progredindo com os avanços tecnológicos. A inteligência artificial (IA) e a automação mostram que o e-mail está pronto para se tornar um canal ainda mais hiperpersonalizado e dinâmico do que já é.

Os inúmeros dados coletados pelas empresas definirão os sistemas de IA a fim de construir uma visão única do cliente e compreender todos os comportamentos e momentos em que ele interage com uma marca, por mais breves que sejam. Por exemplo, a otimização do horário de envio usa a IA para analisar históricos de abertura; assim as empresas podem enviar os e-mails quando os clientes estiverem mais receptivos.

Estamos caminhando para um mundo onde os avanços tecnológicos e a IA permitirão que o planejamento de campanhas seja automatizado, e o conteúdo relevante será automaticamente extraído das fontes existentes para que não precisemos compilá-lo. No futuro da hiperpersonalização, é improvável que os clientes deem uma segunda chance às marcas que não consigam prendê-los de primeira.

Também estamos caminhando para um futuro em que os chatbots alimentados por IA serão usados para interagir com os clientes para coletar dados sobre seus interesses, gostos, aversões e problemas que precisam resolver. Esses chatbots estão sendo usados para gerar leads e melhorar as taxas de assinatura de mala direta. As informações que eles coletam podem definir campanhas de e-mail para torná-las mais direcionadas e com mais chances de sucesso.

Será muito importante que as empresas integrem todos os seus canais de marketing e ofereçam conteúdo aos clientes pelo dispositivo escolhido e conforme suas preferências, e não o contrário. Quanto mais integrado e conectado um cliente estiver com um negócio, mais ele usará seus serviços e comprará seus produtos e, por fim, aumentará a receita. No futuro, se um cliente não encontrar um negócio ou uma loja no dispositivo escolhido ou o conteúdo que procura (o que inclui a otimização para dispositivos ativados por voz — ver Capítulo 6), ele buscará a concorrência. O e-mail faz parte desse cenário e deve ser movido por ações tanto em lojas físicas quanto online.

O conteúdo gerado pelo usuário e o verdadeiro diálogo por e-mail entre clientes e empresas também estão mais em destaque do que nunca. Com a tecnologia cada vez mais disponível e acessível que pode ser facilmente integrada aos sistemas existentes, esperamos ver a adoção de conteúdo gerado pelo usuário (a forma mais simples é a avaliação do produto e o feedback do cliente) em todas as empresas, desde pequenas e médias até multinacionais.

Além de reunir e mostrar o conteúdo gerado pelo usuário, os e-mails serão cada vez mais usados para aumentar a interação e o engajamento. Recursos como imagens interativas, carrosséis de produtos ou efeitos de sobreposição mostrando ofertas serão adicionados aos e-mails, o que significa que os clientes podem engajar com empresas dentro do e-mail sem precisar clicar em outro lugar.

E-mail: um elemento essencial do marketing digital

A vantagem do e-mail marketing é que ele permite que você envie sua mensagem diretamente a uma pessoa que quer mesmo conhecer sua marca. Compare isso com seu site, que é necessariamente mais genérico (para atrair um público mais amplo) e precisa se esforçar mais para atrair e reter clientes.

Embora o e-mail marketing seja apenas uma das muitas maneiras de se conectar e manter um relacionamento com os clientes, ele está melhorando o tempo todo e, à medida que os profissionais de marketing se tornam mais sofisticados, o e-mail continuará a gerar um ROI muito alto. Terminaremos este capítulo com a opinião de Mark Ash, especialista em e-mail e CEO da Pure360.

VISÃO DOS ESPECIALISTAS

Como o e-mail marketing tem evoluído para causar mais impacto do que nunca

Contribuição de Mark Ash, CEO da Pure360

O e-mail é talvez o maior agente catalisador do mundo da internet. Como meio de comunicação individual, o canal de e-mail foi o primeiro a revolucionar a forma como as marcas engajavam com seu público de forma significativa, personalizada, rápida e em grande escala. Apesar do surgimento de novos dispositivos e pontos de contato, o e-mail continua sendo o canal escolhido por clientes e profissionais de marketing para a comunicação da marca.

O PASSADO CONTURBADO DO E-MAIL

O e-mail pode muito bem ter se tornado o canal escolhido por profissionais de marketing, mas não tem sido um caminho fácil. Os spams, phishings e a "caixa de entrada sobrecarregada" são um reflexo de sua alta eficácia para influenciar o comportamento do cliente, que é inigualável a outros canais de marketing. Dada a sua importância em tantos aspectos de nossa vida, não é surpresa que tenha se tornado alvo do uso indevido, sobretudo nas mãos daqueles que procuram explorá-lo ou não sabem como usá-lo. Vale notar, no entanto, que tal uso indevido não se limita ao e-mail; exemplo disso é o notório escândalo do Facebook e da Cambridge Analytica em 2018.

Não há dúvida de que o e-mail está um passo à frente, no entanto. Seu passado conturbado levou ao desenvolvimento de mecanismos de controle altamente sofisticados tanto para o cliente quanto para o provedor de serviços de internet (ISP). Esses controles, somados a medidas legislativas, hoje tornam o e-mail muito melhor para lidar com os desafios de um mundo automatizado multicanal do que outros canais, muitos dos quais estão começando a combater problemas associados à transparência, fraude e uso indevido de dados do cliente. Por exemplo, de acordo com a Statista, o envio de e-mails com spam está caindo bastante. Durante todo o período de 2007 a 2019, os e-mails com spam atingiram um pico em 2008, quando representavam 92,6% de todo o tráfego de e-mails. Desde então, houve um declínio constante, caindo significativamente entre 2017 e 2019, com percentuais de 39,2% (2017), 45,3% (2018) e 28,5% (2019) (Statista, 2020). Leis como o GDPR e a COPRA garantiram que os profissionais de e-mail marketing adotassem novas práticas sobre consentimento e retenção de dados. Isso resultou em listas de e-mail de maior qualidade e em um aumento das taxas de abertura que as acompanham.

O E-MAIL É AMADO TANTO PELO CLIENTE QUANTO PELO PROFISSIONAL DE MARKETING

As estatísticas de ROI divulgadas a cada ano por várias autoridades do setor são uma prova de que os e-mails marketing continuam a ser adorados tanto pelos clientes quanto pelos profissionais de marketing. Essa tendência continua aumentando, apesar do advento de novos canais como o Instagram (o que se aplica até mesmo a públicos mais jovens; ver a seguir). Alguns profissionais reconhecidos no setor insistem que "o e-mail está com os dias contados", mas são contrariados pelos dados que confirmam o e-mail como o canal preferido pelas marcas para se comunicar com seu público. Considere as seguintes estatísticas:

- 72% dos clientes dizem que o e-mail é seu canal de comunicação favorito com empresas com as quais fazem negócios (Marketing Sherpa, 2015);
- 61% gostam de receber e-mails promocionais pelo menos semanalmente, e 15% gostam de recebê-los diariamente (Burstein, 2015);

- 83% dos clientes dizem que o e-mail é um de seus meios preferidos de comunicação de marca. O Facebook fica em segundo lugar com 38%, e o correio em terceiro com 27% (Email Monday, 2018).

Da mesma forma, os profissionais de marketing gostam dos altos níveis de engajamento pelo e-mail. Em comparação com os formatos de publicidade digital, que geralmente atraem em média uma taxa de cliques (CTR) entre 0,1% e 0,2%, os profissionais de e-mail marketing geram regularmente CTRs de 2% a 5% com e-mails. E os pessimistas que afirmam que o e-mail está com os dias contados precisam se atentar às estatísticas que o confirmam como o melhor canal de marketing melhor ROI. A Data and Marketing Association (DMA) registra um ROI de 32 para 1, o mais alto de todos os canais de marketing (DMA, 2020). De acordo com a McKinsey and Company, os e-mails marketing são quase quarenta vezes melhores em captar novos clientes do que o Facebook e o Twitter (Aufreiter, Boudet e Weng, 2014). Não é surpresa, portanto, que, de acordo com a DMA, o e-mail é o canal estrategicamente mais importante para os profissionais de marketing (ver Figura 5.3; DMA, 2019).

FIGURA 5.3 Importância dos canais de marketing para as empresas

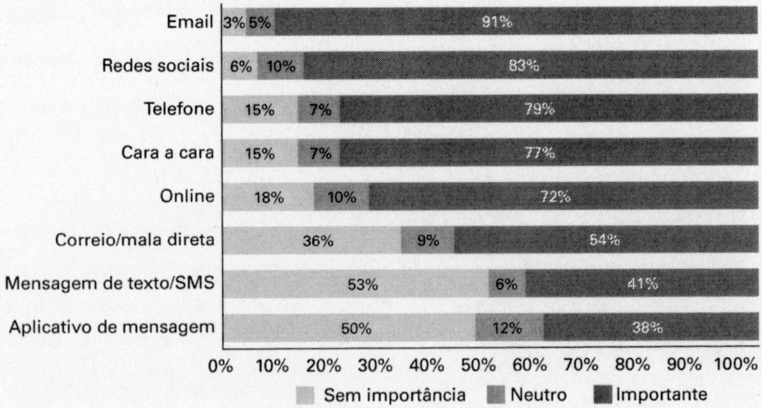

Fonte: "Marketer Email Tracker 2019", Data & Marketing Association (DMA).

O E-MAIL E A GERAÇÃO Z

Quando se trata de públicos mais jovens, o impacto do e-mail é imenso também. De acordo com uma pesquisa da SendGrid and Egg Strategy:

- 85% da Geração Z preferem muito mais receber comunicações por e-mail;
- 45% da Geração Z esperam que o uso de e-mail aumente nos próximos cinco anos, em comparação com 36% dos Millennials e 23% da Geração X;
- Dos 1.200 clientes pesquisados, 67% consideram o e-mail como essencial ou importante para suas vidas;
- O e-mail é preferido por 70% da Geração Z para as interações empresa-cliente.

(SendGrid and Egg Strategy, 2017)

Essas estatísticas são confirmadas pela Forrester, que informa que usuários com idades entre 12 e 17 anos estão usando mais o e-mail do que o Snapchat ou o Facebook (Verblow, 2019).

O E-MAIL SE TORNA O ELEMENTO PRINCIPAL DE UM MUNDO HIPERPERSONALIZADO, CONECTADO E MULTICANAL

Como os e-mails são centrados em dados, se tornaram o lugar ideal para conectar os meios de comunicação não direcionados com o mundo direcionado do marketing direto. A evolução dos centros de marketing multicanal, da tecnologia de aprendizado de máquina, das plataformas de gerenciamento de dados (DMPs) e das plataformas de dados de clientes (CDPs) significa que canais de transmissão baseados em cookies, tais como canais de mídia paga, podem ser integrados com o mundo personalizado do e-mail, do call center e da mala direta. Essa integração dá aos profissionais de marketing a capacidade de personalizar de fato a experiência do cliente em todos os canais, e em tempo real, como nunca.

Atender às necessidades dos clientes da maneira como eles querem e quando querem tornou-se a força motriz da eficácia do marketing para todas as marcas neste novo mundo digital conectado. Os clientes passaram a esperar esse nível de hiperpersonalização, e as marcas estão começando a ser definidas pela forma como respondem a esse desafio. Como demonstraram a Netflix, a Uber e outras empresas, as marcas são definidas tanto pela forma como interagem com clientes e criam experiências personalizadas quanto pelo próprio produto ou serviço.

PERSONALIZAÇÃO E E-MAIL

À medida que os profissionais de marketing começam a melhorar sua conectividade de dados, usando o e-mail como elemento principal, eles conseguem usá-lo de forma mais automatizada, criativa e em tempo real, agregando valor à jornada do cliente e otimizando o processo de decisão de compra. A disponibilidade de perfis completos de e-mail e dados comportamentais, combinados com o poder de aprendizado de máquina para identificar o melhor conteúdo para clientes individuais, permitiu que as marcas fornecessem uma experiência de conteúdo muito mais personalizada. Essa tem sido o maior responsável pela melhoria de desempenho nos tempos modernos. Exemplos de e-mails hiperpersonalizados incluem:

- conteúdo de e-mail de acordo com o clima da localização;
- mensagens de prospecção baseadas na afinidade do produto, nos gostos do cliente, em análises RFM (recency, frequency and monetary) e em CLTV (customer lifetime value);
- recomendações de produtos baseadas no histórico de compras ou em dados de crowdsourcing;
- lembretes de abandono de carrinho de compras ou formulário. De acordo com a Omnisend, enviar três e-mails lembrando do carrinho abandonado resulta em 69% mais pedidos do que um único e-mail (Meyer, 2018);
- avaliações personalizadas do cliente;

- reposição dos pedidos de compra, descontos/aumentos de preços, lembretes de reposição de produtos;
- e-mail com gatilhos mentais;
- comprovantes eletrônicos da loja.

COMO CONVENCER SEU CHEFE A INVESTIR MAIS NO E-MAIL MARKETING

Se os líderes de sua empresa ainda não estão convencidos de que precisam levar o e-mail marketing a sério, o que você pode fazer para convencê-los?

Seu ponto de partida deve ser fazer a liderança compreender como o e-mail pode impactar toda a jornada do cliente. Muitos líderes acreditam equivocadamente que o e-mail só é útil como parte de uma campanha de newsletter depois de uma compra inicial.

Depois, é preciso mostrar dados reais do valor desse canal além da atribuição de último clique. A atribuição de último clique é o método padrão para medir o valor de um anúncio ou mensagem de marketing, mas é bastante impreciso. Com a atribuição de último clique, as vendas são contadas de acordo com o último clique em uma mensagem antes de a venda acontecer. Quaisquer outras visualizações ou cliques em outras mensagens que ocorreram antes do último clique são ignorados. O resultado é que o número de vendas atribuído a cupons de desconto ou palavras-chave de busca paga é superestimado; ao contrário do papel de outros canais, como e-mail, rádio ou jornais, que influenciaram os clientes muito antes no processo. A realidade é que as pessoas tomam decisões de compra após serem influenciadas por inúmeras fontes diferentes, e o e-mail quase sempre foi importante nisso. Portanto, é fundamental que, ao avaliar o valor do e-mail marketing, sejam utilizados métodos diferentes do rastreamento de último clique. O processo a seguir garantirá que seu e-mail contribua com uma ótima experiência do cliente e com a estratégia geral de marketing.

1. *Definição de objetivos SMART*: primeiro, estabeleça objetivos para sua estratégia de e-mail marketing usando o conceito SMART para

garantir que sua atividade de e-mail esteja alinhada à sua estratégia de marketing e aos objetivos mais amplos da empresa. É importante que o e-mail ajude no objetivo de melhorar a experiência do cliente, o que, por sua vez, resulta em uma maior retenção e uma maior taxa de conversão de novos clientes.

2 *Indicadores-chave de desempenho e definição de métricas*: é fundamental definir os indicadores-chave de desempenho pelos quais você medirá o sucesso. Uma boa dica é medir as melhorias na experiência do cliente, tais como Net Promotor Score, métricas de engajamento na web, métricas de engajamento da marca e vendas assistidas. Um primeiro grande passo é deixar de lado o relatório de vendas com base no canal de atribuição de último clique para verificar o relatório de vendas assistidas. Com o relatório de vendas assistidas, o número de vezes em que o e-mail apareceu na jornada de compra é contado, portanto representa muito mais a influência do e-mail na tomada de decisões. O relatório de vendas assistidas é uma boa maneira de demonstrar que a conversão em vendas pode ser muito menor se o e-mail não estiver presente na jornada de compra. É importante que os profissionais de marketing se lembrem de que a influência do e-mail se estende muito além do período de trinta dias do Google Analytics (quando uma venda está relacionada a um clique em uma mensagem dentro de um período de trinta dias), como mostra a Figura 5.4, tirada do Consumer Email Tracker do DMA de 2020.

Como destaca a Figura 5.4, há muitas ações diferentes que as pessoas podem tomar depois de ver algo que querem comprar em um e-mail, e é por isso que é tão importante usar a métrica de vendas assistidas. Embora a contagem das vendas assistidas em todos os canais não corresponda ao total de vendas, ela demonstra como os clientes são influenciados por diversas mensagens na jornada de compra. Os profissionais de marketing devem sair do péssimo hábito de confiar na atribuição de último clique e entender o que *influencia* o comportamento do cliente, não apenas os próprios números de vendas. As vendas são apenas o resultado de um plano de marketing bem-executado. Comece contando e analisando os tipos de vendas assistidas (tanto por clique como por abertura) e compare com as vendas totais, bem como com a frequência, tempo de retorno e tipo de engajamento. Os relatórios de customer lifetime value (CLTV), recency, frequency, and monetary (RFM) e recency, frequency, and engagement (RFE) podem ajudar os profissionais de marketing a entender melhor a relação entre os diferentes tipos de comunicação e como eles influenciam a rotatividade do engajamento do cliente, a propensão a comprar e a fidelização ao longo do tempo.

3 *Mapeie sua jornada do cliente*: mapeie a jornada do cliente e destaque onde o e-mail está ou deve estar presente para ajudar a experiência do cliente. Ao focar onde o e-mail pode melhorar a experiência, e não apenas quantas vendas podem ser impulsionadas pela próxima newsletter, você estará planejando como o canal de e-mail pode ser mais bem utilizado no contexto certo para proporcionar um bom engajamento da marca.

4 *Fuja dos planos baseados em campanhas ou produtos para fazer planos baseados em jornadas*: após o mapeamento da jornada do cliente, você pode começar a melhorar a experiência dele implementando automatizações por e-mail que são acionadas por eventos (por exemplo, eventos sazonais, como e-mails de aniversário, ou gatilhos mentais, como visitar um formulário ou ler um artigo). Nesse contexto, os profissionais de marketing devem planejar campanhas em que o e-mail agregue valor à experiência geral (ou seja, lembretes antes de uma viagem, lembretes de reposição, notificações de volta ao estoque, ideias de presentes, aniversários de casamento, sugestões de aniversário etc.). Existem cerca de 25 a 30 e-mails automatizados padrões que os profissionais de marketing de varejo podem implementar em toda a jornada do cliente, desde a primeira visita à loja até a primeira venda e muito mais.

FIGURA 5.4 Ações possíveis depois que um destinatário encontra algo que quer comprar em um e-mail

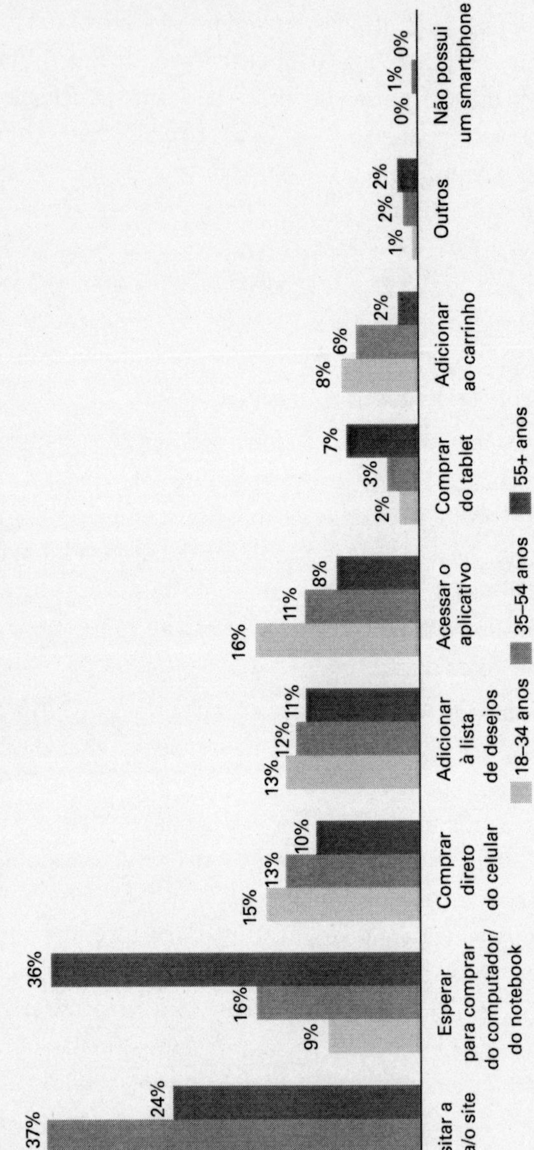

Fonte: Data & Marketing Association (DMA)

5 *Teste, teste e teste novamente*: uma vez que você tenha implementado suas automações de e-mail, é preciso se esforçar para encontrar novas maneiras de engajar seu público e agregar valor à experiência do cliente. Ter um cronograma de testes regulares é imprescindível.

O FUTURO DO E-MAIL

O futuro parece incrível para o e-mail. Em 2016, o Google lançou seu projeto Google AMP ("The Accelerated Mobile Pages Project"). A promessa do Google AMP é que os scripts dinâmicos poderão ser renderizados na caixa de entrada mais rapidamente. Sob a estrutura do AMP, os profissionais de marketing poderão projetar todos os tipos de e-mails interativos que terão a funcionalidade de qualquer página web padrão. Isso permitirá que os clientes tenham a experiência completa de compra diretamente de sua caixa de entrada, além de deixar mais claras as transações de e-commerce e os compromissos com os clientes. O desenvolvimento contínuo de scripts, comandos CSS interativos e vídeos significa que os clientes serão capazes de engajar e interagir mais diretamente com as marcas em uma série de tarefas. Pesquisas da Martech Advisor indicam que adicionar vídeos ao seu e-mail pode aumentar as taxas de cliques em 300% (Sen, 2017), e alguns especialistas até sugeriram que o e-mail interativo substituirá a humilde página da web como o centro do e-commerce. Por que se preocupar em clicar quando você pode comprar diretamente na caixa de entrada?

O desenvolvimento de blockchain para e-mails também nos oferece um vislumbre do futuro de uma caixa de entrada totalmente validada, sem e-mail, sem spam e acesso livre e autorizado entre marca e cliente.

Sem dúvida, há muitas coisas em que os profissionais de marketing de e-mail podem melhorar. Uma das principais preocupações do setor é a quantidade de e-mails que os clientes estão recebendo. Mesmo que a maioria dos clientes considerem o e-mail o método preferido de comunicação com as marcas, muitos ainda sentem que estão recebendo e-mails demais. Mudar isso exigiria que os profissionais de marketing abandonassem o planejamento de campanhas ou de produtos por e-mail para um planejamento de jornada ou estrutura baseado em experiência. Em vez de apenas oferecer inúmeros produtos porque querem, os profissionais de marketing precisam tentar entender o que seu público-alvo está tentando alcançar. Assim, eles podem criar uma estrutura que forneça conteúdo inspirador, conselhos ou orientações para ajudar os clientes a alcançar seus objetivos.

Com a experiência do cliente agora sendo a grande responsável pela eficácia do marketing, os profissionais de e-mail marketing precisam concentrar suas energias em compreender como podemos otimizar a eficácia da maneira correta para agregar valor à experiência do cliente. Isso exige que apliquemos a personalização para garantir que cada e-mail seja importante. O e-mail é o veículo de personalização mais eficaz disponível e é por isso que é a fonte mais confiável e eficaz de comunicação digital que temos.

Porém, talvez o maior valor do e-mail esteja em seu caráter único e independente. A quem pertence o endereço de e-mail? Ninguém. É o único canal que os oligarcas de dados não conseguem monopolizar por completo. É o último material remanescente de propriedade pública na economia digital em que o pagamento ao Google, ao Facebook ou à Amazon é necessário para vender ao mercado mundial. Se eu tiver o endereço de e-mail de um cliente, não tenho que pagar ao Facebook pelo privilégio de falar com eles. E é por isso que as marcas precisam coletar mais e-mails e protegê-los com cuidado. Para o bem da escalabilidade e independência das organizações, os profissionais de marketing devem se livrar das soluções a curto prazo do Adwords ou do Facebook Ads e ter certeza de que estão entregando conteúdo engajador por e-mail para captar potenciais clientes a longo prazo e aumentar a retenção.

ESTUDO DE CASO

Fitness Superstore

A Fitness Superstore é a maior loja especializada em equipamentos fitness do Reino Unido. Seu e-commerce em rápido crescimento é apoiado por dez lojas em todo o Reino Unido; sua principal loja em Northampton é o maior showroom de equipamentos fitness da Europa. A maioria das vendas vem de clientes físicos, mas eles também vendem diretamente para academias.

LOCALIZAÇÃO

Reino Unido

DESAFIO

A Fitness Superstore estava usando três soluções diferentes para oferecer personalização. A equipe de marketing queria reduzir os gastos de marketing unindo essas três soluções em uma só e procurava um parceiro para melhorar ainda mais sua personalização.

PÚBLICO-ALVO

O público-alvo da Fitness Superstore varia entre fanáticos por exercícios e pessoas que procuram ser mais saudáveis.

AÇÃO

O trabalho com a Pure360 permitiu que a Fitness Superstore colocasse todas as suas necessidades em um só lugar, simplificando a gestão e ajudando a equipe a gerar mais valor a partir da personalização. A Fitness Superstore aproveitou ao máximo a solução de e-commerce da Pure360, que combina a personalização do e-mail e do site com a segmentação comportamental baseada no aprendizado de máquina.

A equipe foi capaz de oferecer experiências altamente personalizadas de site e e-mail com base na atividade de navegação do cliente, histórico de compras e interação com campanhas por e-mail. O mecanismo de recomendação de aprendizado de máquina da Pure360 garante que cada cliente receba produtos relevantes enquanto navega no site e nas campanhas por e-mail. A Fitness Superstore também queria garantir que suas recomendações de produtos estivessem gerando o maior valor comercial possível. A Pure360 os ajudou a realizar um trabalho personalizado que elevou os valores médios dos pedidos ao aumentar as vendas de produtos especiais com margens de lucro maiores.

Os testes feitos pela Pure360 foram essenciais para a equipe de marketing. Eles usaram os testes A/B para encontrar as linhas de assunto e produtos de maior taxa de conversão colocados nos e-mails. Eles também usaram os testes A/B nas páginas dos produtos para ver quais tipos de recomendações tinham a maior taxa de conversão.

Antes de escolher a Pure360, a equipe de marketing dependia de seus fornecedores anteriores para fazer até mesmo as menores mudanças em seus programas de personalização, por exemplo, mudar o conteúdo de um e-mail de abandono de carrinho. Como a plataforma era muito intuitiva, a empresa agora tem total liberdade para fazer as mudanças que quiser, quando quiser. Isso lhe permite reagir rapidamente a tendências perceptíveis e se esforçar por uma otimização contínua.

A solução exclusiva da Pure360 permitiu que a Fitness Superstore reunisse conjuntos de dados para proporcionar uma personalização inteligente, incluindo comportamento de navegação no site, preferências pessoais, histórico de compras e engajamento por e-mail.

RESULTADOS

Desde que mudou para a Pure360, a Fitness Superstore tem visto uma significativa redução de custos, pois não precisa contratar um fornecedor. Em apenas três meses, a Fitness Superstore teve um retorno sobre o investimento onze vezes maior com base no custo da solução; ou seja, cada libra investida com a Pure360 gerava um lucro de 11 libras.

Ter um único ponto de contato simplificou a gestão e reduziu a complexidade para a equipe de marketing. Isso não só economiza tempo, como também proporciona muito mais valor devido a uma estreita parceria com seu dedicado gerente de sucesso do cliente da Pure360.

Uma grande vantagem de usar a Pure360 é a capacidade de identificar 30% dos visitantes do site como contatos existentes em seu banco de dados, mesmo quando os visitantes não estão logados. Isso ajudou a Fitness Superstore a aumentar o alcance de suas campanhas de navegação e de abandono de carrinho e a recomendar melhores produtos em campanhas de marketing.

COMENTÁRIO

> *O esforço ao lado da Pure360 foi realmente bom, ajudando a alcançar as exigências de nossos clientes.*
>
> Louise Simpson, gerente de marketing digital da Fitness Superstore

> *Os clientes agora esperam experiências personalizadas ao longo do processo de decisão de compra, e os varejistas precisam conseguir responder à mudança de comportamento à medida que ela acontece. A personalização não é novidade para a Fitness Superstore, mas, ao unir três soluções separadas em um só lugar, eles têm acesso a diversos conjuntos de dados e podem proporcionar experiências relevantes e adaptadas a cada cliente. Além disso, a equipe de marketing tem mais controle e liberdade para implementar mudanças quando necessário para que possam otimizar continuamente e, por fim, ver um maior ROI.*
>
> Mark Ash, CEO da Pure360

LINKS DA CAMPANHA

www.pure360.com/case-study/fitness-superstore/ (arquivado em: https://perma.cc/2CV4DYG6)

SOBRE OS CRIADORES

A Pure360 é uma empresa de tecnologia de marketing que fornece dados multicanal e soluções de marketing para ajudar as marcas líderes e em crescimento do Reino Unido a obter melhores resultados.

Fornecendo aos profissionais de marketing do Reino Unido uma combinação inigualável de nossa plataforma de marketing all-in-one AI — que permite que as marcas integrem, analisem, personalizem e transmitam melhor — e nosso líder do setor Maturity Model líder, estamos focados em acelerar os resultados dos clientes seja por e-mail, celular, web e redes sociais.

Ficamos em primeiro lugar em E-mail Marketing da Gartner Digital Markets, ganhamos o "High Performer" de E-mail Marketing pela G2. com e fomos nomeados como finalistas de "Large Business of the Year" no Brighton and Hove Business Awards de 2019.

06

Mobile marketing

O QUE ESPERAR DESTE CAPÍTULO

Até o final deste capítulo, você terá respostas para as seguintes perguntas:

- O que é mobile marketing?
- Qual é o potencial do mobile marketing?
- Como faço para montar uma campanha de mobile marketing?
- O que o mobile marketing pode fazer pelo meu negócio?
- Quais são as principais dicas para criar uma campanha de mobile marketing bem-sucedida?
- Qual o papel dos aplicativos em um mundo cada vez mais próximo do mobile marketing?
- Qual a importância dos aplicativos baseados em localização e dos jogos de celular?
- Quais são as questões de privacidade em torno do celular?

Mobile marketing: tamanho do mercado e taxa de crescimento

A Mobile Marketing Association definiu o mobile marketing em 2020 da seguinte maneira:

> Mobile Marketing é um conjunto de práticas que permite que as organizações se comuniquem e engajem com seu público de forma interativa e relevante por meio de qualquer dispositivo ou rede móvel.

Na última década, o mobile marketing deixou de ser um termo publicitário amplo e passou a se referir a um tipo de marketing específico. Antigamente, descrevia qualquer forma de marketing que usava um meio de comunicação móvel (coisas como outdoors móveis, roadshows e outras publicidades ambulantes), mas hoje ele se refere a uma forma completamente diferente de publicidade: entrar em contato e interagir com os clientes por meio do dispositivo móvel de sua escolha.

Assim como em outras formas de marketing online, o mobile marketing evoluiu rápido em um espaço de tempo relativamente curto, sobretudo por causa de clientes ávidos por qualquer coisa que pudesse agilizar suas vidas atribuladas e hiperconectadas. À medida que os estilos de vida se tornam cada vez mais genéricos, globais e portáteis, a tentação do dispositivo móvel "sempre conectado" se torna cada vez mais forte.

Nos Estados Unidos, os gastos com publicidade móvel aumentaram 39,7%, alcançando 69,9 bilhões de dólares em 2018 e representando 65,1% de toda a publicidade digital, segundo um estudo publicado pelo IAB e PwC em maio de 2019 (PwC, 2019).

O mesmo relatório concluiu que os gastos com anúncios para dispositivos móveis continuavam a crescer mais rapidamente do que os do mercado em geral, com a publicidade móvel aumentando sua participação para 65,1% de toda a publicidade na internet em 2018. O relatório observa que "a receita de dispositivos móveis continua a se beneficiar dos avanços do e-commerce com um único clique, formatos de anúncios criativos e posicionamento em redes sociais" (PwC, 2019).

O aumento na adoção de smartphones e tablets é um dos principais responsáveis pelo crescimento dos orçamentos de publicidade móvel. De acordo com o Mobility Report de novembro de 2019 da Ericsson, o número de assinaturas móveis no mundo todo atingirá 8,9 bilhões até o final de 2025, incluindo 7,4 bilhões de assinaturas de smartphones (83% de todas as assinaturas móveis). O mesmo relatório prevê que até 2025 haverá 2,6 bilhões de assinaturas de 5G para banda larga móvel melhorada (Ericsson, 2019).

De acordo com os números do Ofcom, o tráfego de mensagens SMS atingiu o pico em 2011 e vem diminuindo desde então. No Reino Unido, cerca de cinco bilhões a menos de mensagens tradicionais SMS e MMS foram enviadas em 2018 (em relação ao ano anterior), já que as pessoas mudaram para serviços de mensagens como o WhatsApp (Ofcom, 2019). Em termos de volume, a Statista informa que as mensagens SMS e MMS enviadas no Reino Unido caíram de 171,88 bilhões de mensagens durante 2012 para apenas 77,23 bilhões em 2017 (Statista, 2019a). Enquanto isso, o tráfego de mensagens OTT (over the top) de aplicativos como WhatsApp, Facebook Messenger e Apple iMessage está crescendo exponencialmente. A Omdia prevê que o tráfego total anual de mensagens OTT excederá 120 trilhões até 2023 (Clark-Dickson, 2019). No início de 2015, foi anunciado que o WhatsApp havia superado as mensagens SMS tradicionais. Dados compilados pela Statista mostram que o WhatsApp foi baixado 853.890 vezes em iPhones na Grã-Bretanha somente durante janeiro de 2019, e mais de um bilhão de vezes em dispositivos Android em março de 2019. Na Grã-Bretanha, o Facebook Messenger também foi baixado centenas de milhares de vezes em iPhones e dispositivos Android por mês em 2019 (Statista, 2019b).

Outro estudo, dessa vez da Juniper Research, mostra que até 2023 o número de mensagens de aplicativo para pessoa (A2P) chegará a 3,5 trilhões (Juniper Research, 2019). O que é o envio de mensagens A2P? São mensagens enviadas por um aplicativo, e não por uma pessoa. São amplamente utilizadas em serviços financeiros, publicidade, marketing, administração de empresas, emissão de bilhetes, votação na televisão etc. Quando a operadora envia uma mensagem para seu celular informando que sua última conta está disponível online ou que seus créditos estão acabando... isso é uma mensagem A2P.

Mas o que isso significa em termos de mobile marketing? Apesar de toda a propaganda em torno do acesso à web móvel, busca, aplicativos, smartphones, tablets, serviços baseados em localização e tudo mais, pelo menos por enquanto o envio de mensagens é o principal meio do setor de mobile marketing. Mas as coisas mudam rapidamente, mais do que talvez em qualquer outro ramo do marketing digital, e seria bom que os profissionais de marketing do mundo inteiro se preparassem para um futuro dominado pelo acesso móvel à informação e serviços online.

A constante ascensão do celular tornou-se o *principal* acontecimento do marketing digital nos últimos anos. O celular tem sido, é claro, a "próxima grande novidade" há muito tempo, mas com o número de usuários de smartphones no mundo previsto de 5,6 bilhões até o final de 2019 e 7,4 bilhões até 2025 (Ericsson, 2019), a convergência entre a computação móvel, a melhoria da conectividade e o desenvolvimento da nuvem, o celular está finalmente alcançando seu potencial.

De acordo com o Pew Research Center, 37% dos adultos nos Estados Unidos em 2019 usavam principalmente um smartphone para acessar a internet, quantidade que quase dobrou desde 2013, quando 19% dos norte-americanos consideraram seu smartphone o principal dispositivo para se conectar. Além disso, 17% dos adultos norte-americanos são "usuários de internet somente nos smartphones" (o que significa que eles não têm uma conexão tradicional de internet de alta velocidade onde moram), porcentagem que quase dobrou desde 2013, quando 8% dos adultos se encaixavam nessa categoria (Anderson, 2019). Dos 8,9 bilhões de assinaturas móveis que a Ericsson prevê até 2025, 90% devem ser de banda larga móvel (Ericsson, 2019). Estamos no meio de outra mudança fundamental na forma como as pessoas acessam informações e serviços digitais; enquanto a maioria dos profissionais de marketing ainda está se recuperando após a última.

No entanto, ainda não é o fim para os computadores desktop e notebook; para muitas coisas (escrever este livro, por exemplo), um computador "apropriado" talvez ainda seja a melhor opção do que um dispositivo móvel. Embora os smartphones sejam ótimos para ver as redes sociais, atualizar-se sobre as notícias e mensagens, a maioria dos clientes continua usando computadores desktop e notebook (assim como dispositivos tablet; ver mais adiante neste capítulo) para fazer uma avaliação e compra mais detalhadas (Chaffey, 2019). Entretanto, não há dúvidas de que o uso dos computadores está diminuindo, e à medida que as pessoas se acostumam a realizar cada vez mais tarefas com os dispositivos em seus bolsos, elas recorrerão cada vez menos aos computadores.

E, além de os clientes usarem dispositivos móveis para se conectar à internet com mais frequência, eles estão usando cada vez mais uma variedade de dispositivos e formatos diferentes, intercalando entre smartphone e tablet.

Como profissionais de marketing, precisamos nos adaptar a essa mudança na tecnologia de comunicação e aprender mais uma vez a interagir com nosso público pelo meio de sua escolha atual, além de otimizar sua experiência de modo que eles queiram se conectar.

Para que serve o mobile marketing?

Essa resposta poderia ocupar um livro inteiro... e depois outros. Como o celular é basicamente uma forma interessante e conveniente para as pessoas acessarem informações e serviços online, é possível implementar elementos do mobile marketing para alcançar os mesmos objetivos comerciais de qualquer outra forma de marketing digital. Você pode usar o mobile marketing para:

- criar consciência de sua marca, produto ou serviço;
- estimular conversas com sua comunidade online;
- descobrir insights valiosos sobre o comportamento do cliente;
- melhorar ainda mais o engajamento com o cliente;
- usar a sabedoria coletiva;
- impulsionar a geração de leads e novos negócios;
- estabelecer programas de fidelização, concursos e recompensas;
- criar uma experiência de marca mais profunda e pessoal;
- segmentar seu público de forma mais eficaz com base nos dados demográficos, localização e comportamento;
- reter mais clientes e reduzir a "rotatividade";
- ouvir e aprender.

A lista poderia continuar... mas você já sabe disso.

Com a adoção generalizada de dispositivos móveis conectados à internet crescendo ainda mais, os profissionais de marketing precisam começar a considerar o ramo mobile como um componente fundamental (se não o principal) de sua estratégia de marketing digital. O potencial da telefonia móvel é gigante; e o impacto do mobile marketing só vai crescer.

Dispositivos móveis: evolução acelerada

A inovação e o desejo humano por algo novo e melhor estão impulsionando a evolução acelerada dos dispositivos móveis. Nunca estamos satisfeitos com o status quo. No mês passado, nosso smartphone completo e avançado era a melhor coisa do mundo... mas hoje nós *precisamos* daquele tablet novinho em folha. Sabe aquele que é tão descolado que nem precisamos ligá-lo para impressionar os amigos? No próximo mês, uma nova versão de nosso celular será lançado: mais elegante, mais novo, mais rápido... tudo isso acontece em uma velocidade impressionante.

Quando você se dá conta, não é muito diferente da evolução dos sistemas biológicos; a diferença é que acontece muito mais rápido. A teoria de Darwin da seleção natural ainda se aplica, mas, em vez de esperar centenas de milhares de anos para que novas espécies evoluam, no ecossistema móvel temos novos dispositivos evoluindo em questão de meses.

Os fabricantes introduzem novas características e formatos em seus dispositivos móveis o tempo todo, numa tentativa de atrair e reter uma parte desse novo mercado em expansão. Se essas características ressoarem com as pessoas (se forem úteis de fato, divertidas, ou de preferência ambas), então a pressão positiva das pessoas que gastam seu dinheirinho suado impulsiona a retenção e o aprimoramento dessas características; caso contrário, elas caem em desuso. Com o tempo, isso leva ao refinamento e desenvolvimento iterativo (a evolução) de dispositivos que são ideais para seu nicho específico do ecossistema digital.

CICLO COMPLETO: DO "TABLETE" DE PEDRA AO TABLET

No início, havia o "tablete" de pedra: o melhor do marketing dos Flintstones. Hoje os tablets que seguramos são um pouco mais funcionais e bem mais leves. Mas será que os tablets vieram para ficar ou são uma moda passageira?

Os tablets são interessantes porque não são tão portáteis como os celulares. Ainda são móveis, mas não é algo que as pessoas seguram 24 horas por dia, sete dias por semana como seus celulares.

Eles também não são computadores completos no sentido mais "tradicional". As pessoas não costumam se sentar em frente ao iPad para escrever um relatório de negócios de dez mil palavras ou criar uma planilha financeira complexa.

Os tablets são o meio-termo. As telas maiores e a interface intuitiva e tátil significam que eles se destacam como dispositivos de consumo de mídia: assistir a vídeos online, pôr em dia um programa de TV, acessar blogs, sites, redes sociais, ligar para a avó, jogar jogos e executar aplicativos são tarefas rápidas, convenientes e intuitivas em um tablet. Eles também são fantásticos para fazer tarefas online simples e rápidas, como realizar transações bancárias, encomendar um presente de aniversário para sua mãe na Amazon, assinar um novo podcast, verificar rapidamente seu e-mail ou falar sobre um programa de TV com seus colegas no Twitter.

Para tarefas mais complexas, você geralmente ainda usará o notebook... mas por conveniência e gratificação instantânea, se houver um tablet disponível, você o usará. Não há dúvidas de que os tablets vieram para ficar, e a concorrência aumentando e a pressão constante para inovar vão impulsionar sua evolução contínua. Os tablets se tornarão mais capazes e, à medida que mais pessoas se adaptarem a eles, serão usados para fazer mais coisas; assim, profissionais de marketing devem considerar o tablet em sua estratégia online.

QUAL SERÁ O TAMANHO DOS TABLETS?

Não, não estamos falando do tamanho da tela, mas do tamanho do mercado.

Vários relatórios de gigantes do setor, como Morgan Stanley e Cisco, sugerem que pode haver cerca de 75 bilhões de dispositivos conectados à internet até 2020. Para colocar esse número em perspectiva, passamos o marco de 10 bilhões de dispositivos em 2013, de acordo com a empresa de análise de mercado ABI Research, e esse número continua crescendo rapidamente.

Gerd Leonhard, da Futures Agency, na Suíça, conclui: "Os tablets se tornarão o meio como muitos de nós leremos revistas, livros, jornais e até mesmo participaremos de shows ao vivo; nós daremos início a uma era de realidade móvel-agregada com conteúdo agrupado em planos de serviços móveis a serem consumidos em qualquer dispositivo móvel ou tablet".

Entretanto, o futuro do mobile marketing está evoluindo, e é provável que os tablets desempenhem um papel significativo nessa evolução. Eles abrangem a divisão entre celulares e computadores completos, já são o melhor dispositivo para o consumo multimídia e estão se tornando mais capazes a cada iteração. Os tablets vieram para ficar.

EXPERIÊNCIA DE USUÁRIO MÓVEL

Como os clientes interagem cada vez mais com as marcas em diferentes dispositivos móveis, compreender os requisitos para canais móveis e garantir que os clientes tenham uma boa experiência, independentemente de como escolham se conectar, será muito importante para os profissionais de marketing.

Um blog de 2020 da SharpSpring (Wentworth, 2020) destaca as dez principais tendências a serem observadas em 2020 em termos de otimização da experiência do usuário móvel:

1 *Eliminação progressiva do botão*: devido ao touchscreen dos smartphones, os botões estão se tornando ultrapassados. A experiência do usuário pode ser otimizada eliminando gradualmente o uso de botões e substituindo-os por interações de gestos, como acenar com a mão ou tocar na tela para aumentar o zoom.

2 *Navegação na barra inferior*: as telas maiores dos smartphones são capazes de exibir mais conteúdo, mas deslizar páginas longas pode ser entediante. Insira elementos de navegação na barra inferior que permitem aos usuários clicar sob o elemento principal que corresponde ao que eles querem fazer, em vez de gastar tempo tentando encontrá-lo.

3 *Personalização*: os usuários móveis querem ver coisas que são relevantes para eles. Táticas como localização e delimitação geográfica e perfil comportamental contribuem para a experiência personalizada.

4 *Cantos arredondados*: os smartphones têm cantos arredondados, faz sentido que o design móvel amigável esteja de acordo com eles. É preciso criar uma sensação de continuidade, ser agradável aos olhos e fazer com que os usuários inconscientemente se sintam à vontade.

5 *Eliminação de senhas*: não há nada mais desanimador do que esquecer sua senha. As senhas logo começarão a desaparecer, com organizações usando autenticação biométrica no lugar, como impressões digitais ou reconhecimento facial. Outras

opções possíveis são links de login sensíveis ao tempo e senhas de uso único.

6 *Animação funcional para UX mobile*: o movimento dinâmico e as animações utilizadas nas transições entre sites de dispositivos móveis podem ser uma maneira divertida de atrair a atenção dos usuários e fazer um branding. É possível usar animações diferentes para confirmar as ações tomadas, o que pode ser agradável para o usuário.

7 *Gráficos 3D*: as visitas virtuais em 3D estão se tornando mais comuns (pense naquelas usadas por agentes imobiliários ou empresas de aluguéis por temporada) e podem acrescentar um elemento de realismo ao seu site móvel.

8 *Paletas de cores*: escolher as cores certas para sua marca é essencial para o sucesso do negócio, pois elas afetam as emoções e podem fazer os usuários sentirem o que você quiser. Os gradientes de cores estão se tornando uma forma cada vez mais popular de se conectar com os usuários, por exemplo, uma transição gradual entre tonalidades vibrantes pode criar uma sensação boa.

9 *Modo escuro*: o modo escuro permite que o brilho da tela se ajuste ao ambiente, além de reduzir o cansaço dos olhos e preservar a vida útil da bateria. Se os usuários acharem a leitura de seu site uma experiência confortável, é provável que leiam por mais tempo.

10 *Interação de voz aprimorada*: a voz está se tornando cada vez mais popular, então adicionar uma interação de voz mais descontraída ao seu aplicativo ou site pode ajudar a melhorar a experiência do cliente.

(Wentworth, 2020)

A ascensão e o crescimento da publicidade móvel

Quando eu estava escrevendo a quarta edição deste livro em 2016, senti que finalmente tínhamos chegado ao ano dos dispositivos móveis. Graças à inovação de pessoas como Steve Jobs, que trouxe novas ideias ao design do smartphone, o celular agora é tão versátil que muitas pessoas não conseguiriam viver sem ele. Enquanto escrevia esta edição em 2020, o design do smartphone continuou a evoluir e melhorar, mas a Apple perdeu sua liderança, com as rivais Samsung e Huawei indo de vento em popa. No quarto trimestre de 2019, a Huawei ultrapassou a Apple e se tornou o segundo fabricante de smartphones mais vendido no mundo depois da Samsung (Porter, 2020).

Onde quer que você esteja — assistindo TV em casa, indo ou voltando do trabalho, ou apenas fora de casa —, os dispositivos móveis costumam ser o meio favorito para se conectar à internet. Basta pensar na frequência com que você recorre ao celular para jogar quando está viajando, entrar nas redes sociais para atualizações ou verificar o e-mail.

Então por que a mídia móvel é tão poderosa para os anunciantes?

Um smartphone é o minicomputador pessoal do usuário, que sempre anda com ele conectado. Dele, é possível enviar e receber e-mails, mensagens instantâneas, navegar na web, ver a previsão do tempo, jogar, assistir TV e até mesmo fazer chamadas e enviar mensagens de texto. O GPS incorporado garante que o usuário nunca se perderá e pode encontrar um restaurante local, posto de gasolina ou caixa eletrônico. Quer esteja procurando um lugar para comer ou uma oficina para consertar o pneu do carro, há sempre um aplicativo para isso. Se usada da maneira correta, a mídia móvel é extremamente poderosa para os anunciantes, pois a publicidade móvel permite que eles segmentem pessoas em movimento ou em casa e as atraiam quando estão mais receptivas.

Em resumo, anúncios em dispositivos móveis são o futuro, e as marcas que aprendem rapidamente a usar esse meio inovador vão cativar o público.

Em 2011, pela primeira vez, foram estabelecidas métricas principais para avaliar anúncios do setor móvel. Desenvolvidas em um esforço conjunto pelo Interactive Advertising Bureau (IAB) e pela Mobile Marketing Association (MMA), e com a assistência do Media Rating Council (MRC), o "Mobile Web Advertising Measurement Guidelines" fornece uma orientação de como as impressões de anúncios são medidas na internet móvel.

Em 2016, o IAB, a MMA e o MRC anunciaram atualizações das diretrizes das métricas de internet móvel e impressões publicitárias veiculadas no celular. Essa importante atualização elimina a "contagem por decisão" para o número de impressões. A equipe da MRC tem comunicado a necessidade dessa mudança com os fornecedores de análises de dados desde o lançamento das diretrizes, ajudando assim a garantir que a contagem ocorra somente depois que um anúncio realmente chega a um aplicativo ou navegador.

As diretrizes das métricas de aplicativos e publicidade móvel na web ajudarão os profissionais de marketing a avaliar com precisão a entrega de anúncios em sites e aplicativos, oferecendo uma maneira clara de contar impressões de anúncios e garantindo que estes estão chegando aos clientes móveis.

Mais do que tudo, as diretrizes demonstram o compromisso do setor móvel com seus parceiros de marketing para criar um ambiente de negócios transparente e consistente para a compra e venda de anúncios, para estabelecer boas práticas que funcionem em um setor complexo e para incentivar o crescimento contínuo da publicidade móvel.

Esses tipos de desenvolvimentos são motivadores. Ainda temos um longo caminho a percorrer, mas o que vem pela frente é interessante para todos os envolvidos no setor de publicidade móvel hoje.

Pedimos a Rachel Smith da Adludio, uma incrível empresa de publicidade móvel, para que nos falasse sobre o futuro da publicidade sensível ao toque.

VISÃO DOS ESPECIALISTAS

Por que a próxima geração de publicidade móvel tem tudo a ver com o toque?

Contribuição da dra. Rachel Smith, gerente de marca e conteúdo da Adludio, uma plataforma de marketing mundial e criativa em primeiro lugar, definindo a próxima geração de soluções de publicidade móvel.

HISTÓRICO: CRESCIMENTO DO USO DE DISPOSITIVOS MÓVEIS

Já é sabido que os profissionais de marketing devem concentrar seus esforços no público-alvo. Os celulares são o dispositivo preferido e mais utilizado no mundo, no qual os usuários acessam a internet durante até cinco horas e meia por dia (Hymas, 2018; Brown 2019). Houve uma grande mudança do uso do desktop para os dispositivos móveis, e está previsto que 73% dos usuários acessarão a internet somente pelos smartphones até 2025 (Chowdhury, 2019).

Como resultado, os profissionais de marketing estão investindo mais em publicidade móvel do que em qualquer outro canal (eMarketer, 2018). Por exemplo, os gastos com publicidade móvel em 2020 estão superando os gastos com desktop e agora representam 52% dos gastos com publicidade digital global (FIPP, 2019). Isso comprova o aumento da popularidade e do sucesso da abordagem mobile-first até o momento.

DAS ABORDAGENS ANTIGAS À PUBLICIDADE MÓVEL

Os profissionais de marketing precisam saber que apenas ter uma presença móvel não é suficiente. O GDPR (Regulamento Geral sobre a Proteção de Dados) deu origem a um novo capítulo, no qual a "segmentação do usuário" precisa ser substituída por uma ênfase na experiência do usuário. Isso se deve ao bloqueio dos ativos de dados pessoais (que antes impulsionavam conteúdos medianos) e à mudança para uma nova era que requer criatividade para trabalhar. Basicamente, anúncios móveis eficazes precisam agora se concentrar menos em quem está engajando, e mais em como as pessoas estão engajando.

Enquanto os usuários ficam muito tempo em seus celulares em momentos diferentes do dia, eles tendem a se engajar pouco tempo de cada vez, portanto, a experiência deve ser adaptada com inteligência para atrair a atenção; caso contrário, o público é perdido.

Em geral, a experiência da publicidade móvel até agora envolveu campanhas de televisão recicladas e imagens estáticas readaptadas a uma tela menor. Isso se deve, sem dúvidas, ao extenso uso de smartphones e à necessidade de uma rápida veiculação de campanhas de TV e computador na tela móvel. Embora a publicidade televisiva seja geralmente única e memorável, ela teve muito mais tempo para se aperfeiçoar; ao contrário dos anunciantes, que ainda não tiveram tempo suficiente para dominar as tecnologias digitais mais avançadas.

A publicidade plastificada não corresponde às expectativas do usuário móvel de hoje e, na maioria das vezes, os usuários considerarão o conteúdo irrelevante. Isso é muito comum com os tradicionais banners estáticos, que têm claras limitações em termos de comunicação e engajamento, uma vez que eles apenas se utilizam de modalidades visuais e muitas vezes são camuflados por outros conteúdos. Por isso, os usuários podem sofrer de "cegueira publicitária", pois não se lembram de ter visto o anúncio.

A veiculação contínua desse tipo de publicidade tradicional levou a um conteúdo limitado e ineficaz, o que contribuiu para um cenário de "ruído" publicitário. Esse "ruído" se refere ao conteúdo descartável que é caracterizado pela falta de percepção do cliente e por objetivos confusos de engajamento. Embora seja possível existir um ruído atraente (conteúdo que parece bom) ou relevante (segmentado), ele é inevitavelmente esquecido e é um enorme desserviço ao transmitir sua mensagem de marca.

Criar conteúdos originais é um grande passo na direção certa porque traz a publicidade de volta às suas raízes e é o fator mais importante em uma campanha de sucesso (Nielsen, 2017).

ABORDAGENS MODERNAS DA PUBLICIDADE MÓVEL

A mudança para uma era de experiência do usuário abriu o caminho para experiências publicitárias muito inovadoras e engajadoras; experiências que somente dispositivos móveis podem proporcionar. Os clientes criam bastante expectativa em relação à experiência móvel, e as marcas precisam garantir que seus anúncios sejam consistentes com isso. Isso promove uma boa impressão da marca, aumentando as chances de os usuários compartilharem o conteúdo. O conteúdo relevante também se alinha muito melhor com a personalidade inovadora dessas marcas, de modo que a publicidade de uma forma mais moderna e engajadora contribui para a continuidade de sua marca.

Mais importante ainda, essas abordagens modernas da publicidade móvel dedicam tempo e esforço para otimizar a experiência em uma pequena tela. Os usuários móveis sempre sentem, movimentam e deslizam suas telas usando o tato. Um estudo mostrou que os usuários tocam seus celulares 2.617 vezes por dia (Winnick, 2016). Entretanto, pouquíssimos anunciantes aproveitam isso ao veicularem anúncios em celulares.

A Adludio se baseia nessas tecnologias móveis para criar anúncios especiais e intuitivos para as pessoas que usam os dispositivos móveis. Esse formato inovador de anúncio móvel convida o cliente a interagir com a marca, incentivando os comportamentos humanos naturais associados às interfaces, tais como deslizar, arrastar e tocar a tela. Isso é conhecido como publicidade tátil, publicidade interativa, publicidade sensorial ou publicidade sensível ao toque.

COMO FUNCIONA A PUBLICIDADE SENSÍVEL AO TOQUE?

A publicidade sensível ao toque complementa os comportamentos táteis naturais dos usuários móveis e fornece uma interface intuitiva e projetada para a forma como interagimos com as telas.

Esses formatos de anúncios são feitos por uma instrução de interação na tela (por exemplo, desenhe uma mensagem com a caneta ou arraste o cursor para escolher seu produto favorito). Dessa forma, os anúncios podem atuar como uma extensão do produto ou serviço, já que o usuário pode simular a interação que realizaria com o produto na vida real (por exemplo, deslizar o dedo em um batom para tirar a tampa).

Anúncios projetados para interações táteis exploram as técnicas de aprendizagem cinestésica. A aprendizagem cinestésica é uma abordagem física, "prática" da aprendizagem. O envolvimento físico em uma tarefa, como a interação com uma tela, atua como um catalisador para a codificação de informações na memória por dois principais motivos.

Em primeiro lugar, aumenta a capacidade de nos concentrarmos na informação. Quando você se move, seu fluxo sanguíneo aumenta, o que, por sua vez, oxigena o cérebro e facilita as habilidades cognitivas e uma maior atenção. Isso significa que é provável que os usuários engajem mais com anúncios quando eles têm um papel ativo.

Em segundo lugar, a aprendizagem cinestésica é uma ferramenta comprovada para recuperar a memória. Quando concentramos a atenção nas informações recebidas, o cérebro procura pistas do ambiente para ajudar na extração e recuperação das informações. Além de muito envolvente, a publicidade interativa traz dicas muito mais ricas do que os anúncios digitais tradicionais. Essas dicas contextuais são codificadas na memória e são benéficas para "acendê-la" em uma ocasião posterior.

Para concluir, a publicidade sensível ao toque é o único caminho para o mobile marketing. Caso você queira aumentar os níveis de engajamento com seu público assim como o sentido de conexão com sua marca, esse tipo de publicidade deve sem dúvida fazer parte de sua estratégia de publicidade móvel.

Localização, localização, localização

O fato de seu celular *sempre* saber onde você está pode ser um pouco desconcertante, mas é inegável que também é um recurso muito útil. O uso contínuo de mapas em seu dispositivo móvel é útil para descobrir rapidamente onde você está, como chegar em um destino, localizar um restaurante tailandês que seus amigos recomendaram ou encontrar o cinema mais próximo que está passando o filme que você quer assistir.

Mas e quanto a aproveitar essa função de saber *onde* as pessoas estão e usá-la para ajudá-las a encontrar o que está disponível ao redor, descobrir novos lugares legais, localizar amigos que estão por perto ou aproveitar as últimas ofertas das empresas locais? Bem-vindo ao mundo dos aplicativos de reconhecimento de local e dos serviços baseados em localização. Esses aplicativos usam o GPS incorporado em seu celular ou reconhecem sua localização com base nos dados das antenas de celulares aos quais seu dispositivo está conectado e usam esses dados (com sua permissão, espero) para fazer diversas coisas inteligentes.

A verdadeira vantagem dos aplicativos de reconhecimento de local, a partir de uma perspectiva de marketing, é que eles oferecem às lojas físicas a oportunidade de fornecer informações em tempo real, ofertas e incentivos às pessoas *que estão fisicamente perto*. A informação de localização é algo que os profissionais de marketing podem aproveitar para tornar as informações que fornecem aos potenciais clientes mais *úteis e relevantes* do que nunca... e isso vai gerar taxas de conversão mais altas.

Fazendo check-ins?

Os primeiros aplicativos baseados em localização, como o FourSquare (www.foursquare.com; arquivado em: https://perma.cc/8TRD-ZKJJ), o Gowalla e o Facebook Places, contavam com a decisão consciente dos usuários que exigia uma ação: "fazer o check-in" em locais físicos usando software de seu dispositivo móvel.

Com o tempo, perfis de check-in foram criados. Os usuários receberam pontos, cartões e "posições" à medida que seu "status" crescia e eles faziam check-in nos locais com frequência. Tudo isso, é claro, foi implementado para recompensar o uso repetido do serviço, incentivando as pessoas a "fazer o check-in" onde quer que fossem e, por fim, estabelecer um hábito que fosse além da experimentação inicial da "novidade" das redes sociais baseadas em localização.

No entanto, no final das contas, o check-in provou ser um dos maiores desafios enfrentados pelos serviços baseados em localização, pois não há nenhum valor intrínseco ao processo para os usuários. O Facebook, depois de adquirir a Gowalla em 2011, desde então, aposentou o Places e rebaixou o compartilhamento de localização a uma marcação de atualização de status. Enquanto o FourSquare continua com o modelo de check-in por enquanto, ele está tentando combater a fadiga de usuário, tornando o processo de check-in mais simples.

Em vez de exigir que as pessoas façam o check-in manualmente para receber informações e promoções relevantes, agora os profissionais de marketing podem usar a tecnologia de telefonia móvel para detectar automaticamente quando uma pessoa está por perto e enviar mensagens para ela, desde que esta tenha autorizado, é claro!

O papel da voz e dos dispositivos ativados por voz

Os dispositivos ativados por voz estão se tornando cada vez mais populares. Seja dispositivos móveis como a Siri, da Apple, e o Bixby, da Samsung, ou em assistentes virtuais como a Alexa Echo, da Amazon, o Cortana, da Microsoft, ou o assistente do Google, um número crescente de pessoas está desfrutando da praticidade de obter respostas rápidas e concisas desses assistentes baseados em IA sem ter que digitar uma consulta em um mecanismo de busca. De acordo com a PwC, 65% dos jovens de 25 a 49 anos falam com seus dispositivos ativados por voz pelo menos uma vez ao dia (PwC, 2018). O Capítulo 8 considera as consequências dos assistentes virtuais para os profissionais de marketing em termos de estratégias de conteúdo, por exemplo, busca por palavra-chave e SEO. Aqui consideraremos as amplas consequências da voz para os dispositivos móveis.

Em 2018, um bilhão de dispositivos ativados por voz foram vendidos. Havia o dobro de usuários de assistentes de voz ativos por mês tanto nos smartphones quanto nos assistentes virtuais, com a Siri, da Apple, liderando nos smartphones e a Alexa, da Amazon, nos assistentes virtuais (Kinsella, 2018). Embora isso seja impressionante, ainda é cedo para os dispositivos ativados por voz e, enquanto escrevo, não está claro exatamente que papel a voz terá no conjunto de ferramentas do profissional de marketing. A adoção tem sido mais lenta do que muitas previsões, e não está claro ainda o quanto as organizações precisam otimizar a pesquisa por voz no celular. De acordo com o relatório da PwC de 2018, três em cada quatro clientes usam seus assistentes de voz em dispositivos móveis em casa, citando a privacidade como motivo de preferência (PwC, 2018). Isso pode nos levar a questionar o quão "móvel" é a voz para celular.

Dito isso, se sua organização tem um público principalmente móvel e você atua em um setor cuja procura por voz talvez seja mais receptiva, então com certeza vale a pena explorá-la. Como você sabe se seu público tem mais chances de usar a procura por voz? A Perficient Digital publica uma pesquisa anual para ajudar a descobrir isso. Os resultados da pesquisa de 2019 mostraram que 50% das pessoas têm mais chances de usar comandos de voz em seus smartphones se estiverem com as mãos ocupadas, e 42% disseram que os usam enquanto dirigem (Enge, 2019). Se seu público se encaixa nesses dois perfis (por exemplo, pais ocupados ou aqueles que sempre estão dirigindo a trabalho), então otimizar a procura por voz pode ser uma boa ideia.

Que mudanças devemos esperar das tecnologias de voz? São muitas, mas as duas maiores são a personalização e a publicidade comandada por voz. A voz oferece um enorme potencial para que a jornada do cliente se torne hiperpersonalizada e as interações deste sejam individualizadas. Em 2017, a Adobe lançou a análise de dados de voz com o Voice Analytics Cloud, que permite a combinação de conjuntos de dados em vários dispositivos, aumentando assim o valor das percepções que os assistentes virtuais podem reunir e ajudando os profissionais de marketing a dar sentido à intenção e ao comportamento dos clientes ao usar procura por voz (Johnson, 2017). No entanto, os profissionais de marketing precisam ter cuidado e não ir longe demais. Para muitos clientes, o tipo de hiperpersonalização possibilitada pelos assistentes de voz que ouvem as conversas cotidianas pode ser muito invasiva.

A publicidade por voz tem sido bastante divulgada no mundo do marketing, e com razão, pois a procura por voz tem o potencial de explorar o discurso e o pensamento humano, revolucionando a publicidade personalizada. Mais uma vez, é cedo para afirmar, mas uma pesquisa da Adobe Digital Insights descobriu que os anúncios comandados por voz estão ganhando credibilidade como uma alternativa a outros formatos, com 43% dos entrevistados afirmando que acham esse tipo de anúncio menos invasivo em comparação com a TV, os impressos, os anúncios online e as redes sociais. Colin Morris, diretor da Adobe Analytics, acredita nisto:

> Os anúncios comandados por voz têm o poder de ressoar de maneira mais emocional e pessoal com o cliente. Novamente, o controle está nas mãos do cliente, já que os anúncios são entregues com base nas informações que ele opta por fornecer, tornando o conteúdo relevante e envolvente e melhorando a experiência dele (Adobe, 2019).

Jogos de dispositivos móveis

Os jogos de dispositivos móveis têm sido descritos como um campo de batalha no setor do entretenimento. Enquanto os jogos de redes sociais são dominados por players como o Facebook e a Zynga e por grandes marcas como Xbox, Sony e Nintendo, o mercado global de jogos de smartphones ainda está em ascensão.

Os jogos de celular são importantes porque os dispositivos móveis são... bem, móveis! Você está com o celular 24 horas por dia, sete dias por semana. Está entediado em uma sala de espera em uma clínica? Esperando o ônibus do trabalho para casa? Esperando na fila do caixa do supermercado? O que você vai fazer? Quase sempre, se você tiver um smartphone, vai pegá-lo.

Algumas pessoas atualizarão o status nas redes sociais, verificarão o e-mail, outras vão ler seu blog favorito ou até mesmo usar o serviço baseado em localização para verificar as ofertas locais. Mas muitas pessoas vão abrir o mais recente e melhor jogo de celular.

Existem milhões de jogos de celular que abrangem todos os dispositivos móveis e plataformas móveis. E onde há jogos, há um público, e onde há um público, há oportunidades para promover. As marcas já estão veiculando mensagens promocionais *dentro de* jogos de celular e até mesmo *patrocinando jogos inteiros* a fim de impulsionar o engajamento do cliente.

Com bilhões de potenciais usuários no mercado móvel, os jogos de dispositivos móveis podem crescer e se tornar o mais importante do mercado de jogos. Os jogos de smartphone têm crescido rapidamente desde que o iPhone foi lançado em 2007, e os jogos de tablet seguiram o mesmo caminho com o lançamento do iPad no início de 2010. Os jogos de dispositivos móveis são agora o segmento que mais cresce no mercado de videogames. De acordo com a App Annie, os jogos de celular atingirão 60% dos gastos com jogos entre clientes em 2019 (Valentine, 2019).

Sucessos como o Pokémon GO, Fortnite, Candy Crush Saga e Homescapes mostram que as empresas de jogos de celular podem atrair investimentos de dezenas de milhões de dólares. No momento em que escrevo este livro (em julho de 2020), a Statista mostrou que os principais jogos para iPhone são Roblox (ganhando 2.739.837 dólares diários), seguido do Fortnite (2.394.272 dólares diários) e Candy Crush Saga (2.394.272 dólares diários) (Statista, 2020a). Em novembro de 2019, a Statista mostrou que os melhores jogos para iPhone foram Candy Crush Saga (ganhando 1.641.355 dólares diários) seguido de Homescapes (860.912 dólares diários) e Toon Blast (761.354 dólares diários). O aumento expressivo de receita no período de oito meses dos jogos mais famosos mostra o impacto da pandemia de covid-19. Forçadas a passar o tempo em casa, as pessoas se voltaram para os jogos de dispositivos móveis. O mercado de jogos hoje é dominado por consoles, com jogos de dispositivos móveis representando uma porcentagem relativamente pequena, mas em rápida expansão. Sem dúvidas, o crescimento continuará, pois os novos mercados digitais da Ásia abraçam a revolução dos smartphones, e os dispositivos móveis tornam-se os principais meios de conectividade e entretenimento escolhidos pela maioria das pessoas.

Mas nem tudo é um mar de rosas no setor de jogos de dispositivos móveis. Os desenvolvedores estabelecidos desse setor, como a Digital Chocolate, advertiram que um excesso de lançamento de jogos nas principais plataformas de smartphone significa que os desenvolvedores terão muita dificuldade de obter lucros. Eles apontam que, em muitos casos, a receita média por jogo não cobre nem mesmo os custos de desenvolvimento. Diversos jogos ruins podem arruinar o mercado para todos, dificultando para os clientes encontrarem jogos bons e até prejudicando a experiência de jogos em plataformas móveis. Em novembro de 2019, havia 903.489 jogos ativos na Apple App Store, contra 530.868 em abril de 2016, enquanto eu estava escrevendo a quarta edição deste livro (Statista, 2019c).

Mas também não se trata apenas dos números. Os profissionais experientes de mobile marketing precisam permanecer neutros ao avaliar o mercado e, é claro, independentes de plataforma. A melhor plataforma para seu negócio não é necessariamente a que tem mais aplicativos, é a que retém e chama a atenção de seu público-alvo.

Aplicativos

Os aplicativos são um conceito bastante simples. São apenas programas de software que estão pré-instalados em seu celular ou estão disponíveis para download na internet. Eles não são nenhuma novidade. Há anos existem aplicativos disponíveis para diversos aparelhos — desde jogos e conversores de moeda até aplicativos mais complicados que permitem a transmissão de vídeo e áudio ao vivo no celular.

À medida que a tecnologia avança rapidamente, estamos mudando de uma abordagem push ("empurrar" em inglês) para uma abordagem pull ("puxar" em inglês). As pessoas não querem mais receber informações empurradas. Os clientes de hoje querem estar no controle; eles decidem o que, quando e como querem que as informações sejam enviadas; e o resultado disso são aplicativos modernos.

As lojas de aplicativos e a explosão destes têm sido pouco revolucionárias. "Nunca vi nada assim em minha carreira na área de software", foi como o fundador e CEO da Apple, Steve Jobs, descreveu o sucesso inicial da App Store do iPhone; e mais uma vez parece que o sr. Jobs acertou.

Todos os principais meios de comunicação do mundo já publicaram matérias sobre o sucesso da App Store. A frase "há um aplicativo para isso" foi assunto em manchetes e conversas no mundo inteiro. O *New York Times* anunciou a revolução nos aplicativos como uma "nova corrida do ouro".

Existiam mais de 3,06 milhões de aplicativos na App Store em novembro de 2019 (não incluindo aplicativos de jogos), com mais centenas de milhares disponíveis no Android, Blackberry, WebOS, Windows 8, Symbian e diversos sistemas operacionais alternativos do mercado (Statista 2019d). Em meados de 2015, a Apple anunciou que mais de cem bilhões de aplicativos foram baixados de sua App Store desde seu lançamento em 2008.

O lançamento posterior de diversos dispositivos tablet gerou ainda mais exagero de aplicativos. Além disso, com o lançamento de aparelhos de fabricação chinesa custando cem dólares que executam o sistema operacional Android do Google, e um empurrão da Amazon e de todos os principais fabricantes de smartphones, vivemos em tempos interessantes para os profissionais de mobile marketing.

A dura realidade é que existem inúmeras diferentes plataformas de aplicativos disponíveis para marcas, agências e profissionais de marketing. Escolher a plataforma certa, conversar com o público certo e se destacar entre o ruído gerado pelos inúmeros aplicativos lançados diariamente é um desafio incrível. Enquanto escrevia a terceira edição deste livro (em 2014), a App Store, da Apple, e o Google Play estavam empatados. Durante a quarta edição do livro (em 2015), o Google Play já tinha mais aplicativos do que a App Store. A situação é a mesma em 2020, com o Google Play tendo 2,56 milhões de aplicativos, e a App Store com 1,85 milhões (Statista 2020b). O crescimento do Google pode ser atribuído ao fato de que o Android ainda tem uma fatia de mercado global maior do que o iOS, portanto faz sentido a plataforma atrair mais desenvolvedores. O Google também facilita muito a criação de novos aplicativos para os desenvolvedores e o processo de aprovação é menos burocrático do que o da Apple.

Nos últimos anos, temos visto aplicativos lançados por quase todas as marcas do mundo. Os usuários gostam de aplicativos de marca. Uma pesquisa da Admob, uma das maiores redes de publicidade móvel do mundo, descobriu que 70% dos usuários de iPhone pesquisados haviam feito o download de um aplicativo de marca.

Alguns números de download de aplicativos de marca são enormes. O Barclaycard lançou o aplicativo Waterslide, que se associou a uma campanha publicitária de sucesso na televisão britânica e foi baixado mais de 9,5 milhões de vezes. O fabricante de isqueiros Zippo foi uma das primeiras empresas a lançar um aplicativo — uma interface simples que permite "acender" um isqueiro em sua tela e produzir uma chama. Essa simplicidade foi recompensada com mais de seis milhões de downloads. O A4 Driving Challenge, da Audi, em que os jogadores levam um novo Audi A4 a uma pista, superou quatro milhões de downloads.

A dificuldade para marcas e desenvolvedores é avaliar o sucesso desses aplicativos (ver a seção "Avaliação" mais adiante no capítulo). Os números de download são uma métrica possível, mas não são tudo. O engajamento é fundamental.

Uma pesquisa realizada pela Pinch Media, uma empresa de análise de aplicativos com sede em Nova York, mostrou que apenas 20% dos usuários retornam a um aplicativo gratuito após um dia. Após trinta dias, menos de 5% dos usuários engajam com o aplicativo. O usuário médio de smartphone baixa entre 25 e 40 aplicativos, mas depois só usa metade ou um terço deles regularmente, e é comum que os usuários baixem um aplicativo e só o usem uma ou duas vezes. Essa sobrecarga tem levado a um fenômeno chamado "burnout" de aplicativos. Com usuários baixando mais aplicativos do que eles podem usar, as organizações precisam criar aplicativos úteis e engajadores (Gales, 2017). Veja a seguir algumas dicas sobre como fazer isso.

Principais dicas para criar um aplicativo de sucesso

- Plano, plano, plano: planeje o aplicativo com bastante antecedência.
- Faça sua pesquisa.

- Defina o modelo de negócios para o aplicativo (gratuito/pago).
- Qual é o problema que está sendo solucionado?
- Como o aplicativo será comercializado? Qual é o perfil segmentado e os dados demográficos do público-alvo?
- Como você irá avaliar o sucesso (não apenas os downloads)?
- Foco no design, interface do usuário (IU) e experiência do usuário (UX) — os aplicativos melhores e mais populares são simples, eficazes e têm boa aparência (ver Capítulo 3 para mais informações sobre a otimização da experiência do usuário).
- Pense no conteúdo: você está desenvolvendo um aplicativo de entretenimento que vai divertir as pessoas por trinta segundos antes de ser apagado? Ou você está criando um utilitário que as pessoas vão usar continuamente?
- Pense no dispositivo: os problemas ocorrem quando as marcas tentam encaixar o conteúdo existente em um dispositivo móvel. Em vez de pensar nas limitações apresentadas pelo tamanho da tela, pense antes nas opções em termos do dispositivo que você escolheu.

Que insights a análise de dados móveis oferece quando se avalia o mobile marketing?

KPIs DE DISPOSIVOS MÓVEIS

Veremos os KPIs de análises gerais baseadas na web no Capítulo 11, e a premissa com os dispositivos móveis é exatamente a mesma... um KPI fornece informações instantâneas de como sua campanha está indo. Assim como outros elementos de seu marketing digital, a avaliação e a análise de suas métricas de dispositivos móveis são inestimáveis. Elas permitem que você avalie instantaneamente como sua estratégia móvel está funcionando e a adapte para alcançar melhores resultados.

Alguns exemplos de KPIs populares para campanhas de mobile marketing podem incluir:

- downloads totais;
- total de usuários de aplicativos;
- novos usuários;
- frequência e duração da visita;
- taxas de rejeição;
- segmentação por tipo de dispositivo;
- CTRs.

O marketing digital bem-sucedido tem tudo a ver com refinamento iterativo: ajustes constantes baseados na interpretação de dados reais para fazer um marketing criativo mais eficaz que melhore as taxas de conversão. É exatamente o mesmo com campanhas de mobile marketing. Usando dados reais e a avalição deles, podemos concentrar nossos esforços (e nosso orçamento escasso de marketing) em aspectos que geram bons resultados.

Algumas das variáveis a serem observadas em suas campanhas de mobile marketing podem incluir:

- Segmentação do usuário: é importante entender quais usuários estão interagindo com sua campanha e realizando as ações que você deseja. Existem tendências ou padrões baseados no país do usuário, tipo de dispositivo, plataforma ou outras variáveis?
- Momento certo: veja o momento em que suas campanhas são veiculadas em diferentes regiões. Em alguns horários,

há melhores retornos? Entenda os horários que podem ter maiores taxas de conversão com seu público-alvo.

- Canal publicitário: com base em sua análise de dados, você pode identificar quais canais publicitários oferecem os melhores resultados para seus produtos e reinvestir seu orçamento de acordo com isso. O segredo aqui é comparar de modo independente a viabilidade em todos os seus canais de publicidade móvel.

Sabemos pelas estatísticas apresentadas no início deste capítulo que o mobile marketing está crescendo rapidamente, por isso é essencial que as marcas acompanhem seus esforços de mobile marketing e utilizem dados reais para melhorar o desempenho de suas campanhas móveis. Dados precisos e abrangentes e relatórios eficazes ajudam a focar as campanhas, geram um melhor ROI e, por fim, ajudam as marcas a alcançar mais sucesso com suas campanhas de mobile marketing.

Privacidade móvel

Se o Santo Graal do mobile marketing é uma avaliação precisa e eficaz, então seu arqui-inimigo certamente deve ser a privacidade. As preocupações com a privacidade estão presentes em toda a web, mas são mais prevalentes do que nunca quando se fala de um dispositivo que a maioria de nós carrega o dia todo, todos os dias: um dispositivo que sabe exatamente onde estamos, quando e por quanto tempo.

Quantos dados os clientes *realmente* querem compartilhar com os profissionais de marketing? Do ponto de vista deste, quanto mais dados tivermos sobre um potencial cliente, mais conseguimos fornecer informações úteis, relevantes e oportunas exatamente quando e onde ele precisa. Tudo isso também parece ótimo para o cliente... e até certo ponto, é. Aquele velho ditado "quando a publicidade se torna útil deixa de ser percebida como publicidade" nunca foi tão verdadeiro quando uma pessoa usando o celular encontra um restaurante italiano local que seis amigos recomendaram nos últimos meses.

Há muitas situações como essa em que todos saem ganhando. Basicamente, é disso que se trata o melhor aspecto do mobile marketing. Mas as coisas são muito competitivas nessa área, e há uma linha tênue no cenário em constante mudança do marketing digital para além da qual o mobile marketing se torna invasivo em vez de informativo. Saber exatamente onde essa linha está é a parte mais complicada.

A maioria dos profissionais de marketing responsáveis percebe que o envio de publicidade móvel sem a permissão ou consentimento relevantes causa mais prejuízos do que benefícios. O equivalente do e-mail com spam no dispositivo móvel só vai afastar os clientes em uma época em que você realmente precisa desenvolver um relacionamento produtivo e duradouro com eles.

Para que o mobile marketing funcione, os clientes precisam confiar que sua privacidade será protegida. Caso contrário, não importa o quão bem elaborada, imaginativa ou fria seja a sua próxima campanha de mobile marketing. Sem o consentimento e a adesão do cliente, você não vai chegar a lugar nenhum. O mobile marketing bem-sucedido precisa ser *relevante e útil* (ou divertido), *baseado em permissão*, além de ser parte de uma estratégia de engajamento mobile mais ampla que vai além do "bipe" inicial de uma campanha de marketing.

Como em muitas outras áreas do marketing digital, o quadro legislativo em que atuamos tem se esforçado para acompanhar o ritmo da inovação e da mudança. As leis estão correndo atrás enquanto tentam lidar com questões como publicidade móvel não solicitada, segmentação comportamental e uso de identificação pessoal e informações baseadas em localização sem o consentimento explícito do usuário.

As regulamentações de telecomunicações móveis no mundo desenvolvido são muito ultrapassadas, sobretudo quando se trata de comunicações comerciais não solicitadas. O resultado é uma enxurrada acelerada de legislações e regulamentações para amenizar o medo dos clientes de que os governos do mundo inteiro não estejam levando sua privacidade a sério. O perigo, é claro, é que a legislação feita às pressas é, muitas vezes, mal pensada e acaba prejudicando a inovação e, ao mesmo tempo, a experiência do usuário, o que é ruim para os profissionais de marketing e pior ainda para os clientes.

O impacto que toda essa legislação e regulamentação terá sobre a evolução do mobile marketing ainda não foi visto, mas, quando a poeira abaixar, se a preocupação com a privacidade dos usuários melhorar, pelo menos de alguma forma, então será uma boa coisa para os profissionais do mobile marketing. Embora a regulamentação e a legislação sejam mais um obstáculo para nós, no final das contas, são melhores do que uma possível anarquia. Se profissionais de marketing desonestos começarem a alimentar a paranoia do cliente sobre privacidade, então as pessoas simplesmente deixarão de engajar com *qualquer* forma de publicidade móvel, não importa a fonte. Isso seria ruim para todos.

Há, sem dúvida, algumas questões muito sérias de defesa do consumidor de que os profissionais de marketing precisam estar cientes à medida que a mobilidade decola. Alguns dos principais instrumentos legais que os profissionais de mobile marketing devem considerar incluem divulgação, privacidade e consentimento, como descrito a seguir.

DIVULGAÇÃO

Os profissionais de marketing devem divulgar claramente os termos de qualquer oferta. Com o crescimento dos aplicativos, o centro das atenções é a transparência com que os profissionais de mobile marketing divulgam os termos de coisas como compras em aplicativos. O espaço limitado das telas móveis pode ser desafiador quando se trata de divulgação total, mas os profissionais de marketing precisam encontrar maneiras criativas de garantir que os clientes vejam os termos e condições antes de comprarem de fato.

PRIVACIDADE

As empresas de dispositivos móveis estão sendo cada vez mais criticadas por não divulgarem adequadamente suas práticas de coleta de dados móveis aos clientes. Como já discutimos, há um grande esforço ao redor do mundo para atualizar a legislação na área de privacidade móvel. Agora é o momento para os profissionais de marketing colocarem a casa em ordem em termos de privacidade móvel. Fique de olho nas leis de sua jurisdição ou de seus clientes e preste atenção em como novas propostas de privacidade móvel podem, por fim, afetar sua estratégia móvel hoje e no futuro.

CONSENTIMENTO

O consentimento (ou permissão) é outra área-chave e que talvez se torne mais importante à medida que o comércio móvel e os pagamentos avançarem. Coisas como garantir que a pessoa que faz uma transação móvel esteja de fato autorizada a fazê-la estarão em primeiro plano.

Muitas empresas que utilizam o celular como canal de comunicação direta para seus clientes foram pegas por não obterem consentimento antes de enviar mensagens de texto promocionais. Em alguns casos, os acordos chegaram a milhões. Certifique-se de obter a permissão do cliente antes de contatá-lo em seu celular.

Dados móveis

Muito dinheiro está sendo pago em troca de informações sobre nossos comportamentos e pelo rastro de dados que deixamos em toda nossa atividade diária em dispositivos móveis. De acordo com o Mobility Report da Ericsson publicado em novembro de 2019, o tráfego global de dados móveis cresceu 68% no terceiro trimestre de 2019 em relação ao ano anterior. Outros destaques incluem que o vídeo continuará sendo o principal impulsionador do crescimento do tráfego móvel, e espera-se que seja responsável por 76% do tráfego móvel em 2025. Durante esse período, espera-se que o tráfego total das redes sociais aumente 20%, embora sua participação relativa no tráfego diminua de 10% em 2019 para cerca de 8% em 2025, devido ao crescimento maior do vídeo (Ericsson, 2019).

Futuristas (este é um cargo que adoraríamos...) também estão prevendo que novos ambientes "abertos" levarão a uma nova geração de dispositivos móveis com ainda mais sensores coletando um fluxo de dados cada vez maior sobre nossos movimentos no mundo físico, incluindo coisas como temperatura, ruído, localização e até mesmo cheiro.

Adicione dados dos sensores aos dados do usuário, de voz e outras fontes de dados e você verá como esses dados poderiam ser usados para criar uma imagem do comportamento individual assustadoramente próxima da marca. Isso traz algumas perguntas difíceis de serem respondidas: como todos esses dados pessoais e potencialmente valiosos serão filtrados? Quem vai possuí-los? Onde eles serão armazenados? Como serão protegidos?

Futuras investigações

Estamos ainda no início de tudo e temos uma visão geral do cenário do mobile marketing. Entrar nos detalhes iria muito além do escopo deste livro. Os próximos anos prometem mais inovação, mudança e desenvolvimento rápido na área de mobile marketing.

O mobile marketing está finalmente amadurecendo. Com a introdução gradual de novas tecnologias sofisticadas, os profissionais de marketing estão começando a acompanhar os resultados e gerenciar as métricas móveis de forma semelhante às utilizadas para a web. Alguns críticos defendem que o meio ainda não alcançou seu pleno potencial: é claro que não... mesmo o marketing digital ainda é um bebê, mas está crescendo rapidamente. Neste capítulo, esperamos ter compartilhado alguns dos escopos e potenciais ilimitados que tornam o mobile marketing tão interessante. Os dispositivos móveis já são parte significativa do mix de marketing digital e, com o tempo, se tornará mais importante à medida que mais pessoas recorrem a seus dispositivos móveis para obter informações, respostas, produtos e serviços de que precisam todos os dias. Se o mobile marketing é um bom ajuste para seu negócio, cabe a você decidir... mas certamente vale a pena explorar o potencial dos dispositivos móveis.

Há outras áreas mobile que estão além do escopo deste capítulo, mas que valem uma rápida pesquisa no Google:

- SMS e mobile marketing de short codes;
- pagamentos móveis;
- comércio móvel;
- QR codes;
- realidade aumentada;
- mapeamento móvel;

- mobile banking;
- saúde móvel.

Criando uma estratégia de marketing multicanal

À medida que o celular se torna cada vez mais o meio preferido para acessar a internet, os especialistas em marketing preparados para o novo mundo multicanal podem aproveitar as oportunidades para se aproximar de seus clientes como nunca.

A essência do dispositivo móvel — sempre próximo e ligado — pode fornecer diversos dados sobre nossos hábitos e movimentos, talvez mais do que alguns de nós saibam ou desejem. Com os clientes cada vez mais dispostos a comprar usando seus smartphones e tablets, já existem sinais de que as empresas inteligentes podem ser bem-sucedidas em campanhas de marketing direcionadas.

A Starbucks está usando o celular, por exemplo, para fornecer um serviço personalizado a seus clientes. Não apenas seu aplicativo e esquema de recompensa permite aos clientes encontrar lojas, pagar por seu café via celular e fazer pedidos com antecedência, mas os dados coletados em torno dos hábitos de compra são usados para identificar os clientes pelo smartphone para que o barista possa oferecer-lhes “o de sempre” ao entrarem na loja (Jenkins, 2018). A TUI Travel também tem visto sucesso com seu aplicativo MyThomson, que fornece informações e ferramentas de planejamento para ajudar os turistas, desde o momento em que eles reservam a viagem até o final das férias, além de permitir que compartilhem a experiência nas redes sociais. O MyThomson se tornou o aplicativo de viagem mais popular na App Store, da Apple, logo após o lançamento e teve mais de 180 mil downloads em poucos meses.

O celular é um canal único, com diferentes necessidades para diferentes formatos e tipos de conexão. Ele não pode mais ser pensado como um complemento a uma estratégia de marketing, mas precisa ser totalmente integrado ao mix de marketing geral. As pessoas esperam uma experiência positiva, não importa o dispositivo que estejam usando; nada estraga mais uma experiência móvel do que um pop-up irritante. O mobile é o futuro. Prepare-se!

ESTUDO DE CASO

UKTV Play

O UKTV Play é um serviço de TV on-demand que oferece acesso instantâneo a programas dos canais Dave, Drama e Yesterday da UKTV. O aplicativo permite que os usuários naveguem e assistam a comédias, dramas e documentários de graça em seu celular, TV ou notebook. Como parceiro de longo prazo da Yodel Mobile, este estudo de caso abrange as principais otimizações de mobile marketing implementadas durante um período de dez meses para o aplicativo UKTV Play.

LOCALIZAÇÃO

Reino Unido

DESAFIO

Com a categoria de entretenimento nas lojas de aplicativos sendo altamente competitiva e muitos aplicativos de vídeo sob demanda populares competindo pelo tempo de tela, a UKTV Play precisou implementar estratégias de mobile marketing para aumentar sua visibilidade e impulsionar as instalações de seu aplicativo.

PÚBLICO-ALVO

Usuários de aplicativos de TV on-demand

AÇÃO

Trabalhando juntas, a Yodel Mobile e a UKTV Play sabiam que, se aumentassem a taxa de conversão dos usuários que já estavam procurando por aplicativos de TV de forma orgânica, isso poderia ter um impacto significativo sobre o desempenho do aplicativo.

A Yodel Mobile e a UKTV Play queriam aumentar a visibilidade do UKTV Play na loja de aplicativos através da implementação de um plano contínuo de otimização das lojas de aplicativos (ASO). Isso melhoraria a posição do aplicativo na lista de resultados de busca nas lojas de aplicativos e via web móvel. Elas também procuraram otimizar elementos da lista para fazer mais visitantes baixarem o aplicativo.

Como parte do plano de ASO, a Yodel Mobile e a UKTV Play procuravam aumentar a visibilidade e o tráfego na lista de aplicativos. A Yodel Mobile implementou seu processo exclusivo de otimização de palavras-chave para criar um banco eficaz de palavras-chave em destaque. O processo concentra-se na descoberta, formulação, implementação e avaliação das palavras-chave. A estratégia de palavras-chave foi acompanhada sempre, e as otimizações contínuas aumentaram o ranking do UKTV Play na lista de resultados das lojas de aplicativos para seu público-alvo.

Além disso, as descrições das lojas de aplicativos foram otimizadas para "App Packs", blocos de aplicativos mostrados na parte superior da lista de resultados de busca móvel do Google Chrome ou Safari. Isso garantiria que os usuários com a intenção de procurar serviços de streaming via celular fossem direcionados ao UKTV Play na lista da loja de aplicativos. Foram focadas frases selecionadas que indicavam a intenção de engajar com o conteúdo de TV on-demand. Esse tipo de direcionamento ajudou a aumentar bastante a descoberta do aplicativo de forma orgânica.

Finalmente, a Yodel Mobile e a UKTV Play implementaram otimizações para gerar altas taxas de conversão e downloads do aplicativo. Elas melhoraram os elementos da lista do aplicativo na página, incluindo um texto como a descrição principal, títulos e legendas, e também materiais criativos como capturas de tela. Para identificar as otimizações mais eficazes na página, eles utilizaram os testes A/B na Play Store (Google Play Store Experiments) para uma abordagem embasada em dados. Foram testadas diferentes mensagens, como a gratuidade do aplicativo, programas populares e a variedade de gêneros. Elas também testaram variações das três primeiras capturas de tela da galeria para versões estilizadas que destacavam certos conteúdos e programas. Os resultados revelaram a melhor estratégia de otimizações on-page com a implementação das variações mais bem-sucedidas.

RESULTADOS

- 25% do total de palavras-chave rastreadas classificaram o UKTV Play na primeira posição da App Store, o que causou um aumento nas impressões da App Store;
- O UKTV Play viu um aumento de 54% nas impressões apenas na lista da App Store durante o período de suporte;
- As otimizações do App Pack provaram ser muito eficazes: o UKTV Play alcançou as cinco primeiras posições no ranking de palavras-chaves principais do App Pack "on demand", tais como "aplicativo de TV on demand", "aplicativo de programas de TV" e "aplicativo de TV streaming";
- Devido às otimizações contínuas e ao sucesso do tráfego orgânico, o aplicativo mostrou um aumento de 27% no ranking de categorias durante todo o período de suporte;
- As experiências do Google Play foram estimadas em dezenas de milhares;
- A busca móvel orgânica e a otimização da capacidade de descoberta aumentaram o número de downloads do aplicativo de forma orgânica;
- Essa campanha recebeu menção honrosa na categoria Most Effective Search Campaign do Effective Mobile Marketing Awards de 2019.

LINKS PARA A CAMPANHA

https://uktvplay.uktv.co.uk (arquivado: em https://perma.cc/4V4Y-T9WD) https://yodelmobile.com (arquivado em: https://perma.cc/MD2C-RARC)

SOBRE OS CRIADORES

A Yodel Mobile é uma agência líder em consultoria de crescimento de aplicativos e nomeada a Mobile Agency of the Year de 2019, além de ser especializada em lançamento e crescimento de aplicativos. A empresa ajudou mais de duzentos aplicativos desde sua criação em 2007, com seu exclusivo programa de crescimento de aplicativos, uma mistura de estratégia, aquisição orgânica, aquisição paga e estratégias de retenção. Ela ajuda no crescimento sustentável dos negócios de seus clientes usando um processo de otimização impactante em todo o ciclo de vida do usuário para adquirir usuários qualificados e melhorar o valor do usuário.

COMENTÁRIO

> *A Yodel Mobile nos ajudou a criar uma estratégia que realmente melhorou a eficácia de nosso mobile marketing orgânico. Isso tem sido fundamental para direcionar usuários qualificados para o aplicativo. As implementações da ASO geraram excelentes resultados e contribuíram para o crescimento geral bem-sucedido do negócio.*

Helen Gray, gerente de marketing da UKTV Play

07

Redes sociais

O QUE ESPERAR DESTE CAPÍTULO

Até o final deste capítulo, você terá respostas para as seguintes perguntas:

- O que o termo "rede social" realmente significa?
- Como as redes sociais estão mudando o cenário do marketing digital?
- Por que o engajamento é importante?
- Como posso aproveitar o poder das redes sociais para alcançar meu público-alvo e engajar com ele?
- Como a contribuição do cliente pode me ajudar a fazer negócios de forma mais eficaz e a aprimorar meus produtos e serviços?
- Quais são as regras de engajamento nas redes sociais?
- Como posso usar os influenciadores em meu marketing de redes sociais?

Participe da conversa

Você ouve seus clientes de verdade? Você leva em conta suas opiniões, ideias e críticas e lhes informa suas decisões comerciais? Se o fizer, está à frente da concorrência. Historicamente, os profissionais de marketing têm se concentrado em transmitir uma determinada mensagem a um público-alvo predefinido, com o objetivo de suscitar uma resposta específica. Os clientes, às vezes, eram consultados nesse processo — por meio de pesquisas de mercado e de consumo, grupos de foco e similares —, mas, de modo geral, o marketing tendia a ser apenas "mostrar e dizer", e o cliente era visto como um receptor passivo de informações dadas pelo profissional de marketing.

Agora, graças à natureza cada vez mais interativa da internet e a uma mudança no consumo de mídia das pessoas, tudo isso está mudando. Os clientes estão falando, como sempre, mas agora estão falando online com grupos maiores de pessoas. As conversas deles transcendem perfeitamente as fronteiras geográficas, temporais e culturais.

O marketing também está evoluindo rapidamente para se tornar mais uma conversa do que uma palestra. Os profissionais de marketing inovadores percebem que, para serem ouvidos no mundo interativo de hoje, eles precisam participar dessa conversa — e, é claro, se você quiser aproveitar ao máximo qualquer conversa, é preciso passar um tempo *escutando*.

Em blogs, wikis, marcadores sociais, discussões online, redes sociais, sites de avaliação e outras mídias online, temos o potencial de desenvolver um relacionamento muito mais produtivo e relevante com nossos clientes, para obter insights valiosos de suas percepções de nossos produtos, serviços e marca, e de permitir que eles contribuam com nossos negócios de maneiras nunca antes possíveis.

A compreensão das redes sociais exige uma mudança de paradigma para o profissional de marketing. Temos que perceber que nosso público-alvo não é mais um público de fato. Eles agora são participantes ativos de um debate em constante evolução; e, como profissionais de marketing digital, não podemos nos dar ao luxo de ficar de fora desse debate.

O que é rede social?

Rede social é o termo geral para softwares e serviços baseados na web que permitem aos usuários se reunirem online para trocar, discutir, comunicar e participar de qualquer forma de interação social. Essa interação pode abranger textos, áudios, imagens, vídeo e outras mídias individuais ou combinadas. Ela pode envolver a criação de novos conteúdos; a recomendação e o compartilhamento de conteúdos existentes; a avaliação e classificação de produtos, serviços e marcas; a discussão dos principais assuntos do dia; a busca de hobbies, interesses e paixões; o compartilhamento de experiências e conhecimentos... de fato, quase tudo que pode ser transmitido e compartilhado em canais digitais é válido.

Diversos sites agora usam elementos de redes sociais para engajar com seu público, e alguns deles, inclusive vários dos sites de maior visibilidade que surgiram nos últimos anos (os Facebooks, Twitters e Instagrams deste mundo), baseiam todo o seu modelo de negócios na crescente popularidade das redes sociais, na participação de usuários e no conteúdo gerado pelo usuário (UGC).

As redes sociais não são novidade

Um dos maiores equívocos sobre as redes sociais é que se tratam de um fenômeno novo. A interação social online existe desde o início. Em sua forma mais crua, a rede social veio vinte anos antes da web. Os antigos sistemas de quadro de avisos dial-in (BBSs) e comunidades online como a Compuserve e a Prodigy permitiam que os usuários publicassem mensagens online para que outros membros pudessem ler e responder; os grupos de discussão da UseNet (primeiros grupos de discussão na internet) permitiam que participantes com afinidades trocassem opiniões sobre diferentes assuntos, desde cirurgia cerebral até periquitos-australianos, enquanto as listas de discussão por e-mail faziam o mesmo. O Internet Relay Chat (IRC) introduziu o bate-papo em tempo real nesse meio, e fóruns e salas de bate-papo no navegador trouxeram debates para a web.

O que mudou nos últimos anos é o alcance e a penetração dessas tecnologias de redes sociais, sua adoção na vida cotidiana de um público dominante e a propagação de conteúdo criado pelo usuário e a interação que dela resulta. No passado, a discussão online era geralmente restrita aos primeiros usuários: tecnólogos que se sentiam confortáveis em interagir pela rede e tinham competências técnicas para compreender interfaces de usuário confusas e muitas vezes pesadas para alcançar seus objetivos. Hoje, no entanto, qualquer pessoa pode participar de interfaces de usuário inteligentes e bem-projetadas baseadas em navegador que adotam convenções conhecidas por todos. É fácil, conveniente e muito poderoso; não por causa da tecnologia em si, mas por como ela conecta as pessoas.

Tempos de engajamento

O marketing eficaz de redes sociais consiste em deixar de lado a abordagem agressiva para promover produtos. Pare de afirmar o óbvio para seus potenciais clientes usando os bordões exagerados do marketing e, em vez disso, se esforce para desenvolver suas habilidades na arte mais sutil de engajar o cliente. Descubra os interesses das pessoas, do que estão falando e depois forneça informações, conselhos e conteúdos úteis para elas. Fale *com* elas, não *delas*, e sobretudo *as escute*. Se você fizer isso de fato, então a rede social pode ter um impacto muito positivo no perfil online de sua empresa (veja Figura 7.1).

FIGURA 7.1 Por que é importante sua empresa engajar nas redes sociais

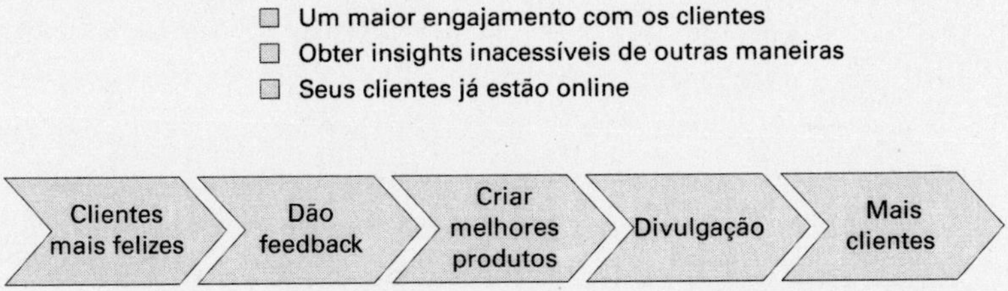

O quanto você vai entrar no jogo do marketing de rede social dependerá muito de seu negócio, seus clientes, seus objetivos e sua estratégia geral de marketing digital. Mas de fato há oportunidades para todos. Estes são apenas alguns dos possíveis benefícios de engajar com seus clientes pelos canais sociais online:

- *Mantenha-se informado*: descubra o que seus clientes realmente pensam. Obtenha insights valiosos da percepção que eles têm de seus produtos, serviços, marcas, setor e interesses gerais. Conhecer seus clientes é o segredo para um marketing digital eficaz, e engajar com eles em uma rede social pode ser bastante revelador, sem ser invasivo.
- *Aumente a visibilidade de sua marca*: ao engajar da maneira proativa pelas redes sociais, você aparece e pode criar uma reputação como um participante útil e de autoridade em sua área.
- *Equilibre as coisas*: grupos de foco, pesquisas de mercado e outros métodos offline de avaliar o sentimento do cliente custam caro e podem estar muito além do alcance das empresas menores. Agora, qualquer organização pode entrar nas redes sociais para descobrir do que os clientes

estão falando e como eles se sentem, com pouco ou nenhum investimento.

- *Influencie os influenciadores*: muitas vezes, as pessoas mais ativas nas redes sociais serão o elemento de seu público-alvo que pode ser chamado de *influenciadores*. Embora sejam poucas se comparadas ao mercado inteiro, essas pessoas influentes já ganharam a confiança e o respeito de outros usuários, e estimular sua boa opinião pode ter um impacto enorme em sua reputação online mais ampla (veja mais adiante neste capítulo sobre como trabalhar com influenciadores).
- *Construa a defesa da marca*: ao engajar de maneira positiva com pessoas que já gostam de sua marca, você pode criar divulgadores apaixonados que defendem voluntariamente sua organização nas redes sociais. E seus maiores defensores de marca podem estar dentro de sua empresa — incentivar seus funcionários a ser ativos nas redes sociais pode aumentar bastante seu alcance.
- *Passe adiante*: um dos aspectos mais poderosos das redes sociais é sua capacidade de se tornar viral. É o equivalente do marketing boca a boca, a diferença é que online a palavra pode ir mais longe e mais rápido. Pode ser um vídeo no YouTube, uma notícia de grande repercussão sobre sua empresa, uma publicação no blog que é lido e divulgado por seus leitores — se você acertar em cheio, de repente está em todo lugar e sua reputação melhora. Se você acertar, é a melhor maneira de promover seu negócio.
- *A sabedoria coletiva*: as empresas inteligentes percebem que, aproveitando a sabedoria coletiva das comunidades online, podem encontrar respostas para alguns de seus problemas comerciais mais desafiadores. Receber informações das comunidades online usando a rede social é

acessível e eficaz. Além de ajudar a resolver dilemas comerciais reais, também pode ajudar você a tomar decisões fundamentadas de pesquisa, projeto e desenvolvimento com base no que os clientes realmente querem. Isso sim é um conceito inovador!

Diferentes formas de rede social

Há diferentes tipos de sites de rede social, todos baseados amplamente na premissa da interação: criar, trocar e compartilhar conteúdo, classificá-lo e falar sobre ele como uma comunidade. Os conteúdos podem ser links para outros sites, artigos de notícias ou publicações em blogs, fotografias, áudios, vídeos, perguntas feitas por outros usuários... qualquer coisa, de fato, que possa ser transmitida em formato digital.

A maioria dos sites de rede social não se encaixa perfeitamente em uma única categoria; eles tendem a misturar diversos aspectos sociais que transcendem os limites definidos pelas pessoas. Ainda assim, dada a nossa propensão de rotular tudo à nossa volta, existem vários grupos geralmente aceitos nos quais a maioria dos sites de redes sociais se encaixam bem, com base em sua principal função. Os dados a seguir são apenas uma prévia e não são detalhados. Comece a procurar e você encontrará muitos sites/elementos de rede social por aí que não se encaixam perfeitamente em nenhuma das categorias mostradas a seguir, alguns que abrangem várias categorias e outros que desafiam a categorização no seu todo. Tudo isso demonstra a natureza dinâmica e em constante evolução da área. Vivemos em uma época interessante.

Sites de compartilhamento de conteúdo

Os primeiros sites a permitir que os usuários etiquetassem e compartilhassem conteúdo que gostassem eram sites de social bookmarking como o Pinterest (www.pinterest.com; arquivado em: https://perma.cc/KBS6-HUCF), que permite aos usuários "favoritar" conteúdos de seus recursos de escolha (páginas, áudios, vídeos... qualquer coisa), categorizá-los usando tags (etiquetas que ajudam a identificar e filtrar o conteúdo depois) e compartilhá-los com seus amigos online. O conceito é muito parecido com adicionar uma página aos favoritos de seu navegador, mas de maneira melhorada.

Os sites de social bookmarking perderam a popularidade e foram amplamente substituídos por sites de compartilhamento de conteúdo, tais como Digg (www.digg.com; arquivado em: https://perma.cc/LH8J-WL8L), Reddit (www.reddit.com; arquivado em: https://perma.cc/8YDG-7P8W) e Tumblr (www.tumblr.com; arquivado em: https://perma.cc/9TMV-MDC6). Esses sites são como os de bookmarking social, mas em vez de salvar favoritos em uma lista pessoal para consulta própria posterior, você envia links de conteúdos de que "gosta" para que a comunidade online o avalie e classifique. Quanto mais pessoas "votarem" em um determinado conteúdo, maior será a sua classificação. Os envios que recebem votos suficientes acabam na página inicial do site, o que pode provocar picos de tráfego para o site em questão.

Além dos votos, é claro, também tende a haver conversas e debates sobre esses sites, o que significa que eles podem oferecer insights de como as pessoas pensam e reagem.

O QUE OS PROFISSIONAIS DE MARKETING PODEM APROVEITAR?

- *Descubra no que as pessoas estão interessadas*: você pode usar os sites de compartilhamento de conteúdo para avaliar que tipo de conteúdo de sua área atrai as pessoas.

Veja o conteúdo que está no topo. Pergunte-se por que ele é tão popular. O que há de atraente nele e como você pode usar isso para tornar seu conteúdo mais atraente?

- *Qual é o burburinho*: assim como o que está "em alta" nos sites, há muita discussão em torno de conteúdos populares. Quanto mais popular um conteúdo se torna, mais pessoas o veem e falam sobre ele. Veja o que as pessoas estão dizendo — avaliações, comentários e conversas; descubra do que as pessoas gostam, do que não gostam e use esses insights para adicionar esse "burburinho" em seu conteúdo.
- *Aumente sua visibilidade, tráfego e reputação online*: ter artigos e outros conteúdos bem classificados nesses sites pode lhe aumentar consideravelmente o tráfego. No entanto, eles também lhe dão a oportunidade de aumentar sua reputação e autoridade dentro de sua comunidade online. Ao contribuir de forma construtiva, apresentando conteúdo relevante e interessante e participando das conversas em torno do conteúdo, você pode melhorar a percepção geral da comunidade sobre sua marca e, de quebra, seu poder de influenciar outros.

Fóruns e sites de discussão

Fóruns online e sites de discussão existem desde o início da internet. Grupos amplos e gerais de discussão, como o Yahoo Groups (http://groups.yahoo.com; arquivado em: https://perma.cc/9CVU-YQ7Q) e Google Groups (http://groups.google.com; arquivado em: https://perma.cc/ K6H3-KAKP), em que qualquer pessoa pode se inscrever e iniciar sua própria comunidade de discussão online ou por e-mail sobre qualquer tópico ainda são populares. É possível encontrar uma tonelada de outros sites de discussão focados em comunidades gerais, específicas do setor (verticais) e do nicho, que abrangem todos os tópicos imagináveis.

O QUE OS PROFISSIONAIS DE MARKETING PODEM APROVEITAR?

- *Aproxime-se de seus clientes*: verificar o que os clientes estão falando nos fóruns é uma ótima maneira de descobrir o que os motiva. Quanto mais você puder descobrir sobre seus clientes, mais bem preparado estará para engajar com eles de maneira relevante.
- *Aumente a visibilidade de sua marca*: contribua para a discussão, ofereça ajuda e conselhos, mostre sua experiência. Em breve as pessoas começarão a respeitar e confiar em sua contribuição à comunidade; e isso pode fazer maravilhas para sua reputação e visibilidade online.
- *Corte o mal pela raiz*: ao participar de fóruns, você consegue identificar conversas ou comentários negativos relacionados ao seu negócio ou marca; seja proativo para resolvê-los o quanto antes. Além disso, se você já é um membro valioso e participativo da comunidade, você pode muito bem encontrar pessoas que vão te defender.
- *Tráfego segmentado*: o tráfego não deve ser o principal motivo para entrar em um fórum de discussão — promoção descarada fora de contexto e links para seus sites são mal vistos, mas a maioria dos fóruns permite (até mesmo incentiva) um ou dois links em sua assinatura (um pequeno trecho, geralmente poucas linhas, que é anexado ao final de cada publicação enviada no fórum). Lembre-se de seguir as regras do fórum, mas ao incluir links em sua assinatura, outras pessoas podem encontrar seu(s) site(s) e descobrir mais sobre você e sua empresa com facilidade. Muitas clicarão para dar uma olhada, sobretudo se você compartilhar com frequência conteúdos valiosos e relevantes para o fórum.

Sites de compartilhamento de mídia

Os sites de compartilhamento de mídia são incrivelmente populares. O Pinterest (www.pinterest.com; arquivado em: https://perma.cc/KBS6-HUCF), que permite às pessoas salvar e compartilhar imagens e vídeos separados por tópicos (ou "pinboards"), foi lançado em 2010 e atingiu trezentos milhões de usuários ativos mensais (Pinterest, 2019). Sites como o Instagram (http://instagram.com; arquivado em: https://perma.cc/QN79-4P7U) e o Flickr (www.flickr.com; arquivado em: https://perma.cc/Y3U6-ERJD) permitem que comunidades de membros carreguem, compartilhem, comentem e discutam suas fotografias; o YouTube (www.youtube.com; arquivado em: https://perma.cc/84QU-MK2Z), o Facebook Watch (www.facebook.com/watch; arquivado em: https://perma.cc/F6PQ-7YXB), o Twitch.tv (www.twitch.tv; arquivado em: https://perma.cc/7GFP-APF3), o Vimeo (www.vimeo.com; arquivado em: https://perma.cc/K4UV-HZ32) e outros semelhantes fazem o mesmo para conteúdo de vídeo; e uma série de outros sites de rede social são baseados em outros tipos de mídia: o SlideShare (www.slideshare.com; arquivado em: https://perma.cc/99RC-2BJK), por exemplo, é um site que permite que as pessoas carreguem, compartilhem e discutam seus slides de apresentação com o mundo.

Em geral, os sites permitem que você disponibilize o conteúdo ao público ou restrinja o acesso a pessoas específicas, a fim de compartilhar conteúdo com seus "amigos" e até mesmo para "adicionar" (integrar sem problemas) o conteúdo em seu blog ou site para que outros o encontrem, o divulguem e o discutam.

Para ir ao encontro de nossa atenção cada vez menor, há uma tendência de compartilhar mídias menores. Isso começou em janeiro de 2013, quando o Twitter lançou seu aplicativo Vine, que permitia aos usuários criar, compartilhar e comentar vídeos em loop de seis segundos. O Vine tornou-se popular: em seu auge, cem milhões de pessoas estavam vendo vídeos do Vine por mês (Smith, 2019), mas foi descontinuado em 2016 depois de outras plataformas introduzirem serviços concorrentes. Em 2013, o Instagram expandiu seu serviço para suportar vídeos com um limite um pouco maior do que 15 segundos, embora desde então tenha acrescentado funcionalidades para receber vídeos de sessenta segundos. Indo ainda mais longe, o aplicativo de mensagens Snapchat permite que as pessoas enviem fotos e vídeos que somem após serem vistos; não há nada mais moderno do que conteúdo descartável!

O TikTok é um aplicativo baseado na China destinado principalmente aos adolescentes. Lançado na China em 2016 com o nome de Douyin, foi lançado mundialmente em 2017 como TikTok e é uma das plataformas de rede social que mais cresce no mundo. Os usuários criam e compartilham vídeos curtos de música e lip sync de até 15 segundos e vídeos em loop curtos entre três e sessenta segundos. Dois usuários diferentes podem participar do mesmo vídeo usando o recurso Duet. O aplicativo tornou-se bastante popular entre a Geração Z e tem visto um crescimento exponencial mundial desde seu lançamento, grande parte dele vindo dos mercados indiano e chinês. Hoje é disponível em mais de 150 mercados, em 75 idiomas. Em junho de 2018, o TikTok havia alcançado 500 milhões de usuários ativos mensais no mundo (Iqbal, 2019), e em fevereiro de 2019 atingiu um bilhão de downloads em todo o mundo (Pham, 2019). No primeiro trimestre de 2019, um número estimado de 188 milhões de usuários baixaram o aplicativo pela primeira vez (Yeh, 2019), tornando-o o terceiro aplicativo mais baixado do mundo (Pham, 2019). Pedimos a Katie, uma estudante de 16 anos e usuária do TikTok, para nos mostrar por que o aplicativo tem se tornado tão popular.

VISÃO DOS ESPECIALISTAS

Um guia do TikTok pelo olhar de uma usuária

Contribuição de Katie, estudante de 16 anos e usuária do TikTok

Texto originalmente escrito para a Thinkhouse, uma empresa de marketing para jovens que trabalha com marcas e organizações para ajudá-las a entender o público jovem e se conectar com ele.

O TikTok é o novo aplicativo de rede social favorito da minha geração, tendo explodido nos últimos dois anos. Em 2018, o aplicativo tinha 500 milhões de usuários, e atualmente (em 2019) tem 1 bilhão no mundo inteiro. Um dos principais motivos dessa popularidade é a ampla disponibilidade do aplicativo. O TikTok está agora disponível em 75 idiomas diferentes e em 154 países. Perguntei à minha amiga querida Sara, que é usuária frequente do TikTok, por que ela gosta tanto do aplicativo:

> Eu acho que é muito divertido. Fazer vídeos com seus amigos e aprender as danças é muito legal. Não vou mentir! E os TikToks são engraçados, algumas pessoas são muito criativas. Não sei como elas têm ideias tão hilárias assim.
>
> Sara, 15 anos de idade

Os jovens me dizem sempre que adoram o aplicativo porque é divertido criar vídeos, fazer lip sync e dançar com os amigos.

Os usuários do TikTok também sentem a vontade inegável de que um de seus vídeos viralize. Nessa plataforma, há a página "Para Você". Se por sorte seu vídeo for aleatoriamente selecionado na página "Para Você", há grandes chances de ele viralizar. A seção "Para Você" é uma página de recomendações de TikToks populares para que cada usuário assista enquanto estiver no aplicativo. Os usuários querem viralizar, pois o aplicativo é responsável pela fama de influenciadores, como Jacob Sartorius, Baby Ariel e Loren Gray.

PERSONA, TENDÊNCIAS E GÍRIAS DO TIKTOK

Há algumas novas tendências interessantes na cultura do TikTok, e uma delas são as gírias do aplicativo. Os usuários criaram estereótipos para garotas e garotos do TikTok. Estes incluem:

- *VSCO girls*: uma VSCO girl é uma adolescente descolada que usa *scrunchies* no cabelo, chokers de conchas, sandálias Birkenstock, camisetas *oversized*, tem uma garrafinha térmica e, o mais importante, usa canudo de aço para "salvar as tartarugas".
- *E-girls e e-boys*: o "e" em e-girl e e-boy se origina da palavra "emo". São garotos ou garotas que usam camisetas sobrepostas, correntes, gorrinhos e têm um look mais grunge.
- *Soft boys*: são garotos conhecidos por sua aparência bonita e saudável. Eles tendem a usar camisetas e pulôveres vintage, tênis brancos ou All Star e blush nas bochechas e no nariz.
- *Soft girls*: são garotas conhecidas como fofinhas, pois usam roupas da Brandy Melville (saias xadrez, croppeds, camisetas estampadas, calça mom jeans e cores pastel). Soft girls frequentemente desenham nuvens em suas bochechas e usam muito blush e iluminador.

DANÇAS DO TIKTOK

A dança e os desafios são uma das principais atrações do TikTok. Isso acontece porque dançar é a coisa óbvia a fazer quando se faz vídeos com música. Sendo eu mesma uma TikToker, concordo com a Sara: aprender danças com meus amigos é muito divertido, porque é muito legal quando a coreografia está perfeitamente sincronizada.

Eu fiz um TikTok dançando com meus amigos da escola. Nos bastidores, levamos muito tempo para ensaiar e gravar. Foi uma sensação ótima quando todos nós ficamos ao redor do meu celular, assistimos ao vídeo e vimos que estávamos sincronizados. Não há nada melhor:

- No momento em que estou escrevendo isto, o Halloween está chegando, e muitos maquiadores e dançarinos estão publicando incríveis tutoriais de maquiagem inspirada nessa data. O famoso dançarino de TikTok Minecrafter2011 viralizou com sua dança Charleston "assustadora", e muitos usuários estão a recriando para celebrar o Halloween.

- *LevelUp*: *LevelUp* é uma música famosa da Ciara que viralizou por causa de sua dança animada, em que os usuários fazem uma contagem regressiva na letra: "5... 4... 3... 2... 1". No clímax, os usuários se agacham e começam a movimentar os braços em círculos rápidos, acompanhando a letra em ritmo acelerado.
- Harvey bass dance: Harvey, inglês de 16 anos de idade, viralizou com sua dança da música *Git up* de Bianco Brown, que obteve 76 milhões de visualizações no TikTok. Infelizmente, Harvey foi suspenso porque o vídeo foi gravado em sua escola, mas milhões de outras pessoas recriaram a dança icônica dele.

MINHAS CELEBRIDADES FAVORITAS DO TIKTOK

- Olivia Neill: essa celebridade irlandesa do TikTok tem 18 anos, mora em Belfast e ficou famosa pelo seu senso de humor, sua dança tímida e músicas indie. Olivia criou uma dança viral chamada "shy dance", que é extremamente popular entre os adolescentes. Ela cobre o rosto com os cotovelos e balança de um lado para o outro como se fosse "muito tímida" para mostrar o rosto.
- Shauna Devitt: essa jovem de 18 anos de Wexford, conhecida por seus fãs como "Shauna the Sheep", estourou recentemente no TikTok. Ela tem cinco milhões de likes e quase 170 mil seguidores. Os TikToks da Shauna são principalmente cômicos. Alguns deles já tiveram até 1,5 milhão de visualizações. Ela faz vídeos engraçados sobre as dificuldades vividas pelos adolescentes. Shauna faz jus ao seu nome de usuário, fazendo TikToks das ovelhas e de sua vida no campo em Wexford.
- Jacob Donegan: esse irlandês de 19 anos, também conhecido como itz_jacob_33 no TikTok, é uma sensação da rede social, com quase

70 milhões de likes e 900 mil seguidores. Jacob promove amor próprio e *body positivity* no seu perfil. Ele também é transgênero e defensor da comunidade LGBTQIA+. Os seguidores de Jacob são conhecidos como JaCubs.

- Jamie Corbett: esse jovem é um canadense de 21 anos. Ele é conhecido por seus fãs como "JustJamie". Jamie tem 110 mil seguidores e 1,2 milhões de likes. Eu gosto de seu TikToks porque ele é muito engraçado e dança muito bem. Ele é mais conhecido por seu humor ousado e sarcástico, além de já ser famoso pelas sátiras que faz no Instagram e por vídeos no YouTube.
- The Corner Lads: é um grupo de rapazes ingleses, também conhecidos como Kieran, Emile, Liam, Jack, Phil, Aiden e Scott, que viralizaram no TikTok com danças e acrobacias ao redor de sua escola e vizinhança. Eles têm 1,3 milhão de seguidores e 23,9 milhões de likes. Infelizmente, agora que alguns dos meninos têm 18 anos e estão na universidade, o grupo publica com menos frequência.

MARCAS EM DESTAQUE

Eu nunca reparo em anúncios no TikTok, mas sim no que meus amigos estão vestindo e usando como adereços nos vídeos. A melhor maneira de engajar com uma marca ou negócio no TikTok seria fazendo desafios específicos a um determinado item ou atividade. Marcas como a Hydro Flask, a Urban Outfitters, a Brandy Melville, a Supreme e a Gucci têm se beneficiado da fama do TikTok.

É tudo uma questão de diversão e conexão com seus amigos, e se começasse a se tornar mais comercial, as pessoas não iriam gostar tanto. O TikTok é amado porque é cru e autêntico, ao contrário de plataformas como o Snapchat, o Instagram e o Facebook. Qualquer coisa que uma marca possa fazer para permitir mais diversão e conexão seria muito legal. Um exemplo seria ajudar adolescentes como eu a fazer nossos próprios TikToks, criando um espaço onde pudéssemos filmar e curtir.

O QUE OS PROFISSIONAIS DE MARKETING PODEM APROVEITAR?

- *Descubra o que move seu público-alvo*: analisando a popularidade dos produtos nos sites de compartilhamento de conteúdo e lendo os comentários dos usuários, você pode obter insights do que seu público-alvo gosta e não gosta, incluindo isso em seu conteúdo.
- *Um meio pronto para a distribuição de conteúdo*: esses sites são o meio ideal para a rápida distribuição de seu conteúdo de mídia digital. De fato, toda a área de marketing digital evoluiu em torno do YouTube e de vídeos virais. Faça a coisa certa com seu público e, quem sabe, talvez seu videoclipe possa se tornar o próximo *The Man Your Man Could Smell Like*, do Old Spice (http://bit.ly/UDMOldSpice; arquivado em: https://perma.cc/GLN9-S5DY), com 56.814.407 visualizações... e aumentando.

Avaliações e sites de avaliação

Avaliações e sites de avaliação fazem exatamente o que o nome diz: permitem aos usuários avaliar e classificar empresas, produtos, serviços, livros, música, hotéis, restaurantes... qualquer coisa de que gostem. Podem ser sites de avaliação independentes, como o Trustpilot.com (arquivado em: https://perma.cc/VLA4-LSDL) ou o Yelp (www.yelp.com; arquivado em: https://perma.cc/HWE9-3WB6), ou um elemento de avaliação adicionado a um site mais amplo, como a classificação de produtos e recursos de avaliação em sites de e-commerce como a Amazon (www.amazon.com; arquivado em: https://perma.cc/RW4Y-RK5P).

Você também encontrará sites de avaliação específicos do setor que abrangem muitos mercados verticais, como o TripAdvisor (www.tripadvisor.com; arquivado em: https://perma.cc/9FR6-JTWH), focado em viagens, ou o

RateMyTeachers (www.ratemyteachers.com; arquivado em https://perma.cc/D7E6-MSMF), que permite que alunos e pais avaliem e comentem sobre seus professores.

O QUE OS PROFISSIONAIS DE MARKETING PODEM APROVEITAR?

- *Publicidade*: a maioria dos sites de avaliação dependem da publicidade para gerar receita e, portanto, oferecem oportunidades de publicidade para as empresas, seja diretamente ou com publicidade e redes de afiliados.
- *Perceba o que é bom e o que é ruim*: mesmo que as pessoas não estejam avaliando seu negócio diretamente, você ainda pode obter informações valiosas nesses sites sobre o que está funcionando para os clientes e o que não se enquadra no seu setor. Se você administra um hotel, por exemplo, é possível ver quais são as principais queixas dos hóspedes e de que eles gostaram, então use isso a favor de seu negócio.
- *Descubra o que as pessoas realmente pensam*: se os clientes estão publicando avaliações sobre seu negócio, esse tipo de feedback é maravilhoso, pois reforça onde você está acertando e aponta aspectos que pode melhorar. É uma pesquisa de mercado gratuita.
- *Mostre bom atendimento ao cliente*: ao monitorar as avaliações e respondê-las de forma construtiva ao feedback negativo, você mostra um bom atendimento ao cliente de forma muito visível.

Sites de redes sociais

Esses são os sites arquetípicos de rede social: os Facebooks e os LinkedIns. Ao escrever a quarta edição deste livro, o Google+ era um site de rede social importante e visto como um grande rival do Facebook. No entanto, seu engajamento com usuários permaneceu inferior ao de seus concorrentes e acabou encerrando no início de 2019.

Os sites de redes sociais são as páginas em que as pessoas automaticamente pensam quando você diz "rede social". Eles são, parafraseando a estratégia inicial do Facebook: "*utilitários sociais que conectam você com as pessoas ao seu redor*". Basicamente, eles permitem aos usuários criar um grupo (ou vários grupos discretos no caso das Listas do Facebook e dos Grupos do LinkedIn) de "amigos" com os quais é possível compartilhar diversas coisas: desde vídeos até artigos, jogos, grupos e causas, até... bem, se você ainda não faz parte de nenhuma rede social, crie um perfil e logo terá uma ideia.

Inúmeras pessoas usam redes sociais e esses números estão crescendo o tempo todo à medida que convidam seus amigos e contatos a se juntarem a elas. O Facebook sempre foi a principal delas e, com 2,41 bilhões de usuários ativos mensais a partir do segundo trimestre de 2019, continua sendo a maior rede social do mundo (Statista, 2019).

No entanto, há sinais de que o Facebook pode ter atingido o auge. Enquanto ainda está crescendo em mercados emergentes, em alguns mercados desenvolvidos, como os Estados Unidos, está atingindo o ponto de saturação. Um relatório do Pew Research Center publicado em 2019 mostrou que mesmo o Facebook sendo uma das redes sociais mais populares entre os internautas, a plataforma (ao lado de outras como Pinterest, LinkedIn e Twitter) não viu um crescimento significativo desde 2016. Hoje 69% dos adultos online nos Estados Unidos usam o Facebook, um número que quase não mudou desde 2018. O Instagram (que pertence ao Facebook) foi o único a ver um aumento significativo entre 2016 e 2019, com 37% dos adultos online nos

Estados Unidos usando a rede social hoje (Perrin e Anderson, 2019).

Os sites de redes sociais são populares porque oferecem aos usuários a capacidade de encontrar e se conectar de maneiras novas e convenientes com pessoas que já conhecem; reencontrando antigos conhecidos e reforçando novas amizades. Eles tornam o processo de comunicação com uma grande rede de pessoas fácil e indolor. Você adiciona informações em seu perfil e elas ficam disponíveis para seus amigos interessados. Você pode transmitir informações para todos os seus amigos simultaneamente ou escolher com quem deseja compartilhar um conteúdo específico.

Mark Zuckerberg, fundador do Facebook, resumiu assim a missão da empresa: "Com o Facebook, queremos tornar o mundo um lugar mais aberto e o fazemos criando coisas que ajudam as pessoas a usar suas conexões reais para compartilhar informações de forma mais eficaz". Embora seja um objetivo louvável e resume o que muitas pessoas sentem sobre as redes sociais, um lado mais sombrio surgiu nos últimos anos. A saturação do mercado e a diversificação do uso da rede social pelas pessoas podem não ser as únicas razões pelas quais o Facebook tem testemunhado um abrandamento em seu crescimento; uma queda na confiança do público também pode se relacionar a isso. Em 2018, o Facebook foi tema de uma série de polêmicas. Estas incluíam facilitar a disseminação de desinformação e fake news, e colaborar com a empresa de consultoria política Cambridge Analytica no uso de dados obtidos inadequadamente para enviar publicidade direcionada e influenciar os resultados da campanha eleitoral de Trump. Isso colocou o Facebook no centro das preocupações sobre privacidade e uso de dados e sua reputação foi prejudicada, resultando em muitos pedidos para que o site fosse boicotado usando hashtags como

#BoicoteaoFacebook, #deleteoFacebook e #SaiadoFacebook. De acordo com a CNBC, em meados de 2018, o Facebook registrou "a maior queda em valor de mercado em um único dia em relação a qualquer empresa na história da bolsa de valores dos EUA" (Imbert e Francolla, 2018). Voltaremos a falar disso ao lado das preocupações com a segurança da marca mais adiante no capítulo.

O QUE OS PROFISSIONAIS DE MARKETING PODEM APROVEITAR?

- *Publicidade*: as redes sociais estão se abrindo cada vez mais para a publicidade paga e oferecem opções flexíveis de publicidade, geralmente baseadas no modelo PPC, para empresas que procuram segmentar seus anúncios com base nas informações de perfil dos usuários e/ou ações particulares. Embora a segmentação seja atraente e o público das redes sociais, grande, é importante lembrar que a maioria dos usuários visita redes sociais para *se socializar*. Eles não estão realmente querendo "comprar", e ainda não se sabe muito bem sobre a eficácia da conversão de publicidade em redes sociais. Certamente é algo a ser considerado se for um bom "ajuste" para seu negócio e você tiver um público bem definido e interessado em seu produto ou marca, mas seja cauteloso: considere o contexto no qual seus anúncios serão vistos e procure engajar, entreter ou informar, em vez de apenas vender, e acompanhe seus resultados com atenção.
- *Melhore sua visibilidade/reputação online*: os sites de redes sociais geralmente permitem que as organizações criem seu próprio perfil ou página. Os usuários da rede podem então seguir essas páginas ou "gostar" do conteúdo delas. Sua página é essencialmente um centro de negócios dentro da rede e pode ser uma ótima maneira de criar uma comunidade em torno de sua marca e acompanhar o que os clientes

pensam sobre ela, descobrir mais sobre eles e criar conteúdo de valor. Ter uma presença nessas redes, manter o conteúdo atualizado, relevante e valioso para seu público e responder positivamente ao feedback recebido são ótimas maneiras de melhorar sua reputação online.

- *Influencie divulgadores nas redes sociais*: sua rede social pode ser um ótimo lugar para atrair defensores da marca e recrutar e influenciar divulgadores. As pessoas gostam de compartilhar nas redes sociais. Encontre as pessoas que são apaixonadas por seu setor, sua marca, seus produtos e as recompense com informações e conteúdos valiosos... depois observe como elas colocam toda a sua paixão, zelo e perspicácia da rede social para promover sua marca a outras pessoas. E não se esqueça de que seus maiores divulgadores de marca podem estar dentro de sua organização.

Blogs

Em poucos anos, a popularidade generalizada e a adoção do blog (um acrônimo de weB LOG) como meio de autoexpressão e comunicação causou uma das mudanças mais fundamentais na história da mídia moderna. De repente, qualquer pessoa pode ser uma publicadora de conteúdo.

Os obstáculos forma derrubados e as plataformas de blogs gratuitas e fáceis de usar libertaram milhões de indivíduos, dando-lhes acesso a um público mundial. A criação de um blog pode levar apenas cinco minutos em um serviço gratuito de hospedagem como o Blogger (www.blogger.com; arquivado em: https://perma.cc/XJV2-QLMT) ou o WordPress (www.wordpress.com; arquivado em: https://perma.cc/UJY6-THYB), e criar um blog em seu próprio domínio e serviço de hospedagem é apenas um pouco mais difícil.

A blogosfera (o nome coletivo dado à comunidade mundial de blogs) é o lar do burburinho da internet. Se vale a pena falar sobre um assunto online (e muitas vezes até mesmo se não valer), ele será escrito, comentado e propagado pela blogosfera.

Não apenas pessoas estão blogando, como também o blog está se tornando uma ferramenta importante do arsenal do marketing empresarial, adicionando um elemento pessoal à fachada corporativa, ajudando as empresas a entrar em contato e se conectar em um mundo online cada vez mais humano.

Os blogueiros leem as publicações uns dos outros, comentam sobre elas, fazem links uns aos outros, e os melhores deles são acompanhados por leitores ávidos e fiéis. Esses leitores escrevem em seus próprios blogs sobre o que leram e divulgam em suas próprias redes sociais.

Se você optar por fazer apenas uma coisa nas redes sociais, então conheça os blogs populares em seu setor. Quem são as pessoas por trás deles, sobre o que estão escrevendo, o que lhes interessa (e não interessa), quais são os tópicos que geram mais comentários? Blogueiros conhecidos tendem a ser os maiores influenciadores — você precisa conhecê-los, construir um relacionamento com eles e aproveitar esse contato sempre que possível para ajudar a divulgar seu conteúdo.

Nunca subestime os blogs. Sua simplicidade esconde um poder gigante para mudar e influenciar a opinião online. Como profissional de marketing digital, blogs e blogueiros podem ser sua salvação... ou sua ruína. Trate-os com o respeito que eles merecem.

O QUE OS PROFISSIONAIS DE MARKETING PODEM APROVEITAR?

- *Maior visibilidade*: os press releases tradicionais nos meios de comunicação locais funcionam muito bem, mas se fizer com que sua história seja vista e divulgada por blogueiros conhecidos, você terá mais visibilidade online, tráfego e inbound links (pense em SEO) do que qualquer press release tradicional (para mais dicas sobre como os blogueiros podem ver seus comunicados de imprensa, ver Capítulo 8).

- *Engajamento do cliente*: use seu próprio blog corporativo/empresarial para mostrar sua voz à blogosfera. Tente não usar seu blog como um veículo para promover produtos e marcas, mas sim como uma plataforma para oferecer a seus leitores uma visão pessoal de sua empresa e marca. Claro, anúncios de produtos e press releases são bons, mas procure agregar valor com conteúdo útil também. Você pode dar suas opiniões e fornecer insights sobre notícias e eventos do setor, comentar e criar links para outros blogs que estejam discutindo assuntos relevantes ou fazer com que seus especialistas publiquem tutoriais para aproveitar melhor seus produtos. Engaje com a comunidade online, e ela, por sua vez, engajará com você. Quanto mais você se doar, mais receberá em troca.

Podcasts

Os podcasts são, em muitos aspectos, apenas uma extensão de mídia do conceito dos blogs. Um podcast é simplesmente uma série de arquivos de mídia digital (áudio ou vídeo) distribuídos pela internet. Eles podem ser acessados direto de um site ou, mais comumente, baixados para um computador ou sincronizados a um dispositivo de mídia digital para reprodução do usuário em um momento de lazer. Eles tendem a ser organizados como "programas" cronológicos, com novos episódios lançados em intervalos regulares, parecidos com os formatos de programas de rádio e televisão que muitos deles imitam. Os usuários geralmente podem dar um feedback sobre determinados episódios no site ou blog do programa.

Qualquer que seja sua área de interesse, você encontrará podcasts que a abrangem; e portais de podcast como o Juice (www.juicereceiver.sourceforge.net; arquivado em: https://perma.cc/NAB8-NK7W), o Podomatic (www.podomatic.com; arquivado em: https://perma.cc/DY36-Z3AW) e o iTunes da Apple (www.apple.com/itunes; arquivado em: https://perma.cc/Z9HJ-7QCG) oferecem um meio conveniente para encontrar, ouvir e assinar podcasts de interesse.

O QUE OS PROFISSIONAIS DE MARKETING PODEM APROVEITAR?

- *Ouça e aprenda*: é provável que os principais podcasters do seu setor falem sobre coisas relevantes para você como um negócio e para seus clientes. Os podcasters também tendem a ser entusiastas da rede social — influenciadores que estão por dentro das novidades de seu público. Você pode aproveitar o conhecimento deles sobre a comunidade online a seu favor analisando os podcasts, os comentários e o feedback do público, para definir seus próprios esforços de marketing digital.
- *Faça por conta própria*: é fácil criar um podcast, mas pode ser difícil fazer um bom podcast. No fundo, tudo que você realmente precisa é de um gravador de áudio digital (seu computador e um fone de ouvido conectado funcionarão bem), um software de edição e um lugar para publicar seus arquivos quando estiverem prontos. Dependendo de seu negócio, seu público e seus objetivos (de volta à estratégia novamente), o podcast pode muito bem ser um canal adicional valioso para alcançar seu mercado. Ele também pode tornar você um player digital inovador de seu setor.

Microblog

O microblog tornou-se popular entre um público considerável (e, portanto, entre empresas, marcas e a mídia principal) em pouco tempo. Sua rápida popularidade deve-se em grande parte à adoção generalizada da mais conhecida plataforma de microblog, o Twitter, por celebridades famosas e à compulsão "voyeurística" de milhões de fãs para verificar o que seus ídolos estão fazendo 24 horas por dia, sete dias por semana.

O Twitter é basicamente um serviço de transmissão de mensagens curtas que permite que as pessoas se mantenham atualizadas com mensagens curtas e públicas de até 280 caracteres (houve um aumento em relação ao limite original de 140 caracteres). As principais redes sociais como o Facebook e o LinkedIn também oferecem recursos similares de microblog dentro de suas redes de conteúdo mais restrito, usando "atualizações de status".

O verdadeiro valor do microblog não está necessariamente nas publicações individuais; está na agregação coletiva dessas minipublicações em mais do que a soma de suas partes. Quando você recebe atualizações frequentes e curtas das pessoas a quem você está conectado, começa a *sentir* com elas, a compreender melhor quem são e a se aproximar delas. O Twitter pode oferecer um termômetro imediato e surpreendentemente preciso da opinião pública na web.

O QUE OS PROFISSIONAIS DE MARKETING PODEM APROVEITAR?

- *Fique por dentro do mercado digital*: como profissional de marketing, as plataformas de microblog lhe dão acesso a líderes influentes de seu setor. Os mais inovadores entre eles provavelmente usarão serviços de microblog para publicar trechos do que estão fazendo, como estão fazendo, links para novos recursos online e opiniões sobre os últimos desenvolvimentos do setor. Ao "seguir" esses líderes influentes, você pode aproveitar essas informações e usá-las para tomar suas próprias decisões de marketing.

- *Comunique-se com seus clientes*: por que você gostaria de fazer um microblog para seus clientes? Bem, algumas empresas muito importantes fazem isso (alguns exemplos são a Dell, o *New York Times*, o ITN News, a BBC, a Southwest Airlines e a British Airways), para não mencionar políticos (Donald Trump, por exemplo, é um usuário recorrente do Twitter) e outras figuras públicas de destaque. Em um mundo onde as caixas de e-mail têm se tornado cada vez mais lotadas, um feed de microblogs oferece aos clientes uma maneira conveniente e alternativa de acompanhar suas atualizações sem adicionar mais uma newsletter à sua caixa de entrada caótica.
- *Aumente sua visibilidade online*: o microblog oferece mais uma oportunidade para aparecer para seu público online e mostrar sua experiência. Seja próximo, responda a perguntas, publique trechos interessantes de notícias e conselhos, direcione as pessoas para publicações úteis em blogs, artigos e outros recursos... seus e de outras pessoas. Ajude as pessoas, conheça-as, escute-as e melhore ainda mais sua reputação online.
- *Aumente o tráfego*: o Twitter prospera ao compartilhar links de conteúdos interessantes, portanto seus seguidores devem saber quando você publicar um texto novo no blog, um white paper ou vídeo. Isso pode ajudar a direcionar mais tráfego para seu site.

Wikis

Wikis são coleções online de páginas web que estão abertas para qualquer pessoa criar, editar, discutir, comentar e, de modo geral, contribuir. São talvez o veículo final de colaboração em massa, sendo o exemplo mais famoso, é claro, a Wikipédia (www.wikipedia.org; arquivada em: https://perma.cc/VWB2-GKCG), a enciclopédia online gratuita.

Enquanto escrevo este livro, a Wikipédia relatou que tem em seu banco de dados 6.127.399 artigos em inglês. Em todas as Wikipédias, há mais de 51 milhões de artigos em mais de 270 línguas diferentes. Apesar das críticas de alguns setores sobre a precisão de alguns artigos e da percepção da autoridade das informações, de acordo com a empresa independente de acompanhamento da web Alexa (www.alexa.com; arquivado em: https://perma.cc/X5U7-NYY4), em abril de 2016 a Wikipédia ficou em sexto lugar no mundo em termos de tráfego online, 5 mil vezes na frente de sua rival comercial *Encyclopaedia Britannica*.

O QUE OS PROFISSIONAIS DE MARKETING PODEM APROVEITAR?

O conceito de usar wikis como ferramenta de marketing ainda é novidade, e seu valor ainda não é tão aparente quanto o de outras formas de rede social. Entretanto, elas são uma poderosa ferramenta de colaboração e, com a colaboração entre empresas e clientes em ascensão, é possível que o uso de wikis por organizações inovadoras aumente em breve:

- *Crie uma forte comunidade colaborativa de defensores de sua marca*: as wikis podem ser uma ótima maneira de incentivar a interação e colaboração construtiva entre as pessoas dentro de sua organização e fora dela (seus clientes). Os clientes começam a se sentir proprietários e conectados com uma marca que motiva, facilita e valoriza sua contribuição. Essa propriedade evolui para fidelização e depois defesa: coisas poderosas sob uma perspectiva de marketing, sobretudo quando você entende que essas pessoas serão, muitas vezes, *influenciadoras* online que continuarão a elogiar sua marca em outros sites de rede social.

- *Aproveite a sabedoria coletiva*: você tem bastante talento, conhecimento e experiência dentro de sua organização? Provavelmente sim, mas é insignificante se comparado ao conjunto de talentos, experiências e conhecimentos que você pode acessar online. Especialistas aposentados, crianças prodígio, amadores talentosos, gênios não descobertos... todos eles estão por aí. As wikis dão a você uma maneira simples, poderosa e convincente de aproveitar e unir um pouco dessa inteligência coletiva. Por que não aproveitar uma wiki, por exemplo, para ajudar a refinar o design de seus produtos, elaborar sua próxima grande campanha de marketing, criar um processo comercial mais eficiente, produzir e/ou aumentar a documentação do produto, desenvolver uma base de informações abrangentes ou qualquer outra coisa que possa se beneficiar de uma abordagem colaborativa?

O que vem a seguir para os sites de rede social?

O mundo da rede social está em constante evolução, e é fundamental manter-se atualizado sobre os novos desafios e oportunidades. Para os profissionais de marketing, as redes sociais se tornaram mais do que apenas conversa e conteúdo. De acordo com um relatório da Hootsuite, 90% das marcas usam essas plataformas para aumentar o conhecimento da marca e 53% das empresas usam a publicidade nas redes sociais. Os gastos globais com redes sociais aumentaram 32% em 2018 e espera-se um crescimento adicional de 73% até 2024 (Newberry, 2019). Ao engajar com seu público na rede social, é importante seguir algumas regras (ver mais adiante neste capítulo), mas a rede social paga ocupa agora uma grande proporção do orçamento de muitos profissionais de marketing, sendo um canal cada vez mais significativo para a aquisição e retenção de clientes usando as estratégias de cross-sell e up-sell.

Como a publicidade é uma fonte de receita fundamental para as redes sociais, essas gigantes estão enfrentando uma pressão crescente para garantir que o conteúdo de marca apareça em seus sites de maneira apropriada. Um dos maiores desafios que os sites de rede social enfrentam atualmente é o de segurança da marca e de como evitar que o conteúdo da marca apareça ao lado de conteúdo questionável ou desagradável. Essa preocupação veio à tona pela primeira vez em 2017, quando anúncios de vídeo de marcas reconhecidas como a L'Oréal apareceram ao lado de propagandas do Estado Islâmico.

Empresas como o Facebook, o YouTube e o Google estão sendo alvo de críticas por confiarem demais em seus algoritmos e não verificar o conteúdo com cuidado. Como o YouTube é um serviço aberto, o mundo inteiro pode visualizar seu anúncio antes ou depois de um vídeo ofensivo. Frustrada com esse risco contínuo, a Havas retirou todos os investimentos dos clientes em anúncios do Google e do YouTube no Reino Unido em 2017. O YouTube reagiu em 2018 tornando os critérios mais rigorosos para os criadores de conteúdo, que precisam cumpri-los antes que possam lucrar com a publicidade. Isso inclui ter mil inscritos e quatro mil horas de exibição. Além disso, para que os vídeos sejam monetizados no Google Preferred (ele representa 5% dos canais mais vistos), eles passam por um algoritmo que filtra conteúdo inapropriado antes de serem vetados por humanos (Joseph, 2018).

Com o Facebook, no entanto, as pessoas têm notícias personalizadas e baseadas em algoritmos, por isso é mais difícil saber como e onde os anúncios e o conteúdo da marca aparecem nesses feeds. Isso torna a identificação das preocupações com a segurança da marca mais difícil, mas, com o Facebook sendo o tema durante meses de polêmicas sobre privacidade, compartilhamento de dados, desinformação e fake news, supõe-se que é possível que seu conteúdo apareça ao lado de algo duvidoso. Veja, por exemplo, a participação do Facebook na polêmica em torno da campanha presidencial dos Estados Unidos. Mencionamos o escândalo da Cambridge Analytica no início do capítulo, mas cerca de três mil anúncios também foram supostamente enviados por agentes russos para influenciar a campanha em uma plataforma automatizada de anúncios do Facebook (Shane e Goel, 2017). O Facebook foi novamente alvo de críticas depois dos ataques terroristas de Christchurch na Nova Zelândia em 2019. Os ataques foram transmitidos ao vivo no Facebook e as filmagens se espalharam rapidamente para outras plataformas.

Desde que as preocupações com a segurança da marca explodiram em 2017, o Facebook introduziu inúmeras etapas para resolver esse problema. Em 2017, eles introduziram políticas de monetização de parceiros para que publishers e criadores cumprissem a fim de ganhar dinheiro com seu conteúdo. Como o Google, ele também usa uma combinação de IA e funcionários para identificar e remover conteúdo inadequado. Plataformas como a Audience Network, Instant Articles e vídeos in-stream permitem às agências e marcas ver onde seus anúncios estão sendo veiculados. O filtro de inventário do Facebook permite controlar até que ponto os anúncios aparecem dentro de conteúdo sensível ou inadequado, e as marcas podem criar "listas de bloqueio" para impedir que os anúncios sejam veiculados em páginas, aplicativos ou sites específicos. No início de 2019, o Facebook anunciou uma ferramenta para ajudar no gerenciamento dessas listas de bloqueio (Digiday, 2019). Não dá para saber se essas mudanças vão longe ou não, mas podemos ter certeza de que a segurança da marca continuará sendo uma das principais preocupações das redes sociais no futuro.

Novos sites de rede social estão constantemente surgindo e desaparecendo, e manter-se no topo desse ambiente em constante mudança pode ser assustador. Enquanto eu escrevo este livro, as coisas não estão muito bem para o Facebook, pois ele está tentando recuperar sua reputação e há apelos para novas plataformas com posturas éticas mais fortes e práticas transparentes de proteção de dados. Outros aplicativos como o TikTok estão ganhando rápida popularidade, sobretudo entre adolescentes e millennials, e são nesses sites que os profissionais de marketing devem apostar.

O marketing de influência continua a ser uma tendência nas redes sociais, pois os usuários procuram outros clientes para informar suas decisões de compra. Pedimos ao We Are Social para nos dar sua opinião sobre as últimas tendências em marketing de influência. São duas colaborações: a primeira é de Stephanie Ryan, que nos mostra o marketing de influência usado pela We Are Social; e a segunda é de Lore Oxford, que nos mostra a opinião da We Are Social de como a pandemia de covid-19 afetou o papel dos influenciadores.

VISÃO DOS ESPECIALISTAS

Um guia do marketing de influência

Contribuição de Stephanie Ryan, da We Are Social

Poucas coisas podem impulsionar uma venda de maneira tão eficaz quanto uma recomendação boca a boca. A publicidade nativa traz o monumental poder da palavra e coloca marcas e produtos dentro de conteúdo criado por uma fonte confiável, criando uma experiência mais prazerosa para os clientes e uma solução de marketing mais poderosa para as marcas.

Em nenhum lugar a publicidade nativa é mais dinâmica do que nas redes sociais, onde o marketing de influência fornece às marcas uma ferramenta poderosa para alcançar os clientes. Quase 70% dos usuários da internet nos Estados Unidos e cerca de 60% no Reino Unido seguem influenciadores, de acordo com o GlobalWebIndex. Sua pesquisa também mostra que os influenciadores têm um impacto direto nas decisões de compra de quase um em cada cinco clientes (Gilsenan, 2019).

Fazer com que o marketing de influência funcione para uma marca é um processo de várias etapas importante de ser seguido. Veja tudo o que você precisa saber.

O QUE É UM INFLUENCIADOR?

Um influenciador pode ser definido como alguém com uma capacidade acima da média de influenciar os outros com seus pensamentos e opiniões. Sua influência sobre potenciais clientes pode abranger uma ou mais áreas, geralmente em diversos pontos de contato. Basicamente, um influenciador é uma pessoa que criou credibilidade suficiente entre um determinado público para causar impacto sobre aquilo que escolhem comprar.

Embora as características tenham se confundido nos últimos anos, ainda existem algumas diferenças típicas entre os influenciadores, os embaixadores e as celebridades. A relação entre um influenciador e uma marca, muitas vezes, é uma oportunidade de cocriar conteúdos culturalmente relevantes para um público.

Um embaixador é uma pessoa (geralmente de grande notoriedade) contratada pela marca para representar publicamente os valores e as mensagens da marca durante mais tempo, além de ser mais controlada ao refletir a voz de uma empresa. Os endossos das celebridades também são diferentes e geralmente envolvem uma pessoa famosa que aceita uma quantia considerável para aparecer na campanha de uma marca.

O QUE FAZ DE ALGUÉM UM INFLUENCIADOR?

A fim de alcançar bons resultados para uma marca, um influenciador deve ser capaz de oferecer estas três qualidades essenciais:

- *Relevância*: para que o público certo seja segmentado, a área de interesse ou especialização do influenciador precisa corresponder à da marca. Por exemplo, um influenciador de vida fitness é uma boa escolha para uma empresa de artigos esportivos.
- *Alcance*: o influenciador precisa ter um público estabelecido, de preferência em diversas redes sociais. A extensão desse alcance pode variar de alguns milhares até centenas de milhares, ou mesmo milhões.
- *Engajamento*: o número de seguidores de um influenciador não significa nada se seu público não engajar. Os fãs e seguidores devem estar ativamente dando likes, compartilhando o conteúdo e comentando sobre ele.

COMO O TRABALHO COM OS INFLUENCIADORES BENEFICIA AS MARCAS?

Os influenciadores permitem que as marcas se relacionem mais com um público do que poderiam com os meios de comunicação tradicionais. Trabalhar com o influenciador certo oferece vários benefícios:

- Um público mais amplo, mais segmentado e geralmente mais engajado com o conteúdo;
- Novas comunidades relevantes para os objetivos específicos da marca;
- Um público apaixonado e antenado;

- A capacidade de desenvolver uma conversa bidirecional, em vez de apenas falar com os clientes;
- Uma relação de longo prazo, mutuamente benéfica;
- Cocriação para produzir conteúdo único para a comunidade da marca.

O QUE FAZEM OS INFLUENCIADORES?

Influenciadores são publishers criativos que podem trabalhar em várias plataformas. Estes são alguns dos exemplos:

- *Bloggers*: indivíduos, grupos ou comunidades blogando online.
- *Vloggers*: indivíduos, grupos ou comunidades blogando em vídeos, muitas vezes no YouTube.
- *Influenciadores da rede social*: podem não ter um blog, um vlog ou um site, mas são muito influentes em uma ou mais plataformas sociais. Pense em fotógrafos populares no Instagram ou em TikTokers ativos.
- *Defensores das marcas*: fãs muito ativos de marcas que são percebidos como autoridades por outros fãs.
- *Comunidades de nicho online*: por exemplo, comunidades de fãs, sites sobre relacionamentos de pais e filhos, plataformas de blogs.
- *Empresas de avaliação de produtos*: por exemplo, uma plataforma de terceiros em que campanhas boca a boca poderiam acontecer.
- *Especialistas*: pessoas que são amplamente respeitadas como especialistas em determinada área. Por exemplo, medicina esportiva ou veterinária.

OBJETIVOS E REQUISITOS DO INFLUENCIADOR

Antes de trabalhar com qualquer influenciador, você precisa se perguntar: "eles são uma boa escolha para minha marca?". Para descobrir isso, selecione qual dos quatro objetivos está procurando. Isto lhe dará uma ideia dos requisitos que você precisa procurar em um influenciador:

TABELA 7.1 Objetivos e requisitos do influenciador

Seu objetivo	Requisitos do influenciador
Longevidade	Lealdade
Conhecimento da marca	Alcance
Percepção positiva	Autenticidade
Engajamento	Criatividade

Veja mais detalhes desses requisitos a seguir:

- *Lealdade*: um influenciador que irá trabalhar com marcas a longo prazo, não apenas a curto prazo.
- *Alcance*: um grande público em um ou vários canais.
- *Autenticidade*: um influenciador que seja visto como autoridade e honesto na forma como se comunica com seu público.
- *Criatividade*: alguém criativo no uso de diferentes formatos e mídias.

OS DIFERENTES TIPOS DE INFLUENCIADORES

Nenhum influenciador é igual ao outro, mas há alguns tipos que aparecem com bastante frequência. Estes são alguns perfis de influenciadores comuns, atualmente muito populares entre as marcas:

O profissional de comunicação

Essa categoria se aplica a pessoas que contam histórias em um nível profissional. Elas geralmente têm um tom editorial consistente e vão além da reportagem para apurar o conteúdo. O alcance, a credibilidade e a autenticidade dos profissionais de comunicação são geralmente bastante altos. Em contrapartida, a lealdade é baixa, pois os clientes os tratam como qualquer outra fonte de notícias.

O que as marcas interessadas precisam saber: esses influenciadores querem mais do que apenas uma história. Eles querem provocar.

Exemplo: um blog de artes e artesanato infantil conduzido por alguém que seleciona cuidadosamente ideias e histórias de toda a web, testando algumas possibilidades e compartilhando fotos dos resultados.

O criador de conteúdo

São as pessoas que inovam dentro de sua área escolhida. Elas criam seu conteúdo de redes sociais como consequência de seu trabalho ou vida cotidiana. Devido à credibilidade que podem ter entre as pessoas, trabalhar com esse tipo de influenciador pode render histórias interessantes para que outros influenciadores da área compartilhem. Lealdade e alcance são, muitas vezes, médios com os criadores de conteúdo, mas eles compensam isso com muita criatividade e autenticidade.

O que as marcas interessadas precisam saber: os criadores querem inovar na narrativa e no conteúdo, além de mostrar aos seguidores algo único e engajador.

Exemplo: um grupo de três pessoas que criam tecidos sob medida em seu tempo livre, compartilhando fotos de suas criações, do processo e outros insights.

O apaixonado

O apaixonado escreve ou cria porque vivencia algo na prática ou gosta muito disso. São pessoas bastante apaixonadas por alguma coisa, e seu conteúdo é uma perspectiva pessoal de notícias e eventos. Muitas vezes, terão pouco alcance devido ao único foco e a querer agradar a si antes de seus seguidores, mas sua lealdade e autenticidade são grandes.

O que as marcas interessadas precisam saber: o apaixonado quer conhecer histórias empolgantes que possam compartilhar e engajar com elas.

Exemplo: uma mãe blogueira que fala de sua paixão por um estilo de vida saudável para as crianças.

O agregador

Autodenominados divulgadores de notícias na web, os agregadores são editores profissionais que confiam em outros para criar seu conteúdo. Eles podem ser considerados os primeiros a descobrir uma notícia e publicar com frequência e diariamente. Embora a lealdade e a criatividade sejam geralmente baixas, o alcance pode ser alto.

O que as marcas interessadas precisam saber: os agregadores prosperam em notícias exclusivas que elevarão sua credibilidade e que podem publicar com facilidade.

Exemplo: uma agência de notícias ambientalista que agrega todas as principais histórias do dia sobre mudança climática e sustentabilidade.

ESCOLHENDO OS CANAIS CERTOS

Além de decidir os objetivos de sua marca e determinar que tipo de influenciador é adequado para ela, é preciso pensar onde eles são influentes. Isso determina que conteúdo eles gostam de produzir e, por fim, o tipo de conteúdo que você poderá cocriar com eles. Veja algumas ideias sobre os melhores canais para tipos específicos de conteúdo:

- Blogs: resenhas e artigos longos.
- Instagram: publicações criativas baseadas em imagens.
- TikTok: conteúdo descontraído.
- YouTube: conteúdo em partes, como tutoriais e resenhas.
- Twitter: estimuladores de conversas e notícias exclusivas.
- Pinterest: materiais de inspiração.
- Facebook: alcance.

ENCONTRAR INFLUENCIADORES

Essa é a parte mais complicada. Você sabe o que está procurando em um influenciador, mas agora precisa encontrá-lo. O processo de várias etapas para identificar e conquistar os influenciadores é descrito a seguir:

- Escopo: decida seus objetivos, o que você gostaria de fazer com os influenciadores e quantos gostaria de recrutar.
- Busca: faça uma pesquisa prévia para traçar o perfil e identificar quaisquer potenciais influenciadores.
- Classificação: classifique os candidatos de acordo com os principais objetivos da marca.
- Diligência devida: faça a si mesmo todas as perguntas relevantes. Essa pessoa está trabalhando com organizações concorrentes? É maior de 18 anos? Está aberto para ser abordado por uma marca?

- Seleção: faça uma lista final de potenciais candidatos com base nos objetivos da marca e nos requisitos correspondentes dos influenciadores.
- Divulgação: entre em contato utilizando textos personalizados de sell-in e esclareça os prazos e os resultados para que eles saibam suas expectativas.

ENTRAR EM CONTATO

Uma vez que você tenha uma lista dos influenciadores com os quais gostaria de trabalhar, comece a planejar como vai entrar em contato com eles. Para obter os melhores resultados, certifique-se de seguir um processo adequado. Aqui estão alguns aspectos que você deve considerar:

- *Verifique se você fez sua devida diligência. Em seguida, verifique novamente.* Seus influenciadores selecionados podem parecer ótimos por fora, mas você também precisa fazer uma pesquisa prévia para garantir que eles sejam uma boa escolha. Pergunte a si mesmo:
  - Essa pessoa já está trabalhando para uma marca concorrente?
  - Essa pessoa declarou de forma explícita que não quer ser contatada pelas marcas?
  - Ela declarou que só faz trabalhos patrocinados ou remunerados? (Essa é uma pergunta importante se você não tiver orçamento para pagar os influenciadores).
  - Essa influenciadora disse algo negativo em relação à sua marca no passado?
  - Ela publicou algo polêmico, ofensivo ou de mau gosto no passado?
  - Essa pessoa tem mais de 18 anos? (Caso contrário, é necessário que seus pais ou responsáveis assinem um termo de consentimento).
  - Essa influenciadora já foi abordada por sua marca antes?
- *Dê o primeiro passo.* É importante começar bem se você quiser desenvolver uma relação positiva e duradoura entre sua marca e um influenciador. Cause uma excelente primeira impressão com estas dicas:

- Garanta que seu e-mail de divulgação seja bastante personalizado para cada influenciador. Mostre que você entende e gosta do que o influenciador faz.
- Seja educado, mas não muito formal. Escreva como se você estivesse conversando com eles na vida real e assine com seu nome, em vez do nome da marca.
- Certifique-se de mostrar que é uma oportunidade mutuamente benéfica, e não um favor que eles estariam fazendo.
- Diga-lhes o que você está imaginando para a campanha, mas também os convide a compartilhar suas ideias também.
- Se possível, sugira uma reunião presencial para conversar melhor sobre a oportunidade.

COMO TRABALHAR COM OS INFLUENCIADORES

Você entrou em contato com seus influenciadores escolhidos e eles aceitaram a oportunidade de trabalhar com você. E depois?

Gerenciando o relacionamento

Geralmente, há duas maneiras de trabalhar com um influenciador: com a mediação de uma agência de talentos ou diretamente. Trabalhar com uma agência garante um melhor processo e uma gestão organizada, embora requeira um maior investimento, já que as agências tendem a exigir que tudo seja pago e contratado. Optar por trabalhar diretamente com o influenciador ou seu agente é, muitas vezes, mais econômico, embora possa acarretar uma falta de organização de processos.

Transparência

Assegure-se de que seu parceiro influenciador esteja ciente das obrigações legais em torno da publicação e compartilhamento de conteúdo patrocinado pela marca, garantindo que o marketing de influência seja "claramente identificado". É provável que a Advertising Standards Authority espere que as mensagens incluam um rótulo de "anúncio" inicial para destacar que são uma comunicação de marketing.

Níveis de envolvimento

Com seus objetivos em mente, descubra que nível de envolvimento você irá propor ao seu influenciador:

- pouco envolvimento: apenas compartilhar a história;
- envolvimento médio: fazer parte da história;
- muito envolvimento: ajudar a criar a história.

Este também é o momento certo para pensar em como sua marca quer usar os influenciadores a longo prazo. Estas são três potenciais opções:

- *Campanhas pontuais*: o influenciador é usado para uma campanha só em um curto espaço de tempo.
- *Grupo de talentos*: diversos influenciadores são recrutados, e a empresa lhes fornece um conjunto de recursos e um enredo claro da marca para que criem inúmeros conteúdos usando seu toque pessoal. Eles então atuarão como colaboradores contínuos, criando conteúdos em série para sua marca.
- *Colaboradores contínuos*: os influenciadores são recrutados em um contrato de longo prazo. Eles têm a flexibilidade de cocriar com sua marca de forma regular.

Fazendo briefing para os influenciadores

O mais importante ao fazer briefing para seus influenciadores é lembrar de lhes dar certa liberdade criativa. Eles devem estar cientes dos elementos necessários que precisam incluir — tais como um produto ou o uso de uma hashtag —, mas lhes dê autonomia em termos de direção criativa. Os fãs os seguem por uma razão, e, se você podar sua autenticidade, o conteúdo fará menos sucesso.

OBSERVAÇÕES FINAIS

Pronto para começar? Antes de trabalhar com os influenciadores, verifique duas vezes se você tem tudo sob controle.

TABELA 7.2 O que fazer e o que não fazer

O que fazer	O que não fazer
Escolha alguns bons influenciadores e dedique tempo a eles	Entre em contato com centenas de influenciadores
Escolha influenciadores que sejam adequados à sua marca	Escolha influenciadores apenas com base no número de seguidores
Personalize o e-mail de divulgação	Envie mensagens de divulgação padronizadas
Certifique-se de que pais de influenciadores menores de idade assinem os termos de consentimento	Não exercer a diligência devida
Seja claro sobre as expectativas mútuas	Esquecer de falar sobre elas com o influenciador
Garanta que a campanha seja adequada ao influenciador	Sugira que publiquem qualquer coisa que não se relacione com o influenciador
Certifique-se de que o influenciador esteja no canal mais adequado para os objetivos da campanha	Considere apenas influenciadores tradicionais
Deixe os influenciadores livres para criar	Diga exatamente o que os influenciadores devem criar ou escrever

CHECKLIST FINAL

Tenha objetivos claros antes de abordar um influenciador.

- Escolha influenciadores que sejam relevantes para sua marca. O mais famoso nem sempre significa o melhor.
- Seja franco e claro sobre suas expectativas.
- Respeite e compreenda as expectativas de seu influenciador.
- Explique detalhes úteis do que eles precisam incluir no conteúdo criado para você. Por exemplo: hashtags, @menções, termos e condições ou divulgações publicitárias.

- Estar aberto a desenvolver um relacionamento de longo prazo.
- Confie em seus influenciadores e lhes dê liberdade criativa.
- Seja autêntico em tudo o que você cocriar.

VISÃO DOS ESPECIALISTAS

A evolução do marketing de influência durante a pandemia de covid-19

Contribuição de Lore Oxford, líder global de insights culturais da We Are Social

Marketing de influência é simples, certo? Você paga às pessoas que são extremamente populares nas redes sociais para dizer que gostam de seus produtos, seus seguidores os compram e todos ficam felizes. Essa era a ideia; mas, mesmo antes da pandemia de covid-19 e do consequente lockdown de um terço da população mundial, o marketing de influência estava mudando.

As figuras centrais da cultura de massa enfrentam críticas há muito tempo, e os influenciadores têm recebido o mesmo tratamento já há algum tempo. Uma vez protegido por uma ascensão não convencional e "autêntica" à fama, o criador de conteúdo de redes sociais tem enfrentado o ceticismo de um público cada vez mais sábio.

Isso porque a cultura de influenciadores não é mais aquele nicho autêntico. O casamento do jogador do YouTube PewDiePie e da influenciadora de moda italiana Marzia Bisognin em 2019 foi um evento de mídia coberto por tantos veículos de comunicação quanto o de Brangelina. Enquanto isso, muitos dos influenciadores mais populares do Instagram não agregam tanto valor além de mostrar seus privilégios. A internet foi invadida pelos valores convencionais, em que o sucesso se correlaciona diretamente com a beleza e a popularidade. Agora esse é o pensamento dominante. E não tem nada que as margens da sociedade da internet odeiem mais do que o pensamento dominante. Por isso, essas pessoas têm tentado resistir.

Depois dos escândalos chamativos surgidos da vida de influenciadores e celebridades com milhões de seguidores, as marcas estão morrendo de medo. Termos como "seguidores falsos" e "microinfluenciadores" têm circulado e, como resultado, temos questionado se voltar os orçamentos valiosos de marketing para uma pessoa com o maior número de seguidores é a coisa certa a fazer. A batalha entre macro e micro, entre alcance e autenticidade vem se desenrolando há algum tempo.

Na pandemia, ainda há uma clara divisão. Mas é algo totalmente diferente.

Há influenciadores que têm um propósito, e há o resto. Os seguidores (ou pelo menos, as métricas de engajamento geradas por eles) falam por conta própria: só eles não são mais o suficiente para os influenciadores se saírem bem. Com tempo de sobra em frente às telas, as pessoas têm procurado figuras públicas durante a pandemia; os espertos estão se adaptando, enquanto outros se sentem perdidos.

Na We Are Social, combinamos nossas capacidades de escuta social reconhecidas mundialmente com entrevistas qualitativas com criadores de conteúdo em seis mercados para entender como essas figuras influentes estão se adaptando a estes tempos selvagens. Nossa pesquisa mostra que as marcas deveriam trabalhar com influenciadores por sua competência e não por sua aparência, e a partir de conteúdo útil — seja informação, entretenimento, educação ou utilidades públicas — vêm oportunidades de monetização. Eis o porquê.

O ENGAJAMENTO ESTÁ EM ALTA...

Mesmo com a flexibilização do lockdown, as pessoas estão mais online agora e em momentos diferentes ao longo do dia. Influenciadores notaram que houve um aumento no engajamento e que diferentes tipos de pessoas estão engajando. Pessoas que nunca tinham visto utilidade em assistir a uma live no Instagram, por exemplo, estão fazendo login para assistir às aulas de Educação Física de Joe Wicks com seus filhos. Como resultado, o público disposto a engajar com o marketing de influência está se diversificando.

...MAS AS ABORDAGENS ANTIGAS NÃO ESTÃO FUNCIONANDO NESTE MOMENTO

As pessoas estão engajando mais, mas o conteúdo com o qual engajam mudou. Por razões óbvias, as blogueiras que se concentram em beleza e moda, por exemplo, não estão vendo muito engajamento com tutoriais convencionais de maquiagem. Em vez disso, elas estão procurando publicações e comentários que reflitam sua realidade, como tutoriais de maquiagem para eventos no Zoom ou como ficar bonitinho de pijama. Conteúdos de coisas de que o público não precisa em lugares que não pode ir podem ser um pouco fora de contexto.

OS CRIADORES DE CONTEÚDO ESTÃO DIVERSIFICANDO À MEDIDA QUE AS PRIORIDADES DOS CONSUMIDORES MUDAM

Para alguns criadores de conteúdo, não se tratava apenas de mudar o tom de seu conteúdo, mas de mudá-lo completamente. A influenciadora de beleza Mikai McDermott, por exemplo, adaptou-se a essas mudanças, diversificando para falar de alimentação. Ela faz receitas apresentadas por seus seguidores e também cozinha de acordo com sua própria formação e herança — o que também se relaciona com seus novos conteúdos, em que ela discute importantes teorias histórico-culturais.

Outros influenciadores têm testado novas plataformas. No caso de RamboFYI, que é um dos maiores jogadores de futebol e anfitrião da Premier League, ele usou o TikTok pela primeira vez. Embora tenha se interessado antes, o lockdown deu a Rambo tempo para focar na criação de seu canal e de uma série de vídeos lembrando as pessoas da diversão e alegria do futebol, mesmo quando ninguém estava jogando.

Essa diversificação de conteúdo é uma oportunidade para que as marcas alcancem públicos com quem geralmente não engajam. É importante que as marcas não saiam muito de sua "casinha", é claro, mas vale a pena explorar assuntos que são um pouco deixados de lado, sobretudo no caso de marcas de alimentos ou de artigos para casa, pois há muitas novas oportunidades de conteúdo.

NOVAS SITUAÇÕES VÊM COM NOVAS NECESSIDADES

Quando o lockdown foi anunciado subitamente, as pessoas foram obrigadas a se transformar em professoras, chefs e departamentos de TI, sem mencionar a sobrecarga emocional para lidar com o isolamento social, o tédio e a ansiedade sobre a saúde dos entes queridos e de si mesmas.

Influenciadores que reconheceram isso realmente conquistaram as pessoas. Seja aulas em *lives* no Instagram e no YouTube, o aumento do conteúdo para ajudar aqueles que enfrentam problemas de saúde mental ou do conteúdo que ensina a fazer tudo — desde cortar os próprios cabelos até pintar as paredes de casa — fez surgir muitas novas oportunidades de conteúdo útil de verdade.

Com o passar da fase inicial da pandemia, as necessidades de conteúdo das pessoas continuarão mudando. Quando os locais de trabalho voltarem a funcionar, as pessoas vão querer aprender a fazer e usar máscaras faciais, por exemplo, ou as melhores maneiras de adaptar seus deslocamentos. Quando outros locais de trabalho encerrarem as atividades, haverá necessidade de aconselhamento sobre buscar novas vagas de emprego e sobrevivência financeira. As marcas devem aproveitar ao máximo essas oportunidades colaborando com os influenciadores que estão se adaptando às mudanças da situação. Por exemplo, durante as primeiras fases do lockdown, o LinkedIn colaborou com a influenciadora Anna Whitehouse para criar uma consultoria de emprego para mães trabalhadoras.

AS PESSOAS PRECISAM DE UMA VÁLVULA DE ESCAPE NO LOCKDOWN

Mesmo que as pessoas amem a vida do lockdown e tenham sorte de estar saudáveis e financeiramente seguras, a realidade da doença e das mortes por coronavírus pesa muito. Nesse cenário, há um enorme desejo de fugir da realidade; e muitos influenciadores estão proporcionando essa fuga criando conteúdo por meio do humor.

O Twitter tem sido um lugar bem divertido desde as primeiras semanas de lockdown. Longe de serem julgadas como inadequadas, as distrações são bem-vindas, e há muitas chances para as marcas criarem conteúdos que nos afastam da tristeza, seja por uma ou duas horas ou apenas por alguns segundos.

A FALTA DE LOCAIS DE PRODUÇÃO PROFISSIONAIS NÃO É UM PROBLEMA

Bem-feito, inteligente e elegante: essas são qualidades que estão mais raras em conteúdos, pois cabeleireiros, chefs, estilistas e equipes de produção inteiras permanecem em quarentena. Nossa pesquisa sugere que há uma grande busca por conteúdo caseiro no momento. As redes sociais já estão saturadas com vídeos em baixa qualidade de pessoas falando no Zoom, mas o público gosta de ver as roupas mais novas da Zara sendo usadas por modelos em casa; de fato, ver campanhas fotografadas em locais exóticos agora é bastante chocante. Os melhores influenciadores conseguem fazer isso, e as melhores marcas estão se adaptando e trabalhando com o que está disponível; e acabam economizando dinheiro em locais de produção ao mesmo tempo.

A FALTA DE LOCAIS DE PRODUÇÃO PROFISSIONAIS NÃO É UM PROBLEMA

Durante o lockdown, as interações da maioria das pessoas se limitaram a apenas alguns rostos. Não admira, então, que os influenciadores tenham relatado que seus seguidores têm mais chances de entrar em contato com eles do que antes. Isso significa que eles estão conectados a seu público de uma forma que os pesquisadores (inclusive eu!) jamais sonhariam. As marcas deveriam trabalhar com os influenciadores mais do que nunca neste momento para obter mais insights do sentimento e comportamento do público.

HÁ NOVAS OPORTUNIDADES PARA ENCANTAR

Com a vida monótona do lockdown, não é surpresa que o conteúdo espontâneo e efêmero tenha chamado mais atenção. E os influenciadores estão usando essa oportunidade para realmente encantar o público, com colaborações inesperadas e eventos digitais tendo se tornado a nova realidade. Para nosso cliente UberEats, por exemplo, trabalhamos com alguns dos maiores canais do Twitch para surpreender usuários menos famosos, com a ação patrocinada pelo UberEats.

OLHANDO PARA O FUTURO

À medida que a crise sanitária se atenua, nem todas essas mudanças permanecerão conosco. Por um lado, após seis meses usando calças de moletom, é natural que muitas pessoas vão demorar para se vestir, sair e relaxar — algo que muitos setores esperam que aconteça. Os criadores de conteúdo preveem que verão a mesma coisa acontecer com seu conteúdo: as pessoas procurarão inspiração para novas experiências e dicas sobre lugares para ver ou coisas para fazer.

Porém, à medida que as pessoas retornam ao mundo físico, alguns aspectos da vida em isolamento serão deixados de lado. Não haverá tal necessidade — ou tempo de sobra — para interagir diariamente online. Os criadores terão muito menos tempo para planejar e criar conteúdo, e as vidas que estamos vendo agora certamente vão mudar.

Mas outras mudanças ficarão conosco. Influenciadores foram forçados a falar sobre seus valores e posições políticas neste momento — mesmo que tenham se afastado disso antes —, e o público esperará mais conteúdo em torno de valores no futuro, por exemplo. Haverá também uma expectativa de manter a intimidade que eles passaram a esperar dos influenciadores durante esse tempo.

Enquanto isso, as marcas que apoiaram e se comprometeram com seus parceiros influenciadores, além de apoiarem a criação do conteúdo, sem dúvida estarão em uma posição invejável, sobretudo quando a sociedade enfrentar os consequentes desafios econômicos.

Dashboards para redes sociais: todas as suas atualizações em um só lugar

A quantidade de redes sociais hoje pode ser uma tarefa bastante assustadora para o usuário, que acompanha o que está acontecendo em todas as suas diferentes contas de rede social. Felizmente, é fácil unir seus vários conteúdos e atualizações de redes sociais em um local conveniente usando ferramentas chamadas “dashboards para redes sociais”.

O software Dashboard assume diversos formatos, desde aplicativos para desktop até serviços baseados na web e aplicativos que permitem que você acompanhe e atualize suas contas em movimento. Ferramentas como o Hootsuite (www.hootsuite.com; arquivado em: https://perma.cc/PX35-BDRZ) e o TweetDeck (www.tweetdeck.com; arquivado em: https://perma.cc/M7P2-V7Z7) evoluíram rapidamente de clientes diretos do Twitter para dashboards de redes sociais totalmente integrados que incorporam diversas contas de redes sociais de diferentes plataformas. Você também encontrará plataformas de CRM social de nível "empresarial", que essencialmente fazem a mesma coisa.

Por fim, esses dashboards são convenientes para monitorar toda a sua atividade em redes sociais em um só lugar, e os melhores fornecem estatísticas e avaliações embutidas, atualizações programadas, monitoramento de palavras-chave e muito mais.

As regras do engajamento

A rede social, portanto, é uma grande oportunidade para engajar com o cliente e aumentar o conhecimento da marca, mas é um espaço tão aberto e dinâmico que é fundamental pensar com cuidado no que você está fazendo.

As "regras" das redes sociais se resumem a ter um pouco de bom senso sobre o que são as relações humanas. O fundamental é lembrar que são redes *sociais*: as pessoas entram nelas para interagir e trocar informações e conteúdo com quem têm afinidade e compartilham os mesmos interesses. É improvável que elas se interessem por seu último *pitch* de vendas, muito menos em anúncios promocionais. Elas querem ver coisas interessantes, divertidas, informativas, curiosas, viciantes... o que quer que as deixe empolgadas.

Quando se trata de rede social, você não está apenas enviando uma mensagem, mas esperando uma resposta, e as respostas podem não ser conforme o esperado. Você precisa de um plano para engajar no marketing das redes sociais, mas também precisa ser flexível e responder à comunidade:

- *Aproveite o que você já sabe*: você já tem um bom conhecimento sobre seus clientes — quem eles são, o que gostam de fazer, onde estão online. Certo, então uma das principais razões pelas quais você está engajando nas redes sociais é para conhecê-los um pouco melhor, mas a questão é que você não pode ignorar isso. Use esse conhecimento: aplique o que você já sabe sobre seus clientes, seu negócio e sua marca à sua estratégia de rede social. Conforme você aprende mais, refine o conteúdo.
- *Não se jogue sem se preparar antes*: tenha um plano claro antes de começar — saiba com quem você está tentando engajar e o que quer alcançar. Defina maneiras de avaliar e mensurar seu sucesso, com *milestones* de projeto para ajudar você a permanecer no caminho certo. Mas lembre-se de ser flexível e modificar seu plano conforme necessário, considerando o feedback do público.
- *Olhe, escute e aprenda*: antes de engajar no marketing das redes sociais, passe algum tempo "espreitando" (observando por aí sem dizer nada). Conheça os diferentes tipos de sites de rede social que você planeja segmentar. Vá e use os sites, leia os blogs... absorva as mídias. Olhe, escute e aprenda. Assim como na vida real, cada comunidade online é diferente.
- *Seja aberto, honesto e autêntico*: em nenhum lugar o termo "sinceridade total" fez tanto sentido quanto nas redes sociais. Não finja ser um apostador independente exaltando as virtudes de sua marca. Você será descoberto e,

quando isso acontecer, sua empresa vai "viralizar" por motivos errados. Nunca finja ser alguém ou algo que não é.

- *Seja relevante, interessante e divertido*: tudo o que você faz deve agregar valor à comunidade, bem como ser voltado aos seus objetivos comerciais. Seja útil, construtivo, interessante e divertido — junte-se à conversa e dê conselhos valiosos, de autoridade e ponderados. Esforce-se de verdade para engajar com a comunidade sob suas condições e, em troca, ela ficará muito feliz ao engajar com você.
- *Não envie mensagens com spam*: não entre em redes sociais apenas para enviar uma tonelada de links e informações sobre seus produtos ou encher a comunidade de publicações dizendo por que sua empresa é a última bolacha do pacote. Isso parece spam e não acrescenta nada à conversa. Na melhor das hipóteses, a comunidade irá ignorá-lo; na pior das hipóteses, bem, estamos de volta à viralização negativa novamente.
- *Respeite as regras*: se o site tem políticas, diretrizes e regras… leia-as e cumpra-as.
- *Respeite as pessoas*: respeite sempre os outros membros da comunidade. Isso não significa que você sempre tenha que concordar com eles; um debate saudável é bom em qualquer comunidade. Quando você discordar, porém, seja sempre educado e respeitoso com as outras pessoas. Elas têm tanto direito à opinião quanto você. Não torne isso algo pessoal.
- *Responda ao feedback*: o feedback dos usuários é inestimável. Deixe-os saber que você gosta de recebê-lo, que está interessado no que têm a dizer. Seja receptivo e mostre a eles como você usou esse feedback de forma construtiva.

Pedimos a Julia Bramble, da BrambleBuzz, que nos desse suas principais dicas para o engajamento nas redes sociais.

VISÃO DOS ESPECIALISTAS

Regras para um maior engajamento com seu público

Contribuição de Julia Bramble, especialista em redes sociais e fundadora da BrambleBuzz

Nosso objetivo final com o marketing de rede social é incentivar um sentimento de conexão entre aqueles que veem nosso conteúdo e nós, como um negócio, porque sem essa conexão, é improvável que alguém compre de nós. Mas como podemos criar uma conexão quando no ambiente virtual?

O segredo é agirmos com as pessoas da mesma forma da vida real e nos colocarmos no lugar delas.

É a partir desse princípio que estou compartilhando nove "regras" para um maior engajamento com seu público. (Mas lembre-se: com todas as "regras" do marketing digital, você só encontrará o que funciona melhor para você ao tentar e verificar os resultados.)

As "regras" (ou diretrizes) se enquadram em duas categorias. Uma é o "o quê" — o conteúdo que publicamos — e a outra é o "como" — como nos comportamos na rede social como uma empresa (é essa categoria que, muitas vezes, é ignorada, e as empresas ficam sem saber como não obtiveram os resultados esperados). Vamos analisar mais detalhadamente cada uma delas então.

"O QUÊ"

O conteúdo que compartilhamos nas redes sociais é o que chama a atenção de nosso público e o atrai — é o primeiro passo para desenvolver um relacionamento se eles ainda não nos conhecem. Portanto, é importante o trabalho tanto de criar uma primeira impressão quanto de incentivar esse engajamento fundamental.

Para tornar seu conteúdo mais eficaz, siga estes passos:

1 *Conheça seu público*: se você não conhecer o bastante as pessoas que quer atrair e interagir, como é possível criar conteúdo relevante e voltado para elas? Isso vai além da ideia genérica de dados

demográficos como idade, sexo, renda, estado civil etc., e traz questões mais profundas, como: "quais são as aspirações do meu cliente ideal?", "quais são suas paixões?", "o que realmente importa em termos do problema que solucionamos para eles?".

Quanto mais conhecer seus clientes ideais, seu dia a dia e como eles se sentem, mais chances terá de criar publicações que chamarão sua atenção e os farão se sentir compreendidos.

2 *Agregue valor*: as pessoas não estão nas redes sociais porque querem ser bombardeadas com publicações sem sentido; mas, geralmente, estão lá para falar com os amigos, descobrir novidades ou para se divertir. Se você vai interceptar e pedir a atenção delas, é justo que seu tempo seja investido com conteúdo que agregue valor.

Há muitos negócios e marcas que jogam conteúdo nas redes sociais apenas para "serem lembrados" sem pensar muito sobre isso. O triste é que eles estão apenas contribuindo para o ruído, além de ser improvável que obtenham os resultados esperados.

As redes sociais nos dão uma grande oportunidade de melhorar a vida de alguém, mesmo que seja apenas por um momento fugaz. E é isso que devemos fazer. No fim das contas, você se sentiria mais atraído por uma marca que usa a rede social como plataforma de transmissão ou por aquela que parece se importar e compartilhar conteúdo com o qual é possível se relacionar?

3 *Seja você:* Quer você seja uma marca pessoal, quer esteja promovendo um negócio maior, deixe claro:

- por que você faz o que faz e suas motivações;
- sua missão e seus valores;
- sua "voz de marca";
- como você é diferente da concorrência;
- as características que seus clientes e a comunidade gostam em você.

Mostre como seu conteúdo é diferente nas redes sociais para que sua marca seja reconhecível e para que suas publicações se destaquem entre o caos de tantas informações. Se seu material é igual ao de todo mundo, como seu público pode distingui-lo? Por que ele gostaria de se conectar com você? Essa é uma das etapas que alguns de meus clientes acham complicada. Uma ótima maneira de começar é perguntar a seus consumidores ou clientes favoritos sobre o que gostam em você e no seu trabalho e por que eles o escolheram.

4 *Incentive uma reação*: se seu conteúdo de rede social não incentiva nenhum tipo de reação, é entediante. E não é assim que você quer que sua marca pareça.

Muitas empresas fazem publicações que ensinam algo novo a seu público, o que é ótimo — e certamente agrega valor —, mas às vezes as pessoas só querem dar risada, sentir-se motivadas ou ter suas opiniões desafiadas e serem questionadas. Portanto, tente diversificar e falar com seu público de maneiras diferentes, assim como você faria se estivesse conversando com as pessoas na vida real. Em alguns casos, você pode compartilhar um fato que acabou de descobrir, em outros contar uma história ou uma piada e perguntar a opinião das pessoas, certo?

Antes de criar seu conteúdo, pense na reação que você quer incentivar nas pessoas: o reconhecimento de sua marca, ser lembrado do quão especialista e amigável você é ou divertir e trazer inspirações. (Você pode, e deve, mencionar seus produtos ou serviços, porém, se você fizer isso pensando no que é importante para seu público e em como ele se sente, será muito mais provável que ele responda.)

5 *Incentive o engajamento*: vejo tantas empresas e profissionais de marketing reclamando que ninguém engaja com seu conteúdo nas redes sociais e, ainda assim, quando dou uma olhada, suas publicações são, muitas vezes, apenas declarações, citações ou compartilhamento de vídeos.

As conversas não acontecem assim na vida real; você perguntaria à outra pessoa o que ela pensa, o que ela quer saber, qual é sua opinião, ou perguntaria se ela já viveu algo assim. É importante criar publicações pensadas para incentivar o engajamento por duas razões:

- *Confiança*: quando há resposta, é o primeiro passo para a pessoa criar confiança e conhecer você (e estabelecer esse sentimento de conexão).
- *Visibilidade*: os algoritmos que governam todas as redes sociais e determinam qual conteúdo é visto por quem consideram o engajamento um sinal de que o conteúdo publicado é de qualidade e, como resultado, compartilharão mais do seu conteúdo que desperta engajamento com mais pessoas.

"COMO"

A maneira como nos comportamos como empresas nas redes sociais é uma parte importante da impressão que passamos; no entanto, muitas empresas parecem esquecê-la. Para estabelecer confiança, é essencial que "andemos na linha". O público está justamente entediado e desconfiado de superficialidades. Por exemplo, se em seu site você diz que é amigável e prestativo e depois nas redes sociais não responde às perguntas e é monossilábico, o que vão pensar? Será que isso fará seu público querer saber mais? Quais são as "regras" de engajamento que podem nos ajudar a acertar esses detalhes importantes?

Seja humano

Quando as pessoas entram nas redes sociais, são atraídas primeiro pelas publicações de seus amigos. Portanto, é lógico que, se as publicações de sua empresa parecerem e soarem semelhantes ao conteúdo de um amigo, então é provável que sejam notadas e respondidas.

Sua linguagem e seu tom são fundamentais. Talvez seja hora de reavaliar a voz de sua marca se ela for técnica e corporativa demais no mundo de conversas breves e descontraídas das redes sociais. Você pode usar o jargão em sua empresa, mas será que é assim que seus clientes falariam sobre a solução que buscam? Use uma linguagem próxima à deles e estará no caminho certo. Ah, e considere usar emojis e gifs, assim como seu cliente ideal faria ao conversar com os amigos.

Uma observação: uma parte importante de "ser humano" é "entender o contexto" e estar atento ao sentimento do público em relação a notícias e acontecimentos, sobretudo quando são tragédias. Nesses casos, é importante prorrogar qualquer mensagem ou tweet pré-agendado e fazer uma pausa em um anúncio e substituir o que pode parecer uma mensagem totalmente insensível por uma que reflita sua resposta à situação.

Mostrar interesse nos interesses do público

Se você publicar sobre coisas que interessam o público, será visto como pertinente e em sintonia com eles (é aqui que entra o conhecimento de seu público). Acrescente um pouco de humor e terá uma fórmula mágica para incentivar o engajamento.

Por exemplo, a Orkney Library (uma pequena biblioteca em uma parte remota da Escócia) atraiu um grande público nas redes sociais que segue seu conteúdo, a exemplo da Figura 7.2.

FIGURA 7.2 Um exemplo dos tweets da Orkney Library

Fonte: Orkney Library and Archive

A biblioteca traz assuntos sazonais e tendências de maneira autêntica e seus seguidores adoram isso. (Note que, ao incluir uma hashtag de um assunto do momento em suas publicações, é provável que você atraia a atenção e o engajamento de um público totalmente novo que não o conhecia; é uma ótima maneira de aumentar a visibilidade da marca).

A equipe de redes sociais da Innocent Drinks é mestre na arte do conteúdo centrado no ser humano e, muitas vezes, publica sobre o lado mais mundano de nossas vidas com muito humor, resultando em um engajamento incrível. Uma tática que eles também usam é tuitar em tempo real enquanto assistem a programas de TV, já conhecendo o público e os potenciais clientes que podem acompanhar o programa, tais como *Bake Off Reino Unido: mão na massa*:

Tweet: Outro episódio maravilhoso de **Bake Off** está terminando.
Pessoas incríveis ajudando umas às outras a fazer biscoitos perfeitos.
Que noite de terça-feira perfeita. O mundo é maravilhoso. [muda para o canal BBC Parliament]
Ah...
#GBBO
Retweets: 424, Likes: 2,4 mil
Publicado em: 3 de setembro de 2019

Tweet: "Nunca fizemos leite no Bake Off".
Mas, sabe, ele tem sido um dos ingredientes de cada bolo desde o primeiro episódio da primeira temporada. #GBBO
Retweets: 84, Likes: 1,1 mil
Publicado em: 17 de setembro de 2019

Você poderia perguntar: o que esses tweets realmente significam para eles como uma marca? Além de aumentar o número de seguidores fiéis no Facebook, Twitter e Instagram, a tática de tuitar em tempo real geralmente gera setecentas mil impressões por episódio (The Drum, 2019).

Faça seu público se sentir especial

Quando você faz alguém se sentir especial, a resposta natural é gostar de você também e querer falar sobre essa experiência com os amigos. Portanto, pense em como você pode fazer com que seu público, sobretudo seus clientes, se sintam especiais. Pode ser compartilhando uma "prévia" de um novo produto em apenas um canal ou oferecendo um cupom de desconto especial limitado aos seguidores em uma rede específica.

Outra ideia que funciona muito bem é pedir a seu público (ou clientes) para compartilhar ou enviar as próprias fotos ou vídeos (esse tipo de conteúdo é conhecido como UGC — conteúdo gerado pelo usuário) e compartilhar os melhores em suas redes sociais (ou mesmo dentro de suas fotos de capa). De repente, seu cliente se torna famoso dentro de sua comunidade; e, além de ele gostar ainda mais de você, todo o seu público verá o quanto você valoriza seus clientes!

A Asos foi ainda mais longe. Quando uma jovem, Thea Chippendale, compartilhou no Twitter um comentário negativo que recebeu de um match no Tinder sobre um vestido que usava na foto, ela recebeu inúmeros comentários positivos e elogios. Mas quando a Asos, a marca do vestido, foi mencionada na conversa, a notícia rapidamente se espalhou. Pouco tempo depois, o site da marca não adicionou apenas a foto do vestido, mas também a foto original do Tinder de Thea. A resposta dela — e de seus seguidores — foi imensa e muito positiva.

Responda!

Seria muito estranho ir a um jantar, iniciar uma conversa, mas depois ignorar todos que responderam ao que você disse. E, ainda assim, as marcas e as empresas fazem isso sempre, todos os dias, nas redes sociais. Elas publicam algo e ignoram as respostas. Imagine como o público se sente. (E lembre-se de que não será apenas a pessoa ignorada que percebe, é algo que é visível para todos).

É fundamental que você invista tempo todos os dias para responder a todos os comentários em suas publicações e tweets, e de preferência não apenas com um "like", mas comentando ou perguntando algo. Além de ajudar a criar confiança e conexão com pessoas que dedicaram tempo e trabalho para comentar em sua publicação, também ajudará seu conteúdo a alcançar mais pessoas, já que os algoritmos de redes sociais priorizam o engajamento.

Seria ainda melhor ir além e responder ao conteúdo de outras pessoas, engajando com conversas relevantes no Twitter ou comentando publicações, incluindo hashtags relacionadas no Instagram ou compartilhando publicações de seus seguidores.

Priorize procurar as menções de sua marca ou nome comercial que talvez não tenham sido marcadas. Eu tuitei algumas fotos do aeroporto de Heathrow quando fui para Madri para treinar um cliente. Não marquei o aeroporto, mas minutos depois tive uma resposta deles elogiando minhas fotos e me desejando sorte no treinamento que estava prestes a fazer. Causou um impacto, e eu ainda falo sobre isso (como você pode notar).

Muitas empresas têm medo de receber feedbacks negativos nas redes sociais e podem ficar com muita vergonha. Entretanto, esse é o momento mais importante para responder — e quanto mais rápido, melhor. Na maioria das vezes, a pessoa que dá o feedback só quer ser ouvida e que saibam do seu problema. Uma ótima resposta seria, portanto, responder com o nome dela, pedir desculpas pelo transtorno e solicitar que ela entre em contato por telefone, e-mail ou DM para que você possa ajudá-la. Na maioria dos casos, esse tipo de resposta basta, e seu público verá que você leva o atendimento ao cliente a sério (o que mais uma vez ajudará a estabelecer confiança).

Às vezes, sua marca pode ficar presa em uma crise de relações públicas que não tem nada a ver com você (é aqui que ouvir regularmente as menções de sua marca pode ser útil para descobrir o problema com antecedência). Se isso acontecer, você pode ter que responder a inúmeros comentários negativos. Pode parecer injusto, mas ignorá-los ou responder com raiva não vai ajudar. Você pode criar uma página rápida na web e inserir todas as respostas lá. Ou então adotar uma abordagem mais humana e ser transparente, como a marca Yorkshire Tea fez quando foi confrontada com uma enorme repercussão negativa após uma foto de seu produto com um político ter sido divulgada:

Tweet:
Foi um fim de semana bem difícil. Na sexta-feira, o chanceler compartilhou uma foto de nosso chá. Os políticos fazem isso às vezes (como o Jeremy Corbyn em 2017). Ele não nos perguntou nem nos envolveu, e nós informamos isso no mesmo dia. Muita gente ficou irritada conosco da mesma forma.
Retweets: 14,2 mil, Likes: 53,3 mil
Publicado em: 24 de fevereiro de 2020

Tweet:
Passamos os últimos três dias respondendo a acusações furiosas e chamadas de boicote. Para algumas pessoas, o fato de nosso chá ser consumido por alguém de quem elas não gostam significa que nossa reputação já era, e ela fizeram questão de que soubéssemos disso.
Retweets: 1,7 mil, Likes: 17,7 mil
Publicado em: 24 de fevereiro de 2020

Tweet:
Se você quiser descontar sua raiva online, mesmo que seja em uma empresa, lembre-se de que há uma pessoa do outro lado dela e tente ser gentil.
Retweets: 6,1 mil, Likes: 61,4 mil
Publicado em: 24 de fevereiro de 2020

Sua abordagem empática conquistou muito apoio e novos clientes. Um cliente tuitou que tinha ficado tão irritado com a reação que comprou um chá da marca pela primeira vez.

Em resumo, para um maior engajamento nas redes sociais, procure criar conexão sendo humano e colocando-se no lugar das pessoas que você quer atrair e com quem quer interagir.

ESTUDO DE CASO

Virgin Trains e a campanha Toilet Role

Virgens = legais. Trens = entediantes. A Virgin Trains buscou a Cubaka porque queria ser mais "virgens" e menos "trens".

Depois de um período de escuta social que ajudou a reunir informações sobre o que as pessoas amam e odeiam nos trens e nas viagens de trem, a Cubaka lançou uma série de campanhas sociais bem-sucedidas ao longo de 2019 destinadas a otimizar o tempo de potenciais clientes, a superar julgamentos negativos sobre trens e a persuadir as pessoas a escolherem esse meio de transporte (especificamente Virgin Trains) em vez de outros.

Uma dessas campanhas de rede social foi a Toilet Role, que convidou as pessoas a gravar uma mensagem pré-elaborada para os notórios vasos sanitários falantes da Virgin Trains. Quando a Virgin Trains contratou a Cubaka, a voz atual dos vasos sanitários já existia há mais de um ano e era hora de mudar.

LOCALIZAÇÃO

Reino Unido

DESAFIO

Em fevereiro de 2019, a Virgin Trains informou a Cubaka que queria mudar a voz atual de seus vasos sanitários e incentivar as pessoas a participar de uma audição para escolher a(s) nova(s) voz(es). O ator Dean Gaffney (famoso pelo programa *EastEnders*) havia sido recrutado para liderar a campanha, e eles estavam em processo de produção de um vídeo de relações públicas para lançá-la. O desafio da Cubaka era vincular os canais de redes sociais à história de RP e alcançar uma meta de quatrocentos inscritos para a audição.

PÚBLICO-ALVO

Pessoas que viajam de trem no Reino Unido

AÇÃO

- No início, a Cubaka identificou uma possível relutância em publicar gravações de voz em canais públicos de redes sociais como uma potencial barreira para o sucesso da campanha. As pessoas precisavam fazer e apresentar suas gravações sozinhas. Portanto, em vez de pedir às pessoas que compartilhassem suas gravações de voz nos seus feeds abertos, a Cubaka decidiu que as mensagens deveriam ser enviadas por um bot usando o Facebook Messenger. Isso permitiria envios privados que poderiam ser usados nas plataformas.
- Como Dean Gaffney havia sido identificado como o líder da campanha de RP e a cara escolhida para o vídeo de lançamento, o bot do Messenger foi batizado de "The Gaffbot", e os criadores de conteúdo da Cubaka viram infinitas possibilidades de dar vida a ele. O Gaffbot seria usado para orientar os participantes durante todo o processo da audição, tornando-o divertido e único.
- Como o principal objetivo da Cubaka era alcançar muitos inscritos, eles focaram em criar uma ótima experiência de usuário. O Gaffbot saudava os usuários e lhes fazia uma breve apresentação antes de convidá-los a gravar a mensagem pré-elaborada para os vasos sanitários da Virgin Trains usando a função de gravação de áudio do Facebook Messenger. O bot deu dicas e conselhos para a audição e instruiu as pessoas durante o ensaio para que pudessem realizar a audição perfeita e ter as mesmas chances de ganhar o prêmio. A experiência de inscrição foi reforçada por alguns divertidos GIFs do Gaffbot reagindo às mensagens dos usuários.
- Uma vez que os usuários fizeram sua inscrição, havia alguns recursos extras divertidos, tais como questionários de múltipla escolha, todos conduzidos pelo Gaffbot.

RESULTADOS

- Mais de nove mil pessoas em todo o Reino Unido usaram o Gaffbot em quatro semanas, das quais 5.209 (58%) fizeram uma gravação de áudio para a competição. O número superou em 1.300% a meta de quatrocentas inscrições;

- A campanha alcançou 6.164 novas mensagens no chat — sete vezes maior do que a meta de 860;
- Também atingiu 8.416 cliques para entrar no chat em comparação com a meta de 4.225;
- Foi alcançada uma taxa de engajamento de 23%, 53% maior do que a média da Virgin Trains;
- A campanha ganhou a Social Media Campaign of the Year no UK Digital Growth Awards de 2019 e a Best Audience Engagement Campaign no UK Social Media Awards de 2019.

SOBRE OS CRIADORES

A Cubaka é uma agência de redes sociais sediada em Londres. Sua missão é otimizar o tempo de seus clientes nas redes sociais com um trabalho criativo e excepcional. A equipe por trás do projeto:

Diretor de estratégia: Olly Honess
Gerentes de contas sênior: Jessica Treacy e Lauren Sams
Redatora principal: Sonja Todd
Líder de design: Oliver Wastage

LINKS

www.cubaka.com/virgin-trains (arquivado em: https://perma.cc/W3DG-DVMJ)

08

Marketing de conteúdo e conteúdo nativo

O QUE ESPERAR DESTE CAPÍTULO

Até o final deste capítulo, você terá respostas para as seguintes perguntas:

- Por que você precisa criar conteúdo para o sucesso do marketing digital?
- Como a estratégia de conteúdo influencia toda a sua estratégia digital?
- Em que pensar ao criar conteúdo digital e como compartilhá-lo?
- Como promover seu conteúdo em vários canais?
- O que é a reputação e qual é a importância dela para seu conteúdo?
- Como as revoluções das mídias digitais e sociais mudaram a gestão da reputação online (ORM) e como elas não mudaram?

Nada mudou, mas tudo mudou

A frase "*nada mudou, mas tudo mudou*" poderia ter sido escrita para o mundo do marketing de conteúdo. Os princípios básicos de um bom marketing de conteúdo não mudam há anos — tudo se resume a criar consciência e compromisso, além de oferecer valor a seu potencial cliente para aumentar as chances de que ele compre de você depois. Trata-se de ser notado, de ser veiculado pela mídia e de apresentar uma grande história às pessoas certas, no momento certo (com a esperança de que elas digam por que você também faz parte dessa história).

Entretanto, da mesma forma que todo o resto "*se tornou digital*" (sejam músicas, livros ou mesmo jornais), o ambiente digital também está mudando as coisas drasticamente. Quando se trata de conteúdo, as coisas estão mudando de duas maneiras interessantes e, às vezes, paradoxais. Em primeiro lugar, qualquer conteúdo que você apresente hoje precisará competir com uma enxurrada de informação sempre crescente. A Domo lança um infográfico todo ano mostrando quantos dados são gerados por minuto e em quais plataformas. Para você ter uma ideia, o infográfico de 2019 mostra que, a cada minuto do dia, 188 milhões de e-mails são enviados, 511.200 tweets são feitos, 55.140 fotos são publicadas por usuários do Instagram e há 4.497.420 de buscas no Google. A Domo calcula que, até 2020, haverá quarenta vezes mais bytes de dados do que estrelas no universo observável (Domo, 2019) (www.domo.com/learn/data-never-sleeps-7; arquivado em: https://perma.cc/EED4-5V9C).

Enquanto um cidadão comum não chegará perto de ser exposto a uma fração dessas fontes de informação, as pessoas estão sendo expostas a cerca de cinco mil "mensagens de marca" por dia, graças ao enorme crescimento do consumo de mídia que os likes do Google, Facebook e Twitter possibilitaram em nossos smartphones e dispositivos móveis. E isso significa que se destacar nunca foi tão difícil.

De acordo com a Zenith, hoje todos nós passamos cerca de 479 minutos (quase oito horas) de nosso dia usando algum tipo de mídia, mas foi a mídia online que realmente mudou o cenário. Entre 2014 e 2019, o tempo médio diário de leitura de jornais caiu de 17 para 11 minutos, enquanto o tempo diário gasto lendo revistas caiu de oito para quatro minutos, e o tempo gasto assistindo televisão caiu de 171 para 167. Curiosamente, o uso da internet no desktop também diminuiu, de 47 para 40 minutos por dia. A internet móvel tem ocupado seu lugar: o uso aumentou de 80 para 130 minutos diários entre 2015 e 2019, a uma taxa média de 13% ao ano (Zenith, 2019). Um relatório de 2019 da Ofcom descobriu que quase metade dos adultos do Reino Unido agora usam as redes sociais para ler notícias, e desses usuários de redes sociais, quase três quartos dependem do Facebook (73%). O consumo de notícias por várias outras plataformas de redes sociais também está em ascensão. O WhatsApp aumentou de 22% para 30% em 2018, o Instagram aumentou de 21% para 28% no mesmo período, e o Snapchat aumentou de 14% para 17% (Ofcom, 2019). Enquanto os usuários ativos mensais do Twitter diminuíram na última parte de 2018, eles voltaram a crescer no primeiro trimestre de 2019, e ainda há 330 milhões de usuários ativos mensais (Lin, 2019). Na Grã-Bretanha, várias estatísticas estimam que existem cerca de 14 milhões de usuários no Twitter.

O paradoxo com o online, no entanto, é a segunda mudança principal. Enquanto a quantidade de dados puros está aumentando o tempo todo graças às ferramentas criadas, a história certa agora realmente tem mais potencial de explodir dentre o ruído midiático e reverberar mais rápido, alcançando mais pessoas do que jamais foi possível antes. As notícias agora têm 280 caracteres ou menos. Donald Trump acredita de verdade no poder das redes sociais, admitindo que ele não teria conseguido chegar à Casa Branca sem elas. Sua conta no Twitter é um retrato extraordinariamente sem filtros de seus pensamentos, e ele a usa como um caminho direto para seus eleitores, contrariando o que enxerga como cobertura injusta da mídia. Hoje em dia há muitas notícias concorrentes, porém, se você conseguir criar um conteúdo pensando nos assuntos do momento, suas mensagens podem chegar a milhões de pessoas e em tempo recorde.

Por que conteúdo? Uma visão geral

Não se pode falar de marketing digital sem falar de conteúdo. Hoje vivemos em um cenário digital em que o conteúdo está em toda parte. Você não é nada no mundo online se não criar conteúdo. Conteúdo em suas inúmeras formas diferentes é a moeda que os profissionais de marketing digital usam para engajar, interagir e influenciar seus clientes. O conteúdo é um dos poucos canais de marketing que permite aos profissionais da área entrarem em contato com seus potenciais clientes ao longo de todas as fases da jornada do cliente, durante a pesquisa, compra e avaliação.

O conteúdo funciona. Neste capítulo, mostraremos por que o conteúdo funciona, como funciona e como faz parte de uma estratégia geral de marketing digital. Mostraremos como o conteúdo pode ser usado para tornar sua marca inovadora, conquistar novos clientes e influenciar seu público-alvo. Também demonstraremos como o conteúdo pode funcionar para qualquer marca, grande ou pequena, e como apresentar ideias que podem realmente inovar seu marketing de conteúdo. Por fim, apontaremos como o tamanho e o crescimento do mundo digital significam que hoje o conteúdo é o centro de tudo o que você faz online. Cada vez mais, ele fortalece também a busca, as redes sociais, as relações públicas e a publicidade paga. Como profissionais de marketing digital, temos que levar o conteúdo a sério;

você pode não ser o melhor criador, mas precisa saber onde encontrar o melhor conteúdo e como formular uma estratégia e usar esse conteúdo para gerar engajamento.

O crescimento do marketing de conteúdo na era digital

O marketing de conteúdo não é novidade: ele existe há mais de um século de diferentes formas. A John Deere, fabricante de tratores, criou e publicou sua própria revista, *The Furrow*, já em 1895. Em 1900, a Michelin, fabricante de pneus, começou a produzir um guia repleto de recomendações de viagem e hospedagem para os motoristas franceses; em 1966, a Nike publicou e promoveu um livreto de 19 páginas intitulado *Jogging*, praticamente inventando o esporte da corrida nos Estados Unidos e vendendo muitos de seus tênis para a prática. O marketing de conteúdo funcionou. O método de distribuição desse conteúdo na era pré-digital era a mala direta. O conteúdo, na forma de ideias, informações sobre produtos e avaliações, era o que muitos clientes de venda por correspondência queriam ler. Antes do Google, os clientes precisavam de informações para poder fazer suas compras. Milhões dessas compras eram baseadas em conteúdo de marca que eles liam em materiais de marketing de mala direta.

O marketing de conteúdo funciona e sempre funcionará porque oferece valor a um potencial cliente; atende à sua necessidade imediata de informação, é envolvente e não usa métodos agressivos para "vender". Se feito de maneira correta, é uma ferramenta muito poderosa de construção de marca e de negócios.

O marketing de conteúdo funcionava então, e na era digital funciona tão bem quanto, se não melhor. Então, por que o crescimento do conteúdo?

Há uma série de razões pelas quais o marketing de conteúdo tem assistido a um ressurgimento da área de marketing digital nos últimos anos. Um dos principais motivos por trás do crescimento do marketing de conteúdo digital é porque "agora todo mundo pode". Não existem mais barreiras para uma empresa ou marca se tornar um publisher. O custo inicial para isso — para seu blog e/ou perfis de mídia social — é quase nulo. Plataformas de autopublicação como o WordPress facilitam a criação, e gratuitamente. O maior investimento é o tempo. Na era digital, todas as marcas podem, com facilidade, tornar-se publishers. Já se foi a época do dispendioso processo de impressão e de distribuição.

O marketing de conteúdo também está crescendo porque, como mencionado antes, ele funciona, não importa o tamanho do seu negócio. Conteúdo é uma estratégia que está sendo adotada por marcas líderes como a P&G, a Coca-Cola e a Amex, bem como por empresas menores e até mesmo por aquelas individuais. A Coca-Cola, uma das maiores marcas do mundo e com orçamentos de marketing colossais, colocou o conteúdo no centro de sua missão da estratégia publicitária "Content 2020":

> Todos os anunciantes precisam de muito mais conteúdo para que possam manter o engajamento com os clientes novos e relevantes, por causa da conectividade 24 horas por dia, sete dias por semana. Para ter sucesso no mundo inteiro, é preciso ter ideias grandes e férteis como base.

No entanto, para cada Coca-Cola que investe em conteúdo, há um pequeno negócio que também capitaliza sobre ele. E essa oportunidade existe para seu negócio neste exato momento.

Por que fazer isso? Essencialmente porque é econômico: nas palavras de Michael Brenner: "o ROI do marketing de conteúdo é maior do que o ROI médio do marketing de todos os lugares em que procurei" (Brenner, 2019).

Busca

Uma das principais razões para os profissionais de marketing digital abraçarem o conteúdo se resume ao Google. Quando você domina o cenário digital tão bem quanto o Google — e há setores inteiros baseando seus negócios no seu trabalho —, qualquer mudança vai ser notada. Não entraremos em muitos detalhes sobre as atualizações do Google aqui, uma vez que estas são abordadas no Capítulo 4. Mas, basicamente, o Google está procurando valorizar os resultados de busca de sites com melhor conteúdo. As diretrizes do Google recomendam que as empresas devem criar "um site útil e com muitas informações, além de páginas que descrevam seu conteúdo de maneira clara e precisa".

Ao escrever as edições anteriores deste livro, as atenções se voltaram para as atualizações Panda (2011), Penguin (2012) e Hummingbird (2013), que visavam abordar questões específicas dos algoritmos do Google. Com essas atualizações, foi relativamente fácil identificar a questão em jogo e adaptar seu site de acordo com ela. Hoje, no entanto, trata-se muito mais de atualizações principais do Google que alteram a forma como o algoritmo avalia o conteúdo e podem ter um impacto mundial e abrangente nos rankings do site. A posição no ranking pode melhorar ou cair da noite para o dia como resultado das atualizações principais, mas pode ser preciso investigar um pouco para entender o que mudou, e as diferenças nem sempre são visíveis.

As atualizações principais do Google são uma preocupação central para a criação de conteúdo, uma vez que o algoritmo favorece os sites, dependendo do tipo e da qualidade do conteúdo oferecido por eles. De acordo com o Google, suas atualizações principais são criadas para garantir que, de modo geral, eles continuem "cumprindo a missão de mostrar conteúdo relevante e confiável aos usuários" (Google,

2019). As marcas que o Google considera apresentar EAT (em português especialização, reconhecimento e confiança) são as que mais se beneficiam de ajustes no algoritmo e verão sua classificação melhorar. Por exemplo, em junho de 2018, uma atualização principal dos resultados de buscas começou a exibir vídeos em carrossel, dando aos usuários do YouTube aumentos imediatos em seus rankings. A atualização de junho de 2019 priorizou ainda mais os vídeos em carrossel nas buscas e também penalizou os sites de notícias que o Google considerava fornecer conteúdo de baixa qualidade. As estatísticas de visibilidade e SEO mostraram não apenas que o dailymail.co.uk (no Reino Unido) e o cbs.com (nos EUA) tiveram sucesso nos dias seguintes à atualização, como também as perdas da CBS foram diretamente refletidas pelos ganhos da Newsweek (Grundmann, 2019).

O Google lança uma ampla atualização principal do algoritmo várias vezes por ano, mas a atualização de junho de 2019 foi significativa porque foi a primeira vez que o Google informou às pessoas sobre ela, anunciando-a previamente pelo Twitter. O Google não é explícito sobre como seus algoritmos avaliam os sites, mas fornece informações sobre o que seus "avaliadores de qualidade" procuram ao avaliar um site. As "Diretrizes de Qualidade do Google" são claras que, além dos critérios do EAT, se os sites quiserem melhorar sua classificação, devem garantir que seu conteúdo seja de alta qualidade, original e único.

Isso fez com que todo o setor de SEO abraçasse o conteúdo de uma forma que nunca tinha feito antes. A maioria dos profissionais de SEO que vieram antes da atualização Panda tratou o conteúdo de qualquer jeito. Eles sabiam que precisavam dele, mas não o valorizavam. Pagavam por conteúdo barato e de baixa qualidade, muitas vezes feito por redatores não nativos; ou, pior ainda, transformavam um artigo em outras mil versões que não faziam sentido algum, mas faziam isso para atender às necessidades de *link building*. Isso não funciona mais. O Google identifica a qualidade do conteúdo e rebaixa ou desindexa os sites realmente pobres que hospedam conteúdo reformulado por robôs, tornando redundantes essas formas de trabalho para todos os profissionais de SEO do mundo. Hoje, as equipes de busca valorizam o bom conteúdo e estão cada vez mais atualizando e revisando seus modelos de negócios para se tornarem mais focados no conteúdo.

"Não temos muito orçamento de busca paga e confiamos muito em um bom profissional de SEO. Nosso conteúdo é o que nos ajuda a classificar", diz Graham Charlton, editor-chefe do Econsultancy.com: "Simplesmente pelo uso inteligente de texto âncora, bons links internos e conteúdo de qualidade e compartilhável, podemos classificar muito bem por alguns termos competitivos".

Pedimos a Rob Welsby, especialista em conteúdo e diretor-gerente de desempenho da Gravity Global, que nos desse sua opinião sobre as oportunidades comerciais que o conteúdo oferece.

VISÃO DOS ESPECIALISTAS

Como usar o marketing de conteúdo para aproveitar as oportunidades comerciais em busca orgânica

Contribuição de Rob Welsby, diretor-gerente de desempenho da Gravity Global

"O marketing de conteúdo provavelmente não ajudará você a adquirir clientes", um artigo no jornal *The Guardian* declarou no final de 2015. "Pode aumentar a consciência da marca, mas o conteúdo raramente apela o suficiente para transformar o consumidor em cliente" (Owen, 2015).

Esse texto do *The Guardian* foi escrito logo antes da edição anterior deste livro, publicada em 2016, destacando o Customer Acquisition Barometer (CAB), uma pesquisa de tendências feita com 1.072 pessoas, a qual constatou que apenas 10% estavam preparadas para dar informações pessoais a uma marca conhecida em troca de algum tipo de conteúdo, e apenas 9% fariam o mesmo para marcas desconhecidas.

Qual a conclusão disso?

As ferramentas tradicionais de marketing como cupons, concursos e brindes são formas muito mais confiáveis de adquirir clientes do que o marketing de conteúdo. Escrevendo isto em 2020, podemos ver que, em muitos aspectos, pouco mudou. A pesquisa sobre B2C de 2020 do Content Marketing Institute afirma que apenas 48% dos profissionais de marketing B2C têm usado com sucesso o marketing de conteúdo nos últimos doze meses para gerar vendas ou receitas (CMI, 2020).

Porém, o marketing de conteúdo tem tudo a ver com sutileza e influência. É muito mais complexo em suas ações e interações com os clientes em vários canais do que uma relação simples, binária e direta que se iguala a: "Eu lhe darei isso (dinheiro, dados) se você me der aquilo (conteúdo)".

Um exemplo de como o mercado de conteúdo pode dar oportunidades ao mercado comercial é a busca orgânica. Faça marketing de conteúdo da forma certa e motores de busca como o Google e o Bing recompensarão sua marca com melhores classificações de busca orgânica e maior visibilidade online. Isso significa mais tráfego e cliques em seu site e mais oportunidades para converter esses cliques em clientes.

POR QUE O GOOGLE ADORA UM BOM CONTEÚDO — E QUE TIPO DE CONTEÚDO ELE CONSIDERA BOM

O Google é notoriamente sigiloso sobre seu algoritmo de duzentos fatores que determina a ordem dos resultados de busca. O propósito do algoritmo é simples o suficiente: dar a melhor resposta possível para a consulta de alguém. Mas o que faz com que uma resposta seja melhor que outra? Em resumo: a avaliação do Google sobre o conteúdo de um site.

Parte da avaliação é técnica. Que tipo de conteúdo o Googlebot pode rastrear e indexar? O conteúdo carrega rapidamente e é otimizado para dispositivos móveis (que agora compõem mais de 50% das buscas globais)? É essencial seguir as melhores práticas de otimização para mecanismos de busca. Mas o outro elemento da avaliação é qualitativo. O que significa esse conteúdo? Como ele pode ser relevante para a consulta de pesquisa original? Na primeira década de funcionamento do Google, isso significava correspondência de palavras-chave: casar os caracteres digitados no campo de busca com os caracteres de uma página da web. Na segunda década do Google, assistimos ao advento da busca semântica: a tentativa de ir além da correspondência de palavras e frases e interpretar o que uma cadeia de palavras significa em uma frase. A IA e o aprendizado de máquina significam que o Googlebot não serve apenas para aprender a ler, mas para *compreender* e *criticar* — e ele busca qualidade.

Entretanto, digite "características de um bom site" no Google e você verá por volta de 6,6 bilhões de resultados. Há dicas de ponta, pesquisas acadêmicas e muitas opiniões — algumas mais qualificadas do que outras. De forma útil, o Google publica o guia que dá a seus avaliadores de qualidade; a última versão é de dezembro de 2019 (https://static.googleusercontent.com/media/guidelines.raterhub.com/en//searchqualityevaluatorguidelines.pdf; arquivado em: https://perma.cc/MB4C-792P).

A esses "avaliadores humanos", como são mais comumente conhecidos, é solicitada a qualidade de diferentes sites. Suas conclusões não afetam diretamente os resultados da busca individual, mas dão ao Google uma indicação de quão bem seu algoritmo está satisfazendo as necessidades humanas na entrega de melhores resultados de busca. As conclusões dos avaliadores humanos alimentam o aprendizado de máquina do Googlebot sobre qual peso dar aos diferentes fatores do algoritmo, ajudando a determinar as características que definem os resultados de busca de qualidade. Então, o que os avaliadores humanos estão procurando?

Mais uma vez, há diversos fatores a serem considerados. Mas os profissionais de marketing de conteúdo devem pensar ao menos nos quatro primeiros:

- A qualidade, a clareza e a quantidade do conteúdo principal (MC): conteúdo que diz ao visitante do que se trata a página e qual seu objetivo principal.
- A qualidade do conteúdo suplementar (SC): conteúdo que complementa o principal, acrescentando mais informações de apoio. Isso ajuda a proporcionar uma experiência positiva do usuário na página e no site.
- O nível de especialização, reconhecimento e confiança (EAT) do site: o usuário acreditará que a página/site é uma fonte de informação confiável?
- A reputação do site: evidência de prêmios, citações e referências de fontes confiáveis que apoiam o terceiro fator e demonstram que esse é um site de autoridade e confiança.

Juntos, esses quatro fatores dão uma clara indicação do que o Google recompensará com altas classificações nos resultados de busca: conteúdo claro, fácil de usar e de autoridade, páginas confiáveis com informações profundas, interessantes e úteis. Em resumo, o Google está procurando por um bom marketing de conteúdo no site.

DAS PALAVRAS-CHAVE ÀS TRANSAÇÕES: DEFININDO AS OPORTUNIDADES COMERCIAIS EM DUAS ETAPAS

Os clientes não usam apenas uma consulta quando estão interessados em um determinado assunto. Eles são motivados por diversas razões, e estas mudam o formato da consulta. Às vezes, estão procurando informações: perguntas factuais sobre o tema — "como", "o quê" e "quando". Outras, estão procurando comparações, de modo que perguntem coisas como "melhor *x*, *y*, *z*" ou "avaliações de". Por exemplo, todo dia as pesquisas globais sobre o iPhone 11 variam de "quando o iPhone 11 foi lançado?", "vale a pena usar o iPhone 11?", "qual é o melhor preço do iPhone 11?", entre outras. Então, que pergunta um fornecedor de smartphone gostaria que aparecesse no topo nos resultados das buscas? Sobretudo consultas transacionais, pois estão diretamente relacionadas com o ponto de partida do negócio. Em segundo lugar, as consultas comparativas que sugerem que alguém está na fase de pesquisa do funil de vendas.

Mas e as consultas informativas? Embora não tão diretamente relacionadas às vendas quanto os outros dois tipos de consulta, elas atraem as pessoas interessadas no assunto e procurando por algo. Ainda não sabemos se elas querem comprar. Mas certamente vale a pena direcioná-las ao nosso site para descobrir qual pode ser o próximo passo, além de tentar fazê-las dar esse passo para mais perto da compra em si. Assim que elas clicam no site, a primeira semente da consciência de marca é plantada no início de seu processo de decisão de compra. Em outras palavras, há boas razões para pensar amplamente sobre o que as pessoas estão procurando online e como isso pode ser relevante para sua marca.

Contudo, seu site não é a Wikipedia. Você não abriu um negócio para oferecer uma resposta enciclopédica a cada possível consulta de pesquisa. É importante saber: 1) onde há uma intenção transacional próxima; e 2) onde há um número significativo de pessoas pesquisando em torno desse assunto todo mês, na expectativa de que algumas, pelo menos, estejam interessadas o suficiente no que você diz para comprarem algo agora ou no futuro.

Primeira etapa

A primeira etapa é pegar a gama de frases de busca relevantes para seu negócio e categorizá-las. Qual é o tópico? Qual é o volume da busca? O Planejador de palavras-chave dos anúncios do Google lhe dará dados, assim como fará pesquisas relevantes na plataforma e revisará a caixa "As pessoas também perguntam", que é — como tudo que o Google faz — definida por um verdadeiro comportamento de pesquisador. Pense na intenção por trás da busca: ela é informativa, comparativa ou transacional? Essa palavra-chave tem interesse crescente, em declínio ou estável? O Google Trends o ajudará aqui. Existem variações sazonais ou previsíveis de mercado relacionadas a esse tópico? Use seu próprio conhecimento de mercado. O recomendável é criar uma planilha que organize suas palavras-chave por categorias temáticas e volume de busca.

Segunda etapa

Agora você precisa saber qual é sua classificação hoje em termos de maior volume de busca de cada categoria relevante. Assumindo que os três primeiros resultados da busca receberão mais de 50% dos cliques disponíveis dos usuários, quão longe você está do topo da primeira página? Você pode obter alguns desses dados no Google Search Console e em diversas ferramentas comerciais de terceiros como a Ahrefs (ahrefs.com; arquivado em: https://perma.cc/3PTV-R68H) ou a STAT Search Analytics (getstat.com; arquivado em https://perma.cc/MF8B-EZDY).

Agora, olhe quem está mais acima nessas buscas de maior volume. Se a resposta é a Wikipédia e uma série de sites de notícias, as probabilidades de sua marca chegar ao topo da primeira página são menores. Pense no guia dos avaliadores humanos: você é uma fonte de notícias mais reconhecida sobre um assunto geral do que a CNN ou a BBC? É melhor passar para o próximo conjunto de temas categorizados em sua lista.

O resultado dessas duas primeiras etapas traz uma compreensão dos tópicos que você deve visar, pois eles: 1) são relevantes para você; 2) têm um grande volume de busca; e 3) te dão uma chance realista de melhorar sua classificação de busca.

Os dados que você coletou nesse processo lhe dirão qual classificação você pode esperar para termos diferentes; e o tráfego a mais em seu site que provavelmente será gerado por uma melhor classificação. O que você deve fazer agora é pensar no tipo de conteúdo de que seu site precisa para poder melhorar sua classificação.

ANÁLISE DE LACUNAS DE CONTEÚDO

Você já sabe os tópicos, entendeu o tipo de consulta que está conduzindo e o volume de busca. Já leu e digeriu todas as 167 páginas das "Diretrizes de avaliadores de qualidade" do Google e sabe quais as melhores práticas que estão sendo aplicadas à qualidade do conteúdo em relação à busca orgânica. Agora é necessário fazer outra coisa: avaliar a concorrência. Você precisa olhar para a qualidade do conteúdo de seus concorrentes quando se trata das categorias temáticas que você decidiu abordar. Que assunto eles abordaram e até que ponto o cobriram bem? Eles deixaram uma lacuna de informações e conhecimentos que você pode preencher? Você pode fazer um trabalho melhor ao responder a uma consulta de pesquisa com seu conteúdo? Seja sistemático, mas seja honesto com você mesmo. Ah, e dê uma olhada em como o conteúdo deles abre em um smartphone, não apenas no desktop; o Google avalia os sites agora pensando em usuários de dispositivos móveis (a "indexação mobile-first" foi lançada em março de 2020).

É provável que você ache que o conteúdo do seu site vai precisar de um ajuste sutil, alguns vão precisar ser mais atualizados e aperfeiçoados, e outros deverão ser criados do zero. Mas agora você conseguirá priorizar trabalhar no conteúdo do site com base nos dados encontrados sobre como melhorar as oportunidades comerciais e, assim, gerar mais tráfico.

DESAFIANDO O SENSO COMUM

Parabéns! Com um pouco de esforço, você se tornou uma espécie rara: um professional de marketing capaz de equilibrar a criação de conteúdo e o potencial valor comercial. Não é a equação simples "conteúdo + cliente = dinheiro" de que o *The Guardian* estava falando, mas é usar o marketing de conteúdo como uma ferramenta com base em dados para otimizar o desempenho da busca paga como um canal de aquisição.

Qual é o próximo passo? Bem, é necessário aplicar o que você aprendeu sobre intenção de busca, volume de busca e oportunidade de tópicos para busca paga.

O que fazer:

- Pense sobre as intenções por trás das buscas: a pessoa está procurando uma informação, quer fazer uma comparação ou uma transação?
- Use o Planejador de palavras-chave dos anúncios do Google para entender o volume de buscas de acordo com diferentes frases.
- Use o Google Trends para avaliar como o interesse por um tópico de busca varia de tempos em tempos.
- Junte e priorize as palavras-chave por tópicos e volume de busca.
- Procure "lacunas de conteúdo" que você pode explorar para tópicos de alto volume de busca.

O que não fazer:

- Fazer mais do mesmo: crie conteúdos melhores e mais relevantes que vão ao encontro do que as pessoas estão procurando.
- Olhar quem está no topo das classificações para os resultados de busca de termos relevantes: você deve ter uma expectativa realista de alcançar o topo da primeira página.
- Tentar fazer tudo: concentre-se em onde você tem as melhores chances de aumentar o tráfego de busca.
- Ignorar a possibilidade de melhorar mais o que já existe, assim como criar conteúdo do zero.
- Esquecer de monitorar seus resultados acompanhando o desempenho no Google Analytics e utilizando o Search Console gratuito do Google, o que proporciona diversos dados úteis.

Redes sociais

As redes sociais também desempenharam um papel fundamental no crescimento do marketing de conteúdo. Sites de redes sociais como o Facebook, o Twitter, o LinkedIn, o

Pinterest e o Instagram, assim como o Google+ e o YouTube, são onde a maioria dos usuários online passa seu tempo. Geralmente, é o primeiro lugar que visitam no dia e o último de que saem antes de dormir. Nesses sites está o conteúdo que eles estão consumindo: links compartilhados para vídeos e materiais de seus amigos e contatos. Muitas pessoas também gostam de seguir suas marcas favoritas online. Todas as marcas, grandes e pequenas, sabem que precisam engajar com seus clientes pelas redes sociais. Mas é possível engajar com os clientes sem conteúdo?

A resposta é não. Você pode direcionar clientes para a página inicial de seu site ou tuitar um cupom de desconto quantas vezes quiser. Isso não é engajamento, é marketing ultrapassado. E não funciona com as redes sociais. Para ter sucesso nestas, as marcas têm que ter algo que valha a pena oferecer. As interrupções na experiência do usuário raramente são recompensadas. Na melhor das hipóteses, elas são ignoradas e, portanto, irrelevantes; na pior das hipóteses, elas podem realmente prejudicar sua marca... crie um conteúdo e uma estratégia de conteúdo coerentes.

Omar Kattan, diretor de estratégia da agência de marketing de conteúdo Sandstorm Digital, sediada em Dubai, diz: "um bom conteúdo é uma moeda social, sem ele, uma marca não tem nada para compartilhar":

> Conteúdo eficaz em redes sociais é aquele que se baseia na história da marca. Ele também deve cumprir os objetivos comerciais globais da marca e ajudar a conduzir os clientes de baixo do funil de vendas para realizar uma compra, inscrição ou consulta. Marcas bem-sucedidas conseguem colocar seus clientes no centro dessa história para que possam relacioná-la com suas vidas e, portanto, terão mais chances de comprar.

Conteúdo automatizado

Diversas tarefas de marketing de conteúdo podem ser automatizadas para economizar tempo e dinheiro, e, em alguns casos (mas nunca todos), o resultado é muito melhor do que um humano poderia esperar fazer. O uso crescente de inteligência artificial (IA) significa que as plataformas de marketing de conteúdo conseguem acompanhar cada cliente e potencial cliente, e usar inúmeros dados para criar conteúdo altamente segmentado e entregue à pessoa certa, no lugar certo e na hora certa. Está se tornando uma prática comum enviar mensagens automatizadas e relevantes aos potenciais clientes e clientes em momentos relevantes do processo de decisão de compra para mantê-los engajados e direcioná-los a uma venda ou usar widgets alimentados por IA para recomendar conteúdos nas barras laterais com base nos hábitos de navegação e leitura dos usuários. Algumas das empresas mais inovadoras com os maiores orçamentos estão indo além nas recomendações de conteúdo. A Sky, por exemplo, introduziu um modelo de aprendizado de máquina que pergunta aos usuários qual é o humor do dia e faz recomendações personalizadas de acordo com ele (Carey, 2018).

Há três formas principais de se considerar o uso de conteúdo automatizado em sua estratégia geral de conteúdo: curadoria, criação e distribuição.

CURADORIA DE CONTEÚDO

Uma ótima maneira de construir sua presença online é encontrar conteúdo relevante em toda a web e compartilhá-lo com seu público. Levaria horas para que um ser humano percorresse todo o conteúdo disponível online, mas ferramentas de descoberta de conteúdo como o Scoop.it! ou o DrumUp podem fazer isso por você.

CRIAÇÃO DE CONTEÚDO

Existem diferentes níveis de criação de conteúdo. Ao escrever a primeira edição deste livro em 2009, parecia inacreditável que os robôs pudessem assumir o papel de um ser humano na escrita de conteúdo inteligente e repleto de insights, como publicações em blogs. Mesmo há cinco anos a ideia parecia um pouco rebuscada, mas hoje os robôs conseguem criar publicações e vídeos de blogs da empresa. Existem plataformas de conteúdo (como a Automated Insights) que usam IA e processamento de linguagem natural para converter dados em narrativa humana, embora ainda se discuta se o resultado é ou não distinguível do humano. Em termos gerais, existem três tipos de conteúdo automatizado:

1. Conteúdo modular: altamente personalizado, conteúdo de fórmula que, muitas vezes, é orientado por dados.
2. Apoio criativo: ferramentas alimentadas por IA que melhoram o poder criativo e analítico dos redatores humanos.
3. Bate-papo de mensagens: bots acionados por IA usando processamento de linguagem natural que são capazes de manter conversas individuais com potenciais clientes e clientes por meio de redes sociais, aplicativos na web e e-mail.

Há diversas ferramentas para criação de conteúdo à disposição dos profissionais de marketing. O truque é analisar sua estratégia de marketing de conteúdo e identificar áreas nas quais a automação poderia melhorar sua criação de conteúdo ou torná-la mais eficiente.

DISTRIBUIÇÃO DO CONTEÚDO

As ferramentas de distribuição de conteúdo permitem que você coloque o conteúdo certo na frente das pessoas certas no momento certo. O MailChimp é um popular software de e-mail marketing, que envia mensagens aos clientes com base em seu comportamento ou compras passadas.

O PAPEL DA VOZ NO CONTEÚDO AUTOMATIZADO

Seria um descuido falar sobre como o conteúdo automatizado está mudando o cenário do marketing de conteúdo sem mencionar o papel da pesquisa por voz. Como vimos no Capítulo 6, seja a Siri, da Apple, a Alexa, da Amazon, a Cortana, da Microsoft, ou o Google Assistente, a pesquisa por voz está sendo cada vez mais utilizada para tornar as buscas mais rápidas e convenientes.

De acordo com uma pesquisa realizada pela OC&C Strategy Consultants, o número de casas que utilizam smart speakers aumentará para 55% até 2022 (OC&C Strategy Consultants, 2018). A tecnologia dos assistentes de voz ainda é muito nova, mas muitos preveem que o comércio de voz representará o maior crescimento no cenário do varejo. Não temos como nos alongar muito nas implicações da pesquisa por voz por profissionais de marketing de conteúdo, mas a seguir estão apenas alguns dos aspectos em que o profissional da área de hoje deve pensar:

- As estratégias de SEO precisarão se adaptar para considerar tanto as pesquisas por voz quanto as de texto. Manter-se a par das atualizações do Google precisa ser o foco central de qualquer estratégia de SEO, uma vez que o Google Assistente depende muito dos *featured snippets* (a resposta independente a uma consulta de pesquisa que aparece no topo das SERPs). Os profissionais de marketing precisarão fazer um brainstorming sobre o que os clientes podem perguntar aos assistentes de voz e usar essas palavras-chave em títulos, descrições ou conteúdo.
- As pesquisas por voz recebem uma resposta direta, em vez de uma lista de links para que o cliente possa escolher.

Você quer que seu produto ou serviço esteja na resposta dada pelo assistente, seja ele do Google, da Microsoft, da Amazon ou da Apple.

- Para conseguir isso, suas páginas web precisarão ser otimizadas para a pesquisa por voz, por exemplo, sendo rápidas de carregar, capazes de responder a consultas no número preferido de palavras do Google e com conteúdo compartilhável (para saber mais sobre como otimizar suas páginas para voz, acesse: https://backlinko.com/voice-search-seo-study; arquivado em: https://perma.cc/Z52Y-77XM).

De quais competências você precisa para ser um bom profissional de marketing de conteúdo?

O profissional de marketing digital é solicitado a fazer muita coisa. Não só se espera que ele esteja atualizado com tudo o que há de novo no digital, mas também que consiga planejar e gerenciar inúmeras campanhas diferentes para acompanhar essas inovações também. E, cada vez mais, ele precisa ser capaz de criar conteúdo. É uma pergunta difícil. Como todos os profissionais da área, para ser um bom profissional de marketing de conteúdo você precisa ter uma combinação de boas competências organizacionais, atenção aos detalhes, criatividade e inteligência analítica.

Em geral, você precisa ser criativo o suficiente para desenvolver grandes ideias, ter os meios para poder criar esse conteúdo, além de analisar o que funciona, aprofundar-se nas estatísticas e usar tecnologias para analisar resultados. Os profissionais de marketing de conteúdo, em muitos aspectos, precisam ser racionais que adoram dados e, por outro lado, criativos como um jornalista que procura uma história interessante.

Estratégia de conteúdo

Por que eu preciso de uma estratégia de conteúdo?

A estratégia de conteúdo é o planejamento e o desenvolvimento de como você pretende atrair seu público escolhido e engajar com ele. Quando se trata de seu marketing de conteúdo, a estratégia é necessária para o sucesso. Planeje primeiro, crie conteúdo depois.

Se você não colocar em prática uma estratégia de conteúdo adequada, é possível que suas iniciativas de conteúdo fracassem. É difícil persuadir os funcionários de uma organização, e criar a adesão, sem uma estratégia de conteúdo definida. Há muito em que pensar nessa fase do desenvolvimento de seu conteúdo.

É fácil ficar sobrecarregado quando se trata de criar uma estratégia de conteúdo coerente para o seu negócio. Para ter sucesso, é importante que você pense nos conceitos básicos de maneira detalhada. Comece no início e pense no que você quer dizer, com quem quer falar e o que quer alcançar com o resultado. Pense como um publisher, mas baseie seus pensamentos em dados reais de marketing digital. Crie uma estratégia que se concentre nas necessidades do cliente e do negócio.

Lembre-se de que o marketing de conteúdo é um dos poucos canais que podem funcionar durante toda a jornada do cliente; portanto, você precisa de uma estratégia que fale com seus clientes em todas as etapas desse processo. É aqui que entra a análise de dados. É aqui que a capacidade de um profissional de marketing de conteúdo de absorver dados e saber das tendências se combina com a criatividade para formular uma estratégia geral de conteúdo. Antes de criar sua estratégia de conteúdo, você precisa olhar para todos os dados. Veja a análise do seu site. Quais páginas têm melhores taxas de conversão de vendas? Que tipo de conteúdo existente é compartilhado e visitado? Veja suas páginas de redes sociais e faça o mesmo. Se você puder, crie um relatório de escuta social, analisando sobre o que seu público-alvo gosta de falar online. Use o Google Trends para pesquisar o que as pessoas estão pesquisando online. Veja o que seus concorrentes estão fazendo ou já fizeram para ter sucesso. Depois, acima de tudo, pense quais podem ser seus objetivos comerciais.

Ao planejar sua estratégia de conteúdo, você deve se fazer estas perguntas:

- Quem eu quero segmentar?
- Existe algum tópico ou nicho específico em que queremos nos destacar?
- O que eu quero que o público segmentado associe à minha marca?
- Que informações meus clientes estão procurando?
- Que tipo de conteúdo meus clientes procuram?
- Como posso manter os clientes existentes satisfeitos?
- Como posso atrair novos clientes?
- O que gostamos/desejamos na estratégia de conteúdo da concorrência?
- Há algo que eu não queira destacar sobre a marca?
- Que objetivo comercial geral eu quero atingir com meu marketing de conteúdo?
- Como e onde posso automatizar a criação, a curadoria e a distribuição do conteúdo? Que ferramentas de automação de conteúdo devo utilizar?
- Quem são os influenciadores com quem eu gostaria de trabalhar e que plano mutuamente benéfico posso estabelecer? Existem ferramentas ou plataformas de marketing de influência que eu posso utilizar?

Escreva uma documentação de estratégia de conteúdo

Uma vez que você tenha sua estratégia de conteúdo certamente identificada, é importante que você crie uma documentação para ela. Esta não precisa ser um plano gigante de noventa páginas; na verdade, não deve ser maior do que uma folha A4 frente e verso. Se você puder resumir sua estratégia de conteúdo a esse tamanho, ela terá mais chances de sucesso e mais funcionários de sua organização a entenderão.

Essa documentação de estratégia de conteúdo é uma orientação de conteúdo simples, mas extremamente eficaz que delineia o quê, por quê e como você irá criar conteúdo. Inclua quais KPIs você quer alcançar a partir de sua estratégia de conteúdo. Mas você não precisa complicar demais essa documentação com detalhes de tom de voz, guias de estilo e o que fazer e o que não fazer. Esses detalhes podem ser abordados em documentos adicionais.

Nessa fase, é importante notar que a documentação deve ser fluida. Sua estratégia de conteúdo, sem dúvida, mudará com o tempo. Revisar sua estratégia e atualizar sua documentação de estratégia de conteúdo ajudará a criar de maneira consistente o conteúdo que sua base de clientes está procurando e os resultados que você deseja alcançar. A primeira peça de conteúdo que você criar como parte de sua iniciativa de marketing de conteúdo deverá ser essa documentação.

Onde a estratégia de conteúdo se encaixa em seu marketing: quem é o proprietário?

É importante entender onde o conteúdo se encaixa dentro de sua organização. Essa é uma questão crucial dentro de grandes organizações com diferentes departamentos. A propriedade do processo de conteúdo é fundamental. No passado, o conteúdo, muitas vezes, ficava em um lugar confuso entre as equipes de desenvolvimento web, SEO, redes sociais e RP. Era o "patinho feio" negligenciado e ignorado em que ninguém queria pensar. Aqueles encarregados do processo de conteúdo não o entendiam completamente ou não compreendiam sua importância geral.

Isso enfim mudou, mas há muitos conceitos errados sobre quem "possui" o processo de conteúdo. A estratégia de conteúdo é da responsabilidade de sua equipe de SEO? Ou talvez de sua equipe de redes sociais? Ou talvez de sua equipe de relações públicas ou de comunicação corporativa? Todos esses departamentos de marketing devem contribuir para o processo; mas sua estratégia de conteúdo deve vir do topo. Ela precisa abranger todos os seus canais de marketing. Sua estratégia de conteúdo não é uma campanha publicitária, ou uma estratégia de busca, de redes sociais ou de RP; ela é mais do que isso. Dada a importância que o conteúdo desempenha em todos os seus canais de marketing, a estratégia de conteúdo está se tornando cada vez mais a prioridade de profissionais dessa área que entendem plenamente o processo de produção de conteúdo e como ele pode ser usado para o sucesso geral do marketing digital.

O significado disso para sua estratégia de marketing digital é que você não pode inserir conteúdo em um canal específico, com uma abordagem de "nós faremos um pouco de conteúdo paralelo", e esperar por qualquer tipo de sucesso geral. Se você fizer isso, você não está "pensando como um publisher" e dando a seus clientes o que eles querem, mas apenas alimentando a busca e o monstro da mídia social. E, se você trabalha assim, não criará nada original que agregue valor ao processo de decisão de compra de um cliente.

Vamos rever os vários canais com mais detalhes:

- *Estratégia de busca*: o conteúdo agora é centrado em qualquer estratégia de otimização para mecanismos de busca. Os mecanismos de busca adoram conteúdos únicos e de qualidade que melhoram a experiência do usuário. Palavras-chave, criação de links e análise de lacunas de conteúdo são elementos importantes de busca e complementos bem-vindos à sua estratégia de conteúdo; mas esta deve ser muito mais do que apenas uma lista de palavras-chave, metadados reescritos, iniciativas de criação de links e páginas de destino.

- *Estratégia de redes sociais*: o conteúdo é a força vital de qualquer rede social da marca. Seja uma abordagem *business to business* (B2B) no LinkedIn e no Google+, uma opinião do cliente no Facebook e no Twitter ou algo que incorpore todas as plataformas sociais, o conteúdo é o que impulsiona o engajamento da marca. Mas o conteúdo precisa atrair as pessoas certas, assim como a plataforma certa. A estratégia de redes sociais inevitavelmente irá alimentar sua estratégia geral de conteúdo, mas ela não deve dominá-la. Você precisa de uma estratégia de conteúdo para ter sucesso com as redes sociais; mas não precisa necessariamente de uma estratégia de redes sociais para ter sucesso com o marketing de conteúdo. Sua estratégia de marketing de conteúdo deve vir primeiro, seguida por uma estratégia de redes sociais que facilite ao público compartilhar seu conteúdo.
- *Estratégia de RP*: marketing de conteúdo não é RP com uma "nova roupagem", assim com a estratégia de conteúdo não é idêntica à sua estratégia de RP. Elas devem compartilhar semelhanças fundamentais, como mensagem e a voz de marca, mas diferem um pouco em seu público-alvo, na maioria das vezes. Por exemplo, algumas estratégias de RP e comunicação corporativa são direcionadas aos jornalistas e ao governo, em vez dos clientes que eles querem alcançar com conteúdo. Nem é viável ou

aconselhável que sua estratégia de RP se torne sua estratégia de conteúdo.

Que conteúdo eu deveria criar?

Há muitos tipos diferentes de conteúdo que você pode criar. Esse conteúdo dependerá em grande parte de sua marca, seu público-alvo, seus recursos e seu orçamento. Mas, como mencionado antes neste capítulo, o conteúdo pode funcionar quer você seja uma grande marca, como a Coca-Cola, ou uma empresa individual.

Tipos de conteúdo

Independentemente do orçamento, crie conteúdo que seus clientes gostarão e amplie seu alcance.

Aqui está uma breve visão geral do tipo de conteúdo que você pode pensar em criar:

- *Conteúdo de notícias e blogs*: essa forma de conteúdo é fácil de criar e deve representar o primeiro item a ser riscado de sua checklist de conteúdos de marketing. É relativamente rápido e fácil para quase todas as marcas criar esse tipo de conteúdo no próprio site. A cobertura de notícias específicas do seu setor ou a redação de publicações em blogs com dicas para o cliente, de preferência publicadas todos os dias, funcionam por diversas razões. Primeiro: você está garantindo que seu site esteja atualizado: seus clientes não querem clicar em seu blog e ver que a última publicação foi feita há oito meses. Segundo: os mecanismos de busca gostam de sites atualizados regularmente e com bastante conteúdo; isso sinaliza que o site está sendo cuidado e é de relevância para os potenciais pesquisadores. Terceiro: a publicação regular de conteúdo curto em seu blog é uma oportunidade de promover para seus clientes e engajar nas redes sociais. Além de os jornais e as revistas trazerem características profundas e entrevistas, eles também trazem resumos de notícias (NIB) que sabem que interessam seus leitores.

- *Características, guias e entrevistas*: o conteúdo mais longo publicado no blog de sua empresa funciona exatamente da mesma forma que o conteúdo do blog de forma curta explicado antes. Você não precisa publicar esse conteúdo diariamente, e ele pode ser resultado de problemas de atendimento ao cliente que você gostaria de resolver, relatórios de ranking de palavras-chave ou uma mudança no foco de sua estratégia comercial geral. Entrevistas com os principais membros de uma empresa, por exemplo, podem funcionar bem para destacar os pontos fortes do negócio e "contar a história" por trás de uma organização. Além de publicar esse conteúdo no blog de sua empresa, um dos benefícios do conteúdo longo é que, quando ele é realmente bom, também pode ser usado para fins de divulgação e maior alcance, detalhes que veremos mais adiante neste capítulo.
- *White papers*: esteja sua equipe interna trabalhando em seus próprios dados e análises privadas ou com empresas especializadas em dados e pesquisas, o white paper é um ótimo tipo de conteúdo que pode interessar seus clientes. Um white paper que identifica os principais problemas do seu setor — e mostra a opinião geral de sua empresa sobre como resolvê-los — não apenas posiciona sua marca como uma líder de pensamento na área, mas também pode ser usado para gerar leads de negócios também. Como? Crie o white paper como um PDF para download e depois certifique-se de que qualquer pessoa deve preencher seus dados de contato para poder baixá-lo. Isso lhe dá um novo banco de dados de contatos que podem se

interessar por seu produto ou serviço (porque eles baixaram um white paper muito específico), ao qual você pode recorrer para fazer negócios.

- *E-books*: assim como o white paper, estender uma ideia e criar um e-book que seja relevante para sua base de clientes também pode funcionar muitíssimo bem. Mais uma vez, isso estabelecerá sua marca como uma líder de pensamento e pode ser uma maneira ainda mais bem-sucedida de gerar novas oportunidades de negócios também. E, graças aos avanços da publicação digital e à crescente popularidade dos e-readers, criar e publicar um e-book é uma maneira extremamente fácil de distribuir conteúdo. É uma tática cada vez mais popular de marketing de conteúdo.
- *Infográficos*: uma representação gráfica dos dados, os infográficos são úteis para ilustrar uma grande quantidade de dados que, muitas vezes, podem ser confusos para assimilar. Eles são bastante utilizados online pelos profissionais de marketing digital. Por quê? Por serem muito compartilháveis. Seja B2B ou B2C, a premissa é a mesma: os infográficos ganham muitas ações sociais, geram tráfego e inbound links.
- *Vídeo*: o vídeo é a forma de conteúdo que mais cresce no mundo, sobretudo devido ao aumento das redes sociais. Estima-se que, até 2022, os vídeos online serão responsáveis por mais de 82% de todo o tráfego de clientes na internet (Cisco, 2020). Grandes marcas voltadas para o cliente geralmente optam pelo humor — como a *Compare the Market/Meerkat* ou o *Extreme Events*, da Red Bull — com o objetivo de criar um hit viral, já que o conteúdo de vídeo funciona para todas as marcas. Os vídeos com a visão geral da empresa são uma ótima apresentação para potenciais clientes; perguntas e respostas sobre dúvidas

comuns dos clientes ou questões do setor entregues de maneira concisa não só ajudam a jornada do cliente, oferecendo o que eles querem, como também podem ser usadas para promover sua marca digitalmente.

- *Fotografias*: com a crescente popularidade de plataformas como o Instagram e o Pinterest, mais profissionais de marketing digital estão voltando sua atenção para a criação de conteúdo fotográfico. Isso pode abranger publicar fotos de uma linha de produtos mais recente; fotografias de clientes usando seus produtos; ou algo um pouco diferente.

Pedimos a Paola Marinone e a Bengu Atamer, duas ex-gerentes do Google e do YouTube que se tornaram empreendedoras de tecnologia, para nos falar sobre as melhores práticas e áreas principais de crescimento para vídeo, especificamente para o YouTube.

VISÃO DOS ESPECIALISTAS

YouTube em poucas palavras: melhores práticas e principais fatores de crescimento

Contribuição de Paola Marinone e Bengu Atamer, ex-gerentes do Google/YouTube que se tornaram empreendedoras de tecnologia

O YouTube tem sido uma das empresas que mais crescem no setor de entretenimento na última década. Fundado em 2005 por três ex-funcionários do PayPal, Chad Hurley, Steve Chen e Jawed Karim, o Google anunciou que o estava adquirindo por 1,65 bilhão de dólares em 2006. Essa notícia provocou muito burburinho na época, com muitos considerando-a uma aquisição arriscada por ser uma quantia de cair o queixo. No entanto, conforme as coisas aconteceram, foi uma das melhores e mais bem-sucedidas aquisições nos últimos anos, mudando a vida não apenas de ex-usuários do Google como nós, mas de toda uma ou duas gerações do mundo. De fato, em fevereiro de 2020, o Google anunciou que o YouTube havia gerado 15,1 bilhões de dólares de receita para a empresa em 2019.

Em 2020, o consumo de vídeo online é uma atividade recorrente, com todos os players tecnológicos integrando vídeo online e/ou streaming ao vivo em sua oferta. O vídeo online é parte integrante da estratégia de crescimento da maioria das empresas de tecnologia, como o Instagram, o Facebook e até mesmo o LinkedIn, que tem mudado drasticamente sua plataforma para permitir o upload de vídeos como um novo meio de compartilhar comunicação e insights profissionais. Os vídeos de influenciadores estão em todas as plataformas agora, e influenciar não é mais apenas a missão de celebridades do YouTube. Um dos principais desafios para o profissional de marketing é encontrar o(s) influenciador(es) mais adequado(s) às suas necessidades.

Novas plataformas que surgiram no mundo, como o Twitch, introduziram jogos competitivos online, criando um setor totalmente novo de esportes eletrônicos. O sucesso dessas plataformas demonstrou um público sólido e crescente e a necessidade de uma nova forma de engajamento dos clientes e publishers quando se trata de jogos: o streaming ao vivo.

Começaremos este texto com alguns fatos principais da história do YouTube, antes de passarmos a alguns dos principais aprendizados e melhores práticas do YouTube e de outras plataformas de vídeo online.

A HISTÓRIA DO YOUTUBE

O primeiro vídeo carregado no YouTube foi feito por um de seus cofundadores, Jawed Karim, em 2005. Carregado no canal /jawed e intitulado "Me at the Zoo", é um vídeo de 19 segundos com Jawed falando sobre elefantes no zoológico. Em maio de 2020, ainda é o único vídeo no canal /jawed, e ainda assim o canal tem mais de um milhão de inscritos.

Com o lançamento do Programa de Parcerias do YouTube (YPP), os criadores de conteúdo tiveram a oportunidade de monetizar seus vídeos na plataforma. Em nossa opinião, esse foi um dos momentos decisivos que fez do YouTube a plataforma que conhecemos hoje. O YPP significou que o YouTube não só proporciona um palco para todos, com diversos estilos de vida, mas havia se tornado uma potencial fonte de renda e uma oportunidade de mudança de vida para qualquer pessoa no mundo que tivesse acesso à internet e uma câmera. Ao fazer isso, o YouTube possibilitou para qualquer pessoa transformar suas habilidades e hobbies em uma oportunidade de renda. Foi o início de uma mudança colossal no setor do entretenimento. A mudança acelerou o poder e o domínio do YouTube ao revolucionar o setor do entretenimento como o conhecemos hoje.

Em um ano, o YouTube havia expandido o YPP por toda a Europa, e não demorou muito para que muitos criadores de conteúdo ganhassem quantias de seis dígitos. Um novo termo foi introduzido ao nosso léxico diário: "YouTubers". Muitos da atual "geração YouTube" consideram uma carreira no YouTube mais atrativa, mais fácil e potencialmente mais lucrativa do que qualquer outra opção. As crianças de hoje em dia são experientes em plataformas desde muito cedo, e há potencial de que ganhem mais do que seus pais jamais poderiam imaginar.

Em seguida, consideraremos outro momento decisivo na história do YouTube: a grande mudança de algoritmo em 2012. Essa mudança de algoritmo não só introduziu o tempo de exibição (um novo KPI para profissionais de marketing que detalharemos mais adiante), mas também remodelou a forma como o público passou a usar a plataforma, já que esta se voltou para um uso mais parecido com a TV e ganhou audiência devido ao afastamento deliberado de conteúdos virais (vídeos engraçados e muito compartilhados) em direção a canais, assinantes, conteúdo regular e públicos recorrentes. Tudo isso trouxe mais audiência para a plataforma.

O tempo de exibição como um KPI ainda é a principal métrica do YouTube, pois define se seu conteúdo será favorecido ou não pelo algoritmo da plataforma. As especificidades do que está por trás dessa métrica são desconhecidas, mas, a partir de nossa experiência com milhares de canais ao longo dos anos, resume-se a ter e criar um *excelente* conteúdo que mantém o público totalmente engajado e o incentiva a passar mais tempo assistindo.

Quando dizemos *excelente* conteúdo, não estamos falando em ter conteúdo sofisticado com altos investimentos de produção. Excelente conteúdo é aquele que entrega ao público o que ele quer, quer o tenha procurado ou não. Resume-se a ter uma narrativa envolvente e/ou um formato criativo que não foi feito antes em outras plataformas.

Com essa nova forma de contar histórias, vieram alguns formatos interessantes e jargões de conteúdo. O YouTube nos apresentou a ainda mais novos termos: "vídeos de unboxing", "what is in my bag", vídeos de "react", "listas de top 10", vídeos de "como fazer..." e o fenômeno da "autonomous sensory meridian response" (também conhecidos como ASMR) ou vídeos de "whispering". Esses vídeos servem para causar uma espécie de sensação de formigamento na pele, que começa no topo da cabeça e desce pelo pescoço e pela coluna. Assistir a eles supostamente traz uma sensação de prazer, bem-estar e relaxamento. De acordo com o Google Trends, houve um aumento no termo de busca "ASMR" nos últimos anos, com o interesse de busca maior que o dobro de 2016 a 2019. O YouTube pode ser considerado o principal responsável por essa onda, com muitas marcas, incluindo a IKEA, agora incorporando-a em sua estratégia de conteúdo de vídeo. Assista ao vídeo da IKEA e veja que sensação ele causa em você: https://www.youtube.com/watch?v=uLFaj3Z_tWw&t=905s (arquivado em: https://perma.cc/6Y5B-EPMW).

MELHORES PRÁTICAS E PRINCIPAIS FATORES DE CRESCIMENTO PARA CONTEÚDO DE VÍDEO E PUBLICIDADE ONLINE

O YouTube não é apenas uma plataforma de compartilhamento de vídeo, é também um mecanismo de busca. Na verdade, é o segundo maior mecanismo de busca depois do Google (Davies, 2018). Na plataforma, os usuários procuram por coisas sobre as quais gostariam de saber mais, tais como aprender novas habilidades. Como o Google, as seções "Busca" e "Vídeos recomendados" do YouTube são baseadas em um algoritmo exclusivo, que deveria ser otimizado pelos criadores e profissionais de marketing de conteúdo a fim de alcançar rankings mais altos e gerar mais tráfego de busca. Há três atividades importantes que o profissional de marketing deve considerar quando se trata de vídeo online.

Programação e publicação: o conteúdo reina

A programação é sua estratégia de conteúdo e um cronograma para o lançamento de vídeos e programas como parte diária, semanal ou sazonal de uma timeline. A programação garante que os profissionais de marketing criem um ótimo conteúdo baseado em uma estratégia orientada por dados, e que este seja carregado no momento certo e com uma estratégia de publicação certa. Por exemplo, se você tiver um ótimo vídeo sobre o Halloween, deve programar o carregamento no mínimo duas semanas antes do dia da comemoração, a fim de aumentar o tráfego de busca que acontecerá nessa época.

A programação inclui tanto atividades de pré-produção como de produção, por exemplo, o planejamento e a decisão do tipo de conteúdo a produzir, bem como uma estratégia para publicá-lo e compartilhá-lo. O segredo é *publicar de forma consistente, em uma frequência adaptada ao seu público-alvo*. Dependendo da vertical de seu conteúdo, você pode achar complicado elaborar uma estratégia regular de publicação. No entanto, é essencial criá-la, pois é muito importante ter um conteúdo novo, relevante e consistente para ser bem-sucedido no YouTube.

Não há certo ou errado quando se trata de frequência de carregamento e tudo depende da vertical do seu conteúdo. Se o publisher for um veículo de comunicação de notícias, ele precisa estar no topo das tendências e sua frequência de carregamento pode ser uma vez por dia ou até mais. Entretanto, se o publisher for uma marca de lifestyle, a frequência e a programação de carregamento pode ser semanal. Tudo isso é voltado ao seu público-alvo e ao comportamento de visualização online dele. O segredo é identificar seu público-alvo, levantar os dados demográficos, como a idade, e observar o comportamento online, como o que eles provavelmente irão procurar, quando e com qual frequência.

Otimização: faça com que seus metadados de conteúdo falem com o algoritmo e a dinâmica da plataforma

Uma vez que você tenha determinado sua programação e o cronograma de publicação, é preciso pensar em otimizar seu conteúdo para facilitar sua descoberta. O primeiro passo é pensar sobre a plataforma, pois as regras de descoberta no YouTube são completamente diferentes das do Facebook ou do Instagram. Pense também no formato de seu vídeo: ele será quadrado ou não? Mais uma vez, isso é uma questão de plataforma. Um formato quadrado não funcionará no YouTube, mas para o Facebook ou Instagram pode ser a melhor escolha.

Em seguida, você precisa pensar em seus metadados de vídeo que, em resumo, são o título, a descrição, a miniatura, as *tags*, assim como outros elementos, como legendas. Se definir corretamente seus metadados, seu conteúdo será mais descoberto no campo de busca. Em outras palavras, se um usuário estiver pesquisando um determinado tópico relacionado ao seu conteúdo de vídeo, é importante que seus metadados de vídeo estejam otimizados para refletir qualquer termo de pesquisa que ele possa usar.

Em essência, metadados são todas as coisas que definem como seu vídeo está relacionado ao algoritmo do YouTube, e o lado bom é que você está no total controle e pode dizer ao algoritmo do YouTube exatamente sobre o seu conteúdo de vídeo em detalhes, usando as palavras-chave certas que melhor representam seu vídeo.

A regra geral para otimizar seus metadados para a busca é identificar palavras-chave muito pesquisadas e as repetir no título do vídeo, na descrição, nas *tags* e talvez na miniatura. Analisaremos essas palavras com um pouco mais de detalhes em seguida. Essas dicas não são exclusivas para o YouTube; também podem ser aplicadas em outras plataformas, como o Instagram ou o Facebook. O importante é garantir que você tenha intitulado e descrito seu conteúdo de maneira adequada, a fim de que seja encontrado em qualquer plataforma que você use para alcançar públicos novos:

- *Títulos de vídeo*. O título de seu vídeo é extremamente importante, pois é mostrado nos resultados da busca e é uma das primeiras informações que o público vai ver e avaliar antes de assistir a um vídeo. Seu título de vídeo deve ser marcante para se destacar, mas também descritivo e dar uma boa ideia do que se trata.
- *Otimizações de descrição em vídeo*. O início do texto de descrição do vídeo também é muito importante, porque é mostrado nos resultados da busca. Somente duas das primeiras frases aparecerão "acima da dobra". Isso significa que você deve adicionar as informações mais interessantes primeiro e depois sempre incluir links para aumentar o número de inscritos e/ou dirigir o tráfego para vídeos ou listas de reprodução relacionados.
- *Otimizações de tags de vídeo*. Ao inserir tags a seus vídeos, use termos gerais e específicos. Inclua algumas tags padrão para seu canal que podem ser aplicadas a qualquer vídeo que você publicar, além de uma mistura de tags tanto gerais quanto específicas.
- *Otimizações de miniaturas de vídeo*. O YouTube recomenda que suas miniaturas sejam em alta resolução, com brilho e alto contraste, além de incluir imagens visualmente atraentes. Você pode adicionar texto e outros elementos de marca a suas miniaturas para torná-las mais atraentes. É fundamental que elas sejam apropriadas ao conteúdo.
- Um artigo de 2019 da revista *Variety* relata os esforços da plataforma de música Vevo para otimizar as miniaturas que estava usando no YouTube a fim de aumentar os números de visualização. A descoberta está se tornando cada vez mais problemática para videoclipes, sobretudo para aqueles que não são lançamentos novos. Eles não são priorizados pelo YouTube, e suas atividades em geral caem após um pico inicial. O artigo usa o videoclipe da música *Ghost* da cantora e compositora Halsey como exemplo do impacto que a mudança da miniatura de um vídeo no YouTube pode ter. Em setembro de 2018, a Vevo substituiu uma miniatura relativamente escura do vídeo, que era difícil de decifrar, por uma foto com mais brilho e mostrando de

perto os dois protagonistas. Como relata o artigo: "o resultado foi uma vitória garantida: a Vevo registrou um crescimento de 4.000% nas visualizações nas duas semanas após a mudança da miniatura. Depois, as visualizações acabaram dissipando de novo, mas ainda assim permaneceram bastante acima do nível anterior a essas mudanças" (Roettgers, 2019).

Promoção: aumente seu alcance com influenciadores

A promoção em parceria é um atalho para alcançar novos públicos e um dos caminhos mais fáceis e rápidos para o crescimento do público disponível. Os influenciadores adotam isso como uma técnica, e como é reconhecido que há espaço e público suficientes para todos na plataforma, não há senso de competição, permitindo que a comunidade cresça em conjunto.

Como profissional de marketing, você não precisa pensar ativamente em novas ideias de criação de conteúdo com outras pessoas para tirar proveito da promoção em parceria, mas em maneiras criativas de ter seu conteúdo promovido por outros, usando alguns dos recursos e funcionalidades disponíveis no YouTube, no Instagram e/ou no Facebook.

Seguindo as dicas de ouro mencionadas, você logo descobrirá como seu público está reagindo ao seu conteúdo. Os dados obtidos o ajudarão a afinar sua estratégia de desenvolvimento de público e, por meio de testes e inovação contínua, é possível que você e sua marca sejam bem-sucedidos em plataformas online mundiais, como o YouTube.

Quanto conteúdo você deve criar?

Não há uma regra definida sobre quanto conteúdo criar. Mas, como regra geral, quanto mais conteúdo você criar, melhor — desde que seja bom, planejado e baseado em uma estratégia geral de conteúdo. Se seus recursos são limitados, é melhor investir um pouco em conteúdo do que não fazer absolutamente nada. Teste o que funciona, otimize e planeje.

Produção de conteúdo

Como fazer brainstorming

Como ilustrado neste capítulo, o marketing de conteúdo depende muito de ideias. A tecnologia digital faz com que tenhamos à nossa disposição ferramentas de distribuição com as quais os profissionais de marketing da geração anterior nunca poderiam ter sonhado. Existem poucas barreiras para a distribuição do conteúdo, desde que você planeje com eficácia. Hoje, invariavelmente, o sucesso ou fracasso de uma campanha de marketing digital se resumem à ideia por trás dela. Portanto, você precisa apresentar ideias — e muitas delas.

Muitos profissionais de marketing temem cometer erros; ou têm muito medo de compartilhar suas ideias e serem ridicularizados por colegas. Se você não compartilhar suas ideias, quem mais vai fazer isso? De que outra forma você vai alcançar o sucesso? Ter ideias sempre pode ser difícil. É aqui que entra o brainstorming.

> *Nenhuma ideia é tão absurda que não deva ser levada em consideração, mesmo que com um olhar cauteloso.*
>
> Winston Churchill

Poderíamos falar sobre as várias técnicas que diferentes grupos e organizações usam para ter ideias, mas o melhor conselho que podemos dar é: basta pensar. Limpe sua lista de tarefas e tire algum tempo para pensar sobre o que seus clientes querem e quais são seus objetivos comerciais. Analise todos os dados e insights à sua disposição e depois não tenha medo de arregaçar as mangas, lançar ideias e ver o que pode sair disso tudo. Lembre-se, não há ideias ruins, apenas ideias menos relevantes.

Criação de um calendário de conteúdo

Depois de escrever sua documentação de visão geral da estratégia de conteúdo, de decidir que tipo de conteúdo é adequado para seu negócio e de ter ideias no brainstorming, é uma boa ideia planejar um cronograma a partir de um calendário de conteúdo. Um calendário organizado economizará seu tempo por mostrar um cronograma estruturado a ser cumprido, o que elimina o desperdício de tempo das atividades. Veja algumas dicas sobre como criar um calendário de conteúdo:

- *Sazonalidade*: pense nas principais estações do ano, nas tendências de seu negócio e no conteúdo você quer criar no período que antecede essas épocas do ano, assim como durante elas.
- *Tópicos*: para cada mês, escolha bons temas que possam ser divididos em subcategorias. Pense em eventos sobre os quais você poderia escrever em um determinado mês.
- *Cronograma*: separe seu calendário por mês, depois por semana, depois por dia. Isso melhorará a estrutura e a regularidade de seu trabalho.
- *Compartilhe*: compartilhe seu calendário de conteúdo com sua equipe de criadores de conteúdo, tanto interna quanto externa, assim como com todos os outros canais de marketing. Se você puder dar insights sobre o conteúdo que vai criar à sua equipe de SEO, exibição, redes sociais e RP, terá mais chances de alcançar uma estratégia de marketing digital mais integrada.

Objeções ao conteúdo

Objeção: "Não podemos criar conteúdo por conta própria."

Resposta: Terceirize a produção de conteúdo.

As exigências do profissional de marketing digital estão sempre aumentando. A análise de diversos dados, os novos canais de marketing para gerenciar e a característica de estar online 24 horas por dia, sete dias por semana, significam que poucos profissionais de marketing têm tempo para criar o conteúdo de que a marca precisa para o sucesso digital. E, na maioria dos casos, eles não são qualificados o bastante para criar o conteúdo especializado que a marca deles merece.

É provável, então, que você tenha que terceirizar parte ou talvez toda a sua produção de conteúdo. Isso pode lhe poupar tempo e dinheiro. Você tem algumas opções quando se trata de terceirização de conteúdo:

- *Freelancers*: você pode passar pelo trabalhoso processo de recrutamento de um freelancer para criar seu conteúdo. Muitas organizações fazem isso. O bônus é que você pode desenvolver um relacionamento com um criador de conteúdo dedicado que entende perfeitamente seus objetivos. A desvantagem, no entanto, é que os freelancers autônomos normalmente têm mais de um cliente, o que significa uma constante mudança nos prazos e períodos em que eles estão disponíveis (sem mencionar que eles entram de férias e também adoecem). Além disso, quando se trata de aumentar o volume de conteúdo, poucos freelancers podem ajudar nisso com frequência. Gerenciar os prazos, avaliar o trabalho feito e fornecer feedback a eles: tudo depende de você. O processo pode funcionar bem, mas desde que você dedique o tempo necessário para recrutar e treinar a pessoa certa.

- *Plataformas de conteúdo em nuvem*: há um número crescente de plataformas colaborativas que atendem às necessidades de conteúdo das marcas e agências. Essas plataformas são marketplaces que conectam as pessoas que precisam de conteúdo com aquelas que podem criá-lo. Elas recrutam criadores de conteúdo e cobram uma pequena porcentagem do seu serviço de conteúdo. As plataformas são relativamente simples de usar e podem ajudá-lo a melhorar sua produção de conteúdo. Mas observe que, em muitos casos, os criadores de conteúdo de plataformas específicas têm diferentes níveis de qualidade. Novamente, a estratégia, o gerenciamento e a revisão do conteúdo enviado a você são de sua responsabilidade.
- *Recrute uma agência de conteúdo*: conforme temos mostrado neste capítulo, o marketing de conteúdo está se tornando cada vez mais uma função separada de seus outros canais de marketing digital. Agências especializadas em conteúdo estão surgindo para ajudar as marcas em suas necessidades de marketing de conteúdo. Os benefícios de recrutar uma agência de conteúdo especializada são que você pode usar seus conhecimentos e serviços para desenvolver sua própria estratégia de conteúdo, criar um calendário de conteúdo e garantir que esteja recebendo conteúdo de qualidade dentro do prazo. Você também tem alguém com quem trocar ideias para garantir que o conteúdo seja bom e que ajude a defender a causa do conteúdo dentro de sua organização. O lado negativo é que algumas, se não a maioria, dessas agências de marketing de conteúdo trabalham com adiantamento, o que pode aumentar significativamente seu investimento geral em marketing digital.

Qualquer que seja sua opção, terá os mesmos problemas imediatos quando se trata de terceirização de conteúdo. Antes de terceirizar sua produção de conteúdo, há algumas coisas para se pensar a fim de facilitar o processo para todos os envolvidos. A etapa mais importante da terceirização de sua criação de conteúdo é o processo de briefing inicial. Para realmente aproveitar a terceirização, você precisa comunicar o que quer alcançar. Mais uma vez, isso ilustra o quão importante pode ser a documentação inicial de estratégia de conteúdo. Pode parecer um pouco demorado para começar, mas, uma vez que você tenha essa documentação, é possível compartilhá-la com seus produtores de conteúdo e realmente começar a todo vapor com o tipo de conteúdo que você quer.

> *Objeção*: "Há demasiados problemas de conformidade e auditorias de processo para que nosso negócio crie conteúdo."
>
> *Resposta*: Coloque em prática um plano em que o conteúdo seja possível.

Uma das objeções mais frequentes quando se fala de conteúdo a certas marcas é a conformidade. Para muitos setores fortemente regulamentados, como os serviços financeiros e os setores de saúde, há diversos processos de conformidade diferentes que precisam ser cumpridos. Isso pode tornar a criação de conteúdo um desafio, mas não é impossível. Em muitos desses setores, você encontrará pessoas que usam o processo de conformidade como desculpa para não criar conteúdo. Não as deixe vencer. O conteúdo relevante nesses setores é, no mínimo, mais importante do que em outros: os clientes estão procurando conteúdo valioso no qual sabem que podem confiar.

A fim de criar esse conteúdo relevante, é importante garantir que ele esteja em conformidade com todas as leis. Crie uma lista "do que fazer e não fazer" em relação ao conteúdo que vai criar.

Trabalhe com seus departamentos de conformidade para assegurar que se estabeleça um processo viável e uma relação duradoura entre produtores de conteúdo, profissionais de marketing, líderes de marca de equipes digitais e de conformidade, enquanto também trabalha de acordo com os KPIs escolhidos. Dada a importância contínua que o conteúdo provavelmente terá nas futuras campanhas de marketing digital, é melhor abraçar o conteúdo agora em vez de correr atrás dele depois.

> *Objeção*: "Não há em nenhum lugar em nosso site para publicar conteúdo e não temos nenhum recurso de desenvolvimento."
>
> *Resposta*: Montar um blog em seu próprio site é fácil.

Essa é uma objeção comum levantada por aqueles que estão analisando o conteúdo pela primeira vez. É compreensível que essa preocupação apareça mais entre empresas menores, as quais têm limitados recursos de desenvolvimento. A verdade é que criar publicação de conteúdo em seu próprio site é muito fácil. Serviços como o WordPress permitem que você faça isso de maneira simples e gratuita. Há alguns recursos necessários para que seu blog se assemelhe e se sinta parte de seu site geral, mas não deve levar muito tempo para que sua equipe faça isso. Uma alternativa é contratar um dos milhares de designers especializados em WordPress que podem fazer o trabalho por um preço único: não deve custar mais do que 400 dólares. Depois de fazer isso, você estará pronto para começar a publicar conteúdo à vontade.

Há também muitas outras maneiras de configurar seu site. Muitos serviços de conteúdo podem fornecer feeds XML diretamente em seu site, por exemplo, o que requer apenas algumas informações técnicas. Mais uma vez, dado o valor que o conteúdo traz ao seu marketing digital, o investimento e o tempo necessários para configurar seu site e publicar conteúdo certamente valem a pena.

Promovendo seu conteúdo

A criação de conteúdo é apenas uma parte do processo de marketing de conteúdo. Uma vez criado esse conteúdo, você tem que comercializá-lo. Como já mencionado, o conteúdo é a moeda com a qual as marcas engajam com seus clientes online. Um canal de distribuição natural para qualquer conteúdo que você criar deve ser a rede social. Também recomendamos que todo conteúdo criado seja o mais compartilhável possível (botões de compartilhamento de redes sociais nas páginas de conteúdo de seu próprio site, por exemplo) e, quando relevante, seja publicado também no Google+Authorship. Mas, novamente, grande parte disto foi abordado no Capítulo 4.

Essas são boas estratégias para aumentar o alcance do conteúdo criado por você. Mas, além dessas práticas, vamos olhar com um pouco mais de detalhes para outras maneiras de promover seu conteúdo.

Blogger outreach e marketing de influência

Os blogueiros têm um papel essencial para falar com sua base de clientes online. *Blogger outreach* (ou marketing de influência como ficou conhecido) é uma forma incrivelmente eficaz de melhorar o perfil de sua marca, aumentar sua reputação e compartilhar seu conteúdo exclusivo. Como o nome sugere, os influenciadores tendem a ter considerável influência entre suas comunidades online específicas; eles têm muitos seguidores importantes nas redes sociais e servem para promover conteúdo relevante dentro de suas comunidades.

Há, é claro, maneiras diferentes de conduzir o marketing de influenciadores (ver Capítulo 7).

Basicamente, você quer construir um relacionamento com os blogueiros por meio do conteúdo. Isso pode significar incentivá-los a promover o conteúdo de marca que você criou e é específico para seu nicho. Por exemplo, a marca de carros Fiat, procurando promover o Fiat 500, criou *Motherhood Rap*, um vídeo bem-humorado (disponível em: www.youtube.com/watch?v=eNVde5HPhYo; arquivado em: https://perma.cc/N9KS-R97A). O vídeo falou com as mães e fez sucesso imediato com a comunidade de mães blogueiras quando promovido pelo *blogger outreach*. As mães blogueiras adoraram o vídeo, compartilharam o conteúdo nas redes sociais e o adicionaram em artigos que estavam escrevendo. O resultado foi um enorme sucesso viral; a última contagem no YouTube revela 4,8 milhões de visualizações e mais de 21 mil likes. O vídeo foi promovido e compartilhado por toda a comunidade de mães blogueiras e também foi adicionado em títulos de notícias automotivas, comerciais e nacionais. O *blogger outreach* foi o canal utilizado para distribuir e compartilhar o conteúdo, mas a chave para o sucesso geral da campanha foi o próprio conteúdo.

Em janeiro de 2019, a rede britânica de padarias Greggs lançou seu rolinho de salsicha *vegan* para coincidir com o mês de "Veganuary". A campanha foi uma paródia de humor do iPhone, rotulando o rolinho de salsicha de "a próxima geração da tecnologia de rolinho de salsicha" com "operação por toque" e "dez megabites" (disponível em: www.youtube.com/watch?v=uC1Gh8CdDYQ; arquivado em https://perma.cc/X2EZ-YK4K). A paródia de marketing inspirada na Apple foi ainda mais fundo, enviando aos principais influenciadores veganos e a profissionais de imprensa os rolinhos de salsicha vegana em uma caixa parecida com a do iPhone. Estimativas sugerem que a cobertura de RP atingiu 69% dos adultos do Reino Unido mais de 11 vezes, enquanto o alcance orgânico do Twitter atingiu 24 milhões (Vizard *et al.*, 2019). Até hoje o vídeo de lançamento já foi visualizado 83.140 vezes.

Os blogueiros e influenciadores são muito autênticos, portanto, sempre que possível, você deve procurar envolvê-los no processo criativo. Quando se trata de identificar com quais blogueiros e influenciadores trabalhar, procure pessoas que estejam mais alinhadas com a mensagem e objetivos de sua marca. É uma tática cada vez mais comum para blogueiros e influenciadores estarem envolvidos no processo de criação de conteúdo, assim como na distribuição dele. Isso pode acontecer ao simplesmente trabalhar com eles em uma publicação específica de blog que seja interessante para seus leitores, pedindo-lhes que se filmem fazendo a avaliação de um produto ou talvez apresentando um concurso de conteúdo em seu site. Uma vez que você esteja envolvido com uma comunidade de influenciadores, é de extrema importância acompanhar e monitorar suas atividades nas redes sociais, bem como avaliar seu impacto para ver se estão realmente conduzindo o engajamento em torno de tópicos relevantes à sua marca. Lembre-se de que os influenciadores são publishers; eles sabem qual conteúdo funciona melhor para sua comunidade, e se como marca você pode trabalhar com eles para criar conteúdo que funcione para aquele público, então eles ficarão muito felizes em participar disso.

Publicidade nativa

Uma das maiores tendências de marketing digital dos últimos anos, a publicidade nativa é um novo e interessante meio de publicidade online que foca em conteúdo. Mesmo que você não esteja familiarizado com o termo, certamente já interagiu com um anúncio nativo. Publicações patrocinadas no Facebook, tweets promovidos no Twitter, artigos de marca na BuzzFeed, publicações patrocinadas por publishers e pequenas recomendações de conteúdo: todas essas são formas de publicidade nativa.

Anúncios nativos são mensagens relevantes em um contexto que combinam mídias pagas, ganhas e próprias em uma mensagem de marca claramente identificada que é iniciada pelo usuário. O posicionamento nativo se encaixa perfeitamente no design geral do site de hospedagem, de modo que parece parte do site, em vez de um elemento externo a ele.

Não se pode falar do conceito "nativo" sem falar de conteúdo. O que um anúncio nativo significa é que o conteúdo certo da marca, distribuído ao público certo, pode agora oferecer recompensas aos anunciantes que superam de longe o que eles alcançam apenas com formas mais tradicionais de publicidade.

A publicidade nativa está transformando o cenário do marketing digital. Dado o aumento do marketing de conteúdo, é natural que novas formas de publicidade baseada em conteúdo tenham se desenvolvido. Os números em torno do crescimento da publicidade nativa são surpreendentes. Dale Lovell, cofundador da Adyoulike, a principal plataforma e rede de publicidade nativa da Europa, prevê que o mercado de publicidade digital crescerá de 15 bilhões de dólares em 2019 para 85 bilhões de dólares em 2020, com a publicidade nativa na liderança (Lovell, 2018).

Segmentando a mídia online

Se a RP tradicional serve para aumentar alcance, de forma resumida, a RP online serve para ocupar esse novo e crescente espaço digital.

À primeira vista, pode parecer que não há muita diferença — ambas as atividades ainda segmentam *gatekeepers* para incluir você ou as atividades de sua empresa em sua produção.

No entanto, o ambiente online é diferente em vários aspectos fundamentais. "A RP tradicional compreende em grande parte a relação com os meios de comunicação, com a maioria do conteúdo vindo na forma de press releases e artigos", diz Mark Houlding, CEO e fundador da Rostrum PR. "Portanto, manter conversas consistentes com os jornalistas é fundamental. Já na RP digital, é o *conteúdo* que reina. Embora os press releases e os artigos ainda sejam importantes, é preciso pensar de forma diferente sobre como eles estão sendo colocados — ou seja, como eles vão aparecer em um site."

1 Primeiro, vamos ser claros sobre as lições que podemos aprender da RP tradicional ao promover nosso conteúdo online: tudo é uma questão de história.
   - Se você não pode definir sua história, não pode definir seu negócio.
   - Os jornalistas precisam ver logo o que há de diferente em você, caso contrário, eles seguirão em frente.
   - O storytelling conceitua o que é sua empresa, por que ela é diferente e por que vale a pena ouvir sobre ela.
   - O storytelling permite definir suas futuras comunicações e fazê-las de forma consistente ao longo do tempo.

2 Tudo é uma questão de "o que há de novo agora":
   - Use sua história abrangente para responder à pergunta para a qual os jornalistas vão querer uma resposta: "e daí?".
   - Os jornalistas não promoverão sua empresa por conta própria — tem que haver um motivo para falar sobre você.

- Decida sobre seu gancho. Você está apoiando uma nova instituição de caridade, crescendo muito, expandindo-se para novos escritórios ou já ganhou prêmios locais e nacionais?

3 Tudo é uma questão de conhecer seu público:

- Adapte sua história de modo que ela ressoe com as pessoas com as quais você deseja engajar, tanto a nível comercial quanto pessoal.
- Seu objetivo é que seu público confie em você e fale sobre você entre os amigos e conhecidos.
- Adaptar sua história de acordo com seu público também ajuda a engajar os jornalistas, que atuam como intermediários desse relacionamento.

4 Tudo é uma questão de pontualidade:

- Os jornalistas são ávidos por textos, mas o tempo é escasso. Seja organizado e fique feliz em atender uma chamada sempre que eles precisarem, e não o contrário.
- Seja proativo e antecipe os eventos planejados (como o orçamento) tendo pontos de vista de sua empresa prontos para possíveis publicações.
- Envie o ponto de vista de sua empresa sobre determinados acontecimentos por e-mail dentro de minutos (não horas) aos jornalistas relevantes.

5 Tudo é uma questão de opinião:

- Um bom perfil de redes sociais depende de você dar uma opinião incisiva.
- Não fique em cima do muro. Os jornalistas precisam de uma opinião forte que gere debate e interação.
- Estabeleça relações com publicações, sites e/ou publishers principais para que esses jornalistas importantes tenham uma noção de quem você é e o que te faz vibrar.

– Procure ligar ou enviar e-mail a pelo menos um jornalista por semana. Eles serão receptivos, além de precisarem de você.

Apesar dessas semelhanças, as regras de redação para chamar a atenção de jornalistas e o que precisa ser incluído no texto mudam. Estes são os principais pontos que você precisa considerar:

- *SEO*: reconheça-o, mas não exagere. Aqueles que ocupam o mundo online vão falar sobre uma coisa, e só uma coisa — SEO, ou otimização para mecanismos de busca. Essa é a prática de tentar prever o que as pessoas irão procurar nos mecanismos de busca para que seu conteúdo — que inclui essas palavras — fique mais no topo da lista de resultados. Escrever conteúdo que inclua palavras ou frases-chave muito pesquisadas e relevantes a diversas consultas de busca tende a aumentar o tráfego e otimizar o conteúdo, assim como atualizar o conteúdo com frequência para que a tecnologia de rastreamento dos mecanismos de busca fique ocupada. Mas, embora isso possa ser bom para suas páginas de redes sociais autogerenciadas (como páginas do Facebook ou contas no Twitter e no LinkedIn), o uso excessivo de títulos online para chamar a atenção pode ser prejudicial. As publicações online etiquetam seu próprio conteúdo para aumentar os acessos a *seu* site; portanto, não entre em conflito com isso. De qualquer forma, pesquise boas palavras-chave, mas, se você for muito exigente com seu material de divulgação para os jornalistas, seu texto será visto como estranho e artificial. Pense primeiro no conteúdo.
- *Pontue nota 10 com seu trabalho*: para ajudar a decidir para onde ele vai. Há uma tendência online de atirar para todos os lados na esperança de que alguém o encontre.

Essa abordagem fez com que o online ficasse conhecido como o lugar para onde todo o material impresso indesejado vai. No entanto, isso está mudando aos poucos. O conteúdo precisa ter um padrão mais elevado, por isso é melhor estar ciente disso. "Havia muito conteúdo online de má qualidade, mas isso tem mudado", diz Tara Burns, diretora de divisão da agência de RP Man Bites Dog. "Não dá mais para considerar o conteúdo online como secundário. Os publishers estão procurando qualidade agora, então é isso que precisa ser feito". Um chefe de RP diz que ele pontua em 10 (sendo 1 o primeiro lugar) para saber se o conteúdo vai ou não para todos. Qualquer coisa de 5 a 10 é considerada adequada para uma cobertura mais ampla. Qualquer coisa próxima a 1 precisa de uma segmentação certa e até mesmo de exclusividade. Você deve ser realista sobre sua pontuação também — não a classifique como "ótima" se ela for apenas "boa". Alguns veículos de comunicação, como a *Marketing Week* ou o fórum online Mumsnet, só publicam histórias se souberem que são exclusivas para eles.

- *Criar conteúdo adequado (e mais)*: o conteúdo é justamente o tema deste capítulo, mas entre a comunidade online ele precisa ser mais importante e variado. Não é mais possível esperar que o mesmo conteúdo seja adequado para todos. Os leitores esperam que o artigo inicial que leram seja um teaser. Portanto, você precisa inserir links que darão aos leitores a escolha de voltar ao seu site para ver mais e acompanhar o conteúdo (tais como infográficos, vídeos, white papers, blogs e podcasts). As publicações online preferem manter as pessoas em seu próprio site, mas aceitam que a curiosidade afastará as pessoas.
- *Mantenha suas frases (ainda) mais curtas*: offline você tem espaço para dizer mais, mas, quando se trata do online, os

leitores estão olhando para as coisas em telas menores. Isso significa que, para criar frases, é preciso considerar o espaço menor que os leitores têm ao olhar para seu conteúdo. O *Gunning Fog Index* é uma ferramenta útil que mede a complexidade das frases — incluindo a procura de palavras com três ou mais sílabas — para produzir uma fórmula matemática de legibilidade. O *The Times* tem uma pontuação de cerca de 10, enquanto o *Mirror* tem uma pontuação de cerca de 2. O ideal é entre 5 e 7 porque mostra que são fáceis de ler e seguir.

- *Espelhe seu público (ainda mais)*: se o site que você quer segmentar escreve de uma maneira jovem e animada, é preciso que seu texto tenhas as mesmas características. Os *gatekeepers* editoriais não vão querer demorar muito reescrevendo seu texto para adequá-lo ao tom de voz deles. O conteúdo que entra é o que mais se aproxima do site. É fundamental lembrar que os sites podem muitas vezes ser bem diferentes até do título offline que faz parte do mesmo conglomerado. Por exemplo, o *Mail Online* — um jornal de celebridades e com fotos — é muito diferente do conteúdo conservador do jornal do qual faz parte.

AS REGRAS DE ENGAJAMENTO

Os *gatekeepers* dos veículos de comunicação digitais ainda são, de modo geral, jornalistas tradicionais, o que significa que você deve abordá-los da mesma forma que abordaria qualquer publicação offline. Veja algumas boas regras de engajamento que você deve seguir:

O QUE FAZER...

- *Sua lição de casa*: não basta apelar para o senso de curiosidade de um jornalista. Você precisa saber o que já funciona para eles, ou seja, pesquisar o que precisam e ver o que cobriram no passado. Muitos jornalistas reclamam que as pessoas que fazem negócios com eles nem mesmo leram sua publicação. Esse é o primeiro passo que você precisa dar para entender que tipo de história (e que tipo de conteúdo — seja um blog, white paper, vídeo ou infográfico) pode ser boa para seu site. De forma útil, muitos sites de notícias têm um espaço que mostra suas histórias mais populares, sejam estas lidas ou compartilhadas. Por isso, tente inventar algo que se destaque nesse espaço. Talvez um site tenha uma seção regular que você possa preencher.

- *Pensar no que eles precisam, não no que você quer que eles digam*: melhor do que fornecer conteúdo relevante a veículos de comunicação é oferecer algo que eles não têm. Muitas vezes, as pessoas pensam que isso significa dar uma história exclusiva a elas, mas nem sempre é o caso. Pode ser convidar os editores a participar de pesquisas planejadas para garantir que a produção seja relevante e única para eles.

O QUE NÃO FAZER...

- *Perguntar-lhes se receberam o press release que você enviou*: nada irrita mais os jornalistas do que ser sempre colocado como cópia, receber muitos e-mails e depois ser perguntado se receberam o press release. Eles receberam, porque o e-mail não voltou. Se gostarem, entrarão em contato com você. Lembre-se: só porque não gostaram do conteúdo uma vez, não significa que nunca o farão, mas permita que eles decidam isso. Dito isso, um follow-up apropriado pode muitas vezes gerar cobertura — os jornalistas têm caixas de entrada lotadas e, portanto, uma chamada bem colocada e redigida de forma inteligente é, às vezes, uma boa solução.

- *Ser preguiçoso*: mesmo que os jornalistas imaginem que você enviou o mesmo press release para muitas pessoas diferentes, gostam de sentir que você está falando só com eles. Portanto, não corte e cole o mesmo e-mail, usando truques de mala direta, porque isso é perceptível. Personalize os e-mails para jornalistas ou blogueiros dizendo o quanto você acha que sua história pode ser relevante para eles e seus leitores. E nunca cole toda a sua lista de contatos no campo "Cc". Se os jornalistas podem ver que você o enviou a todos os seus rivais, é menos provável que eles escolham sua história.
- *Perder as esperanças*: os jornalistas aproveitam as oportunidades e preferem procurar as pessoas quando precisam de algo. Portanto, se seu press release não foi respondido dois meses atrás, não perca as esperanças. Talvez não tenha sido o momento certo. Bons jornalistas arquivarão as coisas para quando precisarem delas. Saiba disso e certifique-se de responder rapidamente, mesmo que pense que o momento já passou.

AGINDO SOZINHO?

Com a velocidade da comunicação crescendo cada vez mais e muitas ferramentas de marketing online e de relatórios de análise disponíveis gratuitamente, toda empresa consegue administrar seus próprios canais (em vez de contratar uma agência para fazê-lo) se tiver uma estratégia clara e uma equipe com tempo suficiente para se dedicar às redes sociais. Entretanto, a consistência é fundamental quando se trata de redes sociais: se uma empresa fizer três tweets por dia, por exemplo, seus seguidores notarão se isso não for feito ao longo tempo. Os públicos se acostumam a um certo nível de atividade e não vão interagir se os canais não estiverem de acordo com o que estão acostumados (abordamos isso com mais detalhes no Capítulo 7).

Quando se trata de segmentar publicações online, a abordagem que as empresas devem adotar dependerá se o público segmentado é um meio de comunicação tradicional que tenha mudado para o online, como jornais ou revistas comerciais, ou parte da nova geração de blogueiros e influenciadores criadores de conteúdo. Embora as empresas possam ficar hesitantes em relação aos últimos, se o conteúdo for bem apresentado e a alguém que certamente beneficiará a campanha, você verá bons resultados de uma estratégia interna bem-sucedida.

Entretanto, vale a pena entender que existem consultorias de especialistas para criar uma estratégia consistente e engajadora desde o início, que seja visual e aborde diferentes temas de conversa. As empresas podem muitas vezes cair na armadilha de fazer muita autopromoção nas redes sociais. Porém, para aqueles que querem agir sozinhos, aqui estão algumas informações boas e importantes de se saber:

- *Cadastre-se em bancos de dados de jornalistas*: ter uma boa base de dados de jornalistas comerciais, nacionais e freelancers mais atualizados é essencial se você quiser ter uma lista apropriada de quem receberá seu conteúdo. Há uma série de serviços que as empresas podem contratar — como a Gorkana (www.gorkana.com; arquivado em: https://perma.cc/Y2J6-RPYS), que fornece bancos de dados e serviços de distribuição e monitoramento, e a Response Source (www.responsesource.com; arquivado em: https://perma.cc/WNF3-GG55), que faz o mesmo, além de disponibilizar ferramentas de treinamento e planejamento antecipado. Ambas permitem que as empresas realizem testes gratuitos de seus serviços.

- *Baixar ferramentas de análise de dados*: o Google Analytics ajuda as empresas a ver a popularidade de publicações em blogs e referências de redes sociais, enquanto ferramentas como o Google Tag Manager rastrearão o número de compartilhamentos em redes sociais que vêm diretamente de seu site. Esse último elimina a tentativa de resolver o problema se as ações vêm de outros sites ou de anúncios patrocinados, e permite que você saiba onde é melhor inserir os botões de compartilhamento de redes sociais. Outras ferramentas incluem a Quintly, uma ferramenta que compara e otimiza seu desempenho em redes sociais, inclusive contrastando seus números com os de seus concorrentes. A Keyhole.co (arquivado em: https://perma.cc/NJZ2-VCV9) permite aos usuários rastrear quantas pessoas estão usando sua hashtag, além do número de retweets, likes e impressões que sua campanha está gerando. Ela também rastreia quem são as pessoas mais influentes em termos de engajamento com suas palavras-chave.
- *Crie conteúdo "hero" que seja possível avaliar*: a beleza do online é que tudo é infinitamente mais fácil de avaliar, incluindo métricas de quanto tempo as pessoas passam em seu site por clique, quantas vezes elas voltam, visualizam o conteúdo ou o baixam. Isso significa que "testar" o que funciona pode ser uma experiência muito pessoal e gratificante, além de possibilitar que os conhecimentos adquiridos sejam usados para ajustar o conteúdo no futuro. Além de testar quais histórias são boas, uma boa dica é criar o chamado *conteúdo hero* — um primeiro conteúdo bom que pode ser testado para ver que outro conteúdo é necessário depois. Isso reflete o fato de que a criação de conteúdo e sua avaliação posterior (que costumava ter um longo intervalo de tempo) estão se aproximando. Agora, é provável que uma campanha seja

alterada à medida que avança, com base na percepção em tempo real do que está funcionando ou não.

...Não se esqueça de que você nunca poderá controlar totalmente seu conteúdo, muito menos online

A frase "não existe publicidade ruim" (muitas vezes atribuída ao artista norte-americano Phineas T. Barnum, o extravagante dono de circo) não caberia na era digital atual. Hoje em dia, um pequeno erro pode se tornar notícia nacional em poucos minutos, e de uma coisa você pode ter certeza: a lealdade no meio do jornalismo dura pouco. Se o conteúdo gira em torno de uma história — e você está no centro dela —, então puxar saco da imprensa não vai adiantar de nada.

Você pode pensar que é impossível que seu negócio sofra uma abrupta perda de confiança, mas a internet está repleta de empresas cuja reputação caiu ou que já vivenciaram a raiva da Twittersfera e de outras comunidades online.

É por essa razão que qualquer estratégia de conteúdo deve envolver uma cuidadosa reflexão sobre o que acontece quando nem sempre é possível controlar o que acontece.

O segredo de responder às provocações do Twitter, ou a ataques nas redes sociais em geral, é reagir o mais rápido possível, o que significa usar regularmente ferramentas online como o Social Mention, o Topsy ou o Hootsuite, que escaneiam sites de redes sociais em busca de menções suas. Consulte o Capítulo 7 para saber mais sobre isso.

Checklist para quando sua reputação estiver ameaçada

- *Comente*: as empresas devem sempre comentar uma história. Ficar em silêncio só servirá para irritar o público. Clientes, stakeholders e jornalistas exigirão uma resposta em diversos canais.

- *Comente rapidamente*: no cenário digital, as histórias podem aparecer para um público por mais tempo porque os assuntos podem estar em alta. Por isso, quanto mais a reação da empresa demorar, mais ela será exigida. Às vezes, direcionar as pessoas para uma mensagem de resposta em seu site funcionará mais efetivamente do que ter uma estratégia silenciosa.
- *Comente com pathos*[1]*:* se você causou transtorno, tristeza ou angústia, então reconheça e peça desculpas, e faça isso de bom grado. Acima de tudo, fale com sinceridade.
- *Comente em seguida oferecendo soluções*: depois de resolver qualquer problema, a próxima coisa que as pessoas vão exigir são respostas ou soluções para o problema. Mesmo que você acredite que o problema seja uma tempestade em copo d'água, engula seu orgulho e faça um plano de ação que atenda os insatisfeitos. Assim, eles verão que você conseguiu lidar com a tempestade. Lembre-se: as discussões online podem passar logo; muitas vezes porque as pessoas vão ver uma próxima coisa. Mas não se agarre a isso. Elas vão passar mais rápido se você agir com integridade.

ESTUDO DE CASO

WW Just Watch Me

A WW é uma marca globalmente reconhecida e dedicada a criar um mundo onde o bem-estar seja acessível a todos. Seu objetivo é inspirar as pessoas a se movimentarem mais, comerem bem, conectarem-se com os outros e superarem desafios. Ela é voltada para ajudar os membros a iniciar uma jornada de mudança positiva e duradoura desenvolvendo hábitos saudáveis com produtos, comunidades e conteúdo.

1 Pathos vem do grego e significa: sofrimento, paixão, afeto. [N.E.]

LOCALIZAÇÃO

Canadá

O DESAFIO

Os desafios da WW nunca foram os de alcançar seu público atual. Com a ajuda de endossos de celebridades internacionais como Oprah Winfrey e um investimento substancial com TV e mídia impressa, foi uma das marcas de saúde mais reconhecidas no mundo. O desafio era atingir um novo público em diferentes lugares e plataformas. Quando a WW se aproximou da Pound & Grain, ela estava procurando maneiras de se conectar com um público moderno, mantendo ao mesmo tempo sua mensagem geral de inspirar hábitos saudáveis na vida real. Eles precisavam olhar mais de perto como seu público estava se comportando online e desenvolver uma maneira de se conectar com ele de maneira autêntica.

PÚBLICO-ALVO

O público-alvo foi dividido em três segmentos:

1. *Desesperados em busca de soluções*: mães de meia-idade e mães mais velhas que procuram um programa de perda de peso fácil.
2. *Perfeccionistas*: mães jovens, trabalhadoras e bem-sucedidas que procuram um programa de perda de peso que se adapte a suas rotinas ocupadas.
3. *Tudo é ótimo, menos o peso*: mães bem-sucedidas de meia-idade otimistas que equilibram muito bem os filhos e a carreira.

AÇÃO

Não se tratava apenas de atingir novos públicos, tratava-se de se conectar com eles. Isso inspirou uma nova estratégia de marketing digital, em que o foco seria menos celebridades de televisão e mais pessoas da vida real.

Uma vez que determinamos com quem queríamos falar, fomos para as plataformas que atendem às conversas bidirecionais, sobretudo as redes sociais. Usando uma combinação do Facebook, Instagram e YouTube, trabalhamos com equipes de mídia e elaboramos um plano para lançar alguns novos estilos de conteúdo de vídeo.

Primeiro, desenvolvemos uma série chamada Health Hints ("Dicas de saúde"), que foram pequenos vídeos compartilhados em plataformas sociais que davam ao público dicas rápidas sobre como se manter saudável durante um dia atarefado. Quando carregamos o conteúdo, pedimos ao público e à comunidade WW que compartilhassem alguns de seus próprios conteúdos.

Em seguida, com a ajuda de um chef da WW, fizemos algumas das receitas mais populares em vídeos curtos e informativos e os compartilhamos por todas as redes sociais. Esse conteúdo, ao lado de um público engajado disposto a compartilhar as próprias receitas, mostrou que a comunidade não era apenas grande, mas também engajada.

Depois, usamos banners online como uma oportunidade de contar as histórias reais de membros da WW. Mostramos pessoas reais, contamos suas histórias reais e nos conectamos com o público de um modo com o qual ele podia se identificar.

Enquanto estávamos ajudando a definir uma nova pegada digital para a WW, eles estavam no meio de uma de suas maiores campanhas até o momento, a Just Watch Me_________. A ideia na televisão e na imprensa era a de mostrar atores que estavam se preparando para o desafio de fazer uma mudança saudável. Nos canais digitais e sociais, usamos a mesma ideia, mas ajustamos o envio de mensagens para gerar engajamento e conversa. Criamos a Just Watch Me_________, na qual pedimos aos fãs e seguidores que se desafiassem dentro do contexto do programa da WW.

Como a Just Watch Me_________ evoluiu online, demos um passo adiante na campanha e começamos a traçar o perfil de membros reais para conteúdo de vídeo específico de redes sociais. Ao compartilhar histórias reais de membros reais, conseguimos um batalhão de embaixadores da WW.

Quando vimos o poder da comunidade, decidimos reunir os membros para uma mesa-redonda e uma conversa inspiradora na WW. Membros reais conectados uns aos outros na vida real para compartilhar suas histórias reais.

RESULTADOS

- Na época da campanha, a WW viu um aumento significativo no desempenho em todos os canais digitais. Especificamente, a taxa de conversão aumentou oito vezes, com o custo por aquisição reduzindo 71%.
- O conteúdo de vídeo teve um aumento de 52% na taxa de conversão.
- O custo por aquisição nas redes sociais diminuiu 29% ao ano.

Cada anúncio em vídeo gerou mais de dois milhões de visualizações completas.

FIGURA 8.1 Exemplo da campanha Just Watch Me

COMENTÁRIO

> ***Estamos felizes com os resultados de nossa última campanha, e isso se deve principalmente a uma grande criatividade e uma sólida execução por parte da Pound & Grain.***
>
> Matt Lattanzio, gerente de marketing digital da WW

LINKS PARA A CAMPANHA

Health Hints:
www.facebook.com/367342903299400/videos/1457463807620632/ (arquivado em: https://perma.cc/S97N-7VQZ)
Publicação da mesa-redonda no blog da WW:
www.weightwatchers.com/ca/en/article/just-watch-me (arquivado em: https://perma.cc/R4HG-GY2Q)
Vídeo da mesa-redonda no Facebook (versão mais longa):
www.facebook.com/WW.Canada/videos/1685259201507757/ (arquivado em: https://perma.cc/VF55-VT5N)
História de Kelly, membro da WW, no Facebook:
www.facebook.com/WW.Canada/videos/1701631016537242/ (arquivado em: https://perma.cc/JEB4-LY3W)
Vídeo de receita no Facebook:
www.facebook.com/367342903299400/videos/1425498867483793/ (arquivado em: https://perma.cc/WGM6-N3ZG)
Vídeo do chef Tyler Recipe no Facebook:
www.facebook.com/WW.Canada/videos/234461070555080/ (arquivado em: https://perma.cc/3J2Y-452Y)

SOBRE OS CRIADORES

Fundada em 2010, a Pound & Grain é uma agência criativa no Canadá especializada em resolver problemas complexos de negócios com estratégias digitais e de redes sociais, execução de campanhas e desenvolvimento de experiências interativas.

09

Marketing programático

O QUE ESPERAR DESTE CAPÍTULO

Até o final deste capítulo, você terá respostas para as seguintes perguntas:

- • O que é a compra programática de anúncios?
- Por que eu deveria pensar em publicidade programática como parte de minha estratégia de marketing digital?
- Quem está envolvido no ecossistema de mídia programática?
- Como as peças do quebra-cabeças programático se encaixam?
- Como eu poderia fazer internamente minhas compras programáticas e montar uma trading desk?
- Quais são as implicações programáticas do GDPR?
- Quais são os pontos fortes e fracos da mídia programática?
- Quais são os futuros desafios para a publicidade programática?

Eu trabalho na mídia desde 1984. Na minha primeira semana, encontrei o Cognotel, um serviço muito primitivo que utilizava linhas telefônicas para enviar informações textuais do escritório de um assinante para outro.

Lembro-me de quanto tempo demorou para criar um logotipo ou ícone a partir de pixels coloridos. Havia tecnologias similares na França (Minitel) e nos Estados Unidos (Prodigy); estas que seriam de curta duração, mas que permaneceram com as descobertas de Samuel Morse, Alexander Graham Bell e outros visionários do passado.

Mesmo assim, brincamos com a ideia de enviar anúncios, mas foi um trabalho bem difícil. Mais 13 anos (1997) se passaram até que finalmente coloquei um anúncio em um site que era a mesma tecnologia de distribuição que nosso antigo Cognotel, mas usava um novo protocolo chamado HTTP — um acrônimo que instruía "os zeros e os uns" a serem direcionados para um servidor conectado a essa coisa chamada World Wide Web. O resto é história!

Em 1997, nos Estados Unidos, já havia um mercado embrionário, mas próspero, para a publicidade online. A Hotwired publicou pela primeira vez banners de publicidade em 1994. Isso envolveu uma simples discussão entre um publisher de sites e um anunciante (AT&T). Foi fácil: uma transação, um CPM e um orçamento ou período de tempo definidos. Todos ficaram felizes.

No entanto, como todos sabemos, o número de sites e de lugares para anunciar foi aumentando; como as agências de mídia e anunciantes esperavam lidar com inúmeras oportunidades?

O anunciante tinha mais partes para lidar, tornando o gerenciamento mais caro, mas (como sempre) o mercado respondia e as oportunidades se desenvolviam:

- Mais dados levaram a uma melhor segmentação;
- A automação levou ao crescimento e a um custo mais baixo;
- A redução das despesas gerais foi alcançada com a centralização do inventário.

As redes surgiram para simplificar ainda mais o processo — a Tremor Media e as redes AOL, por exemplo. Os anunciantes gostaram disso porque podiam comprar em escala, e os publishers também porque podiam vender em escala.

Entretanto, logo surgiram sérias preocupações sobre a falta de transparência e precisão. Além disso, os publishers ainda tinham muito mais inventário para vender também. Era necessário algo ainda mais eficiente e, enfim, mais rápido. Algo parecido com a "busca" onde se pudessem fazer lances do inventário.

As trocas (Google, Yahoo) impulsionaram o crescimento, mas o anunciante precisava de melhores tecnologias para gerenciar diversas trocas e públicos. Aí que entrou a programática, um software inteligente para adquirir e gerenciar publicidade digital da mesma forma que os mercados financeiros globais negociam e trocam ações e outras classes de ativos na velocidade da luz. Entretanto, a programática concentra-se mais nos públicos do que nos sites e capacita os anunciantes como nunca antes. Ah, e a propósito... é enorme (veja Figura 9.1).

De acordo com o relatório da eMarketer de 2019 sobre os gastos com publicidade programática nos EUA, 83,5% do investimento em anúncios digitais dos EUA são transacionados usando tecnologia programática, o que equivale a 57,30 bilhões de dólares. Prevê-se que, até 2021, os anunciantes digitais dos EUA investirão quase 80 bilhões de dólares em publicidade programática (eMarketer, 2019).

FIGURA 9.1 Gastos globais com publicidade programática (em bilhões de dólares)

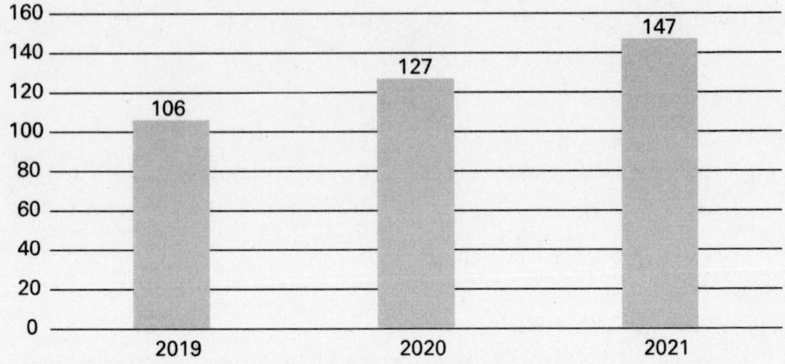

Eu e o resto da equipe por trás da criação deste livro estamos orgulhosos de ter trazido alguns dos melhores especialistas que trabalham hoje com mídia programática para falar neste capítulo. Agradecimentos especiais a Wayne Blodwell, Jon Walsh, Paul Evans, Guy Beresiner, Rob Webster e Cadi Jones.

O que é a compra programática de anúncios?

A compra programática de anúncios é o processo de automatização pelo qual o inventário publicitário digital é leiloado — muitas vezes em tempo real. Quando um usuário final abre um aplicativo ou clica em uma página da web, essa ação desencadeia uma série de eventos que duram cerca de meio segundo (às vezes menos), nos quais vários anunciantes fazem lances para veicular um anúncio para aquele usuário final. Trata-se de um processo totalmente exclusivo do marketing digital.

Na publicidade tradicional offline, uma empresa cria uma campanha publicitária e depois compra espaços publicitários usando diferentes tipos de mídia: televisão, revistas e jornais e outdoors à beira da estrada. Com a publicidade online, a mesma coisa acontece, mas a logística por trás do planejamento da mídia e de selecionar o lugar e o momento em que você vai veicular seus anúncios é diferente.

Isso porque a internet é um meio muito mais dividido e individualizado. Há muito mais sites gerenciados por muito mais organizações do que há redes e programas de TV, e a interação entre cliente e evento de mídia foi reduzida a uma única pessoa visualizando uma única página ou usando um único aplicativo. Pense nessa dinâmica e compare com um único jornal sendo impresso uma vez por dia e lido por milhares de pessoas ou com um único anúncio de TV veiculado para uma grande população.

Outra grande diferença entre a publicidade programática e a tradicional é esta: com a programática, você consegue identificar os clientes com um arquivo cookie do navegador ou com suas IDs de dispositivos móveis, um processo que permite aos anunciantes e outras partes segmentar os clientes e coletar dados sobre a eficácia da publicidade em um nível individual.

Pedimos a Wayne Blodwell, especialista em marketing programático e fundador da Programmatic Advisory, para explicar por que os profissionais de marketing deveriam incluir a programática em sua estratégia de marketing digital.

VISÃO DOS ESPECIALISTAS

Por que devemos pensar em programática como parte da estratégia de marketing digital?

Contribuição de Wayne Blodwell, fundador e CEO da Programmatic Advisory

Programática é um termo confuso; se você procura uma definição, encontrará diversas delas. Entretanto, a melhor maneira de pensar em programática é que são os dados e tecnologias que permitem a compra e venda de um anúncio digital. Simplificando, é a infraestrutura.

Os profissionais de marketing estão muito familiarizados com "canais" de marketing digital como busca, redes sociais, vídeos, exibição, e-mail e afiliados, mas estão menos familiarizados com a programática porque não podem vê-la. Programática não é a estratégia de marketing digital, mas o que permite essa estratégia.

Fundamentalmente, a infraestrutura programática pode ser pensada em duas grandes vertentes: dados e tecnologia. Ambas são primordiais para realizar a comum ambição de marketing de veicular um anúncio ao "usuário certo, com a mensagem certa no momento certo".

Os canais de marketing que são habilitados pela programática (lembre-se: dados e tecnologia) estão crescendo, e estima-se que a programática seja um mercado de 127 bilhões de dólares até o final de 2020, o que representa um aumento de 17% por ano em relação a 2019 (Statista, 2020).

Você ouvirá com frequência os profissionais de marketing falarem sobre a importância dos dados, quer seja para obter informações sobre clientes, desempenho comercial, condições de mercado etc., ou segmentar os clientes na prática. Todos esses dados podem ser alimentados por tecnologias programáticas.

Exemplos de tipos de dados que podem alimentar a programática são os seguintes:

- o contexto da página/aplicativo;
- o ID do usuário;
- a versão do navegador;
- o tipo de dispositivo;
- a hora do dia;
- o dia da semana;
- as condições climáticas;
- a localização do usuário;
- se é provável que o anúncio seja visto;
- quantos anúncios eles já viram dessa marca.

A lista é longa. Uma das maiores prioridades dentro de uma estratégia de marketing digital é entender quais dados são úteis e quais não são. Que dados vão permitir que você seja melhor que sua concorrência e quais são uma perda de tempo?

No mundo real, os grandes varejistas digitais tendem a aproveitar bem os dados, e isso se deve ao fato de terem criado seu site de tal forma que conseguem rastrear quais produtos um usuário visita; eles então utilizam esses dados para prever quais outros produtos um usuário pode querer, e depois os inserem em seus canais programáticos (busca, redes sociais e exibição, neste caso), resultando em publicidade muito eficaz e de alto desempenho. Por exemplo, se alguém compra um novo iPhone, é possível usar esses dados para depois vender acessórios como carregadores, capas de celular, entre outros. A marca não consegue obter esses dados em outro lugar com facilidade. É um grande diferencial e, apenas estabelecendo a coleta correta dos dados, ela tem uma enorme vantagem comercial.

As tecnologias programáticas podem ser confusas e, como toda parte técnica dos setores, há muitas siglas diferentes para lembrar. De forma muito ampla, você pode dividir essas tecnologias entre:

- plataformas de compra;
- plataformas de venda;
- plataformas de avaliação;
- plataformas de segmentação.

Os profissionais de marketing demoram muito tempo para criar uma pilha de tecnologia, a fim de que essas plataformas se integrem entre si da maneira mais eficaz possível e que não haja duplicação de recursos (ou seja, você acaba pagando duas vezes por duplicação desnecessária de algum recurso). Um exemplo de pilha de tecnologia programática é mostrado na Figura 9.2.

FIGURA 9.2 Uma típica pilha de tecnologia programática

AD SERVER

Essa tecnologia é a que tecnicamente veicula anúncios em páginas web e aplicativos. É também o registro real para muitos profissionais de marketing sobre quantos anúncios veicularam e qual foi o desempenho deles. Essa é uma parte essencial da pilha de tecnologia do profissional de marketing.

PLATAFORMA DO LADO DA DEMANDA

Essa tecnologia é o que os profissionais de marketing usam para realmente comprar canais de marketing digital programaticamente habilitados. Canais incluídos nas principais tecnologias são:

- Canais de vídeo;
- Canais nativos;
- Canais de exibição;
- Digital out of home;
- Podcasts;
- Áudio digital;
- Mídia interativa;
- Aplicativo.

É nessa plataforma que os profissionais de marketing podem inserir seus orçamentos e critérios de segmentação (é possível selecionar os dados que desejam utilizar).

É comum que os profissionais do setor não incluam a busca e as redes sociais como "canais programáticos" porque não podem ser compradas em uma plataforma do lado da demanda, porém muitos outros as consideram como "canais programáticos" porque são estrategicamente semelhantes. No final das contas, é uma questão de como o profissional de marketing define a programática para suas necessidades, mas é importante usá-la e esclarecer a terminologia e a abordagem.

SEGURANÇA DA MARCA

Essa tecnologia é empregada pelos profissionais de marketing para evitar que seus anúncios apareçam ao lado de conteúdo pobre online. Há várias razões para isso — para garantir que não estejam financiando atividades negativas (como discurso de ódio, terrorismo, conteúdo adulto etc.), bem como para que não haja uma percepção ruim de sua marca.

ANÁLISE DE DADOS

Essa tecnologia aumenta o ad server em termos de como um profissional de marketing avalia e faz relatórios do sucesso. A análise de dados geralmente se refere a sites e não necessariamente a canais programáticos, mas os dois estão muito interligados. As informações e dados coletados do site podem definir a atividade programática.

SEGMENTAÇÃO

Esse é um termo que se aplica a todas as tecnologias que não se enquadram nas definidas anteriormente. Essas tecnologias podem ser, entre outras:

- Segmentação por endereços IP;
- Segmentação contextual;
- Segmentação por dados de terceiros;
- Segmentação por condições climáticas;
- Segmentação por reconhecimento de conteúdo automatizado.

Essas tecnologias normalmente se integram com uma plataforma do lado da demanda, e um profissional de marketing pode ativar e desativar as diferentes opções de segmentação ali existentes.

Há centenas de empresas que atuam em todos esses espaços, o que não ajuda no desafio de complexidade que os profissionais de marketing enfrentam; no entanto, quando as tecnologias certas são selecionadas, isso pode proporcionar grande vantagem competitiva e agregar muito valor aos esforços de marketing digital em comparação com a assinatura e o envio de pedidos de inserção com diversos publishers. A programática permite que uma marca otimize seus esforços de marketing digital e normalmente reduza o número de funcionários necessários para executar as atividades.

Para concluir, por que você deve considerar a programática em seu marketing digital? Porque seria como um atleta ignorar seu coração. São os alicerces. É a infraestrutura. É o capacitador. É o futuro. Se as marcas investirem nele sabiamente, verão grandes retornos de seu investimento em relação a outras formas de marketing digital.

Quem está envolvido na publicidade online?

Muitas partes diferentes interagem no ecossistema de publicidade online (ver Figura 9.3):

- *Os publishers (vendedores)* fornecem o inventário ou o espaço onde os anúncios são veiculados. Estes podem ser um site ou um aplicativo. Por exemplo, www.nytimes.com (arquivado em: https://perma.cc/H3AV-B9BY), www.cnn.com (arquivado em: https://perma.cc/M5X7-EZXZ) e www.imdb.com (arquivado em: https://perma.cc/92XJ-9F5V) são todos publishers que vendem espaço publicitário aos compradores.
- *Anunciantes ou profissionais de marketing (compradores)* compram estoque de vendedores a fim de veicular anúncios aos clientes. A Microsoft, a Amazon e a Target são exemplos de anunciantes (embora cada uma dessas empresas também atue como um publisher digital por direito próprio).

- *As ad networks* servem como corretoras entre grupos de publishers e grupos de anunciantes. Tradicionalmente agregam publishers e anunciantes e também lidam com inventário remanescente, mas podem ter diversos modelos de negócios e clientes.
- *Os consumidores* são os clientes segmentados pelos anúncios. São os que abrem um aplicativo ou clicam em uma página da web.
- *Os provedores de dados* fornecem informações úteis para a segmentação. Podem ser informações contextuais sobre o site ou a página web em que o anúncio é veiculado (por exemplo, você não gostaria que seu um anúncio de férias aparecesse ao lado de uma notícia sobre um acidente aéreo), dados comportamentais sobre os usuários, dados de visualização que determinam se os blocos de anúncio foram provavelmente vistos por pessoas de verdade e outros tipos de dados.
- *As plataformas de gerenciamento de dados (DMPs)* são sistemas centralizados de coleta de dados próprios que se integram com dados de terceiros, aplicando-os à estratégia publicitária de cada um. Uma DMP pode oferecer as seguintes características: estimar o alcance provável para um segmento de usuários; avaliar o crescimento a partir do uso de dados; atuar como uma câmara de compensação entre compradores e vendedores de dados; e auxiliar publishers na monetização de dados de seus usuários. As DMPs normalmente trabalham com dados de usuários, mas também podem usar dados contextuais ou outros tipos de dados.
- *As plataformas do lado da demanda (DSPs)* permitem aos clientes de publicidade comprar mídias digitais em diferentes ad networks, ad exchanges e plataformas usando uma única interface.

FIGURA 9.3 Ecossistema de compra programática

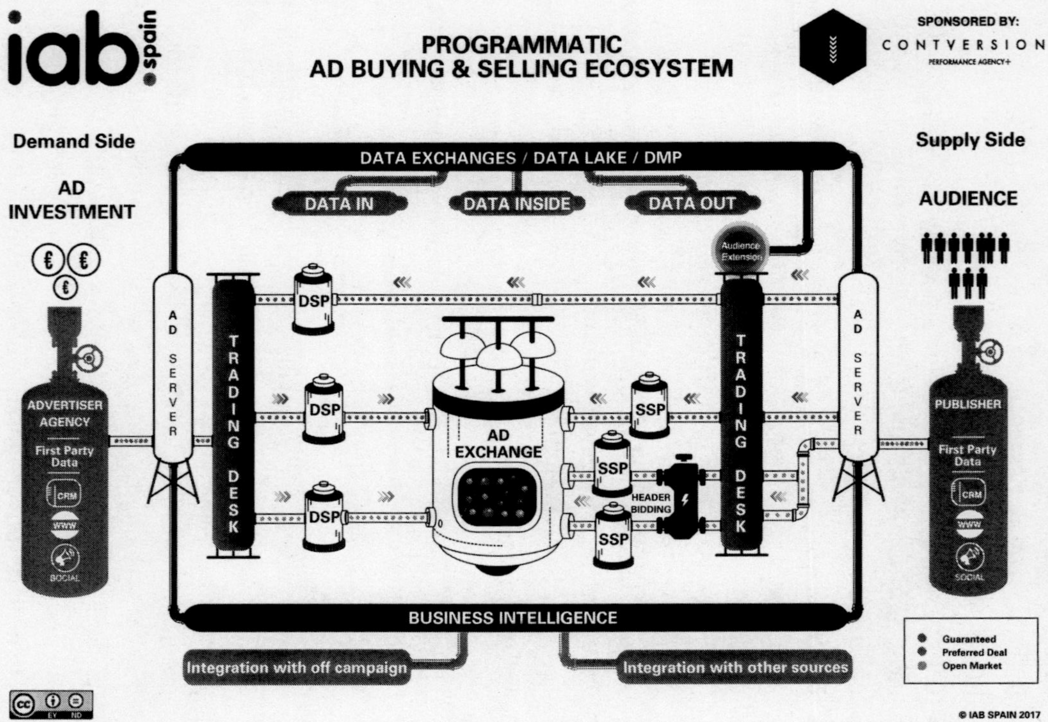

- *As plataformas do lado da oferta (SSPs)* permitem aos publishers acessar a demanda de muitas ad networks, ad exchanges e plataformas possíveis em uma única interface.
- *Vendedores de mídia interativa* criam, servem e gerenciam publicidade de mídia interativa. Mídia interativa refere-se geralmente a propagandas com áudio, vídeo ou outros elementos interativos.

Publishers, anunciantes e redes interagem em sistemas unificados de tráfico de anúncios chamados de ad exchanges. Uma ad exchange permite que anunciantes e publishers utilizem a mesma plataforma tecnológica, serviços e métodos e "falem a mesma língua" para trocar dados, estabelecer preços e, por fim, veicular um anúncio.

O que é a veiculação de anúncios?

No fim das contas, o objetivo por trás da compra programática é veicular o anúncio certo para o público certo, no momento certo. Então, o que significa veicular um anúncio?

A veiculação de anúncios é o processo de: 1) determinar qual anúncio vai para qual espaço publicitário em uma determinada página da web ou aplicativo do publisher; e 2) entregar (ou "veicular") o anúncio. O computador ou grupo de computadores responsáveis por isso é chamado de ad server. Os principais publishers, ad networks e anunciantes às vezes têm seus próprios ad servers. A maioria dos grandes ad servers também pode:

- escolher o anúncio que mais beneficiará o anunciante ou o publisher e que atenda aos critérios de cada parte;
- registrar quantos anúncios foram veiculados e em que páginas ou telas;
- registrar dados de desempenho, por exemplo, se o anúncio foi clicado, quando o telespectador parou de

reproduzir um anúncio em vídeo ou se o anúncio pode ser vinculado a uma compra ou alguma outra ação;

- enviar os dados de desempenho do funil de volta ao processo de correspondência;
- recolher e disponibilizar dados do usuário, que são informações sobre um cliente (usuário), incluindo hábitos de navegação e dados demográficos.

Um ad server pode ser de um publisher, em que este decide quem fica com as impressões, ou um ad server de um anunciante, em que este decide o conteúdo que vai no espaço de anúncio que lhe foi atribuído. Ou pode ser um ad server intermediário que tenta ser benéfico para ambos os lados.

O que os profissionais de marketing digital precisam saber sobre a compra programática?

Imagine se você tivesse que pagar uma taxa para visualizar o conteúdo de seus sites favoritos ou usar seus aplicativos favoritos. Por sorte, devido à publicidade programática, você não precisa pagar. A compra programática refere-se simplesmente à compra de inventário de anúncios por meios automatizados, ao contrário de compras manuais em que os anunciantes entram em contato com uma equipe de vendas ou outro mecanismo "offline". Os anunciantes querem conseguir segmentar seus produtos aos usuários certos. Os publishers, por sua vez, querem monetizar melhor seus sites ou aplicativos. A monetização bem-sucedida dá aos publishers a opção de oferecer conteúdo gratuito aos usuários, em vez de cobrar por ele usando paywalls.

Para entender melhor como ocorre esse tipo de transação entre o publisher e o anunciante, você precisa saber sobre as diferentes formas em que o inventário é comprado para veicular publicidade, além dos vários modelos de precificação existentes.

Como os anunciantes adquirem o inventário do publisher

Há três maneiras diferentes pelas quais vendedores e compradores fazem transações de mídias: leilões em tempo real/abertos (RTB), leilões fechados/*deals* preferenciais e direto.

RTB

Os leilões em tempo real (RTB) são leilões programáticos abertos em que o inventário de anúncios é vendido e comprado por impressões por meio de lances feitos nos milissegundos antes de uma página da web ser carregada por um usuário. Quando as pessoas falam em "publicidade programática", muitas vezes querem dizer RTB.

Um leilão RTB é mais eficaz para um anunciante do que um leilão estático porque, ao contrário de ter que pagar uma taxa fixa para cada impressão, o anunciante pode avaliar cada oportunidade de comprar uma impressão de anúncio em tempo real, permitindo a aceitação ou rejeição de cada impressão de anúncio na campanha.

LEILÃO FECHADO/DEAL PREFERENCIAL

Os leilões fechados e *deals* preferenciais constituem um mercado baseado em lances baseados nas relações entre publishers e anunciantes específicos.

Normalmente, para iniciar a compra e venda de leilões fechados e *deals* preferenciais, um publisher convida um anunciante a dar lances em seu inventário, e isso permite que o anunciante acesse primeiro um inventário específico de anúncios antes de ser disponibilizado a outros compradores de um leilão aberto.

Os lances do leilão aberto competem com os lances do leilão RTB. Os leilões fechados são, às vezes, priorizados no lugar dos leilões RTB. Os *deals* preferenciais são acordos feitos antes dos leilões, tornando os lances mais visíveis e acessíveis ao mercado. Os *deals* preferenciais também podem ser um grande ponto de partida para as negociações de *deals* fechados. Esse mercado geralmente dá ao anunciante acesso a um inventário de alta qualidade e seguro para a marca.

DIRETO

Em um marketplace direto, os anunciantes compram impressões em massa a um valor fixo de CPM em vez de passar por um leilão de lances em tempo real. Esse modelo fornece ao anunciante uma garantia, ou uma reserva, sobre o inventário do anúncio. Anunciantes e agências muitas vezes pagarão preços especiais para acessar esse tipo de inventário, pois permite que eles segmentem públicos específicos com base nos dados demográficos, de navegação etc., e o anunciante tem certeza dos dados da campanha. A compra direta funciona bem para anunciantes que desejam um melhor controle sobre o posicionamento de seus anúncios. Além disso, também lhes dá a flexibilidade de empregar formatos de mídia interativa como a aquisição de páginas em uma homepage, onde nenhum outro anúncio é mostrado.

Modelos de precificação para a venda de anúncios online

Existem algumas formas principais de precificar a mídia online: CPM (custo por mil impressões), CPA (custo por aquisição), CPC (custo por clique) e patrocínio. Geralmente o preço de uma impressão é determinado pelo que os compradores estão dispostos a pagar em tempo real, assim como a qualidade do produto. Esse tipo de compra significa que os anúncios podem ser segmentados a grupos ou segmentos específicos de usuários, e os orçamentos podem ser gerenciados em tempo real.

> NOTA AO LEITOR
> É importante notar que o RTB é um modelo de leilão de segundo preço. Isso significa que o lance mais alto ganha o leilão, mas paga 0,01 centavo a mais do que o segundo lance mais alto. Os leilões de segundo preço permitem uma avaliação mais precisa do material a ser leiloado.

CPM

O custo por mil impressões (CPM) é quando o preço é baseado em mil impressões. É vantajoso para os publishers, pois eles ainda serão pagos por cada impressão e não arriscam nada no desempenho do anúncio.

Para os compradores, o preço de 1 dólar por CPM significa que receberão esse montante cada vez que o anúncio deles for visto mil vezes. Para os vendedores, o preço de 1 dólar por CPM significa que eles receberão esse valor a cada mil anúncios que exibirem.

vCPM

O custo por mil impressões visíveis (vCPM) significa que um anunciante só paga quando um anúncio é exibido na tela por um segundo ou mais para anúncios de exibição, e dois segundos ou mais para anúncios de vídeo.

CPC

O custo por clique (CPC) é o valor médio cobrado por um clique em um anúncio. Ao contrário do CPM, o CPC é uma métrica baseada no desempenho. Isso significa que um publisher só é pago quando o usuário clica em um anúncio, independentemente de quantas impressões foram servidas antes que o clique ocorresse de fato.

Se um anúncio recebe dois cliques, um custando 0,20 centavos e outro que custa 0,40 centavos, o CPC médio será de 0,30 centavos.

CPA

O custo por aquisição (CPA) é melhor para um anunciante, pois ele só paga ao publisher quando o anúncio resulta em uma venda ou em uma conversão de acordo com seu objetivo de campanha. Se 100 dólares forem gastos em uma campanha, e ela resultar em dez aquisições, o CPA seria de 10 dólares.

Patrocínio

Patrocínio é quando o anunciante aceita um valor fixo do publisher em troca da veiculação de seu anúncio por um determinado período.

Os anúncios são comprados com base em CPD (custo por dia), e o custo seria para uma porcentagem de todas as visualizações durante a campanha. Não há nenhum custo adicional para "cliques" nem limite para quantas "impressões" o anúncio recebe nesse período.

Uma visão mais detalhada

A compra programática permite aos profissionais de marketing trazer para suas campanhas publicitárias tomadas de decisão sofisticadas e baseadas em dados. Ao contrário de publicidade veiculada e *digital out of home*, os anúncios digitais podem ser personalizados e responsáveis por fatores como a capacidade de visualização e avaliação de conversão. Ao aplicar a dinâmica de leilão, tanto publishers quanto anunciantes conseguem alcançar objetivos mutuamente compatíveis em um mercado transparente e que funciona bem.

Aqui estão algumas das principais definições que regem a compra programática:

- *Rede*: para os compradores, uma rede representa sua conta como um todo. Na rede, os compradores podem decidir quem é elegível para vender a eles e que nível de auditoria de inventário eles exigem. Além disso, podem criar listas de domínios e aplicativos para uma whitelist ou uma blacklist eficiente de itens de linha, estabelecer um limite de quanto eles estão dispostos a gastar por dia no inventário de terceiros, e muito mais.
- *Pedido de inserção*: um pedido de inserção representa um acordo financeiro entre um comprador e um publisher que especifica o objetivo do comprador. O pedido de inserção contém informações como o orçamento total que um comprador destina a um publisher por um período ou que tipo de verificação de terceiros um comprador utiliza.
- *Item de linha*: o item de linha de um pedido de inserção representa as estratégias acordadas que o comprador estabelece. Ele traz informações especificadas pelo comprador, tais como quanto dinheiro ele alocou para uma oferta ou de que tipo de segmentação precisa.
- *Conteúdo*: um conteúdo é um anúncio real, hospedado por um ad server próprio ou de terceiros. Os conteúdos pertencem a um anunciante específico e vêm em diferentes formatos, dentre eles:
  - Banners publicitários: anúncios de texto ou imagem que aparecem acima ou ao lado do conteúdo.
  - Anúncios expansíveis: anúncios que podem ser ampliados além de seu tamanho original, muitas vezes com interações do usuário, tais como rolar a tela para baixo ou passar o cursor sobre o anúncio.
  - Anúncios pop: anúncios que são exibidos em uma janela secundária do navegador. Os anúncios pop-up são exibidos em frente à janela inicial do navegador, enquanto os *pop-under* são exibidos atrás dela.

- Anúncios em vídeo: os anúncios em vídeo podem ser reproduzidos antes, durante ou após o conteúdo principal do vídeo. Uma unidade especial de anúncio em vídeo — vídeo *outstream* — é incorporada ao corpo de um artigo, na maioria das vezes definida para reprodução automática quando o leitor chega à parte da página que contém o anúncio. O som geralmente só é ativado quando o leitor passa o mouse sobre o anúncio. O vídeo *outstream* não requer conteúdo de vídeo; ele pode ser veiculado em uma unidade de banner.
- Anúncios para dispositivos móveis: os anúncios para dispositivos móveis podem ser em formato de pacote ou anúncios na web que são otimizados para dispositivos móveis.

- *Pixel de segmentação*: um pixel de segmentação é colocado em páginas web para coletar dados sobre os usuários, tais como páginas visitadas e ações tomadas, ou características, tais como gênero, localização e histórico de compras. Quando um pixel de segmentação dispara, o usuário é adicionado a um segmento, que depois pode ser segmentado para tentar alcançar o usuário novamente (isso, por sua vez, é chamado de "retargeting").
- Os pixels de segmentação pertencem a toda a rede ou a um anunciante específico. Os segmentos de nível de rede estão disponíveis para segmentação em todos os itens de linha de todos os anunciantes. Segmentos de nível de anunciante estão disponíveis para segmentação apenas em itens de linha de um anunciante específico.
- *Pixel de conversão*: um pixel de conversão é colocado em uma página web para acompanhar as ações do usuário em resposta aos conteúdos de um anunciante, como o cadastro em um site ou a realização de uma compra. Quando um pixel de conversão dispara, uma troca deter-

mina se a conversão (o cadastro, a compra etc.) pode ser "atribuída" ou ligada ao usuário clicando ou vendo previamente um dos conteúdos do anunciante (atribuição de conversão).

- Um determinado comprador pode ter muitos pixels de conversão diferentes. O comprador associa cada pixel de conversão a muitos itens de linha (exemplos incluem controle de pagamento, metas de desempenho com base no CPA ou avaliação de impressões com base nos dados de otimização do CPA).
- *Pixel de conteúdo de terceiros*: um pixel de conteúdo de terceiros é usado para desencadear uma ação de terceiros quando um conteúdo é veiculado.
- Um comprador pode ter pixels de terceiros a nível de rede, anunciante ou conteúdo. A definição desses pixels nos níveis da rede e do anunciante permite ao comprador poupar tempo aplicando pixels a conteúdos em toda a rede ou anunciante em vez de um a um, além de evitar a repetição da auditoria de conteúdo.
- *Rastreador de cliques*: é usado para rastrear cliques associados a conteúdos. Isso é feito anexando o rastreador como um "pixel que pega carona" no conteúdo hospedado externamente.

Pedimos ao especialista em marketing programático Jon Walsh que nos explicasse como as peças do quebra-cabeça programático se encaixam.

VISÃO DOS ESPECIALISTAS

Juntando as peças do quebra-cabeça programático

Contribuição de Jon Walsh, vice-presidente sênior de estratégia na Europa na ENGINE Media Exchange (EMX)

A compra e venda de mídia programática é simples e ao mesmo tempo complexa. Seu objetivo é permitir que os compradores de mídia comprem em escala, além de os publishers terem acesso a mais anunciantes que, assim esperam, estão competindo por seu inventário e fazendo os melhores lances para ganhar.

De maneira resumida, comprar e vender mídia programática é reduzir o atrito associado a esse processo desde que a compra e a venda de anúncios começaram no século XIX.

As peças do quebra-cabeça programático são variadas e nem todas são necessárias, a menos que os anunciantes ou publishers as exijam. O segredo é equilibrar o número de fornecedores de tecnologia com o orçamento que você tem disponível para implantar na mídia real. Cada fornecedor de tecnologia vem com um custo, e este corrói seu orçamento. Então, como você decide a quantidade de tecnologia adequada para suas necessidades?

Além dos ad servers, que são necessários independentemente de um comprador estar ou não utilizando tecnologia programática, os elementos principais seriam os seguintes:

1 uma plataforma do lado da demanda (DSP);

2 uma plataforma do lado da oferta (SSP);

3 um *header bidder*.

Nós analisaremos cada um deles para ver como se encaixam, começando com o uso de uma plataforma do lado da demanda (DSP) como interface de compra de mídia. Uma DSP é onde o negociante de mídia estabelece os vários itens do(s) plano(s) que deseja executar. Isso incluiria coisas como uma cookie pool (em outras palavras, coorte) a ser comparada, uma lista de sites de inclusão e exclusão, horas do dia, dias da semana, entre muitos outros parâmetros.

Se a DSP é a plataforma de compra, então os publishers precisam de tecnologia que se conecte com aqueles que ainda trabalham em seu nome; esta é conhecida como plataforma do lado da oferta (SSP) ou trocas programáticas. A plataforma do lado da oferta existe para que os editores gerenciem sua demanda, estabeleçam preços mínimos, criem categorias de exclusão de publicidade (anúncios de jogos e de aplicativo de relacionamento nem sempre são favoráveis) e basicamente aumentem o lucro.

No entanto, ainda há mais uma peça que os editores exigem: um *header bidder*. Os *header bidders* são pequenas peças de código que atuam como uma *conteiner tag* (um suporte de trocas para hospedar leilões usando apenas um código) no site de um publisher. Como o nome em inglês sugere, eles se localizam no "cabeçalho do site", acessando os diversos anúncios que o publisher concordou que podem ser vendidos em um leilão em tempo real.

Em resumo, são dois lados da cadeia de suprimentos estabelecendo várias regras a fim de permitir um jogo equilibrado para quando o leilão ocorrer.

Dentro do leilão em tempo real, toda essa tecnologia é colocada em ação para encontrar o anunciante mais bem pago com a impressão que eles querem baseados em seus parâmetros de entrada. Quando os leilões programáticos (ou RTB, como eram mais comumente chamados no início) começaram, os leilões eram de "segundo preço". O melhor exemplo de um modelo de leilão de segundo preço é o eBay. No eBay, o lance vencedor é apenas um pequeno incremento do próximo lance mais alto, o que significa que um anunciante pode fazer um lance de 500 dólares por um item, mas só paga 2,60 dólares dele se o próximo lance mais alto for 2,50 dólares.

No entanto, isso funciona bem para o anunciante, mas não tanto para o publisher. Como um setor, o programático evoluiu para representar um valor mais justo para o publisher final. Afinal de contas, é ele que está prestando a atenção no cliente. O setor mudou, portanto, para um modelo de leilão de "primeiro preço", o que significa que o preço do lance é o preço que você paga caso ganhe. Isso fez com que anunciantes, DSPs, SSPs/Exchanges tivessem que trabalhar muito mais em colaboração a fim de orientar as estratégias de lances.

Agora que já vimos o "básico", podemos entrar brevemente em mais detalhes das complexidades que envolvem o quebra-cabeças programático.

O que os anunciantes querem é expandir ao máximo o alcance do público-alvo com a frequência desejada e com o menor investimento possível (enquanto atenuam as fraudes, que são abundantes). O inventário mais barato possível é através do que é conhecido como mercados abertos (OMP). O OMP é uma abordagem mais dispersa que traz publishers de cauda longa e desconhecidos, embora tenham dados sobre o público-alvo e mais potencial para questionar a segurança da marca e possíveis fraudes. Os mercados privados (PMP) têm controles muito mais rígidos dos sites nos quais os anúncios poderiam aparecer, mas em contrapartida o preço mínimo de lances é maior, impactando o preço total do CPM para o inventário que, em teoria, é possível comprar no OMP.

A fraude é um problema que ocorre dentro da mídia digital, e de maneiras diferentes. Apesar de o setor nunca estar totalmente livre de fraudes, existem maneiras de as mitigar. Pense nisso como se fosse uma pequena loja física; sem nenhum recurso de segurança, você é um alvo para ladrões. Entretanto, se colocar câmeras de segurança, alarmes junto à porta e etiquetar todos os itens, você mitigará as fraudes. Se for além e instalar uma porta trancada e apenas permitir convidados, seu negócio vai falir e terá que fechar, portanto sempre haverá uma quantidade tolerável de fraude para lidar.

De maneira resumida, se você deseja reduzir as oportunidades de fraude em sua própria cadeia de suprimentos de mídia, então a maneira mais fácil de fazer isso é criando uma lista de publishers aprovados dos quais você gosta de comprar. Além disso, é preciso assegurar que a DSP que você está usando esteja diretamente conectada a uma SSP, que por sua vez está diretamente conectada a esses publishers — esse é um *supply path optimization* (SPO). Em seguida, certifique-se de que tanto a DSP quanto a SSP sejam totalmente transparentes sobre suas tarifas de compra. Há fornecedores como a Double Verify ou a Adloox que também conseguem combater ainda mais as fraudes. No entanto, mesmo fazendo essas coisas, não pense que você vai ter um caminho de suprimentos livre de fraudes; será apenas um caminho com níveis "toleráveis" de fraude.

Toda essa cadeia de suprimentos tende a ser obscura, o que permitiu que certas seções dela sugassem mais valor do que o entregue, e isso criou um ambiente de desconfiança entre os participantes. O pedido de transparência foi ouvido, e há uma vontade de certas seções da cadeia de valor existente serem mais transparentes. Fazer perguntas difíceis sobre a transparência financeira de seus fornecedores de tecnologia é uma obrigação, mesmo que você sinta que a troca por mídia de preço mais alto não valha a pena para seus KPIs de marketing.

Se você ainda não estiver totalmente confiante para avançar em sua estratégia programática, há cursos online gratuitos disponíveis das principais empresas da área que ajudarão, por exemplo a The Trade Desk ou a Adform. Há também algumas excelentes consultorias em programática que podem ajudar no seu aprendizado.

Implementando sua mídia programática internamente

Os profissionais de marketing normalmente trabalham com agências de mídia, que têm suas próprias equipes programáticas, também conhecidas como *trading desks*. No entanto, as marcas estão pressionando cada vez mais para ter maior controle sobre suas compras de mídia e há uma tendência crescente para internalizá-la. Em um estudo do IAB de 2018, 18% das marcas pesquisadas internalizaram a compra programática, e os outros 47% fizeram isso de forma parcial (IAB, 2018).

Então, como você faria isso? Pedimos a Paul Evans, ex-líder global de mídia da Vodafone e responsável pela gestão programática do Grupo Vodafone, que nos desse alguns conselhos.

VISÃO DOS ESPECIALISTAS

Como internalizar a mídia programática e alcançar eficácia a longo prazo

Contribuição de Paul Evans, consultor de estratégia e marketing para empresas de tecnologia e mídia e ex-líder global de mídia da Vodafone

MÉTRICAS DE CURTO PRAZO, BENEFÍCIOS DE CURTO PRAZO

Os negócios — e o marketing de fato — têm enfatizado cada vez mais o desempenho a curto prazo ao longo do tempo. A demanda por prestação de contas imediata e retorno sobre o investimento é visível nas expectativas trimestrais dos acionistas, por meio de práticas ágeis de trabalho e do aumento do marketing de "desempenho".

Essa tendência só não é maior do que a relevância dada aos KPIs da mídia digital — a aceitação de métricas de proxy que substituem a qualidade e os resultados a longo prazo —, como impressões, cliques e visualizações. O problema aqui é que, quando estabelecemos os objetivos, os alvos e as métricas errados, *apenas* focando no curto prazo, somos fadados ao fracasso.

À medida que as marcas voltam sua atenção para o controle prático de sua mídia, dados e operações de conteúdo usando funções internas, há o risco de que as mesmas metas, objetivos e avaliação de eficácia de curto prazo os acompanhem. De que adianta essa economia imediata de despesas para a agência? Que condições de pagamento conseguimos para nosso novo contrato de DSP? Podemos contratar mais executivos juniores para o pessoal de nossa equipe interna?

Todos esses são requisitos válidos para qualquer negócio, além de importantes para a integridade comercial da função. Mas, quando o sucesso é julgado apenas a curto prazo e a ênfase é dada apenas no retorno de investimento ao negócio, as escolhas feitas para alcançar isso só levam você a um lugar: o fundo do poço.

COMECE ESTABELECENDO UM MOTIVO PARA UM VALOR A LONGO PRAZO

Então, como seria o valor e a eficácia a longo prazo das funções internas? A resposta deve começar com o motivo, algo que Simon Sinek definiria como um propósito de alto nível para a iniciativa, que procura inspirar mudanças de comportamento e capacidades (Sinek, 2009). Se começarmos pelo motivo, somos obrigados a olhar além do curto prazo — normalmente orientado para os objetivos de custo — para abraçar as razões mais fundamentais que as marcas podem escolher para assumir o controle operacional de aspectos de seu marketing.

Aqui não há motivações certas ou individuais: melhor gestão de marketing; promoção de uma agenda de inovação; desenvolvimento de competências internas; tomar posse de dados de primeira mão; estabelecer tributação em cascata ou transparência na cadeia de suprimentos; estabelecer parcerias tecnológicas para conduzir a personalização — todas são estrategicamente corretas para qualquer negócio específico.

A INTERNALIZAÇÃO É UM PROCESSO

É importante considerar os principais marcos e etapas no desenvolvimento de soluções de mídia programática interna. Se partir do motivo e estabelecer objetivos claros a longo prazo, você está começando do lugar certo. Para isso, a internalização deve ser vista como uma maratona e não como um sprint — uma jornada e um processo sistemático de gerenciamento de mudanças.

Há muitos detalhes a serem desenvolvidos nessa breve visão geral, mas aqui procuraremos abordar as principais etapas que qualquer empresa deve considerar à medida que avança para viabilizar uma função interna de mídia programática.

ENTENDER ONDE VOCÊ ESTÁ EM SUA JORNADA

A internalização das capacidades operacionais da mídia deve ser considerada como a parte de uma jornada de qualquer marca, e é fundamental saber onde você está nessa jornada.

FIGURA9.4 Modelo ilustrativo da jornada de maturidade funcional de uma empresa de marketing

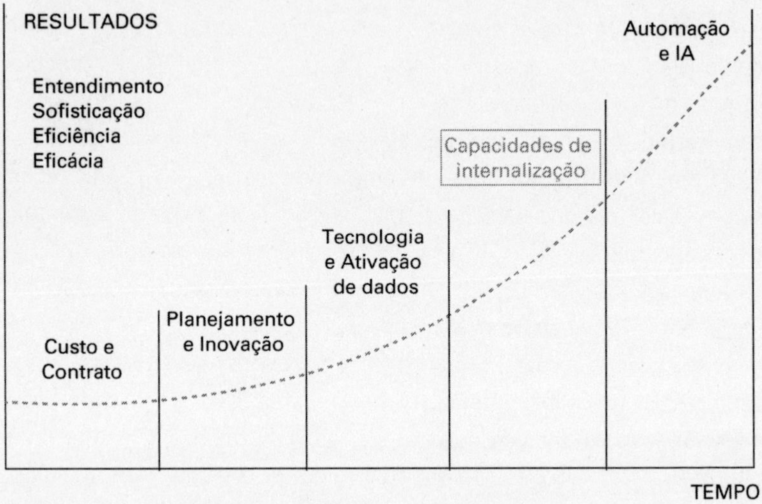

A Figura 9.4 serve para qualquer função de mídia paga dentro de uma organização de marketing mais ampla. Essas etapas de crescimento são lineares/sequenciais na adoção, sendo a propriedade da tecnologia um pré-requisito para o desenvolvimento da internalização.

A base para a entrega de todas essas capacidades funcionais são os objetivos operacionais a longo prazo que uma empresa de marketing moderna deve buscar dentro do cenário do setor, ou seja, transparência, independência e propriedade. A internalização é o ato final de controle — um subconjunto dessas metas — que ajuda a solidificar os benefícios de todas as capacidades existentes.

DESENVOLVENDO UM BUSINESS CASE DE INTERNALIZAÇÃO

Como já discutimos, a internalização é um compromisso de longo prazo que uma empresa deve considerar durante pelo menos três a cinco anos, podendo ser estendido. Nesse sentido, o desenvolvimento de um business case sólido será fundamental para envolver a liderança e assegurar o compromisso essencial de investimento no pessoal, em tecnologia e outros recursos. A seguir, apresentamos um resumo dos principais territórios do business case.

- Serviços de mídia:
  - Redução dos custos de agência com a redistribuição do quadro de pessoal;
  - No entanto, o custo para contratar equipes internas inevitavelmente compensa essa economia.
- Entrega de campanha:
  - Apropriação do orçamento e controle do planejamento de campanhas;
  - Melhorias na eficiência do desempenho do investimento em mídias.
- Gerenciamento de dados:
  - Melhorias na utilização de dados próprios;
  - Melhor segmentação, supressão e frequência;
  - Melhor conteúdo personalizado com base em dados.
- Padronização técnica:
  - Consolidação de fornecedores de tecnologia de anúncios através de ad server, DSP e verificação;
  - Maior transparência do "imposto tecnológico" da cadeia de suprimentos.

DESAFIOS QUE REQUEREM GERENCIAMENTO DE MUDANÇAS

Trazer qualquer parte dos serviços de mídia para a equipe interna requer uma gestão de mudança organizacional significativa. A área mais focada deve ser a mudança da cultura existente nos níveis de RH, financeiro e executivo sênior; em oposição ao desenvolvimento ou à contratação de equipes funcionais mais óbvias. É essa mudança cultural e o suporte por muitos anos que é bastante desafiado por mudanças na gerência sênior, restrições orçamentárias ou desenvolvimentos de mercado.

Não há uma só fórmula: trata-se de tomar medidas lógicas para assegurar uma transição bem-sucedida priorizando a função da mídia e das capacidades funcionais. Além do mencionado antes, as seguintes áreas devem ser consideradas em termos de planejamento de mudança para implementar e fazer a transição para uma equipe interna de mídia:

- Função:
  - Organização/estrutura;
  - Desenvolvimento cultural;
  - Processos operacionais;
  - Inovação/liderança.
- Talentos:
  - Identificação de cargos;
  - Planejamento de contratação;
  - Manutenção/retenção;
  - Treinamento/desenvolvimento.
- Comercial:
  - Novos contratos/cobranças de fornecedores diretos;
  - Condições de pagamento;
  - Descontos e outros incentivos comerciais divulgados.
- Integração:
  - Formas de trabalhar com "clientes" internos;
  - Sincronia de planejamento e compra com a agência.

MODELOS HÍBRIDOS: NÃO SÃO UMA DECISÃO BINÁRIA

Em princípio, qualquer função de marketing — mídia, gerenciamento de dados ou de conteúdo — pode ser feita pela equipe interna. Mas, na prática, é mais lógico considerar as capacidades de alimentação de dados e de tecnologia para a internalização; é aqui que as barreiras de controle são reduzidas ou removidas, por exemplo, em plataformas tecnológicas acessíveis, tais como as DSPs.

O que é importante para qualquer profissional de marketing entender é que a internalização não é uma decisão binária: você não é totalmente interno ou externo. A avaliação de internalização comparada com a terceirização deve se apoiar em combinações fluidas de recursos e responsabilidades, por meio do planejamento da mídia e da compra tradicional e digital. Para o programático, isso pode significar que certos aspectos operacionais — como a negociação ou o gerenciamento de dados — permanecem com sua agência de mídia.

É importante dizer que o fato de tomar a decisão de internalizar não significa a separação de sua agência; na verdade, é mais como o início de uma nova forma integrada de fazer marketing e publicidade ágeis e com base em dados. Essas combinações híbridas de recursos externos devem permitir que os parceiros tecnológicos e consultores se concentrem em capacidade especializada, por exemplo, atribuição ou dados.

COMPREENSÃO DAS CAPACIDADES E DA DISPONIBILIDADE

Um dos principais fatores para a tomada de decisões, além do que *pode* ser internalizado, é o que *deve* ser internalizado, permitindo uma compreensão clara das capacidades e recursos existentes, e seus pontos fortes e fracos. A seguir, apresentamos resumidamente as áreas de avaliação:

- Tecnologia — a padronização permite as melhores práticas:
  - A marca possui seus próprios contratos de tecnologia?
  - Se for internacional, tem qualificado os fornecedores de tecnologia para todos os mercados?
  - Melhor formação acadêmica; melhor ajuste (de cultura, marketing etc.); melhor parceria?
  - Os mercados adotaram plenamente as escolhas tecnológicas?
- Talento — qualidade/perfil das equipes existentes:
  - Existem cargos e responsabilidades operacionais claros?
  - Mistura perfis de profissionais seniores e juniores?

- Taxas de rotatividade e retenção?
- As capacidades operacionais são maduras o suficiente? Por exemplo, instalações próprias, uso de dados próprios, algoritmos personalizados?

- Processos — formas claras e maduras de trabalhar permitem a mudança:
  - Os processos operacionais entre a agência e a marca estão claramente estabelecidos e transparentes?
  - Gerenciado versus autoatendimento (dependência da agência)?
  - Integração versus desempenho de marca?
  - Tempo desperdiçado e ineficiências?
  - Metodologias de decisão de investimento utilizadas

EM DIREÇÃO AO PROJETO E DESENVOLVIMENTO DA EQUIPE INTERNA

Ao considerar as funções e responsabilidades da equipe interna, comece com as capacidades. O que parece simples no início — considerando "apenas" o programático — desenvolve rapidamente, incluindo necessidades principais que precisam ser trazidas ao escopo também, tais como liderança de equipe, planejamento integrado de mídia, gestão da cadeia de suprimentos, operações de publicidade online, gerenciamento de dados (identidade), avaliação e propriedade de tecnologia.

A Figura 9.5 delineia algumas das áreas principais e associadas (interdependentes) de capacidade que uma empresa deve considerar ao desenvolver seus modelos de recursos.

Qualquer equipe operacional eficaz é resultado de um projeto cuidadoso, ou seja, com funções específicas e hierarquias para gerenciamento/desenvolvimento. As marcas devem considerar a maturidade e a complexidade do mercado ao estabelecer a estrutura da equipe e definir os requisitos das funções. Além disso, focar na contratação e na retenção será fundamental para o sucesso:

- São necessárias equipes complexas em mercados digitais maduros, com funções e conceitos mais variados/especializados;

- Planejamento cuidadoso e formalização da integração da equipe interna na função de marketing mais ampla também;
- São necessários recursos externos de busca e seleção para funções muito específicas, e muito provavelmente também gerais, dada a competição pelos melhores talentos do mercado;
- Uma cultura operacional única deve ser planejada e fomentada — uma equipe dentro de uma equipe mais ampla — com planejamento de desenvolvimento, tais como treinamento em nível de certificação e exposição a insights/inovações de mercado.

INTERNALIZAÇÃO: DA INDEPENDÊNCIA A CURTO PRAZO ÀS PARCERIAS A LONGO PRAZO

Eu queria terminar com um exemplo para dar vida a uma perspectiva fundamental no que diz respeito à internalização. A maioria das pessoas considera a internalização um caminho para a independência, mas é mais uma questão de novas e melhores parcerias. Em 2018, a Vodafone embarcou em uma transição bem-divulgada para trazer a gestão programática para seus negócios — um plano projetado no mundo inteiro e executado localmente — com metas muito claras de curto e longo prazo.

Desde o início, nutrimos uma clara expectativa de que essa mudança no status operacional criaria — e precisaria de — mais parcerias estratégicas para ajudar nossas equipes internas a serem bem-sucedidas, algo que foi central para nosso planejamento de longo prazo. A equipe brilhante da Vodafone do Reino Unido recentemente compartilhou algumas ideias sobre essa experiência, confirmando que — 18 meses depois — a mudança para a internalização da mídia havia estabelecido parcerias de trabalho mais sólidas entre a agência e o cliente, criando uma compreensão melhor e essencial entre as empresas e levando a um desempenho mais eficaz. Uma vitória a longo prazo que compensa a curto prazo (Stewart, 2020).

FIGURA9.5 Capacidades da equipe interna de mídia programática

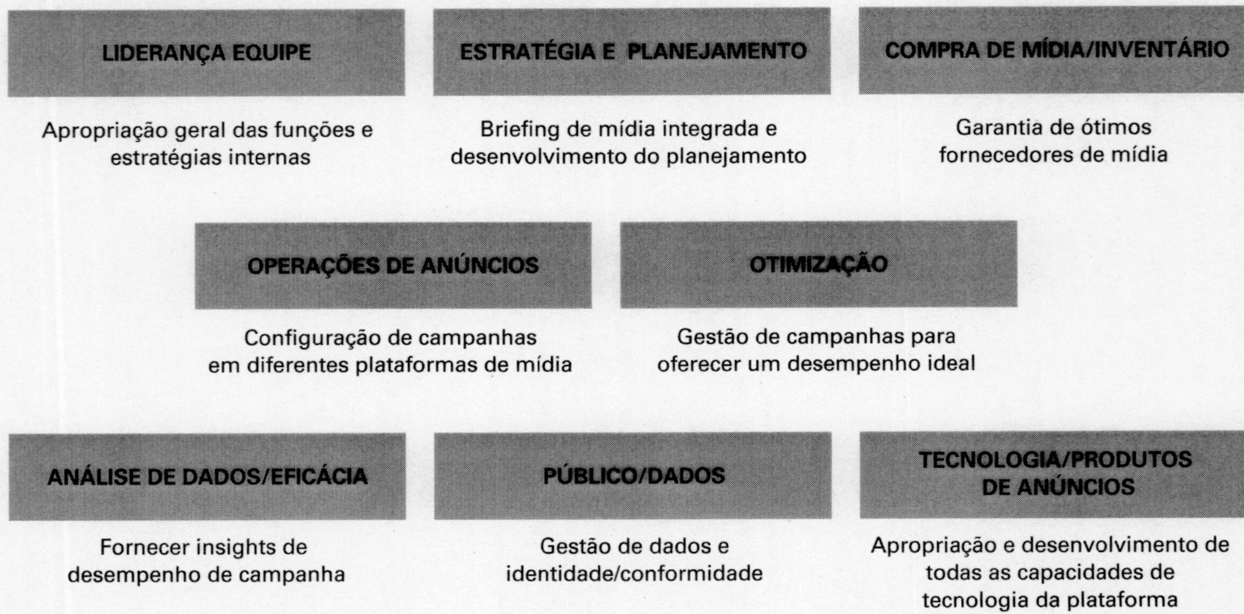

Não há "fórmulas mágicas" para algo tão desafiador e complexo como a transição e a longevidade das funções de marketing interno. O planejamento para o sucesso é tudo que importa, e fazer isso tanto no contexto de objetivos de longo prazo como de curto prazo criará o equilíbrio certo de condições desde o início. A partir daí, tudo acontecerá naturalmente.

O impacto do GDPR e de outras legislações de privacidade sobre a publicidade programática

Talvez não haja nenhuma área de marketing que tenha sido mais afetada pela introdução do Regulamento Geral sobre a Proteção de Dados (GDPR) no Reino Unido quanto a programática. Devido à dependência programática dos dados dos clientes, esperava-se que a tecnologia publicitária fosse colocada sob condições extremas e que o crescimento da programática diminuísse exponencialmente. No entanto, de acordo com um relatório da eMarketer publicado em novembro de 2019, as coisas não funcionaram como o esperado, e "enquanto os efeitos iniciais foram sentidos, o impacto a longo prazo sobre a programática não foi substancial". De fato, a eMarketer relata que os dados coletados em março de 2019 para o IAB no Reino Unido sugerem que 67% das marcas que haviam internalizado suas compras programáticas disseram que ou "concordavam fortemente ou de alguma forma que o GDPR havia aumentado seus gastos programáticos, o que estava em grande parte alinhado com a média europeia" (Fisher, 2019).

Como o GDPR preparou o caminho para outras legislações de privacidade em todo o mundo, o impacto global da programática no aumento das leis de privacidade ainda é desconhecido. A Lei de Privacidade do Consumidor da Califórnia (CCPA), por exemplo, entrou em vigor em 1 de janeiro de 2020, portanto, em comparação com o GDPR, ainda é muito recente.

Pedimos a Guy Beresiner, consultor e especialista em GDPR, que nos falasse sobre as implicações do GDPR para a programação. Como o GDPR é específico para a União Europeia (EU), se você estiver em um país fora desse bloco, aconselhamos verificar a estrutura legal no território onde atua.

VISÃO DOS ESPECIALISTAS

As implicações do GDPR para a programação

Contribuição de Guy Beresiner, consultor e especialista em GDPR

INTRODUÇÃO

Em abril de 2016, a União Europeia adotou uma nova estrutura legal, o Regulamento Geral sobre a Proteção de Dados (GDPR), uma revisão abrangente das leis de proteção de dados para atualizar o direito humano à sua privacidade e proteção na vida moderna, sobretudo na era digital.

O GDPR protege a privacidade de qualquer pessoa da UE, mesmo que a organização de processamento esteja sediada no exterior.

IMPACTO NA PUBLICIDADE PROGRAMÁTICA

Toda publicidade programática orientada depende de um identificador online, mais comumente um cookie, que reconhece um visitante do site e coleta e armazena dados sobre suas atividades em uma página da web. A tecnologia de publicidade permite que o mesmo usuário seja reconhecido em outro lugar no ecossistema online, dando a oportunidade de veicular um anúncio a ele, possivelmente informado pelos dados que foram coletados sobre suas atividades digitais.

Embora não haja muitas informações de identificação direta, a sofisticação com que as empresas têm conseguido coletar informações anônimas sobre as pessoas, às vezes incluindo dados altamente confidenciais como raça, religião, condições de saúde e orientação sexual, fez o GDPR classificar os identificadores online como dados pessoais, e as empresas que os processam devem cumprir todas as obrigações da lei.

Além disso, a coleta e o processamento de cookies para publicidade e/ou análise é regida pela Diretiva da CE, que no Reino Unido é enquadrada por lei pelo Regulamento de Privacidade e Comunicações Eletrônicas (PECR).

O PECR se aplica no momento em que os cookies são coletados acessando às suas informações, enquanto o GDPR se aplica a todo o ciclo de processamento de cookies, desde a coleta até a exclusão.

A RESPONSABILIDADE DE UM ANUNCIANTE

A responsabilidade de como os dados pessoais são processados é da organização que coleta primeiro as informações, referida como "o controlador" pelo GDPR.

Portanto, uma marca que está fazendo um *retargeting* de um público que visitou seu site utilizando um mecanismo de autoatendimento interno ou um serviço gerenciado é responsável pelo usuário e deve estar em conformidade com o GDPR.

É importante reconhecer que mesmo que os dados sejam enviados a outra organização (como o Google) para serem processados de forma independente ou por um processador no nome delas, a organização que a princípio coletou os dados pessoais permanece responsável pelo envolvido e por seus dados, por mais distante que esteja na distribuição.

Por isso, a lei exige que (quando os dados são manipulados em nome de um controlador responsável pelo processador) exista um acordo de processamento de dados (DPA) em vigor que estipula contratualmente os compromissos de cada parte em relação à proteção de dados. No caso de os dados serem controlados em conjunto, deve ser feito um acordo entre as partes sobre como é dividida a responsabilidade compartilhada em relação ao sujeito dos dados.

Observe que um anunciante que está apenas realizando uma campanha publicitária, mas que não lida diretamente com nenhum dado pessoal, está fora do escopo do GDPR.

RECOLHENDO COOKIES

O PECR determina que o consentimento é necessário antes que um cookie seja gerado ou que suas informações sejam acessadas, a menos que seja estritamente necessário para o bom funcionamento do site e de seu serviço ao usuário. A publicidade e as análises não se enquadram nessa categoria e, portanto, o consentimento deve ser legalmente derivado e registrado antes que os cookies publicitários ou de análise de dados sejam gerados nos navegadores dos usuários.

CONSENTIMENTO LEGALMENTE OBTIDO

O GDPR determina (e o PECR também) que, para que o consentimento seja legalmente obtido, ele deve ser uma "manifestação livre, específica, informada e inequívoca dos desejos da pessoa em questão". Para entender melhor isso:

Informado

As pessoas devem ser informadas de forma clara e transparente sobre os objetivos do processamento de seus dados em linguagem acessível, apresentados quando os dados estão sendo solicitados e antes de serem coletados. Isso geralmente acontece com um aviso de cookies, um banner informando a(s) finalidade(s) para a(s) qual(is) os dados estão sendo coletados e a base legal e pedindo o consentimento quando necessário.

Outras informações que atendam aos requisitos mais amplos para informar os sujeitos sobre como seus dados serão processados devem ser facilmente acessíveis em um Cookie ou uma Política de Privacidade.

Específico

O consentimento deve ser obtido para fins específicos, e os cookies não podem ser processados de outra forma sem o consentimento separado da pessoa em questão. Isso significa que o consentimento deve ser obtido separadamente na publicidade segmentada e na análise quando os cookies são coletados.

Livre

Para que o consentimento seja obtido de forma livre, a recusa deve ser apresentada como uma escolha igual à aceitação. Se a opção de recusar o consentimento for omitida, por exemplo, exigindo que o usuário "Saiba mais" ou "Configure preferências", então o fato de eles apenas clicarem em "Aceitar" significa que o consentimento não foi obtido livremente, ou seja, é ilegal.

O consentimento não pode ser incentivado ou recompensado, e as pessoas interessadas não podem ser prejudicadas por recusar que seus dados pessoais sejam processados.

Inequívoco

Antes era suficiente que um usuário fechasse ou navegasse sem um aviso para consentir que seus dados fossem processados para fins de análise ou publicidade. O PECR foi revisado em março de 2019 para se alinhar com o GDPR, exigindo que o consentimento legal devia ser indicado pela ação afirmativa do usuário, tal como assinalar uma opção ou clicar em um botão.

PROCESSAMENTO DE COOKIES APÓS A COLETA

O escopo do PECR é limitado à coleta e armazenamento de cookies nos dispositivos dos usuários. O processamento posterior de cookies é regido pelo GDPR, que permite bases legais para o processamento de dados pessoais, além do consentimento.

PROCESSAMENTO DE DADOS PARA PUBLICIDADE: INTERESSE LEGÍTIMO

O "interesse legítimo" é uma base legal que não requer o consentimento do usuário, mas sim a demonstração da organização de que, em equilíbrio, seus interesses legítimos para processar dados pessoais não prevalecem sobre os direitos e liberdades de uma pessoa.

O GDPR cita o marketing direto como um exemplo de que o interesse legítimo de uma empresa pode representar uma base legal justificável, e muitas organizações entenderam isso como uma carta branca para continuar processando dados pessoais para publicidade como faziam antes.

Entretanto, os termos que podem justificar o interesse legítimo de uma organização em processar dados pessoais para marketing direto são muito mais restritos do que algumas empresas interpretam.

Uma das principais condições é que o processamento atenda às "expectativas razoáveis do titular dos dados". Isso foi criado para permitir que uma organização desenvolva seu relacionamento com o cliente de modo correto sem a necessidade de pedir consentimento para processar seus dados.

No entanto, dado que serviços como a publicidade segmentada em escala processam fundamentalmente os dados de pessoas que podem não ter nenhum relacionamento com o controlador, o interesse legítimo como base legal é geralmente inválido.

Uma vez que o consentimento é, de qualquer forma, um requisito para a coleta inicial de cookies, entende-se que ele será normalmente a base legal mais apropriada para o processamento contínuo para fins publicitários.

DIREITOS DO SUJEITO DOS DADOS

Um dos principais pilares do GDPR é dar às pessoas o direito de entender e controlar como as organizações coletam, processam e armazenam seus dados pessoais. Ele definiu oito direitos que as organizações são obrigadas a cumprir ao prestar serviços:

1. O direito de ser informado: que deve ser abordado por uma Política de Privacidade clara e abrangente.
2. O direito de acesso aos dados: que dá à pessoa o direito de saber que dados pessoais uma organização possui, a razão e a base legal.
3. O direito à retificação: que seus dados pessoais sejam obtidos sem demora do responsável.
4. O direito de apagar: que uma organização deve apagar dados pessoais mediante solicitação, a menos que haja uma razão legítima para não o fazer.

5 O direito de restringir o processamento: que uma pessoa pode exigir que o processamento de seus dados seja suspenso.
6 O direito à portabilidade de dados: que uma organização pode ser obrigada a transferir os dados pessoais que possui para outra entidade a pedido do titular dos dados.
7 O direito de objeção: que um indivíduo tem o direito de objeção ao processamento de seus dados sob a base do interesse legítimo de uma empresa, ou sob a incumbência de interesse público.
8 Direitos em torno da tomada de decisão automatizada e definição de perfis: referem-se ao processamento de dados que leva a tomadas de decisão automatizadas sobre o envolvido, quando não há consentimento legal.

ANONIMIZAÇÃO

Os cookies são um tipo de dados pessoais que não podem identificar diretamente um indivíduo. No entanto, um setor prosperou a partir da capacidade de obter informações muito pessoais e de segmentar a publicidade com precisão analisando vários dados anônimos sobre o mesmo indivíduo.

Por essa razão, o GDPR introduziu o conceito de anonimização, em que os dados ficam no meio-termo entre a identificação direta e o anonimato. Dados anonimizados não podem, por si só, identificar um indivíduo, mas isso pode acontecer se forem associados a outros dados separados.

A lei reconhece que os dados anonimizados são mais seguros e uma violação menos arriscada — uma vez que por si só não podem identificar uma pessoa — e, portanto, fez algumas concessões ao seu processamento, incluindo certa flexibilização no que diz respeito ao cumprimento dos direitos do titular de dados.

Os dados pessoais processados para a publicidade programática geralmente não podem ser usados para reidentificar o titular de dados, e é contra os princípios do GDPR adquirir mais dados pessoais apenas para atender ao direito de um titular de dados. Nesse caso, o GDPR isenta um controlador das obrigações de cumprir os direitos de acesso, de retificação, de eliminação, de restrição de processamento e de portabilidade dos dados.

Vamos encerrar este capítulo com mais duas opiniões de especialistas que trabalham na área programática. Primeiro, vamos ouvir de Rob Webster, cofundador da Canton Marketing Solutions, sobre o que fazer e o que não fazer na publicidade programática. Em segundo lugar, ouviremos de Cadi Jones, diretora comercial da zona EMEA da Beeswax, sobre os desafios futuros da área.

O que fazer e o que não fazer na publicidade programática

VISÃO DOS ESPECIALISTAS

O que fazer e o que não fazer na publicidade programática

Contribuição de Rob Webster, cofundador da Canton Marketing Solutions

INTRODUÇÃO

A publicidade programática é algo que incentivamos as pessoas a usarem e não precisa ser difícil. Entretanto, há uma série de áreas diferentes, e uma simples lista de **o que fazer** e **o que não fazer** pode realmente ajudar os novos a implementar essa poderosa forma de marketing. Nesse sentido, espero que as informações a seguir sejam úteis.

Observação: isto foi escrito do ponto de vista da mídia programática. Entretanto, a maioria das informações também pode se aplicar a outras formas de mídia disponível para lances, como a mídia paga em redes sociais e a busca paga.

TREINAMENTO E CONSELHO ÚTIL

O que fazer:

- Leia artigos, notícias e livros na imprensa especializada para melhorar seu conhecimento do setor;
- Faça networking com quem compra mídia programática para trocar dicas e solucionar problemas;
- Treine a si mesmo e ao pessoal sobre como trabalhar com a programática. Todas as principais plataformas têm treinamento online, e um número maior de DSPs treinará você.
- Pense em contratar assistência, se necessário. Há diversos consultores e agências independentes que podem lhe ajudar. Fale com alguns deles e compare preços ou aceite uma recomendação de alguém que tenha tido uma boa experiência.

O que não fazer:

- Deixe o pessoal despreparado fazer campanhas programáticas sem verificar o trabalho deles. Isso pode levar a gastos desnecessários e/ou campanhas desperdiçadas com a segmentação errada.

ACOMPANHAMENTO E CONFIGURAÇÃO

O que fazer:

- Instale o acompanhamento de suas campanhas, seja integrando com a análise de dados, instalando um ad server ou implementando pixels de sua plataforma de compra ou DSP.

O que não fazer:

- Realize campanhas quando não tiver certeza se o acompanhamento está funcionando. Isso porque você não saberá quais táticas foram bem-sucedidas e há uma grande chance de desperdiçar seu dinheiro.

ENTREGA DA CAMPANHA

O que fazer:

- Comece compreendendo seus objetivos e planejando uma campanha para alcançá-los. Seu plano deve incluir alguns dos seguintes itens:
  - O objetivo geral da campanha, por exemplo: aumentar as vendas, gerar leads ou conscientizar um público sobre um produto;
  - Público-alvo: a quem você quer veicular anúncios, por exemplo, pessoas interessadas em comprar tênis de corrida;
  - A mensagem que você quer passar ao seu público-alvo;
  - KPIs (indicadores-chave de desempenho): como você avalia o sucesso;
  - Metas iniciais para seus KPIs: tenha uma ideia de como seria o sucesso;
  - Restrições ou regulamentos do setor, por exemplo, jogos de azar e álcool têm restrições sobre onde você pode veicular o anúncio;
  - Orçamento máximo e investimento mínimo.
- Considere qual é a melhor maneira de comprar mídia programática. Os anúncios diretos no Google podem ser eficazes para clientes com limites menores de gastos ou que não querem compromissos. As DSPs oferecem mais poder, e diferentes DSPs se adequam a diferentes limites de gastos, experiência e tipos de segmentação.
- Divida suas campanhas entre segmentação de clientes, *retargeting* de visitantes do site, prospecção e branding. Você pode decidir não gastar em todas as táticas, mas essa divisão o ajudará a entender o desempenho e os números.
- Divida suas campanhas em aplicativos web e móveis. Elas ocorrem em diferentes lugares, têm diferentes desafios e devem ser conduzidas separadamente.
- Considere suas opções de atribuição. Há diversos tipos. O modelo de atribuição de último clique tende a ter erros de leitura e a favorecer

o fundo do funil de mídias sociais. As impressões da publicação tendem a produzir números que são maiores do que os reais, contando muitas pessoas que teriam comprado de qualquer forma. À medida que seu investimento aumenta, considere contratar um fornecedor de atribuição para ajudar com uma visão mais precisa. Pode ser a melhor coisa que você faz para melhorar sua campanha de acordo com os objetivos do mundo real.

- Tente prever resultados em diferentes níveis de investimento. Essas previsões nunca serão perfeitas, mas podem ensinar sobre as principais variáveis, tais como a taxa de conversão, o CPM, o valor vitalício do cliente, entre outras.
- Avalie o desempenho de sua campanha e tenha um plano de otimização em relação aos resultados dessa análise.
- Utilize ferramentas de segurança de marca para automatizar o processo de não aparecer ao lado de conteúdo de má qualidade. Isso é fundamental se você estiver veiculando o anúncio em muitos sites.

O que não fazer:

- Execute mais de um provedor de *retargeting*. Você competiria apenas consigo mesmo, e a sobreposição seria cara.
- Estabeleça critérios muito rígidos. Assim, você terá dificuldades para ter um volume bom de investimento, não gerará insights ou aprendizados para melhorias e terá um baixo volume de vendas ou de metas de conversão.

PROPRIETÁRIOS DE MÍDIA

O que fazer:

- Faça reuniões com empresas de tecnologia e publishers para conhecer suas ofertas.
- Peça ajuda quando precisar. Fornecedores de tecnologia, publishers e consultores independentes podem ajudá-lo a realizar melhores campanhas.

- Fale com os publishers com quem quer fazer negócios e, de preferência, com os publishers que trabalham para você. Pergunte a eles qual a melhor forma de comprar seu inventário, quais são preços mínimos e se você pode realizar um negócio no mercado privado.
- Faça acordos de mercado privado com todos os seus maiores publishers, de modo que eles respondam por você.

O que não fazer:

- Faça tudo o que os proprietários de plataformas dizem, incluindo o Google e o Facebook. Eles querem persuadir você a comprar a mídia deles, nem sempre pensando nos interesses do anunciante.
- Aceite os conselhos dos proprietários da mídia pelo seu valor nominal. Os publishers e as empresas de tecnologia são tendenciosos em relação às próprias ofertas. Os consultores independentes não devem ser tão complicados quanto a isso, mas é bom considerar que, às vezes, eles também podem ter um viés.

LIMITE DE GASTOS

O que fazer:

- Defina os limites de seu orçamento com cuidado. Se não o fizer, você pode extrapolar o orçamento estabelecido, talvez de modo considerável.
- Tenha um processo em andamento para monitorar os limites e níveis de gastos e evitar gastar além do planejado.

O que não fazer:

- Permita que sua veiculação seja restringida por seus limites de gastos, embora isso seja ineficiente. Se suas campanhas estão atingindo o limite de gastos diários com frequência, seu público deve ser muito amplo para o tamanho de sua campanha, ou seus lances devem ser muito altos, e você poderia alcançar um tamanho parecido de público gastando menos. Em vez disso, procure ter um limite de gastos mais alto ou um custo por clique mais baixo para uma veiculação ideal.

- Use limites de impressão como alternativa para o limite de gastos, a menos que seja absolutamente necessário; um lance errado em um único item de linha entre centenas poderia ser muito caro sem um limite de impressão.

APRENDIZADO DE MÁQUINA E OTIMIZAÇÃO DE LANCES

O que fazer:

- Use algoritmos de plataforma de lances para tornar sua campanha mais eficiente. Essas são ferramentas poderosas que funcionam para muitos anunciantes, mas que precisam ser configuradas com cuidado.

O que não fazer:

- Confie totalmente na otimização de máquina. Há alguns elementos que o planejador conhece melhor que a máquina, por exemplo, períodos de vendas, fatores macroeconômicos e mudanças na política. É melhor adicionar essas opções manualmente no sistema ou mesmo em um algoritmo personalizado.

SEGURANÇA DA MARCA, WHITELIST E BLACKLIST

O que fazer:

- Considere usar uma whitelist para mostrar apenas sites que você sabe que são bons para sua campanha. Isso é particularmente bom para campanhas lideradas por marcas.
- Crie uma blacklist de sites em que você não quer aparecer. É possível criar uma blacklist analisando as campanhas anteriores e olhando os sites nos quais você não quer aparecer.

O que não fazer:

- Tente fazer *retargeting* de público ou similares em uma pequena whitelist. Você não terá o alcance para ser bem-sucedido, e isso prejudicará o desempenho.

CONTEÚDO

O que fazer:

- Fique atento a seu conteúdo. Uma excelente compra de mídia não será eficaz se o conteúdo não for convincente. Uma sólida call-to-action, imagens atraentes e animação — tudo isso melhora bastante o desempenho.
- Teste diferentes opções de conteúdo. A maioria das plataformas programáticas tem a opção de testes A/B e multivariados.
- Considere usar conteúdo dinâmico baseado em dados, sobretudo para campanhas de varejo e viagens. Entretanto, pode ser difícil configurar esse tipo de conteúdo e, portanto, eu recomendaria contratar um fornecedor ou consultor para fazer isso.

O que não fazer:

- Veicule conteúdo pobre ou feio. Isso irá afastar os usuários de sua marca e/ou produto.
- Deixe o mesmo conteúdo veiculando de maneira contínua, mês após mês. Para ter impacto, o conteúdo precisa ser novo.

Os desafios futuros da programática para os profissionais de marketing

---

VISÃO DOS ESPECIALISTAS

Os desafios futuros da programática para os profissionais de marketing

Contribuição de Cadi Jones, diretora comercial da zona EMEA da Beeswax

INTRODUÇÃO

A publicidade programática sofreu uma transformação significativa durante a última década. Desde a capacidade de alcançar públicos-alvo em todo o mercado aberto, passando pela ascensão dos mercados privados, alianças com publishers, mercados de dados até os mercados programáticos garantidos, o cenário programático não parou de mudar. Dito isso, o ritmo está prestes a aumentar, impulsionado por tudo, desde a redução dos custos de armazenamento de dados e poder computacional até o melhor conhecimento da área, sem deixar de mencionar a mudança de políticas nos navegadores de internet e finalmente a legislação. Estamos nos aproximando de um cenário conturbado, onde o mundo programático como o conhecemos mudará drasticamente dentro de dois anos. Aqui, vamos explorar alguns dos elementos principais que impulsionam e facilitam essa transformação.

TRANSPARÊNCIA

A transparência tem sido o foco das organizações do setor de publicidade quase desde o início. Com milhões de leilões acontecendo em tempo real, as práticas tradicionais de auditoria de mídia simplesmente não podem funcionar da mesma forma em termos programáticos. Há três grandes tendências que estão começando a ter impacto nesse sentido:

1 *Mudança dos modelos de precificação das plataformas*: historicamente, a mídia programática era negociada em um leilão de segundo preço, com as plataformas envolvidas tanto na compra quanto na venda ganhando uma porcentagem da mídia gasta. Isso sempre teve um conflito de interesses bastante óbvio para os compradores: a plataforma do lado da demanda (DSP) ganha mais dinheiro quando seus clientes gastam mais, e não quando eles veem melhores resultados. Isso fazia sentido para os anunciantes que trabalhavam em uma agência de mídia, uma vez que esta muitas vezes estaria focada na entrega total do orçamento. Esse modelo de precificação tem outra desvantagem significativa, prejudicando bastante os

compradores que adquirem espaços publicitários mais caros e de melhor qualidade.

No entanto, como mais anunciantes internalizam a compra programática, isso está mudando, com DSPs mais recentes oferecendo preços baseados no uso ou nos custos de processamento, em vez de taxas vinculadas a gastos.

2 *Supply path optimization (SPO)*: nos últimos dois anos, a maioria dos publishers implementou o header bidding em suas plataformas do lado da oferta (SSPs). Como resultado, as DSPs recebem uma solicitação de lance separada de cada SSP para a mesma impressão de anúncio. Isso aumentou bastante os custos de execução de uma DSP, pois o volume de processamento é agora muito maior do que o volume real de impressões. Isso é pertinente quando você se lembra de que a maioria das DSPs cobra uma taxa com base em uma transação bem-sucedida que acontece.

As DSPs investiram bastante tempo trabalhando para entender a melhor rota de acesso ao fornecimento. Elas então podem rejeitar solicitações de lances de certas SSPs se souberem que podem acessar essas mesmas impressões em outro lugar. Como várias DSPs pertencem e são operadas por empresas que também possuem SSPs e ad exchanges, sua rota preferida pode muito bem ser a partir de sua própria SSP, para aumentar a lucratividade. Mesmo as DSPs independentes podem colocar em prática certos negócios para otimizar seu acesso a esse fornecimento.

As agências de mídia estão se conscientizando dessas práticas e, em alguns casos, estabelecendo seus próprios acordos mais transparentes com as SSPs para responsabilizar suas DSPs.

3 *Acesso aos dados em nível de log*: finalmente, a maior tendência que impactou a transparência em torno da precificação foi o aumento do acesso aos dados do arquivo de log. Os anunciantes estão muito mais propensos a solicitar acesso a esses arquivos do que nunca. Os arquivos de log são o registro de que a DSP recebeu a solicitação de lances da SSP — a versão completa do protocolo RTB do Internet

Advertising Bureau's (IAB) —, o protocolo técnico para leilão em tempo real (RTB) no processo de publicidade digital online. Eles fornecem insights importantes para o planejamento e a otimização de campanhas, bem como as informações necessárias para a auditoria das plataformas e para investigar o *supply path optimization* e outras práticas.

SEGMENTAÇÃO

Falta de identidade digital persistente: em direção ao anonimato

A promessa da mídia digital sempre foi a combinação das estratégias de marketing *one-to-one* de resposta direta *e* o alcance dos meios de transmissão. Essa visão pressupõe que os sinais subjacentes à veiculação de anúncios digitais são suficientes para identificar os clientes finais, tanto no momento da veiculação do anúncio quanto depois, de modo que quaisquer ações que o usuário tome após a exposição ao anúncio possam ser monitoradas.

Entretanto, o conceito de uma identidade digital persistente está agora sumindo aos poucos, com navegadores introduzindo o anonimato do usuário, bem como a introdução de legislação de privacidade em todo o mundo, seguindo o exemplo do GDPR.

Como as identidades digitais persistentes têm sido a base do cenário da publicidade programática, vale a pena analisar o impacto que sua remoção pode ter tanto na experiência do usuário quanto nas capacidades do anunciante. Há muitas pessoas inteligentes trabalhando no que podem se tornar alternativas viáveis, mas, enquanto escrevo este livro (junho de 2020), os seguintes elementos provavelmente mudarão bastante.

Limite de frequência

A maioria dos anunciantes planejam de acordo com o público que desejam segmentar e com quantas vezes querem que este veja seu anúncio. Essa contagem é feita usando cookies de terceiros que dão um sinal cada vez que o anúncio é mostrado e, uma vez que o limite é atingido, a campanha para de ser veiculada.

Retargeting

O *retargeting* parece ser a coisa mais difícil de fazer em um mundo sem cookies de terceiros. Ele funciona quando um usuário visita um site do anunciante e seu parceiro mostra um cookie no navegador do usuário. Esse parceiro pode então usar esse sinal para saber se deve veicular um anúncio enquanto você visita outros sites; e isso depende de o parceiro conseguir ver o sinal em outros sites.

Segmentação por interesses/dados demográficos

Muitos anunciantes usam provedores que comercializam dados em torno da idade, gênero e interesses dos usuários da internet, a fim de estender suas campanhas a públicos mais relevantes. O histórico de busca de um usuário, os hábitos de visualização do publisher e os dados cadastrais podem ajudar a criar esses segmentos, de modo que um anunciante possa veicular um anúncio relevante mesmo em um ambiente não contextualizado (como e-mail ou feeds de notícias).

Esses interesses e dados demográficos estão associados a um conjunto de usuários, mais uma vez em um cookie de terceiros. À medida que os cookies desaparecem, alguns anunciantes estão apostando em uma segmentação contextual. Entretanto, o conteúdo contextual é limitado, e inúmeros conteúdos consumidos na internet não são facilmente categorizados. Portanto, é difícil prever o que acontecerá nesses ambientes.

Soluções

Ao olharmos para soluções do problema de identidade digital, é importante considerar os níveis de precisão necessários, bem como o crescimento da solução potencial oferecida. Por exemplo, é aceitável que um anunciante específico realize um limite de frequência com base em um endereço IP ao mesmo tempo que segmenta novos potenciais públicos. No entanto, se o anunciante quiser fazer *retargeting* de sua própria base de usuários, ele pode segmentar (ou excluir) com base em sua própria identidade.

Diversas plataformas antigas precisam se atualizar bastante nesse espaço. Algumas das maiores plataformas programáticas foram criadas no final dos anos 2000, quando foi fácil assumir que o cookie deveria ser a base e o alicerce da identidade. Novas plataformas, no entanto, muitas vezes foram criadas com muitas opções de identidade disponíveis. De modo geral, como não há cookies de terceiros disponíveis em ambientes de aplicativos, as plataformas criadas após o surgimento dos smartphones têm uma abordagem de identidade mais flexível.

Plataformas de próxima geração

Muitas coisas se tornarão mais difíceis à medida que os identificadores, como os conhecemos, forem removidos, mas há também oportunidades importantes para a inovação e para que anunciantes sofisticados se esforcem para otimizar o sucesso de suas campanhas publicitárias.

Operações primárias

Os cookies primários não levam a lugar nenhum. Estamos vendo cada vez mais a próxima geração de SSPs, DSPs e plataformas de dados (plataformas de dados de clientes, plataformas de gerenciamento de dados) indo em direção a operações primárias, sendo capazes de direcionar, limitar a frequência e comprar o próprio conjunto de dados de um anunciante.

Embora ninguém presuma que o que se fazia antes da programática será retomado, com agências assinando pedidos de inserção, muitos publishers têm desenvolvido formas interessantes de disponibilizar mais dados contextuais para os anunciantes. Os publishers também estão colaborando, mais do que nunca, para formar alianças em torno da identidade, que estão disponíveis para os anunciantes enquanto estiverem nesses ambientes de aliança.

Também surgem soluções de identidade universal, tanto no espaço independente como aquelas vinculadas a ofertas de plataformas maiores. Todas elas podem permitir que os anunciantes mantenham os níveis de segmentação a que estão acostumados a usar diariamente.

Avanços na otimização

Originalmente, as marcas sobreporiam as DSPs em "competições" para revelar qual plataforma poderia gerar o melhor desempenho em relação a seus objetivos. Isso fazia com que o algoritmo de cada DSP competisse de fato contra os outros. Era muito vergonhoso, pois o algoritmo de uma DSP era treinado nas campanhas que estava veiculando; e, assim, quanto mais anunciantes de uma determinada vertical utilizassem uma plataforma, melhor ela seria, pois os aprendizados das campanhas de um anunciante continuariam a gerar um melhor desempenho do que de seus concorrentes.

Hoje, a maioria dos anunciantes, com razão, desconfiam do desempenho sendo fornecido por dados compartilhados por uma plataforma, mesmo que não sejam compartilhados diretamente entre os clientes da DSP. Em vez disso, os anunciantes têm pressionado seus parceiros da DSP para permitir uma otimização mais personalizada. Enquanto a maioria das DSPs oferece algum nível de otimização personalizada hoje em dia, o grau de ajuste possível varia muito. O esforço exigido por um anunciante (ou sua agência) para personalizar um algoritmo nunca foi tão baixo. Enquanto algumas DSPs ainda exigem que esses algoritmos sejam escritos em código único ou proprietário, a próxima geração de plataformas está trabalhando para simplificá-lo em uma tabela no formato .csv.

Algoritmos personalizados podem ser usados para otimizar a atividade programática de um determinado anunciante a fim de alcançar a métrica mais importante para ele. A publicidade programática não precisa estar focada em objetivos de custo por clique ou de custo por aquisição; cada vez mais os anunciantes podem querer se concentrar na otimização do custo por tempo com o público certo, ou mesmo em vendas offline.

CONCLUSÃO

Nunca foi tão importante manter-se atualizado sobre as mudanças nesse setor. Uma maior transparência e a adoção crescente de modelos de precificação mais justos podem ser ótimas oportunidades em termos de economia e de investimento em inventários e espaços publicitários de melhor qualidade. Também pode melhorar o desempenho do anúncio, qualquer que seja a métrica escolhida.

Embora a remoção de cookies de terceiros represente um verdadeiro desafio, ela está forçando a publicidade a evoluir, e os primeiros sinais são de que ela se tornará uma experiência melhor para todos online, mesmo que isso exija alguns ajustes para os anunciantes e seus parceiros de plataforma.

Finalmente, o desafio mais aparente vem da oportunidade de questionar os dados e personalizar a tecnologia. É o fim da era em que tudo funciona igual para todos. Como agora há outras possibilidades, os profissionais de marketing precisam definir seus objetivos com clareza e encontrar os parceiros certos para implementá-los e alcançá-los, usando o aprendizado de máquina para otimizar os resultados de forma contínua. Há diversos parceiros independentes de tecnologia publicitária para ajudar os anunciantes nessa jornada, e nunca foi tão importante garantir que os objetivos estejam alinhados com todos na cadeia de valor.

ESTUDO DE CASO
The Programmatic Company

The Programmatic Company, uma agência de mídia independente, adotou a tecnologia Beeswax para aumentar a eficácia da mídia programática que planeja e compra em nome das marcas. A The Programmatic Company tem visto uma melhoria de 25% no desempenho das campanhas para seus clientes anunciantes desde a implantação da Beeswax Bidder-as-a-Service™ há 12 meses. Além disso, a tecnologia proporcionou uma redução de 10% nos custos de mídia graças às principais características da plataforma e do modelo de precificação da Beeswax, baseado em uma taxa SaaS (Software as a Service) pelo uso, em vez de cobrar uma porcentagem do gasto com mídia.

LOCALIZAÇÃO

Global

DESAFIO

A The Programmatic Company apresenta uma equipe de profissionais digitais especializados em mídia transparente e ativação de dados em nome de uma variedade de clientes, incluindo a Blizzard Entertainment. A The Programmatic Company usa APIs para aplicar diversas táticas de combinação para cada campanha de mídia de forma automatizada e para alocar orçamentos em todas as plataformas de anúncios do mercado da forma mais eficiente possível para seus clientes.

A The Programmatic Company e seus clientes têm grandes volumes de dados, mas não conseguiam aproveitá-los ao máximo com vários parceiros de DSPs, dada a falta de controle de otimização e indisponibilidade de arquivo de log bruto. A The Programmatic Company chegou à conclusão de que era hora de otimizar sua ativação programática contratando um parceiro técnico com uma abordagem diferente, permitindo-lhes compreender e controlar totalmente os mecanismos de compra programática.

PÚBLICO-ALVO

A lista de clientes da The Programmatic Company varia entre muitos setores e diferentes públicos-alvo.

AÇÃO

A The Programmatic Company colaborou com a Beeswax e conseguiu usar várias das principais competências da Bidder-as-a-Service™:

- *Melhor fornecimento em aplicativos*: a The Programmatic Company tinha testado antes algumas outras DSPs para executar campanhas em aplicativos e descobriu que nem o fornecimento nem o fluxo de trabalho geral estavam totalmente adaptados à sua metodologia. Dado que a Beeswax foi criada mais recentemente, suas ferramentas foram desenvolvidas pensando em aplicativos, o que levou a um fluxo de trabalho simples, bem como à facilidade de integração no lado da oferta para trocas somente de aplicativos.

- *Acesso aos dados em nível de log*: a Beeswax é a única solução que fornece à The Programmatic Company acesso a dados completos em nível de log. Não se trata apenas de arquivos log de ganho, mas também de perda, segmento, conversão e até mesmo de leilão. Esses arquivos de log são usados pelos cientistas de dados da The Programmatic Company para criar sistemas de relatórios totalmente integrados, que fornecem as informações necessárias para fazer escolhas mais inteligentes na alocação do orçamento, garantindo que o investimento seja feito nos melhores lugares.
- *Bid modifiers*: em conjunto com os dados em nível de log, a The Programmatic Company usa bid modifiers™ para gerenciar e manipular seus lances e alcançar o melhor CPM possível. O bid modifier da Beeswax permite aos negociadores executar estratégias sofisticadas de preços de lances, sem precisar de um algoritmo personalizado. Ele simplesmente identifica quando e quanto modificar os preços de lances após a segmentação ser definida.
- *Eficiente API*: a automação é a ideia central da The Programmatic Company, e principal em todas as suas operações. O fato de que cada função possível na Beeswax pode ser feita por um API economiza tempo de sua equipe, pois não precisam deixar suas próprias ferramentas para ajustar as configurações. Eles escrevem scripts para consultar os arquivos log e depois preenchem os bid modifiers com as campanhas gerenciadas para seus clientes.
- *Custos de Bidder-as-a-Service™ (BaaS)*: devido ao modelo de precificação SaaS da Beeswax, a The Programmatic Company se beneficia de uma redução significativa nos custos de plataforma agora, em comparação com outros parceiros de DSP que cobram uma porcentagem da mídia comprada. Ou seja, há dinheiro para investir na mídia de trabalho, ampliando seu alcance. O efeito disso aparece quando eles realizam campanhas com CPMs altos, sobretudo

em IDs de acordos de vídeo e em transações de programática garantida. Enquanto a maioria das DSPs gastam uma parte da mídia, e como tais compradores são penalizados por comprar com CPMs mais altos, a Beeswax não considera isso e cobra uma taxa fixa de tecnologia, independentemente de níveis de gastos e CPMs.

RESULTADOS

- 25% de melhoria no desempenho (com base em campanhas de metas de conversão equivalentes que fizeram testes A/B em várias DSPs).
- 10% de redução no custo de mídia graças ao QPS Business Model e às características principais da Beeswax.
- Redução de dez vezes no número de itens de linha configurados graças aos bid modifiers.

SOBRE OS CRIADORES

Lançada em 2016, a The Programmatic Company desenvolveu uma plataforma meta de publicidade e um ecossistema inteiramente dedicado ao planejamento, à gestão, aos relatórios e à otimização de campanhas de mídia em todos os ambientes digitais.

A Beeswax foi fundada em 2014 por veteranos do setor que reconheceram que as DSPs tradicionais, de tamanho único, originalmente projetadas para um modelo de agência, estão subutilizando os compradores de mídia sofisticados de hoje. Sua plataforma Bidder-as-a-Service™ permite que marcas, empresas de mídia e empresas de tecnologia publicitária ganhem maior controle, flexibilidade e transparência sobre sua publicidade programática. A empresa está sediada em Nova York, e os investidores incluem The Foundry Group, RRE Ventures, Amasia.vc, You & Mr. Jones, e SV Angel.

10

Marketing de desempenho

O QUE ESPERAR DESTE CAPÍTULO

Até o final deste capítulo, você terá respostas para as seguintes perguntas:

- O que é uma parceria estratégica e como ela funciona?
- Será que uma parceria estratégica se adequaria ao meu negócio?
- Como posso estabelecer uma parceria estratégica?
- O que é marketing de desempenho e como ele funciona?
- O que o marketing de desempenho pode fazer pelo meu negócio?

Reconhecendo oportunidades de parceria estratégica

No contexto do marketing digital, "parcerias estratégicas" são definidas por uma aliança entre duas (ou mais) partes em que o resultado seja benéfico para todos os envolvidos. O ideal de uma parceria estratégica deveria ser a sinergia: todas as partes deveriam sair da parceria conquistando mais do que poderiam ter conseguido sozinhas.

Uma maneira de visualizar uma parceria estratégica é em um contexto de "varejo tradicional": as marcas alugam espaço em lojas de departamento de alto tráfego para vender seus produtos ou serviços aos clientes que visitam aquela loja. A loja traz o tráfego, o fornecedor vende seus produtos, o cliente tem mais opções... todos ganham.

Quase exatamente o mesmo processo ocorre online. Um site que tem bastante tráfego formará parcerias de longo prazo com fornecedores para alugar espaço em seções de seu site; ao mesmo tempo, varejistas ou marcas online estão procurando por mais "locais" online para vender seus produtos. Quando eles se reúnem nas circunstâncias certas, você tem todos os ingredientes para uma parceria estratégica mutuamente benéfica. É claro que a grande questão disso tudo é concordar com o equilíbrio do risco.

As parcerias estratégicas online costumam ser algo assim

Um grande portal (site) com 1 milhão de visitantes por dia vende inventário (espaço) em seu site para uma empresa de viagens divulgar seus produtos e ofertas especiais. Nesse caso, o risco é inteiramente da empresa de viagens — ela está pagando para anunciar no portal na esperança de atrair novos clientes. Entretanto... isso não é apenas uma forma de publicidade online?

Sim. Porém, a fim de mitigar parte do risco, a empresa de viagens pode negociar com o portal para diminuir o custo do aluguel em troca de certos incentivos. O incentivo poderia ser produtos ou ofertas exclusivas para os usuários do portal (aumentando o valor do portal, ajudando-os a atrair e reter um público maior).

Com um benefício mútuo tangível em jogo, há boas chances de que o portal reduza os gastos necessários com publicidade em troca de:

- Ofertas especiais, possivelmente em torno da exclusividade;
- Uma parte da receita da campanha, que pode ser rastreada usando *tags* de página e software de análise de dados;
- Um acordo de longo prazo que pode garantir aos proprietários de portais um ROI favorável.

Como os proprietários do portal agora têm um interesse pessoal, eles também apoiarão a parceria com alguns publishers e profissionais de RP.

Espere aí, isso não seria apenas patrocínio? O fardo do risco ainda está quase completamente nas mãos da marca. Embora possa haver algum valor no elemento "exclusividade" do negócio, ainda não há equilíbrio, pois, com base em nenhum "negócio sendo transacionado", o único verdadeiro perdedor é o comerciante, nesse caso, a empresa de viagens. Se for um negócio de longo prazo, não é um bom presságio para ela.

Uma parceria estratégica deve ser claramente equilibrada entre ambos os lados, com o risco compartilhado por todos. Só porque o site tem milhões de usuários e consegue ganhar dinheiro por você anunciar ali, não significa que ele será prejudicado ao adotar um modelo de participação de receita (*revenue-share*) em vez de um adiantamento. Esse pode não ser o modelo vendido ativamente pelos proprietários do site em todo o mundo... mas, mesmo assim, é o que acontece.

De fato, o objetivo do proprietário do site deve ser manter e aumentar o tráfego deste, assegurando que o conteúdo seja de boa qualidade e relevante a fim de oferecer ao público algo de valor. Nesse sentido, eles funcionam como um meio de comunicação antigo. Como, então, o site se adequa aos usuários se ele oferece uma série de ofertas exclusivas feitas por profissionais de marketing e, por fim, pagas pelo maior lance? Em síntese, ele não se adequa. Entretanto, é uma prática que tem sido frequente entre os sites que, compreensivelmente, têm se concentrado em usar todos os truques para aumentar a receita, muitas vezes atraindo os profissionais de marketing com a fórmula de publicidade mascarada de linhas editoriais (ou ofertas especiais) a fim de reforçar a oportunidade de publicidade.

Dicas sobre como estabelecer parcerias estratégicas

Nossos conselhos aos profissionais de marketing que buscam parcerias estratégicas com sites de alto tráfego são os seguintes:

- Não entre em acordos de longo prazo sem antes testar completamente o site. Esta é a verdadeira beleza do marketing digital: a capacidade de testar antes de investir.
- Se decidir fazer um acordo de longo prazo, certifique-se de que ele será sempre interessante para os usuários finais. Varie o conteúdo, troque suas ofertas regularmente, use sazonalidade ou outras características para misturar as coisas. Não transmita a mesma mensagem todos os dias; a menos, é claro, que funcione.
- Fale com os outros parceiros estratégicos do site: descubra há quanto tempo os negócios existem e o que eles acham da parceria. Pergunte a eles como acompanham o desempenho etc. Se possível, descubra quais parcerias estratégicas não funcionam mais no site e o que aconteceu. Os profissionais de marketing podem ser bastante cautelosos com esse tipo de informação, portanto é possível que você não as descubra; no entanto, se eles confiarem o suficiente em você, a informação pode ser inestimável.
- Entre em um acordo de como o desempenho será avaliado desde o primeiro dia e garanta que suas mensagens publi-

citárias e promocionais sejam totalmente "etiquetadas" para rastrear todos os dados necessários. Lembre-se de que não se trata de cliques, mas sim de conversões reais.

- Esteja preparado para revelar as margens de lucro; procure estabelecer uma relação próxima e transparente com o site, na qual ambas as partes compreendam plenamente as realidades comerciais e o benefício mútuo envolvido. Um pouco de paciência e compromisso desde o início certamente ajudarão a estabelecer expectativas realistas.

O que é marketing de desempenho?

O marketing de desempenho é um canal cada vez mais popular para marcas dentro do mix de marketing digital. Em edições anteriores do livro, eu me referia a essa área como "marketing de afiliados", mas, como tudo o que é digital, o termo tem evoluído. É um termo relativamente novo aplicado a um ramo já estabelecido do marketing digital, antes conhecido como "marketing de afiliados", e o setor o rebatizou para garantir que o nome reflita o que ocorre na prática.

O marketing de desempenho, ao contrário de outras áreas digitais, não é um único meio ou método de marketing. É uma forma de utilizar todo e qualquer canal digital para comercializar os produtos ou serviços de uma marca, mas em que a marca só paga pelos resultados alcançados.

Isso pode parecer bastante vago neste momento, mas o funcionamento do marketing de desempenho se tornará mais claro à medida que avançarmos no capítulo.

Definição

Fontes como a Wikipédia não definem de maneira precisa o marketing de desempenho (tal é a atualidade da adoção do termo). No entanto, ela define a publicidade baseada em desempenho, o que nos fornece um bom ponto de partida: "A publicidade baseada em desempenho é uma forma de publicidade na qual o comprador paga somente quando há resultados mensuráveis" (http://en.wikipedia.org/wiki/Performance-based_advertising; arquivado em: https://perma.cc/T2UT-KLUM).

Combine isso com uma definição de marketing de afiliados e você começa a entender o que o marketing de desempenho está tentando alcançar:

> O marketing de afiliados é um tipo de marketing baseado em desempenho no qual uma empresa recompensa um ou mais afiliados por cada visitante ou cliente trazido pelos próprios esforços de marketing do afiliado. O setor tem quatro atores principais: o profissional de marketing (também conhecido como "varejista" ou "marca"); a rede (que contém ofertas para o afiliado escolher e também cuida dos pagamentos); o publisher (também conhecido como "o afiliado"); e o cliente (http://en.wikipedia.org/wiki/Affiliate_marketing; arquivado em: https://perma.cc/8FMA-YRT6).

Ao combinar essas duas definições, podemos criar nossa própria definição para o marketing de desempenho:

> O marketing de desempenho é um tipo de publicidade baseada em desempenho no qual uma empresa recompensa um ou mais de seus parceiros por realizar alguma forma de publicidade ou promoção dos produtos ou serviços da empresa, o que resulta em um cliente realizando uma ação. A ação é prescrita pela empresa, garantindo que seus gastos com publicidade estejam gerando resultados reais e mensuráveis.

História

O marketing de desempenho existe desde os primórdios da internet. Ok, não exatamente desde essa época, mas próximo disso. O primeiro programa de marketing de desempenho (marketing de afiliados, na época) foi lançado em 1994 pela PC Flowers & Gifts. Para contextualizar, isso foi apenas três anos após a invenção da internet e dois anos antes de Larry Page ter surgido com a ideia do Google.

Os primeiros programas de marketing de desempenho eram muito simples em seus objetivos e métricas de pagamento. Os parceiros (afiliados) eram predominantemente pagos em um modelo de custo por clique (CPC), sendo paga uma pequena quantia para cada potencial cliente que clicasse no site da marca.

Entretanto, essas métricas logo evoluíram para o modelo de custo por aquisição (CPA) que conhecemos hoje, em que as marcas pagam aos parceiros uma comissão ou participação de receita por cada venda realizada por determinado cliente. A primeira grande marca a lançar um programa baseado em CPA foi a Amazon em 1996, o Amazon Associates, que continua forte até hoje.

Os programas de marketing de desempenho atuais não poderiam ser tão diferentes daqueles de seus antecessores. Enquanto eles continuam a funcionar com o mesmo princípio de pagar por uma ação programada, as "ações" são muito mais numerosas e complexas. Não é raro encontrar um programa de marketing de desempenho de uma marca individual pagando por diversas ações. Estas podem variar de algo simples como um clique a algo complexo como uma ação nas redes sociais ou uma avaliação positiva.

Apresentando os players

Então, como funciona? Para entender isso, você precisa entender os diferentes players e como eles interagem. Há quatro categorias principais de participantes em programas de marketing de desempenho, e nós analisaremos cada uma delas.

MARCAS/ANUNCIANTES

O marketing de desempenho é utilizado por diversas empresas. Devido à mistura diversificada de publishers ativos (abordados a seguir), qualquer empresa que procure promover seus produtos ou serviços pode encontrar uma rota para o mercado. Os anunciantes típicos podem ser marcas de varejo, empresas de viagens, instituições financeiras e até mesmo sites de encontros. O que todos os anunciantes que utilizam o marketing de desempenho compartilham é uma compreensão do valor que o canal pode trazer e a redução do risco oferecida.

PUBLISHERS

Os publishers são os sites que administram a publicidade em nome dos anunciantes, recebendo uma comissão quando o cliente realiza a ação exigida. Os publishers baseados em desempenho vêm em todos os formatos e tamanhos. Na verdade, alguns de seus sites favoritos podem incluir um elemento de publicidade baseada em desempenho.

Os publishers de desempenho podem ser sites de comparação de preços, sites de retorno de caixa, sites que promovam vouchers e descontos, sites de avaliação, blogs, especialistas em busca paga… seja o que for, todos podem ser baseados em desempenho.

Como você pode ver na lista anterior, os publishers que trabalham com elementos de desempenho abrangem quase todas as áreas do digital. Essa é a principal razão pela qual o marketing de desempenho é definido pela forma como as marcas pagam a seus publishers, e não pelo tipo real de ação realizada. Normalmente, os publishers baseados no desempenho concentram-se em mecanismos para ajudar os clientes a tomar uma decisão e realizar uma ação, como uma venda, pois eles só serão remunerados uma vez que a ação aconteça.

PROVEDORES DE REDE E RASTREAMENTO

Embora haja uma diferença distinta entre provedores de rede e de rastreamento, é importante que eles sejam definidos em conjunto, pois compartilham muitas semelhanças.

Uma rede é essencialmente o intermediário. As redes operam os sistemas de rastreamento que permitem aos anunciantes acompanhar as ações dos clientes e atribuir comissões ao publisher em questão. Por um lado, os anunciantes se cadastram na rede por um período (geralmente não inferior a doze meses), e a rede presta assessoria sobre como esses anunciantes devem conduzir suas atividades de marketing de desempenho. Por outro lado, os publishers se cadastram voluntariamente na rede para ter acesso à lista de anunciantes e trabalham voluntariamente com suas marcas. A rede fornece as facilidades de rastreamento, faturamento e pagamento, assim como assessoria a ambas as partes.

Os provedores de rastreamento também oferecem facilidades de rastreamento, faturamento e pagamento, mas, em geral, não a assessoria. Na maioria das vezes, os provedores de rastreamento licenciam seus sistemas para que os anunciantes os utilizem por conta própria, essencialmente a disponibilização do software. Cabe aos anunciantes implementar suas próprias estratégias de desempenho, encontrar seus publishers e gerenciar sua atividade de marketing de desempenho.

Em geral, os anunciantes que desejam um programa de marketing de desempenho pequeno ou controlado ou que têm a experiência para executar um programa completo com a equipe interna utilizarão um provedor de rastreamento. A maioria dos anunciantes utilizará uma rede, uma vez que recebem a assessoria de que necessitam e podem dedicar menos recursos internos a seus programas de marketing de desempenho.

AGÊNCIAS

As agências de mídia podem ou não estar envolvidas no processo, dependendo para o que forem contratadas. Em geral, as agências de mídia têm se concentrado em outras áreas do digital, deixando as atividades de marketing de desempenho para os anunciantes ou os aconselhando a contratar agências especializadas em desempenho para trabalharem ao seu lado. Entretanto, a tendência recente é que muitas das principais agências de mídia criem equipes internas de marketing de desempenho para fornecer uma oferta completa de serviços a seus clientes.

Então, como funciona?

Para simplificar, a Figura 10.1 mostra um esquema de desempenho "faça por conta própria", em que o varejista gerencia seu programa de desempenho. As coisas podem ficar um pouco mais complicadas quando uma rede de desempenho atua como um intermediário entre o profissional de marketing e o cliente, mas a premissa básica permanece a mesma.

De forma resumida, o marketing de desempenho funciona mais ou menos assim: os anunciantes trabalham com redes ou provedores de rastreamento para acompanhar a atividade do cliente resultante da promoção por parte dos publishers.

Olhar para esse processo de forma mais detalhada ajuda a esclarecer um pouco:

- *Os anunciantes trabalham com redes ou provedores de rastreamento*: numa primeira fase, os anunciantes precisarão estabelecer seu programa de marketing de desempenho.

FIGURA 10.1 Esquema básico de como o marketing de desempenho funciona

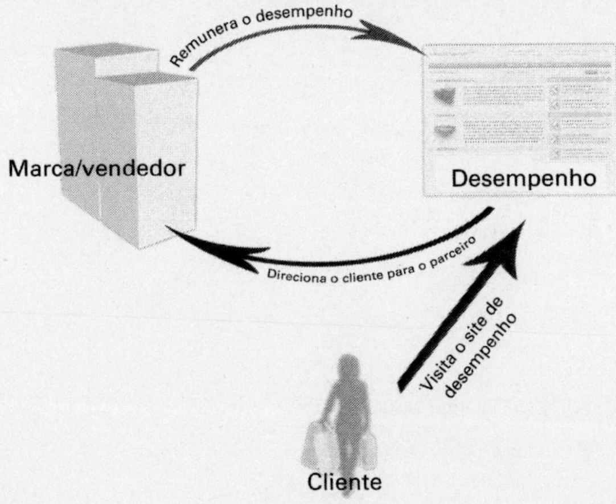

Mais adiante neste capítulo, entraremos em mais detalhes, mas por enquanto vamos definir isso como anunciantes que precisam de uma rede para veicular os anúncios, os conteúdos e as mensagens de marca necessárias para engajar com os clientes.

- *Acompanhamento da atividade do cliente*: como parte da configuração, os anunciantes precisarão integrar um pequeno código de acompanhamento em seu(s) site(s). Esse código informa à rede ou ao provedor de rastreamento quando uma ação tiver sido realizada pelo cliente como resultado de uma promoção por parte dos publishers.

Depois de concluída a configuração, os publishers podem aderir ao programa e ter acesso a todos os materiais promocionais para um determinado anunciante. Eles então usam esse material para promover o anunciante à sua base de usuários. A rede ou provedor de rastreamento monitora o uso do material e o engajamento e a ação do cliente, registrando comissões nas contas individuais do publisher quando os clientes realizam as ações necessárias.

Por que as marcas devem usar o marketing de desempenho como parte do mix de marketing

Nesta seção, veremos por que as marcas devem usar o marketing de desempenho se ainda não o fazem. Revisamos os benefícios, investigamos algumas das considerações nas quais as marcas devem pensar e mostramos algumas dicas do que procurar.

À primeira vista, o marketing de desempenho parece ser algo simples com o qual todas as marcas devem se envolver. Basicamente, isso é verdade. Entretanto, há algumas perguntas importantes que as marcas precisam responder antes de mergulhar de cabeça.

Mas antes analisaremos os possíveis benefícios de as marcas terem adequados planos de marketing de desempenho e desenvolverem um programa de sucesso.

BENEFÍCIOS

Os benefícios do marketing de desempenho são inúmeros, por isso selecionei cinco que merecem a atenção da maioria dos anunciantes. Em vez de falar dos benefícios criativos relacionados ao marketing, selecionei benefícios mais centrados nos negócios, que ajudarão muitos gerentes de marketing a vender o conceito de marketing de desempenho em praticamente qualquer departamento de suas respectivas empresas.

Nesta seção, parte-se do pressuposto de que um anunciante contratou uma rede para ajudar em sua atividade de marketing de desempenho. Fiz essa suposição, pois é assim que a maioria das marcas trabalha atualmente na área. Houve uma mudança nos últimos anos para empresas maiores e mais experientes; elas migraram de programas para um provedor de rastreamento e internalizaram o gerenciamento de suas relações com os publishers. No entanto, esse ainda não é o padrão. Os cinco benefícios selecionados do marketing de desempenho são os seguintes:

Risco reduzido

Talvez o principal benefício do marketing de desempenho é a redução do risco de que os anunciantes podem desfrutar quando se trata de despesas orçamentárias. Muitos outros canais de marketing exigem um compromisso antecipado com a promessa de sucesso. O marketing de desempenho, por outro lado, exige a promessa de compromisso orçamentário, uma vez alcançado o sucesso. Essa é uma distinção muito importante, pois é o pilar do setor de marketing de desempenho.

Com os anunciantes pagando comissões uma vez que um cliente tenha realizado uma ação desejada, as marcas podem ter certeza de que seu orçamento de marketing está sendo utilizado com a máxima eficiência. Se os clientes não realizarem as ações, os anunciantes não pagam nada, tornando o marketing de desempenho possivelmente o método de marketing menos arriscado disponível. Essa é também a razão pela qual o marketing de desempenho é um método muito eficaz de publicidade para marcas pequenas ou de nicho, que podem ter orçamentos limitados de marketing. Com orçamentos menores, os anunciantes precisam garantir que cada centavo esteja sendo aproveitado ao máximo. Valorizar cada centavo e garantir que eles sejam pagos apenas por uma interação importante com o cliente faz sentido, não apenas para as marcas menores, mas também para as maiores.

É por isso que você encontrará a maioria dos nomes de marcas de referência conduzindo programas de marketing de desempenho.

Teste e aprenda

Como já discutimos, as marcas podem desfrutar de uma redução significativa nos riscos de gastos quando utilizam o marketing de desempenho para promover seus negócios. Isso permite que elas sejam mais criativas com suas atividades de marketing de desempenho.

Muitas vezes, me referi a esse tipo de marketing como uma caixa de areia, muito parecida com aquelas em que as crianças brincam. Aqui, as marcas podem construir coisas, incrementá-las se estiverem funcionando e derrubá-las se não estiverem; e, ao mesmo tempo, podem estar seguras, sabendo que não estão exagerando nos gastos. Afinal, elas só pagam quando as coisas funcionam e os clientes interagem.

Os anunciantes podem, portanto, buscar e implementar diferentes maneiras de promover seus produtos que são muito menos estabelecidos do que eles gostariam. Eles podem testar novas ideias, novas mensagens de marketing e maneiras de engajar com os clientes sem arriscar parte desse precioso orçamento de marketing em algo que não funciona.

Se algumas dessas novas ideias funcionam bem, então eles conseguem integrá-las em seus outros canais de marketing com confiança, permitindo-lhes melhorar continuamente todos os canais usando o marketing de desempenho.

Acesso à inovação

Os anunciantes que optam por conduzir suas atividades de marketing de desempenho usando uma rede têm o benefício a mais de ter um parceiro que está continuamente acrescentando ao seu conjunto de publishers. Qualquer rede que valha a pena estará atenta ao ecossistema do marketing digital e procurando os melhores publishers para ampliar sua oferta.

As marcas se beneficiam disso de duas maneiras. Primeiro, elas podem testar qualquer método de marketing novo e não testado em um ambiente de baixo risco. Em geral, os orçamentos de marketing são estabelecidos uma vez por ano, e pode ser muito difícil angariar fundos para tentar coisas novas, sobretudo quando você não sabe o que são essas coisas ou quanto retorno terá com elas. Usar o marketing de desempenho para testar novas áreas de marketing digital permite que os proprietários da marca garantam um retorno sobre seu investimento em marketing, facilitando a garantia do orçamento com o uso do canal.

Em segundo lugar, as marcas podem ter certeza de que sua rede ou agência (desde que tenham escolhido a certa) estará procurando ativamente a próxima tendência, o que significa que elas não precisam se preocupar com isso. Conseguir utilizar as últimas tendências digitais sem ter que investir tanto em mão de obra é muito atraente e comercialmente sensato. As equipes internas de marketing muitas vezes têm pouco tempo e não têm recursos para se manter continuamente atualizadas com o avanço do setor. Ter um parceiro de confiança que possa fazer isso por você garante que as equipes de marketing possam se concentrar nas áreas certas.

Exposição "livre" da marca

Ao pagar sobre a ação do cliente, as marcas podem deixar o pagamento mais no fundo do funil de marketing. Entretanto, para que os publishers estimulem os clientes a interagir com a publicidade de uma marca, eles ainda precisam promover essa marca e garantir que os clientes sejam expostos à mensagem da marca.

Como em qualquer forma de publicidade, nem todos os clientes vão se relacionar com a mensagem ou interagir da forma como a marca deseja, pelo menos não imediatamente. Entretanto, pode ainda haver valor nesses clientes, talvez não no mesmo instante. Muitas marcas gastam grande parte do orçamento na atividade de branding (exibição, offline etc.). No canal de desempenho, ao contrário de muitos outros canais, a exposição que uma marca faz antes de um cliente interagir com ela é gratuita, pois não há custo para um cliente que não interage da forma como a marca determinou.

Essa importante consequência de como os publishers são remunerados é uma das principais razões pelas quais o setor de desempenho está ganhando força junto a anunciantes de todos os tamanhos.

Alcance significativo

Já analisamos a variedade de publishers no mercado e como eles vêm de todas as áreas do marketing digital. Isso cria uma oportunidade significativa para as marcas, pois elas podem usar qualquer tipo de promoção digital por um único programa de atividade.

A maioria das redes tem milhares de publishers, todos procurando promover as marcas ou ofertas certas aos clientes. Isso possibilita às marcas um alcance imenso em pouco tempo se elas oferecerem aos publishers o que eles precisam.

Para a maioria dos anunciantes, seria impossível contatar e contratar esse volume de publishers por conta própria. Entretanto, usando uma rede, os anunciantes têm acesso a um diretório pronto de possíveis parceiros.

Se você é um anunciante que tem uma presença internacional, uma parceria com a rede certa pode ser muito lucrativa, pois ela pode oferecer oportunidades tanto para publishers locais quanto internacionais muito mais rapidamente.

CONSIDERAÇÕES

Como em qualquer negócio, é preciso pensar em algumas considerações antes de mergulhar de cabeça. O marketing de desempenho funciona bem para a maioria das marcas na maioria dos setores. Entretanto, empresas individuais terão seus próprios objetivos, restrições e orçamentos e uma revisão completa deve ser conduzida para garantir que o marketing de desempenho seja a melhor opção.

Aqui, analisamos cinco das considerações mais comuns em que os anunciantes devem pensar antes de iniciar seus programas de marketing de desempenho:

Custo

O custo é o ponto de partida elementar e muitas vezes é o aspecto mais difícil de marketing de desempenho para os anunciantes. Ao contrário de outras áreas do marketing, é muito fácil calcular o custo de uma interação individual do cliente, mas muito difícil calcular o custo do programa de desempenho como um todo.

Isso porque, enquanto as marcas estabelecem seus níveis de comissão e negociam suas taxas de rede, não existe maneira inteligente de prever o volume de interações com o cliente que elas podem alcançar. Erre o anúncio do publisher e a mensagem de marketing e não haverá custo, pois não haverá interação com o cliente. Acerte-os e você poderá ter milhares de interações, cada uma com um custo associado.

É por isso que a maioria das marcas não contabiliza os custos de marketing de desempenho em seus orçamentos de marketing. Em vez disso, elas os contabilizam como custo de venda. Desta forma, podem considerar o custo em cada compromisso de consumo para garantir que seja lucrativo, deixando seu orçamento de marketing livre para outras áreas de promoção.

Portanto, as marcas precisam considerar o que podem pagar pela interação do cliente a fim de manter a rentabilidade e o fator de fluxo de caixa e de assegurar que, caso tenham sucesso com suas atividades de marketing de desempenho, tenham os fundos para pagar prontamente aos publishers e manter uma margem de lucro favorável.

Concorrência

Uma vez que as marcas tenham calculado seus custos e garantam a rentabilidade, elas poderão se comparar com a concorrência. A primeira consideração ao avaliar a concorrência é investigar se algum concorrente está mesmo atuando na área. Caso não estejam, os anunciantes precisam verificar se seus concorrentes estão ausentes por uma boa razão, se o marketing de desempenho pode ser ineficaz ou, espera-se, se há uma oportunidade de ser o primeiro a comercializar. Esta última é uma possibilidade distinta, pois o marketing de desempenho só agora está se tornando o principal meio de comunicação e, portanto, ainda é uma área relativamente desconhecida do marketing digital.

Um cenário mais provável é que vários concorrentes estarão atuando na área, e é com esses outros programas de desempenho que os anunciantes precisarão se comparar. É tentador para os anunciantes se compararem com base em métricas não financeiras, mas é importante comparar os programas de desempenho com base em seus méritos específicos.

Os anunciantes devem olhar a princípio para as comissões oferecidas por seus concorrentes, pois é aqui que os publishers naturalmente se concentrarão uma vez que um programa esteja ativo. Se as taxas de mercado forem muito mais altas do que o esperado, os anunciantes devem pensar com cuidado se têm diferenciais exclusivos que atrairão os publishers para seus programas. É possível ter sucesso na área de desempenho enquanto pagam baixas comissões, mas muitos outros fatores precisam existir para alcançar esse objetivo.

Uma vez que as comissões tenham sido avaliadas, os anunciantes devem então analisar os materiais fornecidos aos publishers por seus concorrentes. Essa é uma possível área de oportunidade e, refletindo com calma, os anunciantes podem identificar rapidamente áreas em que os publishers estão se esquecendo de algumas mensagens importantes para o cliente.

Desde que os anunciantes sejam capazes de identificar uma mensagem única que possam fornecer aos publishers e de competir em nível comercial, há grandes chances de ser um programa de marketing de desempenho bem-sucedido.

Recursos e especialização

O marketing de desempenho não é uma rota para o mercado sem intervenção. Na verdade, é um dos métodos de marketing mais participativos e proativos em termos de relacionamento.

As marcas devem ter uma visão objetiva de quantos recursos estão disponíveis na equipe interna para cuidar do canal de marketing de desempenho. Se os anunciantes têm uma agência que dirige suas campanhas digitais, essa avaliação é ainda mais importante, pois acrescentar um novo canal pode acarretar custos significativos.

Caso o recurso esteja disponível, a atenção deve se voltar então para seu nível de especialização. Isso terá impacto no nível de serviço necessário de uma rede ou ajudará a decidir se usar um provedor de rastreamento é uma opção viável.

Se a equipe interna tiver um nível alto de especialização em marketing de desempenho, é possível negociar taxas mais baixas com as redes se os anunciantes conseguirem assumir mais tarefas. Por outro lado, se os anunciantes precisarem contar muito com sua rede em termos de conhecimento e educação, será necessário contratar mais horas de rede.

Ter uma compreensão sólida das habilidades à disposição do anunciante é crucial para garantir que o programa de marketing de desempenho seja bem auxiliado, pois, sem os recursos corretos, poucos programas alcançam o sucesso que poderiam ter conseguido de outra forma.

Entretanto, se houver equilíbrio entre recursos internos, especialização em rede e tempo suficiente de gerenciamento de contas, mesmo as equipes de marketing mais inexperientes podem conduzir programas de marketing de desempenho muito eficazes.

Requisitos de nível de serviço

Uma vez realizada uma revisão completa dos recursos e conhecimentos disponíveis, os anunciantes terão uma imagem clara do tipo de apoio que precisarão de sua rede ou provedor de rastreamento.

O desafio está em corresponder seus requisitos de suporte aos fornecedores para encontrar o ajuste correto. Os provedores de rastreamento são menos preocupantes, pois, geralmente, os anunciantes só optam por um provedor exclusivo se tiverem recursos internos e especialização substanciais.

Ao negociar o tempo de gerenciamento de contas com as redes, o nível de serviço exigido deve ser muito claro, a fim de garantir que os anunciantes não fiquem sem tempo. As redes devem agir como uma extensão da equipe de marketing de um anunciante e ajudar a alcançar os objetivos do negócio. Para fazer isso de forma eficaz, os anunciantes precisam garantir que suas redes forneçam recursos suficientes de gerenciamento de contas para cuidar de qualquer aspecto do programa de marketing de desempenho que o anunciante não seja capaz de fazer por conta própria.

Capacidade de entrega

Você não contrataria um funcionário para um cargo importante se ele não tivesse a experiência necessária. As mesmas regras se aplicam à condução de um programa de marketing de desempenho. Ao escolher uma rede ou provedor de rastreamento, é crucial que este demonstre experiência na entrega de resultados positivos para clientes do mesmo setor ou de setores similares.

Isso é particularmente importante quando se escolhe com qual rede trabalhar, já que há tantas opções disponíveis. Dependendo do setor em que um anunciante atua, é bastante recomendável que ele revise pelo menos três redes para garantir que seja o melhor ajuste. Algumas redes são especializadas em setores específicos, como o financeiro, e se orgulham de áreas específicas do setor, como a conformidade. Outras redes podem se concentrar mais no setor varejista e ter melhores ferramentas de edição, permitindo um programa de desempenho mais criativo. Quaisquer que sejam os requisitos, encontrar o parceiro certo, com um histórico comprovado na entrega de resultados, é uma parte importante do processo de criação.

Além disso, nos últimos anos, tem havido uma explosão de anunciantes que têm operações internacionais ou enviam seus produtos para o exterior, assim procurando atrair clientes estrangeiros. Se o negócio de um anunciante tiver um elemento de atividade internacional, então é necessário que ele selecione um parceiro ou parceiros que possam entregar em cada localização geográfica.

Dependendo de onde os negócios estão sendo conduzidos, os anunciantes podem identificar um único parceiro que possa fornecer cobertura internacional por uma única plataforma. Entretanto, as marcas também devem considerar a participação no mercado e o conhecimento local ao analisar se o marketing de desempenho irá funcionar em todos os territórios. O setor do marketing de desempenho é uma área digital estabelecida na maioria dos mercados desenvolvidos. Entretanto, como o setor é relativamente novo, os mercados pequenos tendem a não ser tão avançados e podem exigir uma estratégia diferente para obter resultados.

Durante o processo de revisão, as marcas devem analisar o básico: se uma plataforma pode lidar com a moeda e o idioma do local, bem como a situação mais detalhada do mercado, a fim de determinar quais devem ser seus planos de marketing de desempenho.

Muitos anunciantes usam plataformas diferentes em cada mercado para aproveitar o conhecimento local de seus parceiros. Embora essa abordagem crie uma curva de aprendizado um pouco mais acentuada, como os anunciantes precisam aprender sistemas diferentes, ela pode levar a maiores retornos como resultado do trabalho com especialistas em cada mercado.

Dez perguntas que cada marca deve fazer

Embora não se trate de uma lista definitiva, esperamos que as perguntas listadas a seguir — uma lista básica de perguntas enganosas para qualquer anunciante que esteja procurando iniciar um programa de marketing de desempenho — ajudem a responder a algumas das questões importantes que as marcas precisam considerar:

1. Eu tenho tempo/recursos para gerenciar um método de marketing que exige muito tempo?
2. Algum de meus concorrentes está usando marketing de desempenho?
3. Seus programas de marketing de desempenho são bem-sucedidos?
4. O que posso oferecer de diferente do que já está no mercado?
5. Que nível de comissão eu posso pagar e que seja competitivo?
6. Eu sei como conduzir um programa de marketing de desempenho ou preciso de ajuda?
7. Com quem devo falar (redes/prestadores de serviços)?
8. Existe um especialista referência no meu setor?
9. Em que mercados eu quero atuar?
10. Devo usar um único parceiro ou especialistas locais?

Como aproveitar ao máximo suas atividades de marketing de desempenho

Uma vez tomada a decisão de iniciar um programa de marketing de desempenho e selecionado um provedor de rede ou rastreamento, a próxima etapa do processo é a criação do programa.

Essa é uma parte crucial do processo, pois o esforço feito aqui terá um impacto direto sobre o sucesso inicial do programa. É necessário que o programa seja criado corretamente desde o primeiro dia a fim de ajudar os publishers a ganhar confiança em relação ao compromisso de uma marca no canal. As primeiras impressões contam.

Como estabelecer um programa de marketing de desempenho

Há três elementos principais para estabelecer um programa de marketing de desempenho: a estrutura comercial, a implementação técnica e os materiais de marketing. Os elementos estão interligados, mas cada um tem um papel diferente na condução de um programa de marketing de desempenho. Nesta seção, analisaremos cada um deles individualmente e depois os reuniremos para mostrar a implementação final.

A ESTRUTURA COMERCIAL

A estrutura comercial de um programa de marketing de desempenho talvez seja o elemento mais importante a ser considerado. Os comerciais determinarão quão atraente o programa final é para os publishers e fornecerão uma base de comparação em relação aos programas concorrentes.

Antes de criar os anúncios, os anunciantes precisam decidir sobre qual é a ação do usuário desejada. Para os fins desta seção, assumiremos que o anunciante é um varejista e que a ação do usuário é a venda completa de um produto.

No mundo varejista, os publishers geralmente recebem uma comissão sob a forma de uma porcentagem do preço de compra. O valor exato da comissão variará por transação, mas a porcentagem será a mesma. O quanto cada anunciante conseguirá pagar aos publishers é determinado em grande parte por suas margens de lucro. Entretanto, uma vez decidida uma comissão, é fortemente aconselhável obter a opinião de sua rede sobre se ela vai atrair os publishers. As redes têm acesso a muito mais dados do que qualquer anunciante individual, e podem comparar muito mais facilmente uma estrutura de comissão proposta com programas concorrentes.

Uma vez que as comissões tenham sido definidas, a próxima tomada de decisão importante diz respeito aos relatórios. Cada rede ou provedor de rastreamento tem suas capacidades exclusivas de geração de relatórios. Além disso, dependendo das necessidades de um cliente, cada um terá disponíveis relatórios personalizados mais ou menos complexos. Decidir sobre o nível de visibilidade necessário nessa etapa é fundamental, pois muitos requisitos de informação resultam em mudanças posteriores necessárias na implementação técnica. Ao perder um dado importante nessa etapa, os anunciantes terão mais trabalho depois, quando tentarem fazer mudanças em suas implementações técnicas. Embora a mudança de estrutura seja geralmente um exercício simples, é muito mais simples escolher os requisitos logo de cara.

Uma vez estabelecidas as comissões e os requisitos de informação, a rede pode estabelecer as comissões dentro de sua plataforma e passar os requisitos comerciais e de informação para suas equipes de implementação, que os transformarão em um resumo dos requisitos técnicos.

A IMPLEMENTAÇÃO TÉCNICA

A implementação técnica será liderada pela estrutura comercial e pelos requisitos de informação. No entanto, uma implementação básica terá que aplicar um pequeno código de acompanhamento no site do anunciante. No nosso exemplo de varejo, é provável que esse código precise ser incluído na confirmação da compra para rastrear as vendas concluídas.

A implementação do código de acompanhamento em geral é feita por um webmaster ou uma equipe de desenvolvimento, por isso é tentador para a equipe de marketing ficar em segundo plano até que o trabalho seja feito. É altamente recomendável que as equipes de marketing tenham pelo menos uma ideia do que está sendo implementado, pois assim elas estarão cientes das atividades de consumo que estão sendo monitoradas e, por fim, de quanto estão pagando por elas.

Para anunciantes com múltiplos canais digitais, nessa fase, pode valer a pena discutir características mais complexas, como *tags* de contêineres e integração de análise de dados para garantir que o programa de marketing de desempenho seja integrado ao mix de marketing desde o início.

Uma vez concluída a implementação técnica do lado do anunciante, a rede ou o provedor de rastreamento completará uma rodada de testes e deverá fornecer a ele um relatório de exemplo para garantir que o que foi implementado cumpra o esperado.

Itens adicionais, tais como feeds de produtos, também serão discutidos a fim de que os publishers tenham acesso a informações atualizadas sobre produtos e preços quando o programa entrar em funcionamento.

MATERIAIS DE MARKETING

Esse elemento da configuração pode ser completado enquanto a implementação técnica estiver em andamento, pois deve depender muito de qualquer experiência técnica. Está muito relacionado a vendas e marketing, mas com uma pequena diferença. Ao contrário de vender um produto a um cliente, os materiais de vendas e de marketing necessários para um programa de marketing de desempenho precisam vender as qualidades do anunciante duas vezes.

Primeiro, itens como a descrição do programa, uma explicação clara da estrutura da comissão e estabilidade da empresa anunciante etc. são necessários para vender o programa de desempenho aos publishers. Essa é uma primeira etapa fundamental, uma vez que, se os materiais de marketing não convencerem os publishers a aderir ao programa e promover seus produtos, o programa nunca será lançado.

Em segundo lugar, presumindo que os anunciantes chamam a atenção dos publishers, eles precisam mostrar a estes as mensagens de marketing que atraem os clientes. É importante que os anunciantes lembrem que os publishers não são especialistas no setor do anunciante nem conhecem seu negócio. É preciso compartilhar qualquer informação que possa ser fornecida aos publishers para ajudá-los a vender os produtos ou serviços do anunciante. Itens adicionais que serão necessários nessa etapa incluirão conjuntos de banners criativos, sugestões de links de texto e palavras-chave de alto desempenho que os publishers podem segmentar.

Uma vez que todos esses três elementos tenham sido definidos, um anunciante consegue lançar seu programa de marketing de desempenho com confiança. Ele terá certeza de que, uma vez que as vendas comecem a acontecer, estará pagando a quantia certa, terá a visibilidade certa e estará fornecendo os materiais certos para ajudar continuamente seus publishers a gerar mais negócios.

Checklist da configuração do programa

A seguinte checklist da configuração ajudará o anunciante a garantir que tenha tudo sob controle:

- As comissões são definidas em um nível em que cada venda é lucrativa?
- Preciso pagar comissões diferentes para produtos diferentes? Elas já foram definidas?
- Os requisitos de informação já foram definidos?
- Eles correspondem aos relatórios comerciais internos do anunciante?

- O rastreamento foi implementado para acompanhar os dados de que o anunciante precisa?
- O rastreamento foi implementado no ponto certo na jornada de compra para acompanhar a ação correta do cliente?
- O anunciante forneceu materiais criativos suficientes para o uso dos publishers?
- O anunciante forneceu informações em tempo real sobre o produto?
- A descrição do programa é forte o suficiente? Irá convencer os publishers a aderir ao programa?
- O anunciante forneceu informações suficientes aos publishers para promover o negócio aos clientes com confiança?

Se a resposta a todas as perguntas anteriores for "sim", então a chance de sucesso é alta.

Definição de metas e KPIs

Agora que temos um programa de marketing de desempenho estabelecido, a próxima etapa é assegurar que os resultados da atividade estejam de acordo tanto com os objetivos da empresa quanto com os benchmarks do setor. Com isso em mente, é o momento de estabelecer algumas metas e começar a monitorar KPIs importantes. Nos primeiros meses de um programa de marketing de desempenho, é improvável que os KPIs sejam números recordes de vendas.

Em vez disso, o foco inicial deve ser o recrutamento de publishers e a geração de tráfego no canal de desempenho. Ao contrário de outros canais que permitem resultados instantâneos, o marketing de desempenho requer mais paciência no início à medida que os publishers aprendem sobre o programa, analisam os benefícios em comparação com outros programas no mercado e finalmente começam a promover os produtos ou serviços aos clientes. Dependendo da época do ano e do nível de concorrência, isso pode levar um pouco de tempo.

Durante esse período inicial de recrutamento, a experiência de sua rede é fundamental. Eles devem ser capazes de lhe fornecer uma lista de seus principais publishers e atualizações regulares sobre o progresso na aderência deles. Ajudar os publishers a começar as atividades é o aspecto mais importante nessa fase inicial.

Uma vez que os publishers começam a aderir ao programa, no entanto, o foco precisa mudar para a ativação, pois é muito comum que os publishers adiram ao programa para planejar uma promoção futura, resultando em uma lista extensa de publishers inativos. Um guia aproximado deve ser a taxa de ativação de 20% a 25%, e se um anunciante está conseguindo isso, ele pode se considerar bem-sucedido. Mais uma vez, a rede deveria ajudar aqui, mas é o momento para que as marcas realmente trabalhem em seus programas de desempenho e comecem a desenvolver relações com seus publishers.

Nesse momento, o objetivo deve ser a ativação do publisher, e o KPI deve ser o tráfego gerado para o site (não nos preocupemos ainda com a conversão... lembre-se de que os elementos de branding são livres).

Após um período de quatro a seis semanas, supondo que tudo tenha corrido conforme o planejado, as marcas podem começar a olhar para as conversões e para a otimização dos publishers. É o momento em que as marcas devem fornecer à sua rede metas trimestrais (estabelecidas em conjunto com a rede para garantir que elas sejam alcançáveis). As metas devem incluir uma série de métricas. As conversões serão naturalmente as mais importantes, mas tráfego, impressões, número de novos publishers recrutados, taxa de conversão por publisher etc. devem fazer parte dos KPIs monitorados no programa. Afinal, todos eles são elementos valiosos e todas essas estatísticas precisam crescer para que o programa continue a agregar valor.

Como as necessidades das empresas mudam, assim devem mudar os objetivos e KPIs de um programa de marketing de desempenho. Os melhores programas evoluem continuamente para se manter alinhados com a estratégia comercial mais ampla. O segredo é comunicar-se tanto com a rede quanto com os publishers e trazê-los para o processo de tomada de decisão. Alguns dos melhores profissionais de marketing de desempenho do setor não são ótimos em marketing. Eles são, no entanto, excelentes em comunicação.

As cinco principais dicas para o sucesso do publisher

A informação é melhor quando você a ouve diretamente da fonte, então aqui eu pedi a Oliver Jones, cofundador da RAMPD (rampd.net), que falasse suas cinco melhores dicas sobre como aproveitar ao máximo de seus parceiros publishers:

1 *Utilize os recursos à sua disposição.* Conheça seu gerente de conta e contatos principais dentro da rede que você escolheu. Lembre-se de que eles lucram com seu negócio e estão lá para ajudar. Se você está iniciando um programa do zero e não tem muita experiência no setor, peça conselhos ao seu gerente de contas sobre promoções, comunicação com publishers, definição e alcance de seus objetivos e quaisquer outras informações que a rede possa lhe oferecer. Pode haver recursos para que eles criem seus banners ou conteúdos e configurem links e relatórios automatizados. Use sua experiência para encontrar insights importantes por trás de suas estatísticas e resultados.

2 *Estabeleça metas e objetivos claros para seu programa com KPIs para avaliar suas realizações a cada mês.* Isso ajudará você a detectar quaisquer problemas, corrigi-los rapidamente e evitar qualquer futuro percalço. Seja a aquisição de clientes, vendas, aumento do banco de dados de e-mail, geração de leads ou aumento das inscrições, a organização e o planejamento com antecedência são o segredo para o sucesso. Crie um calendário promocional que sirva como base de seus objetivos estabelecidos. Você pode entregá-lo a seus publishers para que possam se planejar com antecedência. Fazendo isso, estabelecerá um retorno constante de seu programa.

3 *Estabeleça um modelo de desempenho comercial competitivo e apropriado que atenda aos diferentes publishers com os quais você possa querer trabalhar.* Uma estrutura de comissões progressivas é uma ótima maneira de incentivar os publishers a promover sua empresa. Pagar taxas mais altas aos publishers que geram mais negócios em seu site os motivará a promover mais sua empresa e a disponibilizar mais recursos para trabalhar com você.

4 *Mantenha a mente aberta.* O setor como um todo está em constante evolução, com muitos publishers novos e interessantes chegando na área, muitos com diferentes tecnologias disponíveis para ajudar a alcançar seus objetivos. Não deixe de explorar o mercado e se manter atualizado. Desde o tradicional cupom de desconto e cashback de publishers até soluções de *retargeting* e abandono de carrinhos, todos eles podem ajudá-lo a expandir seu negócio de diferentes maneiras. Esteja aberto a testar cada solução para descobrir qual funciona melhor com seu modelo de negócios. O modelo comercial de desempenho permite que você faça isso com um risco mínimo, pois está pagando apenas comissões sobre o desempenho.

5 *Estabeleça relações sólidas e mantenha contato com seus principais publishers.* Converse regularmente com seus

principais parceiros e organize reuniões presenciais para analisar o desempenho. Um pouco de esforço ajuda muito; e lembre-se de que esse é um trabalho em equipe em que você, sua rede e seus publishers estão se esforçando para alcançar os mesmos objetivos.

Abraçando a inovação

Neste capítulo, mencionamos repetidamente a variedade de publishers que atuam no setor de marketing de desempenho. Isso é um grande benefício para os anunciantes, mas também pode trazer alguns desafios. Em particular, como os anunciantes avaliam oportunidades tão diversas de publishers e identificam as certas para seus negócios?

Primeiro de tudo, os anunciantes devem se adaptar ao fato de que é provável que, às vezes, simplesmente não entendam a proposta do publisher. É normal. É também o início de uma oportunidade em potencial. Se surgir uma forma de promoção totalmente nova para o anunciante, então é lógico que ela não está sendo utilizada.

Entretanto, antes de se aprofundar nos detalhes das oportunidades individuais dos publishers, é importante que as marcas entendam como funciona cada publisher e o impacto que sua atividade terá sobre outros canais de marketing.

Muitas vezes, novas ideias de publishers se encaixam perfeitamente na atividade existente. Além disso, tecnologias inovadoras podem melhorar o desempenho de outros canais. Em poucos casos, os publishers de desempenho podem até substituir o desempenho de outro canal.

Todas essas são coisas boas, mas as marcas precisam entender o impacto dessas atividades para garantir que estejam planejando de maneira eficaz.

Como o marketing de desempenho pode melhorar outros canais de marketing

Vejamos dois exemplos de como o marketing de desempenho pode melhorar os resultados ou a cobertura que uma marca obtém de outro canal. Tomemos como exemplo a busca paga. A maioria das marcas fará lances sobre seus termos de marca e outros termos mais procurados e de alta conversão que levarão os clientes a seu site. Na maioria das vezes, essa atividade não é realizada no canal de desempenho, com os anunciantes contratando agências especializadas em busca paga ou conduzindo a atividade por conta própria.

Entretanto, se uma marca também descontar alguns de seus produtos ou oferecer cupons de desconto a clientes fiéis, é difícil que eles façam lances para termos de desconto, por exemplo, marca + cupom de desconto. Isso se deve ao fato de que os clientes que fazem negócios geralmente preferem encontrar descontos em sites especializados em descontos. Pesquisas demonstraram que os clientes não acreditam que obterão o melhor desconto diretamente com a marca.

Portanto, se um anunciante não estiver fazendo lances para os termos de desconto, ele estará perdendo tráfego por não ser visível, seguindo os passos do publisher de marketing de desempenho. A maioria dos grandes sites de cupom de desconto também oferece serviços adicionais de busca paga, especializados na marca + espaço de cupom de desconto. Em troca de grandes ofertas de desconto, em geral eles também realizarão atividades de busca paga nesses termos gratuitamente (ou pelo menos como parte do pacote acordado de exposição e comissão). Dessa forma, o anunciante pode aumentar a exposição com a busca paga, fornecer aos clientes a experiência do usuário que eles desejam e não aumentar seus custos, pois tudo isso ainda é pago em um CPA.

Agora, vamos observar um canal que não seja exatamente de marketing, o SEO. O SEO muitas vezes é visto pelas marcas como um canal gratuito, já que os clientes visitam seu site a partir de resultados naturais de busca que não acarretam custos adicionais. Portanto, dependendo do trabalho de SEO, uma marca atrairá certo número de clientes a cada mês. Então, dependendo de alguns outros fatores, uma porcentagem desses clientes converterá, gerando uma taxa de conversão para o site. Normalmente, as taxas de conversão estão entre 1% e 10%, dependendo do site e do setor anunciante.

Então, como o marketing de desempenho pode ajudar?

Bem, há publishers por aí que se especializam na otimização da conversão e não na nova geração de tráfego. Vejamos a equipe da SaleCycle (remarketing de abandono de carrinho) ou da Yieldify (*retargeting* no site). Suas tecnologias são projetadas para aumentar o retorno de cada cliente individual, usando tecnologia para comunicar de maneira inteligente ofertas de produtos relevantes aos clientes antes que eles procurem um concorrente.

Ao melhorar o número de conversões do tráfego existente, a taxa de conversão do anunciante melhora, melhorando ainda mais o SEO (ou qualquer outro canal). Sim, há um custo envolvido no uso de um publisher de marketing de desempenho para conseguir um aumento nas conversões, e algumas dessas conversões teriam acontecido naturalmente de qualquer forma. Entretanto, o aumento na conversão supera de longe o reaproveitamento de quaisquer conversões existentes.

Estes são apenas dois exemplos de como o marketing de desempenho pode ser usado para alcançar bons resultados quando se analisa o tráfego existente e o aumento de conversão.

Resumo

- O setor de marketing de desempenho está crescendo mais rapidamente do que qualquer outra forma de publicidade, e as marcas devem cogitar seriamente adotar um programa de desempenho se ainda não o fizeram.
- O setor oferece inúmeros benefícios com risco muito baixo, e, com a variedade de publishers disponíveis no mercado, as marcas podem se manter à frente do digital sem investir em tantos recursos.
- Outros canais de marketing podem se beneficiar da integração de publishers de desempenho, e as conversões em geral podem aumentar muito rapidamente.
- Embora o marketing de desempenho possa não ser tão conhecido como outras áreas do digital, ele pode gerar bons resultados se implementado corretamente.

ERROS COMUNS DO MARKETING DE DESEMPENHO

Todos cometem erros. Os novos participantes no marketing de desempenho não são diferentes e, como em qualquer coisa digital, o que funciona para uma empresa pode não funcionar para outra. Por isso, é provável que haja um pouco de tentativa e erro ao estabelecer seu programa de marketing de desempenho. No entanto, existem alguns erros comuns, os quais esperamos ajudá-lo a evitar:

- *Focar em ações em vez de custos*: ou "síndrome de Bambi", como alguns no setor do desempenho costumam chamar. Isso, às vezes, acontece quando um novo participante do mercado percebe o verdadeiro poder do marketing de desempenho. Ele vê o número de vendas disparando, mas esquece de se manter focado no resultado final. Não é raro que um novo programa ofereça excelentes comissões para atrair os principais parceiros afiliados, mas, em algum momento, as taxas de comissão terão que abaixar ou a campanha sairá em prejuízo.

- *O efeito "nossa mensagem é atemporal"*: você se esforçou, seu conteúdo de lançamento é excelente, seus conteúdos são de primeira linha e parceiros se afiliaram à sua campanha. Sucesso! Mas não fique de braços cruzados. O trabalho árduo está apenas começando. Você precisará inovar os vários elementos de sua campanha para manter os afiliados interessados e recrutar novos parceiros. Um erro comum é que as empresas se esquecem de prestar atenção quando seus materiais estão trabalhando por elas. Quando perceberem que o desempenho está caindo, já será tarde demais para pensar em algo novo, e seus parceiros duramente conquistados escolheram um novo "melhor" profissional de marketing da área.
- *Se eu tiver uma marca reconhecida, eles virão*: ser uma grande marca não garante o sucesso no mercado de desempenho. Na verdade, ser uma grande marca — a maior marca — não garante o sucesso. Sua força de marca o ajudará a ser reconhecido por parceiros afiliados, mas não baixe guarda apenas com o valor de sua marca. Os afiliados não serão obrigados a promovê-lo; eles avaliarão sua oferta com base em seus méritos, e só escolherão fazer parceria com você se sua oferta se acumular.

ESTUDO DE CASO

Shaw Academy

A Shaw Academy, líder internacional de aprendizado online com sede em Dublin, queria lançar um programa de afiliados para complementar seus canais digitais existentes. Com mais de 12 milhões de graduados bem-sucedidos, a Shaw Academy oferece mais de cinquenta cursos e milhares de horas de conteúdo educacional para o desenvolvimento profissional e pessoal em territórios de língua inglesa. Os membros seniores da equipe de marketing da Shaw Academy já tinham experiência em trabalhar em um programa internacional com a Optimus, por isso pediram uma proposta.

LOCALIZAÇÃO

O escopo do programa de afiliados era abordar os territórios da Irlanda, Reino Unido, EUA, Canadá, África do Sul, Austrália e Nova Zelândia.

DESAFIO

Para que o programa de afiliados gerasse os melhores resultados em cada mercado, era essencial que os parceiros pudessem trabalhar com sua moeda local. Por outro lado, era importante que a Shaw apresentasse relatórios em uma única moeda (que seria em euros, porque instituição era baseada em Dublin).

O modelo de receita da Shaw Academy é gerar leads para cursos e convertê-los em alunos pagantes, o que significa que há uma série de ações que precisam ser rastreadas e cuidadosamente monitoradas, desde a inscrição e apresentação das formas de pagamento até o primeiro pagamento e pagamentos em andamento. A relação entre a matrícula e as etapas posteriores é o componente principal, pois o objetivo é obter o maior número de alunos pagantes desde a matrícula inicial. Assim sendo, a qualidade do tráfego entregue pelos parceiros é a preocupação primordial.

Para que todas essas coisas acontecessem, a plataforma Impact foi escolhida por oferecer uma grande flexibilidade nos relatórios e em como as parcerias podem ser estabelecidas e recompensadas para atender às exigências tanto do cliente quanto de seus parceiros. Além disso, os eventos necessários podem ser rastreados e relatados de forma detalhada para garantir que a qualidade possa ser monitorada e otimizada a fim de oferecer um programa de aquisição com bom custo-benefício.

PÚBLICO-ALVO

Os cursos da Shaw Academy se dividem em três áreas — amadores, profissionais e empreendedores —, o que torna seu público-alvo bastante amplo. Eles são voltados a pessoas que se sentem confortáveis acessando aprendizado online e em um ambiente socialmente isolado. O público-alvo é ainda mais amplo e inclui pessoas que buscam desenvolvimento e requalificação profissional, bem como aquelas que utilizam seu descanso obrigatório para desenvolver hobbies e paixões.

AÇÃO

Após determinar as exigências do programa em termos de a) eventos a serem rastreados; b) requisitos de relatórios; e c) moeda, a Optimus, a Shaw e a Impact trabalharam juntas para garantir que o rastreamento correto fosse implementado e testado antes do lançamento do programa em outubro de 2019.

Alguns principais parceiros foram recrutados para tratar de territórios individuais, selecionados por sua capacidade de conduzir tanto a alta qualidade quanto o volume de matrículas, bem como trabalhar com concorrentes da Shaw Academy, como a Udemy e a Virtual College.

Os resultados foram sempre monitorados (tanto pela Optimus quanto pela Shaw) para estabelecer rapidamente a relação entre as matrículas e as ações posteriores, a fim de garantir que a relação de ações estivesse bem alinhada com os outros canais digitais da Shaw. A comissão flexível permitiu à Optimus ajustar os pagamentos de acordo com a qualidade para garantir que o custo de aquisição do cliente permanecesse tão baixo quanto prático.

RESULTADOS

Em março de 2020, o programa estava conduzindo mais de duas mil matrículas mensais, e 1.800 apresentaram dados de pagamento, resultando em um aumento de matrículas em andamento, 76% das quais estavam em territórios "válidos" (a princípio até 50% da segmentação foi refinada). A divisão entre territórios foi a seguinte:

- 4% das ações da Austrália/Nova Zelândia;
- 16% do Canadá;
- 43% dos EUA;

- 3% da Irlanda;
- 22% do Reino Unido;
- 12% da África do Sul.

Os números refletem tanto o tamanho da população quanto dos publishers afiliados locais.

O recrutamento é contínuo e auxiliado pelos dados sólidos que vêm com o tempo e o volume.

O recrutamento na Shaw Academy está trazendo recursos adicionais para a conta, assim como um feedback e uma estratégia valiosos. Conforme o programa entra em seu oitavo mês de funcionamento, ele se tornará mais integrado à estratégia digital geral e permitirá um refinamento ainda maior tanto do custo quanto da qualidade.

LINKS PARA A CAMPANHA

www.shawacademy.com/ (arquivado em: https://perma.cc/L3CF-C9SV)

SOBRE OS CRIADORES

A Optimus Performance Marketing é uma agência de gerenciamento de afiliados e líder mundial com escritórios em Plymouth, Londres e San Diego. A Optimus oferece gerenciamento de programas, estratégia e consultoria financeira para mais de oitenta clientes britânicos e internacionais, incluindo Kwik Fit, Crocs, Victorinox, Snapfish e The Shaw Academy.

www.optimus-pm.com/ (arquivado em: https://perma.cc/W2AM-6Z2V)

11

Como obter insights importantes a partir de dados

O QUE ESPERAR DESTE CAPÍTULO

Até o final deste capítulo, você entenderá:

- A importância da avaliação;
- As diferenças entre a mídia própria, paga e ganha;
- Por que os testes são fundamentais;
- Do que se tratam os modelos de atribuição.

A maneira mais comum de pensar o marketing online hoje é com base nos três tipos de mídia disponíveis para os profissionais da área: próprias, pagas e ganhas. Em outras palavras, propriedades sobre as quais a empresa tem controle total, tais como seus próprios sites; propriedades pelas quais paga para que suas mensagens apareçam, ou seja, publicidade; e propriedades nas quais outras pessoas falam sobre seus produtos e serviços, ou seja, redes sociais. Cada uma delas tem as próprias formas de avaliar resultados e questões relacionadas das quais profissionais de marketing devem estar cientes (apresentamos isso no Capítulo 2).

O lugar mais simples para começar é com a mídia própria, seu próprio site. A tecnologia de análise de dados da web lhe permite avaliar quantos navegadores (que podem ser semelhantes ao número de pessoas quando as técnicas corretas de avaliação são usadas) estão envolvidos com seu site; de onde vieram (tanto na internet como de localização geográfica); que navegador e sistema operacional usaram; que palavras-chave usaram para encontrar seu site e em que mecanismo de busca; a página em que chegaram; qual foi o tempo de permanência; que páginas visitaram enquanto estiveram lá; de que página saíram e se voltaram a ela ou não. Isso, por sua vez, lhe dá informações sobre como seus usuários encontram seu site; se você está lhes dando o que eles querem; se seu site está otimizado para as palavras-chave de busca corretas; se suas diferentes formas de publicidade estão dirigindo o tráfego para seu site de maneira eficaz; e que porcentagem desse tráfego está realizando a ação desejada (comprar algo ou solicitar mais informações, por exemplo). Todas essas informações são prontamente oferecidas pelo usuário ou pelo navegador do usuário.

Há duas formas principais de coletar informações sobre os visitantes de seu site. Você pode analisar os arquivos de log de acesso criados por seu próprio servidor web ou pode incorporar algum código (chamado tag de página) em cada página de seu site, que então enviará informações similares ao seu provedor de análise de dados escolhido. No caso dos arquivos de log do servidor web, toda vez que seu servidor web recebe uma solicitação de um recurso (um arquivo) em seu site, ele armazena detalhes dessa solicitação em seus arquivos de log de acesso do servidor. O que exatamente é gravado depende de diversos fatores, incluindo a forma como o servidor é configurado, o formato dos arquivos de log que ele produz e as configurações do navegador do usuário. Dito isso, um arquivo de log do servidor normalmente conterá as seguintes informações para cada solicitação do navegador que ele receber:

- o endereço IP único da rede ou do computador que faz a solicitação;
- um carimbo de data/hora que mostra a data e a hora em que a solicitação foi feita;
- a URL do recurso solicitado;
- um código de status confirmando o resultado da solicitação;
- o tamanho do arquivo do recurso devolvido;
- a URL da página de onde veio o pedido;
- outras informações fornecidas pelo "agente do usuário" (em geral, o tipo/versão do navegador, o idioma e o sistema operacional).

A maioria dos hosts da web fornece algum software básico de análise de arquivos de log como parte de seu pacote de hospedagem, por isso vale a pena checar isso antes para ter uma ideia do tipo de informação que está disponível em seus arquivos de log. Há várias opções de software disponíveis, desde softwares livres e de código aberto (como Webalizer, AWStats e Analog) até soluções mais caras de nível corporativo dos principais players do setor como o Webtrends e o Adobe.

O segundo método, as tags de páginas, surgiu com a crescente popularidade do conceito de software como serviço (SaaS) e foi definido pela introdução de serviços de análise de dados gratuitos, poderosos e configuráveis, tais como o StatCounter e o Google Analytics. Você só precisa ter certeza de que o código de acompanhamento está incluído em cada página de seu site que você deseja rastrear (incluindo novas p00áginas adicionadas ao longo do tempo) e seu provedor irá cuidar do resto. Para a maioria dos sites, o código apenas precisará ser inserido uma vez no arquivo de modelo principal. Para acompanhar a atividade dos usuários humanos, é necessário ter certeza de que o tráfego de robôs e spiders seja devidamente filtrado.

Arquivos de log e tags de página

Vantagens da análise de arquivos de log:

- Seu servidor geralmente já estará produzindo arquivos de log, portanto os dados brutos já estão disponíveis para a análise. A coleta de dados usando tags de página requer alterações no site, e o rastreamento só pode começar uma vez que as alterações tenham sido feitas.
- Cada transação que seu servidor web faz é registrada no arquivo de log. A tag da página depende das configurações do navegador do visitante (como a ativação do JavaScript), portanto certa (pequena) porcentagem de visitantes pode passar despercebida.
- Os dados coletados em seus arquivos de log são *seus dados* e estão em um formato padrão que facilita a migração para softwares de análise de dados de diferentes fornecedores, o uso de mais de um pacote para lhe dar uma visão mais ampla de seus dados e a análise de histórico de dados usando qualquer programa de análise de arquivos de log que você escolher. Em soluções de tags de página, em geral você fica preso ao fornecedor escolhido; se mudar de fornecedor, normalmente é preciso coletar os dados do zero.
- Seus arquivos de log identificam visitas de spiders de motores de busca e outros bots, bem como de usuários humanos. Embora seja importante que seu software de

análise de dados possa diferenciá-los de seus visitantes humanos, saber quais spiders rastrearam seu site — e quando — pode ser importante para a otimização dos mecanismos de busca. Em geral, as soluções de tag de páginas negligenciam os visitantes não humanos.

- O servidor registra informações sobre solicitações que falharam, dando-lhe insights de potenciais problemas em seu site. A tag de páginas, por outro lado, registra apenas um evento quando uma página é visualizada com sucesso.

Vantagens da tag de páginas:

- O código de marcação (tipicamente JavaScript) é executado automaticamente toda vez que a página é carregada, portanto, mesmo a visualização de uma página em cache será contada como uma visita. Como a visualização de uma página a partir de um cache não requer comunicação com o servidor, os arquivos de log não contêm registros de visualizações de páginas em cache.
- É mais fácil para os desenvolvedores adicionarem informações personalizadas ao código de marcação de página a ser coletado pelo servidor remoto (por exemplo, informações sobre a resolução da tela de um visitante ou sobre os produtos que ele comprou). Com a análise do arquivo de log, as informações personalizadas que não são coletadas rotineiramente pelo servidor web só podem ser registradas anexando informações à URL.
- A tag de páginas pode coletar dados com base em eventos que não envolvem o envio de uma solicitação ao servidor web, tais como interações do usuário com o Flash, o Ajax e outros conteúdos de mídia interativa.
- Os cookies são atribuídos e tratados pelo provedor de tag de páginas; com a análise de arquivo de log, seu servidor tem que ser configurado especialmente para usar cookies.

- A tag da página funcionará mesmo se você não puder acessar seus arquivos de log do servidor web.

Entretanto, você não está restrito a usar apenas um tipo de solução de análise de dados; é possível usar ambos conforme o necessário, obtendo as melhores informações de cada um para atender às suas necessidades. Há também as chamadas soluções híbridas de análise de dados. Várias soluções de análise de dados no mercado, sobretudo de nível corporativo, conseguem combinar análise de arquivos de log e métodos de tag de páginas dentro dos mesmos relatórios. Esses sistemas híbridos analisam todos os dados e consolidam as informações para apresentar relatórios contínuos ao analista. Embora estes possam oferecer as soluções de análise de dados mais abrangentes, com cada método de coleta de dados compensando em parte as inadequações do outro, é importante lembrar que nenhuma solução é 100% precisa. A maioria, no entanto, é boa o suficiente para que você identifique tendências e tome decisões fundamentadas.

Obter mais informações utilizando cookies

Embora o endereço IP que você coleta por qualquer um dos métodos também possa ajudar a rastrear o caminho de um usuário em seu site, o uso de endereços IP para identificar exclusivamente os visitantes é inconsistente e impreciso por vários motivos, independentemente dos métodos de acompanhamento escolhidos. Por exemplo, diversos usuários da internet podem compartilhar um único endereço IP atribuído por seu provedor de serviços de internet (ISP). Isso significa que, se sua solução de análise de dados se baseia apenas em endereços IP para identificar visitantes individuais, ela contará esses vários usuários como o mesmo visitante, distorcendo os dados. Por outro lado, aos usuários com dispositivos móveis será atribuído um endereço IP diferente sempre que se conectarem a uma nova rede Wi-Fi. Ou seja, uma pessoa retornando ao seu site seria identificada como um novo visitante em vez de um visitante que retorna, a menos que a análise em vigor tenha um identificador específico de dispositivo aplicado para situações em que os cookies não funcionem. Em casa, a reinicialização do roteador terá, muitas vezes, um efeito semelhante.

Para contornar essas limitações e para lembrar as configurações do site que ajudam a melhorar a experiência do usuário, muitos sites e provedores de rastreamento de terceiros empregam cookies de protocolo de transferência de hipertexto (HTTP) para identificar usuários individuais. Os cookies são pequenos arquivos que são enviados para o navegador do usuário e armazenados em seu disco rígido local. Normalmente eles armazenam uma identificação única que permite ao site (ou provedor de rastreamento) identificar um visitante que retorna, armazenar as preferências do site e as configurações de personalização e ajudar a rastrear a navegação desse visitante em um site.

Os cookies recebem má impressão devido aos potenciais problemas de privacidade associados ao que são chamados *cookies persistentes de terceiros*, ou cookies definidos por um domínio diferente daquele que você está visitando (por conteúdo na página extraído de outro domínio, como anúncios, widgets ou vídeo incorporado, por exemplo), e que persistem além do escopo de sua sessão do navegador. Em teoria, esses cookies poderiam ser usados para rastrear o comportamento do visitante em vários sites, revelando o comportamento de navegação do usuário enquanto ele navega na web. Isso é percebido como uma coisa ruim, porque grandes empresas de publicidade e rastreamento podem usar cookies para criar perfis de comportamento do usuário em todos os sites em que atuam, sem o consentimento explícito do usuário.

Na prática, embora os cookies *possam* ser usados para coletar dados dos usuários sem consentimento explícito, eles tendem a ser, em grande parte, inofensivos. O lado positivo é que eles permitem que os sites ofereçam uma melhor experiência de usuário a seus clientes e oferecem um rastreamento mais preciso das estatísticas do site. Por consequência, os proprietários do site conseguem otimizar o conteúdo e melhorar ainda mais a experiência do visitante.

A maioria dos navegadores dos usuários de internet está configurada para aceitar cookies por padrão, mas é importante notar que algumas pessoas optam por rejeitar cookies fora de controle. Algumas pessoas os aceitam apenas durante a sessão atual de seu navegador e depois os excluem; outras ainda optam por aceitar cookies primários, mas rejeitam cookies de terceiros. Todos esses fatores podem afetar a precisão das informações baseadas em cookies.

Como regra geral, se você usar cookies, é melhor incluir uma entrada na política de privacidade de seu site declarando explicitamente para que os usa, quais informações eles contêm e com quem essas informações são compartilhadas (se houver alguém).

Teste e teste novamente

Embora a coleta e a avaliação de estatísticas através da análise de dados da web sejam muito poderosas, também são intrinsecamente limitadas. Elas só conseguem informar *o que* aconteceu em seu site; nunca o *porquê*. É aí que entra em jogo o elemento humano: a capacidade de analisar o quê e supor o porquê. Há quase sempre mais de uma explicação para o porquê de seus usuários estarem se comportando de certa maneira em seu site.

Vamos supor, por exemplo, que você note que a taxa de rejeição dos visitantes de uma determinada campanha custo por clique (PPC) está muito alta. Isso pode significar que há um problema com o anúncio em si (um texto atraindo um público muito genérico) ou com a escolha da palavra-chave para a qual está fazendo lances (escolha de palavra-chave muito genérica para gerar o tráfego segmentado) ou que a proposta de valor em sua página de destino não é convincente o bastante.

O lado bom da web é que podemos tentar consertar todas essas coisas e avaliar os resultados para saber exatamente onde está o problema. Como é possível avaliar tudo, podemos testar cada variação possível e usar dados reais dos visitantes reais de nosso site para identificar qual mudança traz ótimos resultados.

O papel dos testes no marketing online não pode ser muito exagerado. Quando é possível avaliar, é possível testar; e quando dá para testar, você pode fazer mudanças com base no comportamento real do visitante. Você elimina o trabalho de adivinhação, o que, por sua vez, elimina muito risco. Os testes A/B são uma ferramenta conhecida no arsenal do profissional de marketing. Basicamente, significa executar duas versões diferentes de um anúncio ou de uma página e avaliar qual versão gera os melhores resultados.

O principal problema com os testes A/B é que você só pode usá-los de fato para testar desvios no impacto de um elemento em uma única página de cada vez. Se mudar mais de um elemento, não dá para ter certeza de qual mudança foi responsável pelo que é visto nos resultados. É muito difícil conduzir testes precisos que avaliam o impacto de diferentes componentes na mesma página de destino e como essas mudanças juntas impactam o comportamento de seu visitante. Ou pelo menos era há até relativamente pouco tempo.

Aqui entram os testes multivariados, um processo que permite aos proprietários de sites testar vários componentes em uma página web ao mesmo tempo e em um ambiente em tempo real. Pense nisso como realizando dezenas, centenas ou até milhares de testes A/B ao mesmo tempo, sendo capaz de verificar, com base em dados reais de visitantes reais de seu site, qual a combinação das variáveis que gera os melhores resultados.

Os testes multivariados estão se tornando rapidamente o método de otimização de conversão de escolha dos profissionais de marketing digital, sobretudo porque permitem opções muito mais complexas do que os simples testes A/B, proporcionam resultados em pouco tempo e podem ter um impacto considerável nas taxas de conversão.

Por exemplo, digamos que você tinha uma página de destino de baixo desempenho e queria otimizá-la. De maneira simples, digamos que você queria experimentar dois títulos e duas imagens diferentes, além de duas opções de call-to-action, um link de texto ou um botão "compre agora". Ou seja, 2 × 2 × 2 variações, ou oito combinações possíveis para testar. Com ferramentas de testes multivariados, você simplesmente configura uma experiência simples que servirá de modo dinâmico às variações de sua página para seus visitantes e registrará as conversões correspondentes. Ao final do teste, você é apresentado com dados mostrando cada uma das diferentes combinações realizadas, permitindo que você escolha a mais eficaz delas e a implemente de forma definitiva em seu site.

Há numerosas ferramentas comerciais disponíveis para a realização de testes multivariados, incluindo uma ferramenta chamada Google Optimizer, do Google, que é gratuita, assim como os outros produtos do Google, sendo um ótimo lugar para começar.

Avaliação de mídia paga

Até agora, examinamos as informações que você pode coletar em seu próprio site. Claramente, muitas dessas informações podem ser usadas como base para sua publicidade online. Saber de onde vem o tráfego, por exemplo, ajuda você a tomar decisões sobre onde anunciar. Contudo, para que seja possível aproveitar ao máximo a publicidade online, é preciso compreender suas complexidades.

A primeira dificuldade é a distinção entre marca e publicidade de resposta direta. Pode parecer difícil de acreditar, mas no início dos anos 2000 acreditava-se que a publicidade na internet não podia construir marcas. De fato, quando a bolha "ponto com" estourou e as agências de publicidade resolveram deixar suas subsidiárias digitais em segundo plano, na maioria das vezes adotaram a resposta direta (DR).

Parte do problema foi o clique. O grande ponto de venda da publicidade online nos primeiros anos foi sua capacidade de avaliação, e o aspecto mais significativo disso foi o clique. Pela primeira vez, os anunciantes sabiam com certeza se um anúncio tinha funcionado, porque sabiam se alguém tinha clicado nele. Com o aumento da busca, o online logo se tornou o meio de resposta direta mais eficiente e mais escalável já visto. Mas, à medida que o clique ganhava cada vez mais atenção, ele passou a ser o foco das discussões, e a noção de que a publicidade nem sempre tinha que desencadear uma resposta direta para ser bem-sucedida caiu por terra. O fato de que as métricas tradicionais da marca — como a propensão de compra e o recall solicitado e não solicitado — não eram mais fáceis de avaliar online do que eram offline tornou-as ainda mais ignoradas à medida que o setor de marketing digital ia atrás de orçamentos de resposta direta.

A resposta direta — e sobretudo a busca — ainda domina os investimentos com publicidade online em mercados maduros, mas o significado do clique está diminuindo por duas razões. A primeira é a crescente importância das redes sociais, que muitos profissionais de marketing pensam que tem pouco impacto na resposta direta. A segunda é a percepção crescente de que as abordagens baseadas no clique dão uma visão distorcida de como os diferentes canais funcionam na jornada do cliente, desde o potencial cliente até o comprador.

Na verdade, enquanto focar no clique parece ajudar na otimização dos gastos, na verdade pode fazer o oposto. Isso porque os diferentes meios de comunicação são mais eficientes em termos de custo por aquisição (CPA) à medida que você se desloca pelo funil de vendas. Mas a concentração na otimização do CPA no fundo do funil pode levar os profissionais de marketing a ignorarem a necessidade de prospectar novos leads no topo, aumentando o custo total de uma venda. Em termos gerais, busca e outros canais próximos ao fundo do funil capturam a demanda. E, embora a exibição também possa fazer isso, seu papel mais importante é aumentar a demanda, permitindo a prospecção de novos potenciais clientes dentro de seus grupos segmentados. Se seu CPA para exibição for dez libras e para e-mail for duas libras, seu departamento financeiro pode muito bem dizer "pare de usar exibição"; mas você pode acabar investindo mais em e-mails para vender a um grupo de clientes que não está mais crescendo.

Também é importante lembrar que, no online, investir mais em termos de CPA pode resultar em um aumento significativo no lucro, porque é um modelo de leilão, sobretudo a busca. Estar em primeiro, segundo ou terceiro lugar no Google pode resultar em um aumento da lucratividade, porque essas posições atraem a maioria dos cliques. Se puder fazer os lances necessários para estar em um desses espaços e manter a rentabilidade, você pode aumentar bastante suas vendas.

Modelos de atribuição

A ênfase na resposta direta levou a uma situação conhecida como "ganhos por último clique", em que todo o valor de uma conversão é atribuído ao site que direcionou o cliente à transação da conversão. Uma das tendências mais importantes dos últimos anos tem sido os anunciantes que procuram se afastar desse modelo e encontrar maneiras de atribuir valor com mais precisão em todos os canais que utilizam, a fim de então melhorar a eficácia de seus gastos totais.

Esse processo é conhecido como modelos de atribuição. "Ganhos por último clique" é um modelo de atribuição, por mais imperfeito que seja. O problema é que encontrar melhores modelos é difícil, uma vez que acompanhar a jornada do cliente inteira, mesmo que apenas online, continua sendo um desafio. É quase impossível unir em uma única jornada do cliente uma visita a um site da marca, a leitura de avaliações, a visualização de um anúncio de exibição online e a pesquisa em um site de comparação de preços. Acrescente mídia offline e móvel a essa lista e se torna impossível de acompanhá-la. Portanto, a maioria das empresas adota uma abordagem iterativa. Elas adotam um modelo um pouco mais avançado do que o de ganhos por último clique, talvez atribuindo uma conversão igualmente tanto ao último clique quanto ao primeiro, e testando isso com os dados, depois repetindo o processo até que surja um modelo sólido.

Uma primeira etapa simples é somar as vendas por impressão de anúncio com aquelas atribuídas ao último clique. A venda por impressão é quando se usa um cookie no navegador de uma pessoa quando ela vê um anúncio, e depois reconhece quando essa pessoa vai ao site do anunciante para converter. É uma forma de incluir o efeito "halo" da mídia de exibição nas vendas. O mais importante é garantir que seja estabelecido um intervalo de tempo correto para que as vendas sejam atribuídas a uma impressão de anúncio. Isso se chama intervalo de cookie, e variará de setor para setor e de empresa para empresa. A definição do intervalo correto, baseada na análise dos dados de impressão e clique, ajudará a evitar que as vendas sejam atribuídas a mídias que não desempenharam nenhum papel na conversão em vendas.

Em termos simples, existem dois tipos de atribuição: atribuição completa, em que as vendas são atribuídas uma a uma a cada canal usado pelo anunciante; e atribuição avançada (ou fractal), em que as vendas são ponderadas pela combinação dos meios utilizados. Em cada caso, como vimos com o teste A/B e o teste multivariado, o mantra é "testar, otimizar, testar novamente".

Outro grande impacto que os modelos de atribuição têm causado é que as barreiras entre a avaliação de diferentes canais estão começando a ser derrubadas. Até pouco tempo atrás, os dados sobre os efeitos da atividade em um canal não eram compartilhados regularmente com os responsáveis por outros canais, mas a pressão pós-crise sobre os profissionais de marketing para mostrar que seus orçamentos estão sendo bem investidos foi um impulso para que isso mudasse. As equipes de marca e de resposta direta precisam entender como sua atividade de mídia no ambiente digital afeta a jornada do cliente e, portanto, a eficácia e a eficiência do plano geral de marketing.

E não apenas no nível do marketing digital. A convergência dos canais online e offline e o reconhecimento de que os clientes transitam entre eles sem problemas, independentemente de qualquer separação funcional dentro do negócio, estão forçando os profissionais de marketing a procurarem uma visão única do cliente. Isso, naturalmente, dificulta um pouco mais as coisas. Todos os canais são interdependentes, e a mudança da atividade de um terá impacto em todos os outros. Sabe-se há alguns anos, por exemplo, que os custos de busca diminuem quando uma empresa está realizando uma campanha de TV, porque as pessoas estão mais conscientes da marca e é mais barato fazer lances para as palavras-chave da marca do que para termos genéricos de busca.

Portanto, outra coisa a ser lembrada é que, além de avaliar o planejamento e a segmentação das campanhas, é muito importante avaliar toda a atividade de seu canal em relação ao retorno sobre o investimento (ROI) ou lucro. Isso permite que você olhe toda a sua atividade de forma abrangente. Você pode descobrir, por exemplo, que está tendo prejuízos em seus investimentos em exibição, mas, ao fazê-lo, acaba gerando mais lucro em geral. Isso também facilita o crescimento de suas atividades de marketing.

Sem dúvidas, a ligação de atividades online e offline é mais fácil para algumas empresas do que para outras. As empresas de e-commerce podem vincular uma venda a um anúncio online sendo visualizado com muito mais facilidade do que os varejistas tradicionais, por exemplo. De fato, uma das áreas de atividade crescente é encontrar maneiras de fechar o ciclo entre online e offline em termos de conversões. O analista Greg Sterling estima que, nos Estados Unidos, o valor do comércio multicanal é dez vezes maior do que o do e-commerce, portanto, o esforço é grande.

Outro fator é o uso crescente de smartphones para consumir mídia, incluindo mensagens de marketing, mas muito menos usados para transações do que PCs/notebooks ou tablets. As estratégias que estão sendo usadas para tentar fechar o ciclo incluem métricas de proxy como "*click-to-call*" ou "*map look-ups*" do site do varejista; cupons; check-ins ou códigos de resposta rápida (QR code) no ponto de venda; carteiras móveis; parcerias entre proprietários de mídia e fornecedores de cartões de fidelidade offline; e, é claro, "click and collect".

Mesmo acima do nível de marketing geral, a convergência significa que a mídia não pode mais ser tratada separadamente. A escuta online, por exemplo, significa que as métricas tradicionais para rádio estão tendo que considerar a internet. E tudo isso está causando um movimento em direção à introdução da métrica há muito estabelecida offline de pontos brutos de audiência (GRP) como uma métrica online, como veremos a seguir.

Com quem estou falando?

A segunda razão para a complexidade de avaliar a publicidade online está relacionada ao domínio online da publicidade de desempenho sobre a marca. Ela também está na história e no desenvolvimento de duas moedas publicitárias paralelas e incompatíveis. A primeira é baseada em *dahsboards*, como os desenvolvidos por empresas como a Comscore a e Nielsen, e é usada para o planejamento. A segunda é baseada em ad servers, como vimos com as métricas do site, e é utilizada para compras.

Parte do problema é que só porque um anúncio é veiculado não significa que seja entregue a uma pessoa do público para a qual é destinado. De acordo com a Comscore, as principais razões são que mais de 60% dos computadores são compartilhados, portanto, os anúncios podem ser mostrados à pessoa errada; os dados demográficos são usados para apontar idades e se tornam desatualizados; nem todos os dados de cadastro são exatos; e algumas segmentações inferem os dados demográficos com base no consumo de conteúdo.

Da mesma forma, só porque um anúncio é veiculado não significa que alguém realmente o tenha visto. Os usuários podem deixar a página em menos de um segundo (o tempo mínimo que um anúncio deve ter para contar como visualizado de acordo com a definição do Internet Advertising Bureau, ou IAB); o anúncio pode aparecer "abaixo da dobra", ou seja, em uma parte da página que o usuário não vê de fato; ou o anúncio pode ser veiculado a um visitante não humano — um bot ou um spider. A estimativa da Comscore é que, em geral, apenas 46% dos anúncios são realmente visíveis pelas pessoas.

Essas discrepâncias levaram a um esforço para conciliar as duas formas de dados, mas como Paul Goode, vice-presidente sênior de Marketing EMEA/APAC/LATAM na Comscore, aponta: isso não é responsabilidade dos profissionais de marketing. Entretanto, eles devem ter certeza de que suas agências estão fazendo a devida diligência dos dados que utilizam, a fim de garantir que não sejam apenas *dashboards* — ou censo.

Ao mesmo tempo, vimos uma mudança — impulsionada pelo desejo dos anunciantes de fazer uma melhor segmentação e pela necessidade dos proprietários de mídia de aumentar o valor de seu inventário — de comprar mídia como proxy para o público a fim de comprar público por conta própria. Isso começou mesmo com o *retargeting* e a segmentação comportamental, e sua última iteração é a negociação programática ou os leilões em tempo real (RTB).

O RTB pode ser considerado como a aplicação das técnicas de PPC para exibir publicidade. Em vez de os anúncios serem vendidos de antemão da forma tradicional, o inventário é leiloado ao maior lance à medida que a página está sendo montada, com base nas características — explícitas ou inferidas — do usuário, conforme refletidas pelos cookies armazenados em seu navegador.

Há dois benefícios principais do RTB: melhor direcionamento dos anúncios e maior eficiência no processo de entrega. Atualmente, a maioria dos benefícios está sendo vista neste último, de modo que as agências estão muito entusiasmadas e a maioria dos anunciantes está se perguntando sobre o que é todo esse alvoroço, embora os anunciantes mais avançados, como a Sky no Reino Unido, estejam auditando suas agências para que possam responder aos desafios do novo cenário. O problema óbvio, pelo menos no que se refere à avaliação, é que a RTB depende de cookies, além de todas as questões de precisão que já discutimos.

Na verdade, essas questões de precisão são o último ponto de discussão na avaliação de publicidade online. As expectativas sobre a exatidão atingível pela segmentação online e a possibilidade de visualização de anúncios de exibição online cresceram demais, e há discussões em andamento sobre a necessidade de padrões de visualização.

Entretanto, como diz Goode, a questão principal é se, como anunciante, sua publicidade está chegando a pessoas reais: "Os cookies não são pessoas, e os problemas com eles só vão piorar à medida que o número de dispositivos aumentar. E, se você não conseguir acertar a parte das pessoas, todas as outras métricas serão inúteis".

De fato, as dificuldades em torno dos cookies — leis de privacidade, clientes cada vez mais tomando medidas para bloquear ou excluir cookies, a crescente importância de ecossistemas móveis que não permitem cookies de terceiros — fazem com que os proprietários da mídia estejam procurando alternativas. Leia o Capítulo 9 sobre marketing programático para obter mais informações.

Os cinco princípios orientadores da avaliação digital, conforme definidos pela Making Measurement Make Sense (3MS)

1. *Troque para um padrão de "impressões visíveis" e conte as exposições reais online*: hoje contamos as "impressões servidas" como registradas por ad servers. Muitas vezes, as unidades de anúncios não estão em um espaço visível para o usuário final ou não conseguem carregar totalmente na tela, o que pode resultar em uma contagem excessiva de impressões. Exposições visíveis são cada vez mais a norma em outras mídias e atendem melhor às necessidades dos profissionais de marketing de marca.
2. *A publicidade online deve migrar para uma moeda baseada nas impressões do público, e não nas impressões brutas do anúncio*: os profissionais de marketing de marca segmentam públicos específicos. Os profissionais de marketing precisam compreender a qualidade e o número de exposições de seu grupo segmentado, além do respectivo alcance e da frequência de tais exposições. A moeda digital existente dificulta muito isso. Além disso, a prática de vender impressões publicitárias torna as comparações entre os meios de comunicação extremamente difíceis, se não mesmo impossíveis.
3. *Como todas as unidades de publicidade não são criadas de maneira igual, devemos criar um sistema de classificação transparente*: ao contrário das mídias tradicionais, que têm um número limitado de tipos de inventário (por exemplo, spot de trinta segundos, contracapa de página inteira), o digital tem diversas unidades. A Making Measurement Make Sense (3MS) defende um sistema de classificação transparente, aderido por todos os publishers. Tal sistema permitirá aos profissionais de marketing identificar e destacar as melhores ofertas para a construção de marca e para outros objetivos de marketing.

4 *Determinar a interatividade de "métricas importantes" para os profissionais de marketing de marca, para que eles possam avaliar melhor a contribuição online para a construção da marca*: atualmente, o setor está repleto de métricas de interação digital. Entretanto, essas métricas não são necessariamente relevantes para os profissionais de marketing de marca. Além das taxas de clique, existem poucos padrões para permitir uma comparação confiável entre os sites. O setor deve identificar e definir as métricas específicas mais valiosas para os profissionais de marketing de marca e implementar padrões confiáveis para as métricas existentes.

5 *A avaliação de mídia digital deve tornar-se cada vez mais comparável e integrada com outras mídias*: as soluções de avaliação devem facilitar o planejamento, a compra e a avaliação de marketing e de mídia entre plataformas. Essa é uma questão substancial que dificulta a análise e a tomada de decisão em todo o ecossistema.

(Fonte: publicado anteriormente em Making Measurement Make Sense. Para maiores informações, acesse: www.measurementnow.net; arquivado em: https://perma.cc/7HBL-HR4C)

O retorno do GRP

Os participantes da iniciativa da 3MS transformaram os cinco princípios na solução de avaliação de marketing digital em cinco partes (ver a seguir), uma das quais era estabelecer uma moeda de público: "uma métrica de pontos brutos de avaliação online, fornecendo alcance e relatórios de frequência de impressões visíveis". O GRP é uma métrica estabelecida offline e representa o número acumulado de impressões geradas por uma campanha publicitária. É calculado pela multiplicação do público alcançado (como uma porcentagem do público total) pela frequência em que o anúncio foi mostrado. A principal diferença entre a publicidade online e a 3MS é que as impressões relatadas devem ser visíveis de acordo com a definição do IAB.

Esta é a solução de avaliação de marketing digital em cinco partes:

- Definir impressões: mudar de um padrão de impressões "servidas" para um padrão de impressões visíveis.
- Estabelecer a moeda do público: introduzir uma métrica GRP online, fornecendo relatórios de alcance e frequência de impressões visíveis.
- Classificação padrão das unidades de anúncios: implementar um sistema de classificação e taxonomia para banners, mídia interativa e transmissão de anúncios de vídeo.
- Métricas de desempenho de anúncios de marca: definir métricas padrão e transparentes para relatórios de visualização e atividade acumulada em redes sociais.
- Avaliações de atitude de marca: estabelecer padrões e validação de fornecedores para melhorar a metodologia de estudos de atitude de marca online.

(Fonte: Making Measurement Make Sense. Para mais informações, acesse: www.measurementnow.net; arquivado em: https://perma.cc/7HBL-HR4C)

O problema da mídia ganha

A parte final de nosso triunvirato da mídia — mídia ganha — é exatamente o que o nome sugere: mídia na qual a presença de um profissional de marketing não é determinada pelo que ele gasta, mas pelo quão interessantes as pessoas pensam que sua empresa e seus produtos e serviços são. É a mídia social no sentido amplo.

As métricas das redes sociais estão evoluindo tão rapidamente quanto as de qualquer outra parte do marketing digital, mas até agora poucas empresas realmente estabeleceram maneiras de avaliar o ROI da mídia social. Para a maioria das pessoas, sua atividade em redes sociais existe além da métrica convencional, mensurável apenas em seus próprios termos. Nisso, a mídia social é análoga a atividades de marketing como jogos online: fácil de avaliar em termos de número de jogos, mas muito mais difícil de vincular aos resultados comerciais, como as vendas.

Assim como nos primórdios da internet, as primeiras avaliações das redes sociais foram o simples número de participantes: quantos amigos, fãs ou seguidores você tinha. Depois o foco passou a ser mais as interações desses fãs com a marca, sendo o compartilhamento uma métrica popular para o sucesso de uma comunicação social.

O que você está tentando alcançar?

Isso leva a outra questão primordial para os profissionais de marketing digital: a necessidade de definir indicadores-chave de desempenho (KPIs) para o negócio. Como discutido antes, avaliar a atividade de marketing em todos os canais em relação ao ROI ou à lucratividade permite ter uma visão abrangente do que está acontecendo. A definição dos KPIs certos permite que você faça algo semelhante.

O conceito de KPIs não é novidade e tem sido comum no mundo da análise de negócios por muitos anos. Os KPIs são usados para destacar as principais tendências a partir de conjuntos de dados complexos, muitas vezes díspares, e para apresentá-los como uma série de índices claros e definitivos

— um resumo de como está o desempenho de sua organização (ou site, em nosso caso) em um determinado momento. Os KPIs "cumprem tudo o que prometem". Eles *indicam* o progresso (ou a falta dele) em áreas que são fundamentais para o *desempenho* de seu site.

Por que os KPIs são importantes

O verdadeiro valor dos KPIs é que eles lhe permitem extrair o significado de seus dados num piscar de olhos. Sem eles, é muito fácil se perder com tantos dados que sua solução de análise da web produz. É um caso clássico de não conseguir enxergar o todo.

Ao definir e avaliar seus KPIs, você está criando um resumo regular que lhe permite monitorar o desempenho de seu marketing ao longo do tempo. Você sabe que, se esse KPI está subindo, significa uma coisa; se está descendo, significa outra, e assim por diante. Seus KPIs não só lhe dão uma noção imediata da situação geral de seu marketing, mas também ajudam a destacar problemas potenciais e levam você na direção certa antes de se aprofundar mais em seus dados buscando soluções.

ESCOLHENDO KPIs EFICAZES

No documento "Web Analytics Key Metrics and KPIs", escrito por Guy Creese e Jason Burby em 2005, a Web Analytics Association (WAA) define um KPI no contexto da análise de dados como:

> KPI (indicador-chave de desempenho): um KPI pode ser uma contagem ou uma relação, mas costuma ser uma relação. Enquanto as contagens e porcentagens básicas podem ser usadas por todos os tipos de site, um KPI é infundido na estratégia comercial — daí o termo "chave" — e, portanto, o

conjunto de KPIs apropriados geralmente difere entre os tipos de site e de processo.

Outra coisa a ser observada é que os termos *KPI* e *métrica* são, muitas vezes, utilizados de forma intercambiável. Isso não é verdade, porque embora um KPI seja *sempre* uma métrica, uma métrica não é necessariamente um KPI. Então, qual é a diferença entre eles?

- Os KPIs estão sempre claramente alinhados aos objetivos comerciais estratégicos.
- Os KPIs são definidos pela gerência: os decisores têm que identificar, definir e se apropriar dos principais determinantes do sucesso de sua organização.
- Os KPIs estão vinculados a direcionadores de valor importantes para alcançar as principais metas comerciais: eles devem representar os "elementos decisivos" na busca de seus objetivos organizacionais.
- Os KPIs precisam se basear em dados válidos: você só recebe aquilo que oferece.
- Os KPIs precisam ser quantificáveis: você tem que ser capaz de medir seus KPIs de maneira consistente e significativa ao longo do tempo.
- Os KPIs precisam ser fáceis de entender: eles devem ser um termômetro de seus sites de desempenho — uma olhada em seus KPIs deve informar a qualquer pessoa de sua organização, desde o gerente até o estagiário, se seu marketing está funcionando bem.
- Os KPIs podem ser influenciados e usados como estímulos para uma ação positiva: um dos principais valores dos KPIs é que eles destacam imediatamente onde sua organização poderia melhorar e áreas onde a ação é necessária para resolver as coisas.

De uma perspectiva de marketing digital, escolher os KPIs certos é crucial para monitorar o desempenho de seu marketing de forma eficaz e permitir que você tome decisões embasadas para uma melhoria contínua. Mas, com um conjunto imenso de métricas diferentes para escolher, também é muito difícil determinar exatamente o que representa um KPI para seu site.

Se você estiver em dúvida em relação a isso, vale a pena investir em uma ou duas sessões com um consultor profissional de análise de dados. Não deixe o consultor assumir o controle: você conhece seu negócio melhor do que ele jamais conhecerá; ao contrário, use a experiência dele com métricas web para ajudar a definir seus KPIs. O importante é que você acabe com um conjunto gerenciável de KPIs (geralmente numerados em um único dígito) que juntos resumem o desempenho de seu site. Estes são alguns KPIs genéricos baseados na web que você pode achar úteis:

- *Taxa de conversão*: esse é o número de visitantes de seu site que realizam uma ação pré-definida, como completar uma compra, assinar sua newsletter online, registrar-se no fórum, preencher um formulário de pesquisa ou qualquer outro fator de conversão que você tenha definido. É claro que, quanto maior for sua taxa de conversão, mais visitantes realizarão as ações que você deseja no site e melhor será o desempenho dele.
- *Visualizações de páginas*: de maneira resumida, é o número de páginas visualizadas por seus visitantes durante um determinado período, desde que você filtre o tráfego de bots e spiders e administre a avaliação da capacidade de visualização, é claro.
- *Visitantes únicos*: o número de pessoas que visitaram seu site durante um determinado período (ao contrário das

visitas, em que cada visitante que retorna é contado novamente).

- *Novos visitantes versus visitantes recorrentes*: a proporção de seus visitantes que já estiveram em seu site antes, presumindo que o pacote de análise de dados possa reconhecê-los através da conciliação com outros dados (por exemplo, eles aceitaram e não apagaram cookies).
- *Taxa de rejeição*: a taxa de rejeição é o número de pessoas que chegam em seu site e depois partem novamente, tendo apenas olhado para a página destino. Essa pode ser uma métrica importante, destacando potencialmente que seu tráfego talvez não seja tão bem segmentado (suas escolhas de palavras-chave podem ser muito genéricas) ou que sua página de destino não esteja mostrando o que os visitantes esperam. Tenha em mente, porém, que alguns sites terão uma taxa de rejeição naturalmente alta (pense em um site de dicionário, por exemplo: o visitante chega à página de definição de uma palavra que estava procurando, lê e sai).
- *Taxa de abandono*: a taxa de abandono vem de diversas formas — basicamente, destaca o número de visitantes que iniciam um funil de conversão pré-definido (uma série de páginas que conduzem a uma ação desejada ou conversão), mas que saem antes de realizar a ação desejada. O exemplo clássico são os visitantes que deixam um carrinho de compras de e-commerce antes de fazer o checkout de pagamento ou abandonam durante o checkout.
- *Custo por conversão (CPC)*: esse é basicamente um cálculo do custo total da publicidade (ou de uma campanha publicitária específica onde você marcou os anúncios para que seu software de análise de dados possa diferenciar o tráfego resultante) dividido pelo número total de conversões geradas como resultado.

Há muito mais KPIs. Dê uma olhada no painel de controle ou na página de visão geral de seu pacote de análise de dados e você encontrará centenas de KPIs sugeridos online. No final, a escolha das métricas que são relevantes como KPIs para seu site depende de você:

- *Visitantes únicos diários*: um indicador da frequência das visitas e, por consequência, o valor colocado naquela propriedade pelo usuário; três quartos dos usuários do Facebook visitam diariamente, metade dos usuários do LinkedIn visitam mensalmente — faça as contas.
- *Tempo médio gasto pelo visitante único diário dentro de cinco quintis de usuários, do maior ao menor tempo gasto*: um indicador da profundidade da relação entre propriedade e usuário.
- *Uma distribuição de frequência com acompanhamento de dados demográficos e dados de dispositivos por quintil de usuários, desde os usuários mais ativos até os mais esporádicos*: indica as características dos usuários mais e menos ativos, como a relação entre a coorte relativamente pequena de tuiteiros ativos em relação à coorte maior de seguidores passivos, e a relação entre os viciados em YouTube e aqueles que o usam às vezes.
- *Volume de conteúdo compartilhado no Facebook, Twitter, LinkedIn e YouTube por visitante único*: mostra a probabilidade de que essa propriedade seja uma fonte de influência. A maioria das dez fontes mais compartilhadas no Facebook e no Twitter são agências de notícias com raízes na televisão ou nos jornais impressos. Duas das outras três são Buzzfeed e Huffington Post. O que isso significa? Em outro nível, dois sites de receitas com um perfil de compartilhamento muito diferente podem indicar uma diferença de valor para os anunciantes.

- *A aplicação de IDs unificadas*: mostra o consumo de conteúdo por tipo de dispositivo e a natureza do consumo paralelo em vários dispositivos.

Esses cinco pontos de dados, se disponibilizados como avaliações padrão, irão fornecer uma visão muito mais detalhada das principais propriedades da web que existem hoje e informar dados de audiência com significado real.

Mesmo nessa era de dados, compradores de mídia, criadores de publicidade e proprietários de marcas têm interesse na composição e nas características dos ambientes em que sua publicidade e marcas aparecem. Saber por que alguém faz algo e com que frequência é tão interessante quanto saber *quantos o fazem*. Isso é ainda mais relevante quando a busca de efeitos de marketing duradouros e a saúde da marca são prioridades apoiadas pela necessidade de contar histórias em vez de apenas focar em ações imediatas.

Talvez os mais beneficiados desses conjuntos de dados sejam publishers, plataformas e agregadores que têm interações relevantes e frequentes com seus públicos. Isso pode significar que os dados talvez tenham vantagens significativas para os criadores de conteúdo original, que muitas vezes não estão no topo dos gráficos de usuários únicos, bem como destinos de grande utilidade como o Google. Muitas vezes, a percepção de falta de crescimento esconde o valor inerente de relações fortes e da influência dessas relações na formação de opiniões, na tomada de decisões e na criação e transmissão de influência.

Por fim, a eficiência e a eficácia da publicidade estão no conteúdo da mensagem, em seu contexto, em sua relevância para o destinatário e no preço e momento de sua entrega. Se for verdade que o contexto e a relevância aumentam com o engajamento do usuário com o conteúdo adjacente, é provável que os conjuntos de dados propostos antes contribuam para o sucesso, ou pelo menos sejam um modificador de preço para o inventário disponível. Se isso não for verdade, os dados nos dirão em breve.

A necessidade de confiança

O que fica claro a partir dessas reflexões em todo o mundo é que o futuro da avaliação da mídia no contexto do digital depende da confiança. Neste mundo cada vez mais fragmentado, detalhado, flexível, ágil e acelerado, os principais decisores se beneficiarão de saber em quem confiar. É claro que essa necessidade sempre existiu; a complexidade e o ritmo que enfrentamos só fazem com que seja mais importante seguir em frente. Quais dados são confiáveis? Por quê? De quem? Saber a origem dos dados que sua empresa está utilizando (seja interna ou externa) é importante quando você está convencendo os outros de seu business case.

O segredo para a confiança é a transparência e, no caso da análise de dados digital, essa transparência vem das métricas padrão e de saber que estas foram aplicadas profissionalmente. Dados híbridos que permitem a comparação entre conteúdos/ambiente são cruciais para entender o contexto da publicidade, mas os anunciantes terão que confiar nos fornecedores desses dados e nos processos que eles usam para reuni-los se o digital alcançar o equilíbrio que mencionamos nos parágrafos iniciais deste capítulo.

Como o digital continua a permitir negócios em ritmo acelerado, as diferenças regionais na métrica de dados se tornarão mais visíveis e o papel dos padrões mundiais para os mercados locais se tornará ainda mais importante.

Uma boa fonte de conhecimento nesta área é o www.ifabc.org, uma aliança de quarenta organizações independentes criadas pelo setor e para ele. Esse grupo estabeleceu métricas de avaliação de mídia digital desde a fundação de seu próprio grupo de padrões em 1996. Além disso, muitos de seus membros entregam verificação independente da aplicação da avaliação de mídia digital.

Embora os números que usamos sejam importantes, o crescimento e o ritmo mencionados ao longo deste capítulo destacam o próximo nível de responsabilidade que será a referência dentro de alguns anos. Vamos olhar cada vez mais para critérios baseados em provas de contexto; exemplos disso serão as normas para verificar a possibilidade de visualização da publicidade em digital e os processos pelos quais as partes envolvidas reduzem o risco de má veiculação de anúncios. Esse último é um assunto mais detalhado da análise de dados, pois vinculamos o tópico de dados e a ética de dados em geral ao debate em curso em torno dos KPIs — mas este é um capítulo para o próximo livro.

O realismo em vez do idealismo ajuda a equilibrar o tempo disponível para compreender a avaliação com o volume, a fragmentação e a velocidade dos dados disponíveis. A utilização de dados com o selo de confiança independente exclui grande parte da incerteza envolvida.

Não há dúvida do lugar que o "big data" desempenha no cenário do marketing digital. Muitos acreditam que, no futuro, o profissional de marketing digital pode se tornar de fato um cientista de dados. Não há dúvida também de que as futuras edições deste livro terão um capítulo dedicado aos dados, mas neste momento é um mundo muito confuso para os profissionais de marketing.

O impacto do GDPR e da CCPA

Desde a edição anterior deste livro, publicada em 2016, as principais regulamentações tiveram amplo impacto sobre os profissionais de marketing digital: o Regulamento Geral sobre a Proteção de Dados (GDPR) na Europa e a Lei de Privacidade do Consumidor da Califórnia (CCPA), que é geralmente aceita entre as mais rigorosas legislações estaduais de privacidade dos Estados Unidos. Vários capítulos deste livro analisaram o impacto do GDPR e da CCPA sobre os profissionais de marketing digital, mas em nenhum outro aspecto ele é mais relevante do que no manuseio e no armazenamento de dados. Tanto as regulamentações europeias quanto as norte-americanas estabeleceram direitos de privacidade aprimorados, maiores deveres de proteção de dados e relatórios obrigatórios de violação. Também deram aos clientes o direito de acessar seus próprios dados, corrigir erros ou objetar a forma como seus dados estão sendo armazenados e utilizados. Elas têm impactado as empresas do mundo inteiro, forçando-as a ser mais transparentes em torno dos dados dos clientes e colocando em vigor penalidades significativas para aqueles que não as cumprem.

Embora a implementação das medidas necessárias para garantir o cumprimento dos regulamentos tenha sido extremamente demorada para os profissionais de marketing digital, foi uma oportunidade de refinar os conjuntos de dados, avaliar como e onde os dados são mantidos nas organizações, auditar listas de contatos e confirmar assinantes. Tudo isso significou que muitas organizações possuem agora dados mais significativos do que nunca sobre seus clientes e potenciais clientes. Vale a pena verificar se sua organização está totalmente em conformidade com o GDPR ou a CCPA (dependendo do que é relevante para você) e que auditorias de dados contínuas estão em vigor para garantir que essa conformidade continue. Acima de tudo, certifique-se de fazer as perguntas certas. Se algo parecer errado, não tenha medo de falar e questionar a legalidade por trás das ações das pessoas. Mark Cunningham, cofundador e CEO da

WhenFresh, colaborou com sua opinião profissional sobre o potencial de uso de dados, bem como sobre a necessidade vital de usá-los de forma confiável.

VISÃO DOS ESPECIALISTAS

"Dados" não é uma palavra de cinco letras

Contribuição de Mark Cunningham, cofundador e CEO da WhenFresh, uma empresa inovadora DaaS (Data as a Service) sediada no Reino Unido

Os dados são a resposta a uma pergunta, declaração ou fato que podem ser usados na entrega de um serviço ou um cálculo. Pense nos dados como uma teia de fatos e na análise de dados como um mecanismo para tornar os fatos úteis.

Há dois arcos principais sobre os dados que os trouxeram para nossa vida diária: a quantidade e variedade de dados está aumentando e, talvez mais importante, os sistemas analíticos para o consumo e a compreensão desses dados estão se tornando mais rápidos e baratos. Esse ápice de fornecimento e análise rápida e barata definiu esse período de desenvolvimento industrial como a era dos dados.

Além disso, esse ápice permitiu que dados imperfeitos e confusos fossem analisados por computadores em busca de padrões. Toda vez que os computadores procuram um padrão, eles se lembram de como melhorar a competência (na realidade, eles aprendem como não cometer o mesmo erro mais de uma vez). Isso significa que podemos procurar padrões em dados quando os dados não estão obviamente conectados às perguntas que queremos responder. A competência de encontrar padrões em dados ou fatos confusos que nos permitem acesso a insights de fácil compreensão é, às vezes, chamada de ciência dos dados.

Enquanto escrevo isto, nas primeiras semanas de 2020, o Reino Unido tem enfrentado algumas grandes inundações, e o governo tem procurado uma série de soluções para problemas básicos de resposta a emergências, por exemplo: quais são os rios com probabilidade de transbordar? Se esses rios transbordarem, que rotas ficarão indisponíveis para uma ambulância? Quais centrais elétricas ou subestações serão afetadas? Assim que as enchentes se tornaram uma ameaça, surgiu toda uma série de perguntas relacionadas a "dados" que precisavam ser respondidas rapidamente.

Após uma chamada geral à comunidade de dados, houve uma fantástica *hackathon* (uma espécie de maratona de programação) para procurar dados que ajudassem a informar os modelos. A resposta proposta pela comunidade de dados tem sido fascinante e animadora. Considere os exemplos a seguir de alguns dos dados que estão sendo usados para ajudar nesse caso.

Temos exemplos de onde as inundações aconteceram nos últimos tempos (isto é chamado de conjunto de verdade, quando sabemos que algo aconteceu e então precisamos procurar padrões nos dados para ver se poderíamos ter previsto isso). Para fazer isso em relação às inundações no Reino Unido, o que é necessário são dados reais de evidência mostrando padrões pluviométricos microgranulares, registros precisos de temperatura do ar, dados exatos de pressão atmosférica em altas altitudes e pressão do solo.

Parece uma tarefa dificílima, mas os dados necessários para fornecer essas informações estão ao nosso redor. Por exemplo, e se esses dados pudessem ser fornecidos em tempo real em oito milhões de carros conectados já nas estradas, dando-nos relatórios de temperatura do ar? (Se você não sabe por que há um indicador de temperatura do ar externo em seu painel de instrumentos, isso realmente não é para você!) E se esses mesmos carros pudessem fornecer uma medida de precipitação e temperatura no solo, enviando sinais para que os limpadores automáticos de para-brisas sejam ligados e desligados? Esses dados poderiam então ser mapeados sobre o tráfego, em ondas e em tempo real.

Os smartphones têm barômetros e termômetros incorporados para lhes informar quando estão superaquecidos. É possível, portanto, saber as temperaturas de milhões de celulares que estão ao ar livre.

Assim, isso responde à questão da temperatura do ar. E, finalmente, o que dizer das transmissões ao vivo dos motores das aeronaves? Há cinco mil voos diários sobre o espaço aéreo britânico. É muita pressão do motor e leituras da pressão atmosférica a trinta mil pés.

A questão é que todos os dados necessários para responder a essas perguntas já estão lá e estão sendo consumidos e mapeados em imagens de satélite em tempo real. Não é ficção científica; seus dados são úteis em nível de emergência nacional. E estão sendo usados agora mesmo.

Então esse é o lado bom do uso de dados: resolver um problema com pontos de dados pré-existentes e reciclar a exaustão digital. E quanto ao lado ruim da coleta de dados ou do abuso de permissão?

Como você acha que os dados devem ser usados quando a permissão é menos óbvia, ou as respostas às perguntas são mais ambivalentes, ou quando você não fez nenhuma pergunta? A grande pergunta a ser feita quando se recebe um serviço de dados, jogos gratuitos de aplicativos ou o acesso a uma rede social é: se o serviço é gratuito, eu sou o produto?

O Facebook como organização é um dos coletores de dados mais bem-sucedidos, oferecendo um espaço gratuito para publicar dados sobre seus pensamentos, fotos, gostos, aversões e, é claro, dados pessoais como aniversários, amigos e comunidades. Em troca, eles compartilharam esses dados com centenas de empresas de dados que veiculam publicidade, que é cada vez mais emocionalmente direcionada a uma compra ou para influenciar uma eleição com base em seus gostos individuais, moda, opinião ou localização.

Esse acesso ilimitado aos seus pensamentos em troca de um quadro de mensagens e um local para expor suas fotos é uma troca de valor razoável? O Facebook está confiante o suficiente para coletar seu comportamento e acredita que pode começar a lançar criptomoedas para sua base de usuários. Essa seria uma alternativa ao dinheiro (até agora chamado libra), e eles querem lançá-la em 2021. Sua base de usuários é de 2,3 bilhões, ou seja, três vezes a população total da Europa, ou quase dez vezes a população dos Estados Unidos. Não é uma grande surpresa ver isso se tornar realidade... de maneira alguma.

Mas será que o Facebook é o melhor coletor de dados? No mundo de hoje, você poderia argumentar que eles não são, pois lhes falta uma variável principal: os padrões de consumo. No entanto, a Amazon é uma empresa que sabe muito bem de seus padrões de consumo.

A Alexa tornou-se o principal dispositivo de coleta de dados para a Amazon Corporation; a maior varejista do mundo. A Amazon começou como uma livraria online antes de fazer a transição para uma loja online. Depois se transformou em um provedor de aluguel de hardware antes de estrear o Magento, um gigante de compras de software, e depois se tornou o maior complexo de DaaS do mundo, a AWS. Então avançou ainda mais e criou um ouvido, colocando um software espião bem na sua frente.

A Alexa não é um alto-falante, é um microfone com um recurso de reprodução que ouve tudo o que você faz. Por exemplo, em 2019, o caso de assassinato de Silvia Galva nos Estados Unidos foi resolvido quando a família da vítima intimou a memória de áudio da Alexa, que "testemunhou" o assassinato e o gravou.

A Alexa está ouvindo. Se você está pensando em viajar para a Itália e, de repente, começar a ver anúncios de pacotes de viagem no país no seu feed, pode ser porque a Alexa já o ouviu falar sobre isso. Ela ouviu, e isso define a seleção de anúncios através de uma parceria com serviços de TV online. Vou lhe dar outro exemplo. Na semana passada, meus filhos e eu discutimos possíveis escolhas de carreira e, no dia seguinte, o escritório de uma empresa de carreiras estava veiculando um anúncio em dois feeds das minhas redes sociais. Eles ouviram e veicularam o anúncio.

Tudo isso pode parecer fantasioso, mas está longe disso. A última habilidade da Alexa é gravar e entender a estrutura da sua voz, e depois permitir que você se conecte a outros usuários da Alexa apenas pedindo: "Alexa, me conecte a Mike Brown". A Alexa conecta você ao

Mike Brown certo porque ela te conhece e conhece o Mike, além de ter ouvido essas vozes em um mesmo ambiente.

Assim, a Alexa está se tornando um serviço de chamada de voz privado. Claro, se ela conhece essas duas vozes, então ela sabe onde você está quando a ouve... em qualquer lugar que uma Alexa esteja. Imagine isso. A rede Alexa está ouvindo você o tempo todo. Se, por exemplo, você tem seu aplicativo instalado no celular, ele pode rastreá-lo na casa de seus amigos, e então recomendar coisas que você pode comprar para seu amigo no aniversário dele. A Alexa conhece você. A Alexa ouve você. A Alexa (que, lembre-se, na verdade é a Amazon) sabe o que seu amigo está comprando ou olhando. Está tudo ficando um pouco invasivo, certo? "Oi, Mark, é a Alexa. O aniversário de Mike é na próxima semana. Quer comprar de presente as coisas que ele tem pesquisado?" Tudo isso são dados.

Aqui estão mais alguns exemplos. Você acabou de comprar um carro novo e baixou o aplicativo do fabricante no seu celular? Pensa que isso é para que você saiba onde estacionou? Pense novamente. É para que o carro saiba para onde você foi depois que o deixou. Inteligente, não é?

Você utiliza um sistema de navegação por satélite? Ou você já baixou o Waze ou seu equivalente? O Waze não é um sistema de navegação, é um dispositivo de gravação telemétrica que registra como, onde e a que velocidade você dirige. Mas, o mais importante, ele informa o Google exatamente onde você esteve, quão rápido você acelera ou freia. Também diz ao Google se você dirige ou não dentro do limite de velocidade. Ao usar o Waze, você está voluntariamente deixando que o Google saiba todos esses dados. Imagine que o Google quer lançar uma apólice de seguro de automóvel. É bem possível que eles comecem com os carros que sabem onde o proprietário esteve e com os motoristas que estão mais atentos às regras do trânsito. Pense em como você dirige; o Google faria um seguro para você?

Tudo isso traz a questão de como você deve se proteger contra esses tipos de abusos. A legislação difere dependendo de onde você mora ou onde sua empresa atua. Na Europa, o GDPR define as regras, enquanto nos Estados Unidos, a estrutura legal mais influente é a CCPA, no momento em que escrevo este livro. Esses dois conjuntos de normas garantem transparência no uso dos dados, um método para descobrir como os dados estão sendo usados, um direito a ser esquecido e um caminho claro para cobrar e multar as empresas que desrespeitam as leis. Você pode pesquisá-las na internet, mas se for do marketing, a maneira mais simples de entender as leis em torno do abuso do uso de dados é a seguinte: se o que você está fazendo com os dados parece que está errado, então é provável que esteja. E você não deve fazer isso.

Tendo dito tudo isso, também acontece o seguinte: mesmo que as plataformas de publicidade tenham todos os dados do mundo, elas ainda estão sob a influência da preguiça das agências de publicidade e dos clientes. Com muita frequência, o online ainda é pensado mais ou menos como o offline, de modo que as oportunidades de refinar a publicidade com o microtargeting em tempo real são perdidas. Muitas agências e clientes raramente mudam o conteúdo e nunca saem das diretrizes da marca para criar mais interesse, como a TV e a imprensa fazem, mesmo com um orçamento menor.

Esse ponto de vista foi trazido e derrubado em 2016 quando a votação para o Reino Unido deixar a União Europeia (e possivelmente a vitória do presidente Trump nos Estados Unidos) foi pega desprevenida, e uma nação inteira não sabia que estava sendo vítima de microtargeting, direcionado a grupos online de pessoas com afinidades emocionais ou agressivas.

Em um descaso surpreendente e devastador pelos direitos de privacidade de dados, a campanha Leave no Reino Unido utilizou uma série de concursos online para poder fazer propaganda para milhões de personas. Oferecendo um grande prêmio em dinheiro e ingressos gratuitos para o Premiership Football, a campanha reuniu permissões de usuários de redes sociais online e, mais importante ainda, a permissão para enviar notificações para os amigos dos entrevistados.

Essa coleta de click baits deu à campanha uma boa base da vida online das pessoas que eles queriam segmentar. Foi algo genial, mas também de moralidade questionável.

Então, tendo obtido a permissão inicial para veicular a campanha, eles exibiram diversos vídeos publicitários com palavras-chave e mensagens definidas por likes, acordos, compartilhamentos e respostas audíveis aos vídeos, até que houvesse uma estrutura de respondentes com a mesma opinião dispostos a divulgar a mensagem para os pools agora chamados de "bolhas" de destinatários. Essas bolhas também eram chamadas de câmaras de eco — lugares onde seus amigos só concordavam com você (porque eram organizadas por gostos e opiniões semelhantes pelos algoritmos das redes sociais). Os algoritmos das redes sociais mostravam às pessoas outras pessoas conhecidas, e apenas aquelas que conheciam compartilhavam as mesmas opiniões. Como a cuidadosa dobra do metal ao fazer uma espada japonesa, essas diversas camadas de acordos eram criadas para fazer a bolha sentir-se impenetrável e dar aos usuários a impressão de que estavam incontestavelmente certos, e que todas as suas conexões online estavam de acordo com sua opinião.

Os horríveis desdobramentos do marketing político online eram tão persuasivos e a retórica tão divisória que, ao escrever isto três anos depois, esse pensamento político em duas frentes ("nós e eles") ainda separa a população em dois lados magoados. Os dados fizeram com que encontrar um par político em um estranho fosse muito mais provável do que encontrar um par amoroso em um aplicativo de relacionamentos.

A retomada do controle foi uma obra-prima da publicidade e da persuasão, mas as repercussões para alienar os usuários de suas próprias famílias ou colegas da vida real têm causado muita divisão. O discurso político nunca foi tão grosseiro, e tudo isso aumentou ainda mais com o espião que está no bolso de todo mundo, dizendo-lhes que têm razão.

Para finalizar, devemos considerar o exemplo de um tipo diferente de uso de dados. O governo chinês administra um sistema de crédito social utilizando pontos que são ajustados de acordo com o comportamento dos cidadãos. Os dados são coletados de coisas como declarações de impostos, câmeras de reconhecimento facial e relatórios de trabalho e depois resumidos em uma pontuação. Essa pontuação é uma moeda do mundo real. Por exemplo, se há pouco tempo você recebeu uma multa por excesso de velocidade, talvez não possa ir a um médico sem pagar, ou se você disse algo sem fundamento sobre o governo chinês, talvez não lhe seja concedida permissão para viajar de avião.

Para finalizar com uma notícia melhor, vale a pena lembrar que, se os vários serviços de segurança mundiais e as empresas privadas estão realmente ouvindo tudo o que fazemos, então são seus impostos que estão pagando por isso, e você tem o direito de pedir-lhes uma cópia de segurança das informações que armazenam sobre você. É possível fazer isso em qualquer organização. Basta procurar o "pedido de informação", também conhecido como FOI (*freedom of information request*). Um FOI é uma ferramenta muito útil quando pedem que você responda perguntas inúteis de organizações que já deveriam conhecê-lo. A empresa terá que lhe dizer onde, por que e o que eles sabem sobre você. Os resultados vão realmente surpreendê-lo, e é muito mais prático do que escrever um diário.

VISÃO DOS ESPECIALISTAS

Obtendo insights a partir de dados em tempo real

Contribuição de Martin Doyle, da DQ Global

As empresas estão começando a abraçar as inúmeras oportunidades que a coleta de dados em tempo real apresenta. Se pudermos aproveitar a grande quantidade de dados coletados em tempo real, então — em teoria — podemos capitalizá-los usando ferramentas de dados de análise, inteligência artificial (IA) e aprendizado de máquina (ML) para obter insights valiosos dos clientes, o que nos permitirá atender melhor nossos clientes.

Os profissionais de marketing estão começando a responder aos sinais sociais e às interações digitais em tempo quase real, porque, quanto mais rápido pudermos entender, interpretar e responder ao comportamento de um cliente, é mais provável que possamos entregar mensagens oportunas, relevantes e convincentes. Essa hiperpersonalização (ou personalização em massa) está impulsionando uma nova era de automação de marketing destinada a atrair, conquistar e reter clientes para otimizar as relações e, portanto, o valor vitalício.

Para muitas empresas, esse é um novo cenário, e muitas não sabem como se aproximar dele. Isso se deve, em parte, porque esta nova era de coleta de dados em tempo real, decisão automatizada e coleta de big data é bem diferente dos métodos tradicionais de armazenamento, análise e execução.

Um desafio recorrente na obtenção de insights confiáveis dos clientes é que as empresas há muito negligenciaram a qualidade dos dados que estão coletando e só agora estão começando a perceber por que isso é importante.

Há apenas um motivo para coletar legalmente dados de clientes: utilizá-los. Muitos profissionais de marketing veem seus dados como ouro; no entanto, ao contrário do ouro, os dados dos clientes não valorizam com o tempo. Na verdade, eles perdem o valor, tornando-se cada vez menos úteis — à medida que sua qualidade se perde — com o tempo.

Portanto, se você não os utiliza, está perdendo uma chance de capitalizá-los para uma decisão dinâmica e uma execução inteligente.

OS INSIGHTS SÃO OBTIDOS COM BASE EM DADOS DE QUALIDADE

Sabemos que os dados, sejam grandes ou pequenos, coletados para insights de marketing podem ajudar a obter insights valiosos que, por sua vez, podem nos ajudar a automatizar as próximas melhores tomadas de decisão em tempo real, ou quase isso. No entanto, a grande questão é: elas são as decisões certas?

Com dados de baixa qualidade, serão obtidos insights ruins, levando à tomada de decisões incorretas com muita convicção. Para evitar essas más decisões, precisaremos melhorar a hierarquia DIKW de dados para insights; ou seja, os dados fundamentais (*data*), a informação (*information*), o conhecimento (*knowledge*) e a sabedoria (*wisdom*), pois eles são os ingredientes para os insights de marketing.

Portanto, vamos começar por baixo da hierarquia, ou seja, os dados fundamentais. Você não abasteceria seu carro com o combustível errado ou ruim e esperaria que ele tivesse um bom desempenho. Então, por que alguém esperaria obter insights de marketing confiáveis sobre uma base de dados ruins? Dados ruins levam a informações inválidas, conhecimento incorreto, falsa sabedoria e, finalmente, insights imprecisos.

Portanto, se vamos confiar nos insights derivados dos dados coletados, grandes ou pequenos, e nas ações propostas por qualquer modelo AI ou ML, devemos **confiar** totalmente nos dados.

Quando se trabalha com dados de clientes, pequenos erros podem ter consequências caras e inesperadas. Como metáfora para isso, vamos considerar a "torre inclinada de dados". Parecida com a torre de Pisa, nossa torre de dados tem falhas, porque seus alicerces não são sólidos. Em outras palavras, eles são construídos com base em dados ruins. Um pequeno defeito na base causa um enorme desvio (ou distorção da verdade) no discernimento quando subimos ao topo da torre, que se relaciona com a "sabedoria" da hierarquia DIKW de dados para insights (ver Figura 11.1).

Da mesma forma, o risco de dados de baixa qualidade causarem erros nos mecanismos de análise de dados e nas recomendações em tempo real deve ser uma preocupação genuína para todas as empresas.

Quando os dados subjacentes são de baixa qualidade, os grandes investimentos em projetos de dados podem ser frustrados pela falta de atenção à qualidade da alimentação de dados utilizada para as decisões de um negócio baseadas em insights. Isso nos leva de volta ao antigo ditado: "lixo entra, lixo sai". No entanto, com tecnologias mais rápidas e big data, isso talvez tenha ido além: "lixo rápido e grande entra, lixo rápido e grande sai".

FIGURA 11.1 Torre inclinada de dados

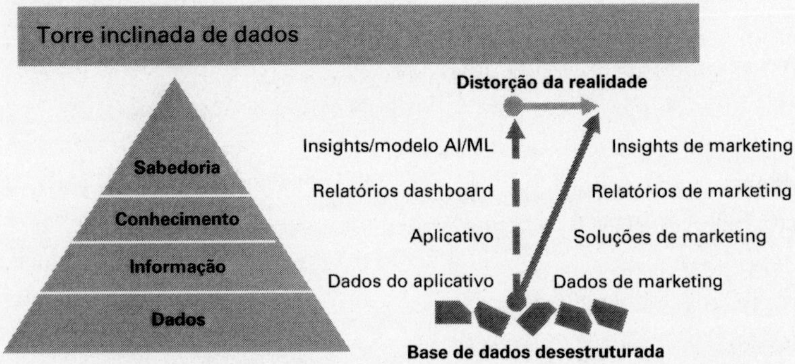

Em termos de qualidade de dados, se isso for algo realizado em escala, não podemos gerenciar a qualidade dos dados como um projeto único. Precisaremos monitorar, avaliar e gerenciar continuamente os dados utilizados como base e tentar avançar para um modelo de autorrecuperação de qualidade de dados.

DADOS COLETADOS POR MÁQUINAS VERSUS DADOS COLETADOS POR HUMANOS

Sabemos que os dados coletados por dispositivos inteligentes como celulares, wearables ou dispositivos da internet de coisas (IoT) tendem a ser bem definidos e geralmente de qualidade. Isso se deve sobretudo ao fato de os dados serem criados por uma máquina, portanto, há menos risco de erro humano introduzindo falhas.

Entretanto, quando começamos a relacionar dados gerados por máquinas a dados introduzidos por humanos, torna-se mais desafiador obter informações significativas. Isso porque, em geral, os dados criados por um humano são mais subjetivos e nem sempre são compatíveis com os dados produzidos por máquinas.

Imagine que uma fictícia rede de hotéis cinco estrelas usando tecnologia de reconhecimento facial conseguisse reconhecer o sr. Jon X como um hóspede VIP frequente em cada hotel individual. Os sistemas de gerenciamento de propriedade não estavam conectados e, portanto, cada hotel tinha que identificá-lo de forma independente.

O hóspede VIP precisava que todos os funcionários do hotel entendessem que ele preferia ser chamado informalmente de Jon; entretanto, em seu cartão de registro e conta, exigiu que seu nome fosse escrito como Jonathan.

Infelizmente, o pessoal do call center de alguns hotéis havia escrito sem querer seu nome como "John" no cadastro, e ele se sentiu muito insatisfeito.

Mesmo assim, era ótimo que os aplicativos de reconhecimento facial pudessem identificar o hóspede como a mesma pessoa em cada hotel da rede, porque os humanos estavam envolvidos e os sistemas estavam em silos e, portanto, não eram unificados e nunca seria possível obter as informações desejadas e necessárias dos hóspedes.

VISÃO ÚNICA DO CLIENTE (SCV) E GERENCIAMENTO DE DADOS MESTRE (MDM) COMO UMA SOLUÇÃO

Aqui é onde uma visão única do cliente ou uma solução de gerenciamento de dados mestre ajudariam. Em nosso exemplo do hotel, se quisermos realmente obter os insights necessários para atender melhor nossos hóspedes, precisamos ter uma versão única consolidada da verdade (do hóspede). No cenário anterior, precisaríamos superar o desafio de reconhecer que nosso hóspede VIP pode ser registrado nos sistemas de gerenciamento de propriedade dos hotéis de diferentes formas, talvez como Jon X, Jonathan X, Jonny X ou John X.

Sem um investimento em correspondência e reconhecimento sofisticados desses registros de diversos hóspedes, os conhecimentos necessários para criar um modelo de frequência e valor monetário, ou

RFM (um modelo pelo qual as organizações identificam seus clientes mais valiosos), simplesmente não serão o suficiente.

Precisamos saber que esse cliente VIP se hospedou inúmeras vezes em diversas propriedades, tem preferências específicas, alergias seríssimas e restrições de alimentação dietética. Se essas informações não puderem ser consolidadas e unificadas, você nunca terá os conhecimentos necessários para reter esse convidado especial e de valor vitalício.

CONCLUSÃO

Se quisermos aproveitar o enorme potencial dos dados para obter insights avançados, precisamos desenvolver maneiras de melhorar sua qualidade e garantir que possamos confiar nas decisões derivadas em tempo real.

De dados de qualidade virão informações confiáveis. Com boas informações, o conhecimento e a sabedoria aumentarão e, por fim, os conhecimentos confiáveis prevalecerão. Dados de qualidade são o fio condutor comum entre todos eles.

VISÃO DOS ESPECIALISTAS

Os cinco principais erros de análise de dados

Contribuição de Philippa Gamse, consultora de marketing digital e estratégia

Depois de mais de vinte anos de experiência trabalhando com clientes e com educação executiva, a seguir listei os erros mais comuns e mais relevantes que tenho visto com frequência em torno da configuração de análise de dados.

1. TENTAR AVALIAR TUDO DE UMA SÓ VEZ

Muitas vezes, ao perguntar aos clientes sobre seus KPIs existentes, recebo uma longa lista de quase tudo o que eles podem pensar que é mensurável. Gerentes e executivos se convencem de que se algo pode ser avaliado, então deve ser, mesmo que os dados sejam questionáveis ou não tão úteis (por exemplo, as taxas de abertura de e-mail não dizem nada sobre quantas pessoas realmente leem sua newsletter).

O problema de avaliar tudo de uma só vez é que você corre o risco de não estabelecer um foco ou uma prioridade. É muito mais difícil testar melhorias ou definir quais aspectos de sua presença digital devem ser trabalhados primeiro.

De qualquer forma, faça uma lista longa e depois selecione *apenas* de seis a oito de seus KPIs de destaque. Ao definir essas prioridades, considere fatores tais como:

- Quais de seus KPIs são mais importantes para seu negócio?
- Existem problemas ou funções já evidentes que não estão funcionando?
- Existe algum problema que é "presa fácil", ou seja, que é rápida e facilmente resolvido?
- Você implementou alguma mudança recente importante sobre a qual você precisa de feedback rápido?

Lembre-se de que você pode ajustar os KPIs aos quais você dá mais atenção em qualquer momento. Atribuir prioridades pode ser um exercício bastante controverso, mas, por fim, é muito valioso para concentrar tempo e recursos.

2. SUPERESTIMAR AS MÉTRICAS ORIENTADAS PARA A RECEITA

É claro que as vendas e a receita são muito importantes; no fim das contas, é por isso que todos nós temos um negócio.

Entretanto, é fundamental lembrar que você também deve atrair visitantes para sua presença digital e engajá-los com seu conteúdo antes que eles realizem suas call-to-action. Muitas empresas concentram sua atenção em métricas de conversão e gastam muito menos tempo avaliando o sucesso de suas estratégias de marketing e engajamento. Isso significa que elas não têm ideia de quanto dinheiro estão desperdiçando em táticas ineficazes e quanto seu ROI real poderia aumentar.

Avinash Kaushik tem uma ótima abordagem para garantir que seus KPIs reflitam a jornada completa do cliente. Seu modelo digital de marketing e avaliação compreende três categorias:

- Aquisição: como os visitantes encontram sua presença digital.
- Comportamento: as atividades não remuneradas que eles realizam enquanto lá estão.
- Resultados: as ações do visitante que impactam diretamente no valor de seu negócio.

As métricas de aquisição cobrem todas as suas táticas de marketing para atrair novos visitantes. Os comportamentos podem ser assistir a vídeos, usar seu mecanismo de busca no site, compartilhar seu conteúdo nas redes sociais ou abandonar seu carrinho de compras. Os resultados obviamente incluem compras, mas podem também ser a geração de leads e assinaturas de newsletter.

O ideal é que seus seis a oito KPIs escolhidos se encaixem perfeitamente nesse modelo, com dois ou três atribuídos a cada categoria. Isso garante um ponto de vista equilibrado de todos os aspectos de sua presença digital (ver: www.kaushik.net/avinash/digital-marketing-and-measurement-model; arquivado em: https://perma.cc/F6D4MWA2).

3. TER UM OBJETIVO SEM UM ALVO

É evidente que cada KPI deve ter um alvo associado; afinal de contas, se você não sabe o que está buscando, não vai saber se está alcançando seus objetivos.

Muitas vezes, vejo KPIs como "aumento de novos visitantes" ou "aumento de leads de vendas" sem nenhuma descrição de como estes devem ser. Um aumento de cinco novos visitantes por mês seria suficiente? Quantos leads de vendas você deseja de fato segmentar e a que nível você pode estar sobrecarregado ou incapaz de atender à demanda?

Os objetivos são importantes e precisam ser realistas. É claro que pode ser difícil estabelecer objetivos significativos no início de um novo negócio ou campanha, quando você não sabe ainda o que esperar. Pergunte a outras pessoas na empresa, procure quaisquer dicas de outras atividades similares ou use uma estimativa a curto prazo que você possa ajustar o mais rápido possível.

4. FICAR COM SEGMENTOS GENÉRICOS OU PADRÃO

A maioria dos profissionais de análise de dados está familiarizada com o conceito de segmentar, ou separar diferentes tipos de visitantes ou visitas. Isso permite insights muito mais relevantes, e assim você pode tomar melhores decisões sobre ações e prioridades futuras.

Muitas ferramentas de análise de dados incluem um útil conjunto de segmentos predefinidos. Estes podem certamente ser muito úteis e um ótimo começo, sobretudo para aqueles que ainda estão aprendendo a lidar com os dados.

No entanto, pode ser tentador ficar com os padrões e não criar os próprios segmentos. Fazendo isso, corre-se o risco de que seus relatórios não sejam personalizados o bastante às suas circunstâncias específicas, e você perderá oportunidades de obter inteligência acionável para seu negócio.

Pense no que pode lhe ajudar melhor a obter dados úteis dos KPIs que você está usando. Exemplos podem incluir locais específicos ou dados demográficos que você está buscando ou produtos ou páginas que está apresentando.

Além disso, pense em um nível mais detalhado que você poderia acrescentar a um segmento padrão existente, como combinar "visitantes de dispositivos móveis" com "visitantes que assistiram a um vídeo específico".

A criação de segmentos relevantes e úteis é uma habilidade crucial para qualquer analista de respeito. Portanto, diversifique-os e divirta-se com eles!

5. IGNORAR OS VALORES INTANGÍVEIS

É fácil e óbvio acompanhar o valor de metas alcançadas que geram receita imediata. Entretanto, há muitas outras metas e eventos, tais como assinatura de newsletter por e-mail, visualização de vídeos, downloads de arquivos e cliques em links de afiliados que indicam um visitante com valor potencial para seu negócio.

A essas metas também deve ser atribuído um valor monetário para que você possa ver claramente quais táticas de marketing ou de engajamento de visitantes são as mais bem-sucedidas na geração de resultados.

Às vezes, você pode ter uma ideia de quais devem ser esses valores. Com que frequência os contatos de sua presença digital convertem em vendas? Qual é o valor médio dessas vendas? Sabendo isso, você pode acrescentar um valor monetário aos objetivos relevantes em sua análise de dados.

Se você não tem nenhuma ideia do valor potencial da conclusão de uma meta, atribua um valor nocional ao acompanhamento da meta. Mesmo que ele seja de apenas uma libra, os dados acumulados com taxas de conversão ainda lhe darão uma melhor noção de quais canais são mais eficazes.

ESTUDO DE CASO
CITRIX

A Citrix é uma empresa de tecnologia que facilita o acesso dos funcionários aos aplicativos e conteúdos de que precisam, onde e quando precisarem. Com inúmeras soluções diferentes e muitos casos de uso potencial, como a Citrix decide quais contas provavelmente serão as melhores opções para seus esforços de vendas e marketing?

A Citrix criou uma ferramenta baseada em IA, a Edison, para ajudar a responder a essa pergunta. Um recente julgamento em conjunto com sua agência parceira, a The Marketing Practice, mostrou resultados muito promissores, mais do que dobrando o desempenho das oportunidades criando um pipeline.

LOCALIZAÇÃO

Alemanha

DESAFIO

Uma ferramenta de IA poderia melhorar a eficácia da geração de demanda? A Edison é uma ferramenta que a Citrix criou para ajudar a segmentar o público e melhorar a relevância de seu marketing, com base na probabilidade de compra de uma determinada solução Citrix. Ela funciona com a combinação de muitas fontes diferentes de dados primários e de terceiros, depois executando um modelo de análise de dados para comparar com pontos de dores e sinais de compra conhecidos. A cada conta é dada uma pontuação de propensão para a solução Citrix relevante, ou "execução de vendas". Assim, a Citrix consegue priorizar as contas com maior probabilidade de compra. As equipes de vendas e marketing também podem usar os dados da Edison para personalizar sua abordagem utilizada.

A The Marketing Practice trabalhou com a Citrix em um programa experimental para testar o impacto que a Edison poderia ter quando combinada com a geração de demanda. O objetivo era mostrar o quanto a Edison poderia melhorar o já sólido desempenho de seus programas existentes.

PÚBLICO-ALVO

Em resumo, o teste se concentrou em uma única execução de vendas e em um único segmento-alvo: os clientes existentes que utilizavam a tecnologia de nuvem da concorrência. A campanha foi segmentada em centros de tomada de decisão de TI, especificamente diretores de TI ao lado de líderes de nuvem e infraestrutura, e focada em um único mercado: a Alemanha.

Em vez de selecionar as contas por receita ou vertical, as contas foram selecionadas com base no perfil e na propensão à compra. Foi criado um grupo experimental, em que a The Marketing Practice usou a Edison para priorizar e personalizar o alcance, ao lado de um grupo de controle em que a tecnologia Edison não foi utilizada.

AÇÃO

Um modelo rico em dados ajuda a segmentar os melhores clientes potenciais

A Edison cria um perfil completo para cada conta, agregando várias fontes de dados diferentes. Ela começa usando informações na CRM da Citrix e depois adiciona outros dados, como tecnologia da concorrência e datas de renovação de contratos.

A Edison também usa fontes de "dados intencionais": dados de terceiros que monitoram os comportamentos de busca para indicar quando uma conta mostra mais interesse em certas palavras-chave. Quando os usuários entram na Edison, eles podem ver se há um aumento de atividade em qualquer conta e usar isso como um gatilho para uma compra.

Usando esses dados, a Edison executa modelos de análise de dados para dar a cada conta uma pontuação de propensão para cada execução de vendas. As APIs concentram todos esses insights em um único lugar, e um painel intuitivo permite que as equipes de vendas e marketing examinem esses pontos de dados com mais detalhes.

Transformando a propensão em realidade: fazer os dados funcionarem

A equipe de marketing teve que aprender como usar esses dados em campanhas em escala. Então, entra a The Marketing Practice, uma agência B2B que combina especialistas em dados com profissionais de criação e com especialistas em vendas internas em equipes Scrum multidisciplinares focadas em criar oportunidades qualificadas para a equipe de vendas.

A equipe Scrum fez um teste, aprendeu e adaptou a abordagem durante todo o processo, aprendendo quais pontos de dados foram mais úteis em qual etapa da campanha. Por exemplo, aprendeu quando era melhor se concentrar nas datas de renovação de contratos em relação ao número de cadeiras de escritório ou à presença de certos concorrentes.

A equipe Scrum combinou os dados da Edison com seus próprios insights qualitativos do mercado para criar comunicações personalizadas, utilizando e-mail, vendas em redes sociais e ligações. Esses foram continuamente adaptados à medida que o programa era executado para fazer o melhor uso dos dados da Edison e do que estávamos aprendendo com o público.

RESULTADOS

Os resultados do ensaio mostraram uma melhoria de 1,4 vezes no número de leads de marketing gerados a partir das contas selecionadas pela Edison em relação ao grupo de controle (ver Figura 11.2). Isso foi promissor, mas mais significativo ainda foi como as oportunidades progrediram no pipeline: em um período de três meses, os leads do grupo Edison tiveram 2,5 vezes mais chances de mudar de leads qualificados de marketing para leads qualificados de vendas e mais chances de se transformar em receita.

A capacidade de melhorar a forma como as oportunidades progridem pelo pipeline é um benefício significativo para a Citrix, sobretudo em um contexto de recessão. De acordo com Mathias Buettner, diretor de marketing da Europa Central da Citrix: "Estamos vendo uma prova sólida de que a combinação da seleção de contas orientada por IA com o alcance inteligente contínuo traz um impacto maior de nossos esforços de vendas e marketing".

FIGURA 11.2 Taxas de conversão entre os estágios de uma pipeline (nas setas) e conversões globais dos Leads de Marketing Qualificado

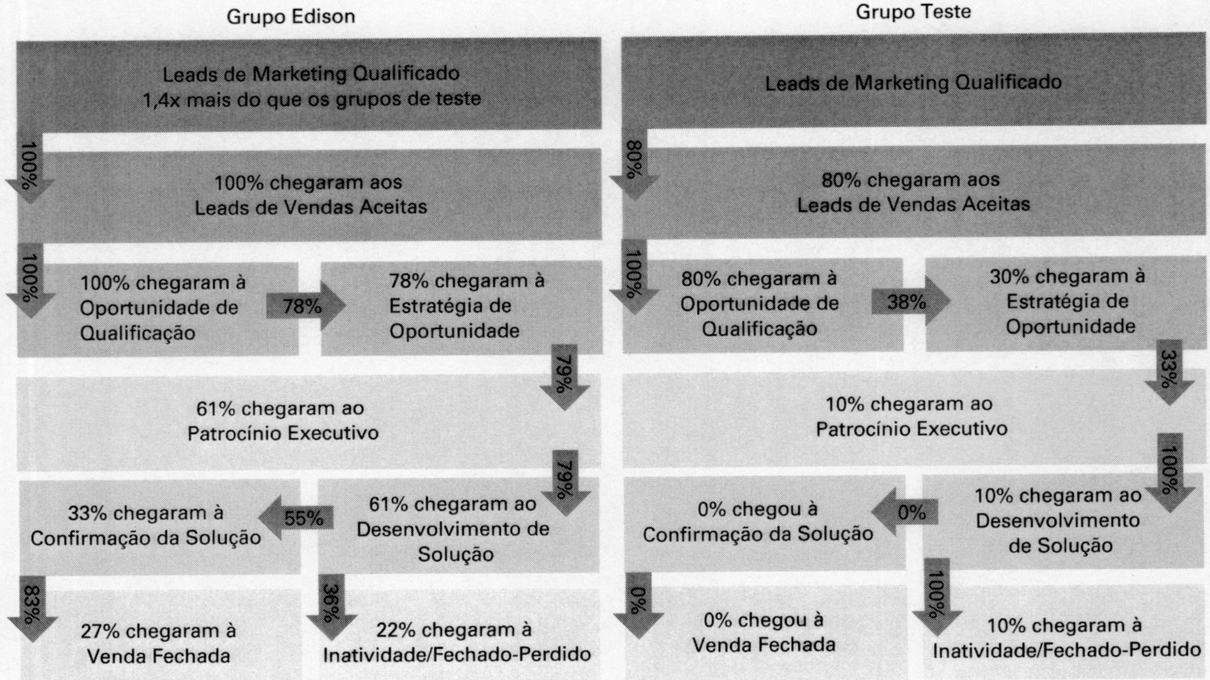

LINKS

https://themarketingpractice.com/ (arquivado em: https://perma.cc/5UKY-D46S)
www.citrix.coml/en-gb/ (arquivado em: https://perma.cc/4HF7-G6T7)

SOBRE A EQUIPE

A **Citrix** é uma plataforma de espaço de trabalho digital que dá aos funcionários tudo de que precisam para ser produtivos em uma experiência unificada enquanto fornecem à TI a visibilidade, a simplicidade e a segurança necessárias para possibilitar e controlar tudo isso.

Desde 1989, a Citrix tem facilitado o acesso das pessoas aos recursos e ao conteúdo de que necessitam para fazer um melhor trabalho, não importa onde e quando. Hoje, mais de cem milhões de usuários em quatrocentas mil organizações — incluindo 98% das empresas *Fortune 500* — confiam na Citrix para poder trabalhar de maneira melhor.

A **The Marketing Practice** é uma agência global de marketing B2B. Ela desenvolve e executa programas premiados para ajudar seus clientes a conquistar novos clientes, aumentar os clientes existentes e aumentar as receitas do canal parceiro.

12

Referências bibliográficas

1 Introdução: transformação digital

BDO. (2019). *Martech: 2020 and beyond*. Disponível em: www.bdo.co.uk/en-gb/insights/industries/technology-media-and-life-sciences/martech-2020-and-beyond (arquivado em: https://perma.cc/TN8M-86KG)

Forrester. (2020). Differentiate with Digital [Site]. (arquivado em: https://perma.cc/A68L-L8Y3)

IAB UK. (2019). UK digital advertising spend increases to £7.3bn in H1 2019 [Blog]. IAB UK. 15 de outubro. Disponível em: https://iabuk.com/adspend/h1-2019 (arquivado em: https://perma.cc/GV92-26YA)

Internet World Stats. (2019). *Internet Users Distribution in the World: Mid-year 2019* [Infográfico on-line]. Disponível em: www.internetworldstats.com/stats.htm (arquivado em: https://perma.cc/428P-ASJN)

Netcraft. (2020). *January 2020 Web Server Survey* [Blog]. 21 de janeiro. Disponível em: https://news.netcraft.com/archives/2020/01/21/january-2020-web-server-survey.html (arquivado em: https://perma.cc/WN6Z-BGLB)

Standage, T. (1998). *The Victorian Internet*, Walker & Co.

Williams, R. (2019). Ad spending growth will accelerate to 6% worldwide in 2020, study says [Blog]. *Marketing Dive*, 28 de outubro. Disponível em: www.marketingdive.com/news/ad-spending-growth-will-accelerate-to-6worldwide-in-2020-study-says/565925/ (arquivado em: https://perma.cc/AC5T-LCZ5)

WARC. (2019). *Global Ad Trends: Global ad investment forecast to grow 6% to $656 billion in 2020* [Blog]. 24 de outubro. Disponível em: www.warc.com/newsandopinion/news/global_ad_trends_global_ad_investment_forecast_to_grow_6_to_656_billion_in_2020/42822 (arquivado em: https://perma.cc/G7DN-P99S)

Zenith Media. (2019). *Global advertisers will increase adspend by 4.3% in 2020* [Blog]. 9 de dezembro. Disponível em: www.zenithmedia.com/global-advertisers-will-increase-adspend-by-4-3-in-2020/ (arquivado em: https://perma.cc/KGH6-UY4R)

2 Definição da estratégia de marketing digital

BDO. (2019). *Martech: 2020 and beyond*. Disponível em: www.bdo.co.uk/en-gb/insights/industries/technology-media-and-life-sciences/martech-2020-and-beyond (arquivado em: https://perma.cc/4R4K-WS2D)

De Ternay, G. (2020). Apple value proposition in a nutshell [Blog]. *FourWeekMBA*. Disponível em: https://fourweekmba.com/apple-value-proposition/ (arquivado em: https://perma.cc/JTW2-GKR9)

Martech Alliance. (2020). *Marketing technology landscape supergraphic 2020* [Blog]. 22 de abril. Disponível em: www.martechalliance.com/stories/marketing-technology-landscape-supergraphic (arquivado em: https://perma.cc/H62W-TZ4M)

McCrory, D. (2010). Data gravity — in the clouds [Blog]. *Data Gravitas*, 12 de julho. Disponível em: https://datagravitas.com/2010/12/07/data-gravity-in-the-clouds/ (arquivado em: https://perma.cc/X2TS-7ZR7)

Pew Research Center. (2019). *Internet/Broadband Fact Sheet.* Disponível em: www.pewresearch.org/internet/fact-sheet/internet-broadband/#who-uses-the-internet (arquivado em: https://perma.cc/L2RP-MGWH)

3 Estar on-line: acolhendo o mundo

App Annie. (2020). *The State of Mobile 2020.* (arquivado em: https://perma.cc/63HT-5JMQ)

Mintel. (2020). *UK Online Grocery Retailing Market Report.* Disponível em: https://store.mintel.com/uk-online-grocery-retailing-market-report (arquivado em: https://perma.cc/67DS-PTME)

Statcounter. (2020). *Desktop vs Mobile vs Tablet Market Share Worldwide: April 2019–April 2020.* Disponível em: https://gs.statcounter.com/platform-market-share/desktop-mobile-tablet (arquivado em: https://perma.cc/K8RD-LHZH)

Statista. (2020). *Have you deliberately purchased any of these products or services online instead of offline because of the Covid-19/coronavirus pandemic?* Disponível em: www.statista.com/statistics/1107859/shifting-to-online-purchases-because-of-the-covid-19-pandemic-by-category/ (arquivado em: https://perma.cc/6MCU-PYBZ)

Wurmser, Y. (2019). US time spent with mobile. *eMarketer.* Disponível em: www.emarketer.com/content/us-time-spent-with-mobile-2019 (arquivado em https://perma.cc/JR2J-3RNU)

Zeng, G. *et al.* (2020). When online reviews meet virtual reality: Effects on consumer hotel booking. *Annals of Tourism Research*, 81. Disponível em: www.sciencedirect.com/science/article/abs/pii/S0160738320300049?via%3Dihub (arquivado em: https://perma.cc/2MFG-EUEU)

4 Busca: como ser encontrado on-line

Davies, D. (2018). Meet the 7 most popular search engines in the world [Blog]. 7 de janeiro, *SEJ*. Disponível em: www.searchenginejournal.com/seo-101/meet-search-engines/#close (arquivado em: https://perma.cc/7JYQ-FV84)

Dopson, E. (2020). Blog SEO: A 21-point checklist for optimizing every blog post for search engines [Blog]. 8 de junho, *Databox*. Disponível em: https://databox.com/blog-seo-tips (arquivado em: https://perma.cc/P35Q-3E37)

Kemp, S. (2020). Digital 2020: April global statshot [Blog]. 23 de abril, *Datareportal*. Disponível em: https://datareportal.com/reports/digital-2020-april-global-statshot (arquivado em: https://perma.cc/ZH93-WZ3B)

IAB UK. (2019). *Smartphone accounts for more than half of digital ad spend*. Disponível em: https://www.iabuk.com/news-article/smartphone-accounts-more-half-digital-ad-spend (arquivado em: https://perma.cc/VBX4-FNXW)

Nayak, P. (2019). Understanding searches better than ever before [Blog]. *Google The Keyword*, 25 de outubro. Disponível em: https://www.blog.google/products/search/search-language-understanding-bert/ (arquivado em https://perma.cc/A78N-ZM58)

Pollak, T. (2018). How mobile search is driving today's in-store shopping experience. [Blog] *Think with Google*, outubro. Disponível em: www.thinkwithgoogle.com/consumer-insights/in-store-mobile-shopping-behavior/ (arquivado em: https://perma.cc/95SE-VSQ9)

Prater, M. (2020). 25 Google search statistics to bookmark ASAP [Blog]. *Hubspot*, 18 de fevereiro. Disponível em: https://blog.hubspot.com/marketing/google-search-statistics#:~:text=Google%20does%20not%20share%20their,and%20four%20searches%20each%20day (arquivado em: https://perma.cc/6U3T-DZDC).

Protalinski, E. (2018). Shareaholic: Search overtook social for referral traffic in 2017 as Google passed Facebook [Blog]. *VentureBeat*, 22 de fevereiro. Disponível em: https://venturebeat.com/2018/02/22/shareaholic-search-overtook-social-for-referral-traffic-in-2017-as-google-passed-facebook/ (arquivado em: https://perma.cc/ SF2D-6PY7)

Sarcona, C. (2020). Part 1: Organic vs PPC in 2020: The CTR results [Blog]. *Zero Limit*, 7 de março. Disponível em: www.zerolimitweb.com/organic-vs-ppc-2020-ctr-results-best-practices/ (arquivado em: https://perma.cc/EKU5-AYMY)

Schwartz, B. (2018). Google medic update: Google's core search update had big impact on health/medical sites [Blog]. *Search Engine Roundtable*, 8 de agosto. Disponível em: www.seroundtable.com/google-medic-update-26177.html (arquivado em: https://perma.cc/B6EJ-LJVK)

Searchmetrics. (2018). Universal Search 2018: *It's a mobile world after all*. Disponível em: www.searchmetrics.com/knowledge-base/universal-search-study/ (arquivado em: https://perma.cc/65SE-MD5F)

Statista. (2020a). *Search advertising spending worldwide from 2009 to 2019*. Disponível em: www.statista.com/statistics/267056/paid-search-advertising-expenditure-worldwide/#:~:text=The%20United%20States%20is%20thebillion%20U.S.%20dollars%20by%202023 (arquivado em: https://perma.cc/DP5G-J3P8)

Statista. (2020b). *Worldwide desktop market share of leading search engines from January 2010 to January 2020* [Online]. Disponível em: www.statista.com/statistics/216573/worldwide-market-share-of-search-engines (arquivado em: https://perma.cc/AJF2-WTDC)

Statista. (2020c). *Search advertising spending worldwide from 2009 to 2019* [Online]. Disponível em: www.statista.com/

statistics/267056/paid-search-advertising-expenditure-worldwide (arquivado em: https://perma.cc/NG9S-Q7GS)

Statcounter. (2020a). *Search engine market share worldwide: May 2019–May 2020*. Disponível em: https://gs.statcounter.com/search-engine-market-share (arquivado em: https://perma.cc/C2WX-XXRQ)

Statcounter. (2020b). *Desktop vs mobile vs tablet market share worldwide: May 2019–May 2020*. Disponível em: https://gs.statcounter.com/platform-market-share/desktop-mobile-tablet (arquivado em: https://perma.cc/L2PE-H77N)

Vaughan, P. (2019). The blogging tactic no one is talking about: optimizing the past [Blog]. *Hubspot*, 21 de fevereiro. Disponível em: https://blog.hubspot.com/marketing/historical-blog-seo-conversion-optimization (arquivado em: https://perma.cc/F3UK-QRHE)

WorldWideWebSize. (2020). *The size of the world wide web (the internet)*. Disponível em: www.worldwidewebsize.com/ (arquivado em: https://perma.cc/J8MG-KZVD)

5 E-mail marketing

Aufreiter, N., Boudet, J. e Weng, V. (2014). Why marketers should keep sending you emails. *McKinsey and Company*, 1 de janeiro. Disponível em: www.mckinsey.com/business-functions/marketing-and-sales/our-insights/why-marketers-should-keep-sending-you-emails# (arquivado em: https://perma.cc/ X2PP-F43A)

Burstein, D. (2015). Email research chart: How often customers want to receive promotional emails. *Marketing Sherpa*, 10 de fevereiro. Disponível em: www.marketingsherpa.com/article/chart/how-customers-want-promo-emails (arquivado em: https://perma.cc/4LXS-FYVZ)

BDO. (2019). *Martech: 2020 and beyond*. Disponível em: www.bdo.co.uk/en-gb/insights/industries/technology-media-and-life-sciences/martech-2020-and-beyond (arquivado em: https://perma.cc/3MFU-J6A7)

DMA. (2019). Marketer Email Tracker 2019. Disponível em: https://dma.org.uk/research/marketer-email-tracker-2019 (arquivado em: https://perma.cc/L8ST-XMWC)

DMA. (2020). *Consumer Email Tracker 2020*. Disponível em: https://dma.org.uk/research/consumer-email-tracker-2020 (arquivado em: https://perma.cc/X3AP-UZG3)

Email Monday. (2018). *Email Addiction Research Report*. Disponível em: www.emailmonday.com/email-addiction-email-marketing-research/ (arquivado em: https://perma.cc/KS3K-TDHH)

Laugenie, G. (2019). Email tracker launch. *DMA*, 17 de julho. Disponível em: https://dma.org.uk/article/dma-2019-email-tracker-launch (arquivado em: https://perma.cc/JQ7X-BDHC)

Marketing Sherpa. (2015). MarketingSherpa survey of consumer attitudes towards email marketing reveals strong preference for email compared with all other communications. *Cision PR Newswire*, 3 de fevereiro. Disponível em: https://www.prnewswire.com/news-releases/marketingsherpa-survey-of-consumer-attitudes-towards-email-marketing-reveals-strong-preference-for-email-compared-with-all-other-communications-300029767.html (arquivado em: https://perma.cc/4ZJT-T8MY)

Meyer, B. (2018). 6 ways to nail your abandonment email carts in 2020 [Blog]. *Omnisend*, 10 de julho. Disponível em: www.omnisend.com/blog/cart-abandonment-emails-the-best-practices-and-stats-infographic/ (arquivado em: https://perma.cc/SW2G-WPTZ)

Sen, P. (2017). Add the power of video to your email marketing [Blog]. *Martech Advisor*, 31 de agosto.

SendGrid and Egg Strategy. (2019). *The Future of Digital Communication Study*. Disponível em: https://sendgrid.com/

marketing/guide-future-of-digital-communication/ (arquivado em: https://perma.cc/U2ZF-GWXS)

Statista. (2020). *Global spam volume as percentage of total email traffic from 2007 to 2019*. Disponível em: www.statista.com/statistics/420400/spam-email-traffic-share-annual/ (arquivado em: https://perma.cc/QKV3-ENHL)

The Radicati Group. (2020). *Email Statistics Report 2020-2024*. Disponível em: www.radicati.com/wp/wp-content/uploads/2020/01/Email_Statistics_Report,_2020-2024_Executive_Summary.pdf (arquivado em: https://perma.cc/LQ6K-KB6B)

Verblow, B. (2019). You've still got mail [Blog]. *Forrester*, 2 de janeiro. Disponível em: https://go.forrester.com/blogs/youve-still-got-mail/ (arquivado em: https://perma.cc/DRM4-3AT8)

Vergelis, M., Sidorina, T. & Shcherbakova, T. (2019). Spam and phishing in Q3 2019. *Lista segura*, 26 de novembro. Disponível em: https://securelist.com/spamreport-q3-2019/95177/ (arquivado em: https://perma.cc/YPG7-P4Y8)

6 Mobile marketing

Adobe. (2019). Voice ads continue to resonate, set tone for commerce [Blog]. *Adobe*. Disponível em: https://cmo.adobe.com/articles/2019/6/adi-survey-voice-ads. html#gs.7gmzkb (arquivado em: https://perma.cc/SC3V-W6LJ)

Anderson, M. (2019). Mobile technology and home broadband 2019 [Blog]. *Pew Research Center*, 13 de junho. Disponível em: www.pewresearch.org/ internet/2019/06/13/mobile-technology-and-home-broadband-2019/ (arquivado em: https://perma.cc/NVC3-MBMP)

Brown, E. (2019). Americans spend far more time on their smartphones than they think [Blog]. *ZDNet*, 28 de abril. Disponível em: https://www.zdnet.com/article/americansspend-far-more-time-on-their-smartphones-than-they-think/ (arquivado em: https://perma.cc/7Q7K-W8RW)

Chaffey, D. (2019). Statistics on consumer mobile use and adoption to inform your mobile marketing strategy mobile site design and app development [Blog]. *Smart Insights*, 11 de dezembro. Disponível em: www.smartinsights.com/mobilemarketing/mobile-marketing-analytics/mobile-marketing-statistics/ (arquivado em: https://perma.cc/P5UN-4J38)

Chowdhury, P. (2019). Guide to mobile advertising: Types of ads and main platforms [Blog]. *ClickZ*, 26 de julho. Disponível em: www.clickz.com/guide-to-mobile-advertising/252590/ (arquivado em: https://perma.cc/5JF3-3PXB)

Clark-Dickson, P. (2019). OTT Messaging Forecast: 2018-23. *Omdia*, 19 de fevereiro. Disponível em: www.omdia.com/resources/product-content/ott-messaging-forecast-201823-ces001-000034 (arquivado em: https://perma.cc/Q4HP-DWQ8)

eMarketer (2018). *Mobile trends 2019: 10 predictions for what marketers can expect*. Disponível em: www.emarketer.com/content/mobile-trends-2019 (arquivado em: https://perma.cc/GB5D-VFLE)

Enge, E. (2019). Mobile voice usage trends in 2019 [Blog]. *Perficient*, 5 de março. Disponível em: www.perficientdigital.com/insights/our-research/voice-usage-trends (arquivado em: https://perma.cc/A5GQ-WF3G)

Ericsson. (2019). *The Ericsson mobility report*. Disponível em: www.ericsson.com/en/mobility-report/reports/november-2018/mobile-subscriptions-worldwide-outlook (arquivado em: https://perma.cc/73RU-HDKS)

FIPP. (2019). Mobile set to outpace desktop ad spending by 2022 [Blog]. *WNIP*. Disponível em: https://whatsnewinpublishing.

com/mobile-set-to-outpace-desktop-ad-spending-by-2022/ (arquivado em: https://perma.cc/FN7X-RXR7)

Hymas, C. (2018). A decade of smartphones: We now spend an entire day every week online. *Telegraph*, 2 de agosto. Disponível em: www.telegraph.co.uk/news/2018/08/01/decade-smartphones-now-spend-entire-day-every-week-online/ (arquivado em: https://perma.cc/9884-YTQC)

Jenkins, C. (2018). Location-based marketing: what SMEs need to know [Blog]. *The UK Domain*, 17 de agosto. Disponível em: www.theukdomain.uk/location-based-marketing-what-smes-need-to-know/ (arquivado em: https://perma.cc/Y879-KFFM)

Johnson, K. (2017). Adobe launches voice analytics for Siri, Alexa, and other intelligent assistants [Blog]. *VB*, 29 de junho. Disponível em: https://venturebeat.com/2017/06/29/adobe-launches-voice-analytics-for-siri-alexa-and-other-intelligent-assistants/ (arquivado em: https://perma.cc/G275-49C5)

Juniper Research. (2019). *A2P business messages to reach 3.5 trillion by 2023, as RCS and OTT technologies gain traction.*

Kinsella, B. (2018). New Report: Over 1 billion devices provide voice assistant access today and highest usage is on smartphones [Blog]. *Voicebot.ai*, 13 de julho. Disponível em: https://voicebot.ai/2018/11/13/new-report-over-1-billion-devices-provide-voice-assistant-access-today-and-highest-usage-is-on-smartphones/ (arquivado em: https://perma.cc/WPM6-GVZJ)

Nielsen. (2017). *When it comes to advertising effectiveness, what is key?* Disponível em: www.nielsen.com/us/en/insights/article/2017/when-it-comes-to-advertising-effectiveness-what-is-key/ (arquivado em: https://perma.cc/4RDP-DSZR)

Ofcom. (2019). *Communications market report 2019.*

Porter, J. (2020). Huawei overtakes Apple in annual race to Samsung's smartphone crown [Blog]. *The Verge*, 30 de janeiro.

Disponível em: www.theverge.com/2020/1/30/21114885/huawei-overtakes-apple-2019-analysts-strategy-analytics-counterpoint-research-canalys (arquivado em: https://perma.cc/SNJ2-56NY)

PwC. (2018). *Prepare for the voice revolution: An in-depth look at consumer adoption and usage of voice assistants, and how companies can earn their trust – and their business*. Disponível em: www.pwc.com/us/en/services/consulting/library/consumer-intelligence-series/voice-assistants.html (arquivado em: https://perma.cc/3FTN-TGEN)

PwC. (2019). *IAB internet advertising revenue report: 2018 full results*. Disponível em: www.iab.com/wp-content/uploads/2019/05/Full-Year-2018-IAB-Internet-Advertising-Revenue-Report.pdf (arquivado em: https://perma.cc/ARL5-GWR6)

Statista. (2019a). *How often, if at all, do you use your mobile phone to send or receive text messages?* Disponível em: www.statista.com/statistics/387291/mobile-phone-use-by-frequency-of-texting-in-the-uk/ (arquivado em: https://perma.cc/X5YA-VTHU)

Statista. (2019b). *Great Britain: Monthly downloads of WhatsApp to iPhones in 2019, by number of downloads*. Disponível em: www.statista.com/statistics/995101/whatsapp-monthly-downloads-iphone-great-britain/ (arquivado em: https://perma.cc/2G2N-5LAQ)

Statista. (2019c). *Number of available apps in the Apple App Store from 2008 to 2019*. Disponível em: www.statista.com/statistics/268251/number-of-apps-in-the-itunes-app-store-since-2008/ (arquivado em: https://perma.cc/JQF5-UUZ5)

Statista. (2020a). *Top grossing iPhone mobile gaming apps in the United States as of June 2020, ranked by daily revenue*. Disponível em: www.statista.com/statistics/263988/

top-grossing-mobile-ios-gaming-apps-ranked-by-daily-revenue/ (arquivado em: https://perma.cc/2754-47SX)

Statista. (2020b). *Number of apps available in leading app stores as of 1st quarter 2020*. Disponível em: www.statista.com/statistics/276623/number-of-apps-available-in-leading-app-stores/ (arquivado em: https://perma.cc/Z969-4Y9K)

Valentine, R. (2019). App Annie: Mobile gaming was the fastest-growing gaming sector in 2018 [Blog]. *Gamesindustry.biz*, 22 de janeiro. Disponível em: https://www.gamesindustry.biz/articles/2019-01-22-app-annie-mobile-gaming-fastest-growing-gaming-sector-2018 (arquivado em: https://perma.cc/V2R7-FGSM)

Welsh, T. (2017). 5 mobile marketing trends to watch [Blog]. *Jeff Bullas*, 6 de outubro. Disponível em: www.jeffbullas.com/5-mobile-marketing-trends-to-watch/ (arquivado em: https://perma.cc/V9KC-H7UE)

Wentworth, R. (2020). Mobile user experience: Trends for 2020 [Blog]. *SharpSpring*, 7 de janeiro. Disponível em: https://sharpspring.com/blog/mobile-user-experience-trends-for-2020/ (arquivado em: https://perma.cc/8X75-UQBU)

Winnick, M. (2016). Putting a finger on our phone obsession [Blog]. *dscout*, 16 de junho.

7 Redes sociais

Digiday. (2019). 'Just tell me what the controls are': What Facebook learned about brand safety [Blog]. *Digiday*. Disponível em: https://digiday.com/sponsored/just-tell-controls-facebook-learned-brand-safety/ (arquivado em: https://perma.cc/QA8V-4XNN)

Gilsenan, K. (2019). Influencer marketing: What retail brands should know [Blog]. *GlobalWebIndex*, 24 de setembro. Disponível em: https://blog.globalwebindex.com/trends/

influencer-marketing-retail-brands/ (arquivado em: https://perma.cc/9W8T-XU7J)

Imbert, F. & Francolla, G. (2018). Facebook's $100 billion-plus rout is the biggest loss in stock market history. *CNBC*, 27 de julho. Disponível em: www.cnbc.com/2018/07/26/facebook-on-pace-for-biggest-one-day-loss-in-value-for-any-company-sin.html (arquivado em: https://perma.cc/N8FR-9NJK)

Iqbal, M. (2019). TikTok revenue and use statistics (2019) [Blog]. *BusinessofApps*, 27 de fevereiro. Disponível em: www.businessofapps.com/data/tik-tok-statistics/ (arquivado em: https://perma.cc/G8US-H22Y)

Joseph, S. (2018). 5 questions advertisers have about YouTube's brand-safety measures. *Digiday*, 18 de janeiro. Disponível em: https://digiday.com/marketing/5-questions-advertisers-youtubes-brand-safety-measures/ (arquivado em: https://perma.cc/W5TW-CB2E)

Newberry, C. (2019). Social media statistics for social media managers [Blog]. *Hootsuite*. Disponível em: https://blog.hootsuite.com/social-media-statistics-for-social-media-managers/ (arquivado em: https://perma.cc/A5LM-CT49)

Perrin, A. & Anderson, M. (2019). Share of US adults using social media, including Facebook, is mostly unchanged since 2018. *Pew Research Center*, 10 de abril. Disponível em: www.pewresearch.org/fact-tank/2019/04/10/share-of-u-s-adults-using-social-media-including-facebook-is-mostly-unchanged-since-2018/ (arquivado em: https://perma.cc/FC97-ZKBZ)

Pham, S. (2019). The company that owns TikTok now has one billion users and many are outside China. *CNN Business*, 20 de junho. Disponível em: https://edition.cnn.com/2019/06/20/tech/tiktok-bytedance-users/index.html (arquivado em: https://perma.cc/K5GQ-RCLC)

Pinterest. (2019). *Pinterest announces second quarter 2019 results*. Disponível em: https://investor.pinterestinc.com/

press-releases/press-releases-details/2019/Pinterest-Announces-Second-Quarter-2019-Results/default.aspx (arquivado em: https://perma.cc/ETA3-DH9N)

Shane, S. & Goel, V. (2017). Fake Russian Facebook accounts bought $100,000 in political ads. *New York Times*, 6 de setembro. Disponível em: www.nytimes.com/2017/09/06/technology/facebook-russian-political-ads.html (arquivado em: https://perma.cc/44BC-MUFF)

Smith, C. (2019). 27 amazing Vine statistics and facts by the numbers [Blog]. *DMR*, 22 de março. Disponível em: https://expandedramblings.com/index.php/vine-statistics/ (arquivado em: https://perma.cc/FR6L-DCGD)

Statista. (2019). Number of monthly active Facebook users worldwide as of 3rd quarter 2019 (in millions). Disponível em: www.statista.com/statistics/264810/number-of-monthly-active-facebook-users-worldwide/ (arquivado em: https://perma.cc/AUN8-6QFC)

The Drum. (2019). Why Innocent Drinks decided to get blue and argumentative on social [Blog]. *The Drum*, 29 de novembro. Disponível em: www.thedrum.com/news/2019/11/29/why-innocent-drinks-decided-get-blue-and-argumentative-social (arquivado em: https://perma.cc/SLJ8-3UBJ)

Yeh, O. (2019). TikTok added 188 million new users last quarter, growing 70% from Q1 2018 [Blog]. *Sensor Tower*, 10 de abril. Disponível em: https://sensortower.com/blog/tiktok-downloads-q1-2019 (arquivado em: https://perma.cc/CEQ3-X75H)

8 Marketing de conteúdo e conteúdo nativo

Brenner, M. (2019). How to make the content marketing case with ROI [Blog]. *Content Marketing Institute*, 2 de fevereiro. Disponível em: https://contentmarketinginstitute.com/2019/07/

content-marketing-case-roi/ (arquivado em: https://perma.cc/NYE4-HBYE)

Carey, S. (2018). How Sky is looking to recommend content according to your mood [Blog]. *Computerworld*, 16 de março. Disponível em: www.computerworld.com/article/3427637/how-sky-is-looking-to-recommend-content-according-to-your-mood.html (arquivado em: https://perma.cc/ DBF6-JWY5)

Cisco. (2020). Cisco Annual Internet Report (2018-2023). White Paper. Disponível em: www.cisco.com/c/en/us/solutions/collateral/executive-perspectives/annual-internet-report/white-paper-c11-741490.html (arquivado em: https://perma.cc/UDJ7-QMDG)

CMI. (2020). *B2C Content Marketing 2020: Benchmarks, budgets and trends*. Disponível em: https://contentmarketinginstitute.com/wp-content/uploads/2019/12/2020_B2C_Research_Final.pdf (arquivado em: https://perma.cc/DUC9-9FA8)

Davies, D. (2018). Meet the 7 most popular search engines in the world [Blog]. *Search Engine Journal*, 7 de janeiro. Disponível em: https://www.searchenginejournal.com/seo-guide/meet-search-engines/#close (arquivado em: https://perma.cc/XQ8C-GH7X)

Domo. (2019). *Data never sleeps 7.0*. Disponível em: www.domo.com/learn/data-never-sleeps-7?utm_source=wire&utm_medium=pr&utm_campaign=ABM_Other_FY20_Global_PR&campid=701f2000001C3kNAAS (arquivado em: https://perma.cc/BDL3-68G6)

Google. (2019). What webmasters should know about Google's core updates [Blog]. *Google Webmaster Central Blog*, 1 de agosto. Disponível em: https://webmasters.googleblog.com/2019/08/core-updates.html (arquivado em: https://perma.cc/A9QD-W54Y)

Grundmann, J. (2019). Google June 2019 Core Update: All you need to know [Blog], *Searchmetrics*, 3 de junho. Disponível em: https://blog.searchmetrics.com/us/google-june-2019-core-update/ (arquivado em: https://perma.cc/3NCY-J7BS)

Lin. (2019). *10 Twitter statistics every marketer should know in 2019* [Blog]. *Oberlo*, 30 de novembro. Disponível em: www.oberlo.com/blog/twitter-statistics (arquivado em: https://perma.cc/8BXE-4H83)

Lovell, D. (2018). Top 10 native advertising trends for 2019 [Blog]. *The Drum*, 7 de novembro. Disponível em: www.thedrum.com/opinion/2018/11/07/top-10-native-advertising-trends-2019 (arquivado em: https://perma.cc/CSR2-MER7)

OC&C Strategy Consultants. (2018). *The talking shop: The rise of voice commerce*. Disponível em: www.occstrategy.com/media/1285/the-talking-shop_uk.pdf (arquivado em: https://perma.cc/V72Z-D46B)

Ofcom. (2019). *News consumption in the UK: 2019.*

Owen, E. (2015). Content marketing probably won't help you acquire customers. *Guardian*, 16 de outubro.

Roettgers, J. (2019). How Vevo is boosting views by optimizing video thumbnails, *Variety*, 11 de abril. Disponível em: https://variety.com/2019/digital/news/vevo-video-thumbnails-youtube-optimization-1203186909/ (arquivado em: https://perma.cc/2TMN-BZDA)

Vizard, S. *et al.* (2019). The best marketing campaigns of 2019: Part 1 [Blog]. *Marketing Week*, 3 de dezembro. Disponível em: www.marketingweek.com/best-marketing-campaigns-of-2019-part-one/ (arquivado em: https://perma.cc/AH6F-YG96)

Zenith. (2019). *Consumers will spend 800 hours using mobile internet devices this year*. Disponível em: www.zenithmedia.com/consumers-will-spend-800-hours-using-mobile-internet-devices-this-year/ (arquivado em: https://perma.cc/3P72-LUWH)

9 Marketing programático

eMarketer. (2019). *US programmatic digital display ad spending: Connected TV ad dollars will surpass desktop by 2021*. Disponível em: www.emarketer.com/content/us-programmatic-digital-display-ad-spending (arquivado em: https://perma.cc/Y4J3-K937)

Fisher, B. (2019). Why GDPR didn't inhibit programmatic growth in the UK as anticipated [Blog]. *eMarketer*, 12 de dezembro. Disponível em: www.emarketer.com/content/why-gdpr-didnt-inhibit-programmatic-growth-in-the-uk-as-anticipated (arquivado em: https://perma.cc/AEM9-F3WD)

IAB. (2018). *Programmatic in-housing: Benefits, challenges and key steps to building internal capabilities*. Disponível em: www.iab.com/wp-content/uploads/2018/05/IAB_Programmatic-In-Housing-Whitepaper_v5.pdf (arquivado em: https://perma.cc/SG7A-JQRE)

Sinek, S. (2009). *Start with why: How great leaders inspire action* [Vídeo on-line]. Disponível em: www.youtube.com/watch?v=u4ZoJKF_VuA (arquivado em: https://perma.cc/Q3VJ-X6CM)

Statista. (2020). *Global programmatic advertising spending from 2019 to 2021 (in billion US dollars)*. Disponível em: www.statista.com/statistics/275806/programmatic-spending-worldwide/ (arquivado em: https://perma.cc/62LQ-D7FV)

Stewart, R. (2020). Vodafone UK brand boss: in-housing has made our agencies Indispensable. *The Drum*, 24 de janeiro. Disponível em: www.thedrum.com/news/2020/01/24/vodafone-uk-brand-boss-housing-has-made-our-agencies-indispensable (arquivado em: https://perma.cc/YR8B-C6TD)